中华经典研习丛书

孝經

讲记

钟茂森 著

团结出版社

图书在版编目（CIP）数据

孝经讲记 / 钟茂森著. -- 北京 : 团结出版社，
2024.3

（中华经典研习丛书）

ISBN 978-7-5234-0284-9

Ⅰ.①孝… Ⅱ.①钟… Ⅲ.①《孝经》—研究 Ⅳ.
①B823.1

中国国家版本馆CIP数据核字(2023)第133265号

出版：团结出版社

（北京市东城区东皇城根南街84号 邮编：100006）

电话：(010) 65228880　　65244790 （传真）

网址：www.tjpress.com

Email：65244790@163.com

经销：全国新华书店

印刷：北京天宇万达印刷有限公司

开本：145×210　1/32

印张：61.25

字数：1257千字

版次：2024年3月　第1版

印次：2024年3月　第1次印刷

书号：978-7-5234-0284-9

定价：192.00元（全六册）

前　言

　　《〈孝经〉讲记》，是钟茂森教授多年来学习、力行孝道，融汇儒释道三家之圣解，而做的修学心得汇报。

　　本书是一份孝亲尊师的心得报告，其缘起是慈母志愿、恩师慈命。

　　古德云："闺阃乃圣贤所出之地，母教为天下太平之源。"钟教授的母亲非常注重孝道，特别从小培养他学习、领悟《孝经》，而当1984年教授还是十一龄童的时候，就能够在春节家庭文化聚会中，宣读自己对《孝经》十章"事亲五致"的学习体会，稚嫩的文字中，不仅有对经典的悟处，更可贵的是体现了家道的承传。

　　教授在传统家道中，耳濡目染，自幼顺承母教，于当今之世，示范孝行，光辉孝道。四年前慈母即志愿，希望儿子放弃终身教授工作，跟随恩师学习，并能够在学习过程中把《孝经》讲解一遍。

　　钟教授自十九岁起，与母亲追随恩师，近年来投身圣教，更得恩师的悉心教导与栽培，学习并报告儒释道经典心得体会多部。"夫孝，德之本也，教之所由生也"。光大伦理道德教育，自当始于孝道。今承蒙恩师慈命，教授将力行孝道之心得，学习《孝经》

之体会和盘托出,向各位朋友汇报和分享。

因此,《〈孝经〉讲记》,是教授成就母志与报答师恩的一项责任和使命,所谓继人之志,述人之事。

自古儒释道三家皆为圣贤教育,雍正皇帝曰:"理同出于一原,道并行而不悖。"本次报告,教授将三家之义理和研究方法均融合运用。

佛经体例研析,两千年来祖祖相传,在中国可谓登峰造极。报告之始,教授尝试用佛教最简便的天台宗之五重玄义法,分析了《孝经》概要,使大家未学经文,即对全经义理宗旨,了然于心。

本报告依从五重玄义,即按照释名、辨体、明宗、论用、判教五个方面作研习。释名就是逐字解释名题;辨体就是辨明本经的体性和基本的原理,判为"以道为体";明宗就是明了本经所指出的修学方法;判教,就是判定教学课程地位,判定为圣学之根。

接着,教授以严谨之治学风范,综述了历代帝王对《孝经》的尊崇,以及历代大儒对《孝经》所作的注、疏、述义、序文。述及唐朝玄宗皇帝,去烦取精,博采众儒义理之允当者,亲自注解《孝经》即《玄宗御注》;宋儒邢昺为《玄宗御注》又做注解,称《正义》。后世推唐玄宗及邢昺对《孝经》的注疏为最权威,所以教授也是在繁多冗杂的参考资料中,选定《注疏》作为研习参考,并佐以东汉郑玄、南梁皇侃、隋朝刘炫等大儒之相关论述,为我们选取精要、易解之章句,解析《孝经》,带我们深入宝典之一十八章。

首章是全经主旨,开宗明义,阐明事亲、事君、立身之孝道三层次;继之以天子、诸侯、卿大夫、士、庶人五章五等事亲,其中教授综历代所述，特别开解，事相虽为五等，其心为一；三才之中，人性为贵，贵在事亲严父，孝德圣治，四海祭服，民法则之，明王圣君之德教乃成于天下，是以三才、孝治、圣治三章；事亲五致，上不骄，下不乱，居众不争，三千刑律，不孝为大，不可要君非圣，是以事亲、五刑二章；敬寡悦众，尊亲隆众，要道、至德、扬名三章；谏诤之义，君臣父子当存，朋友亦当奉行，孝德至矣，天地昭察，鬼神效验，事君顺美匡正，上下相亲，中心不忘，其感应自通于天地人神，此谏诤、感应、事君又三章；本经第十八章，孝子丧亲，死事哀戚，毁不伤生灭性，礼而节之、葬之、祭之，圣人之教，生民爱敬尽本，死生义备，事亲终矣。

本经篇幅简短，计一千七百九十九字。然字字珠玑，旨趣深远，义理宏深，而圣德无出其右，明王以其治天下和平。如当代一位大德所言，以孝治身、治家、治国、平天下，则"宇清，国安，家和，人乐"，孝道是和谐社会、和谐世界的法宝。

本报告依据历代大儒所论，对《孝经》作者，予以确切肯定，即孔老夫子亲自述作。弟子曾参至孝，至圣先师假借其为当机之人，请益引文，为后世子孙陈述了《孝经》。

孔老夫子"述而不作，信而好古"，教授亦不敢加纤毫己意，完全法古人之言，又以今言解之，报告中对经典之活学活用处，堪称精妙。

报告运用儒释道三家经典，详细开解了本善、本性，归结孝即为道；妙用比喻解释深晦名相；对"人之初"的"初"，"孝无终始"之"终始"等等，都有精当论述。

当代民主社会之"君与臣",教授解释为"国与民",引申为服务祖国人民是大孝;经典的分析中能联系国家领导人的讲话、行持,政治经济、乃至国灾民难;古今中外之大孝、至孝案例,信手拈来,并与大儒之作,相辅相成;又每每能与多年来自己力行孝道之实践,自然融合,处处体现"解行相应"。

凡此种种,是深解经典义趣之故,更是教授多年修养孝德之功,而致性德彰显!其间,教授有多封与母亲的书信分享给读者,使慈母之懿德,教授之孝行,略得呈现。

《孝经》之宗趣,乃诸学总汇,六艺之根,更为孔老夫子示范后世之行门。钟教授之恩师亦常常教诲弟子,千经万纶,重在落实,学儒就是学孔子,学孟子,学做圣贤,所谓"读书志在圣贤"。

英雄所见大略相同,所谓千古同慨,亦为《〈孝经〉讲记》之因缘所在!

钟教授在报告中,讲了几个重点"社会和谐,我之责任";从"孝"落实;教育的本质是身教;上行"孝",而下效之,则社会和谐"垂拱而治"。

因此,整部《孝经》,昭示的完全是孝道与和谐的关系。

让我们以殷重的心,来学习圣贤之根——《孝经》,以诚敬的心,体会教授悲智双运,感恩钟教授带给我们的修学心得——《〈孝经〉讲记》。

——编者敬书

目　录

孝 经

开宗明义章第一

仲尼居，曾子侍。子曰："先王有至德要道，以顺天下，民用和睦，上下无怨。汝知之乎？"曾子避席曰："参不敏，何足以知之。"子曰："夫孝，德之本也，教之所由生也。复坐，吾语汝。身体发肤，受之父母，不敢毁伤，孝之始也。立身行道，扬名于后世，以显父母，孝之终也。夫孝，始于事亲，中于事君，终于立身。《大雅》云：'无念尔祖。聿修厥德。'"

天子章第二

子曰："爱亲者，不敢恶于人；敬亲者，不敢慢于人。爱敬尽于事亲，而德教加于百姓，刑于四海。盖天子之孝也。《甫刑》云：'一人有庆，兆民赖之。'"

诸侯章第三

在上不骄，高而不危；制节谨度，满而不溢。高而不危，所以长守贵也；满而不溢，所以长守富也。富贵不离其身，然后能保其社稷，而和其民人。盖诸侯之孝也。《诗》云："战战兢兢，如临深渊，如履薄冰。"

卿大夫章第四

非先王之法服，不敢服；非先王之法言，不敢道；非先王之德行，不敢行。是故，非法不言，非道不行；口无择言，身无择行；言满天下无口过，行满天下无怨恶：三者备矣，然后能守其宗庙。盖卿大夫之孝也。《诗》云："夙夜匪懈，以事一人。"

士章第五

资于事父以事母，而爱同；资于事父以事君，而敬同。故母取其爱，而君取其敬，兼之者父也。故以孝事君则忠，以敬事长则顺。忠顺不失，以事其上，然后能保其禄位，而守其祭祀。盖士之孝也。《诗》云："夙兴夜寐。无忝尔所生。"

庶人章第六

用天之道，分地之利，谨身节用，以养父母，此庶人之孝也。故自天子至于庶人，孝无终始，而患不及者，未之有也。

三才章第七

曾子曰："甚哉，孝之大也！"子曰："夫孝，天之经也，地之义也，民之行也。天地之经，而民是则之。则天之明，因地之利，以顺天下。是以其教不肃而成，其政不严而治。先王见教之可以化民也，是故先之以博爱，而民莫遗其亲；陈之于德义，而民兴行。先之以敬让，而民不争；导之以礼乐，而民和睦；示之以好恶，而民知禁。《诗》云：'赫赫师尹，民具尔瞻。'"

孝治章第八

子曰："昔者明王之以孝治天下也，不敢遗小国之臣，而况于公、侯、伯、子、男乎？故得万国之欢心，以事其先王。治国者，不敢侮于鳏寡，而况于士民乎？故得百姓之欢心，以事其先君。治家者，不敢失于臣妾，而况于妻子乎？故得人之欢心，以事其亲。夫然，故生则亲安之，祭则鬼享之，是以天下和平，灾害不生，祸乱不作。故明王之以孝治天下也如此。《诗》云：

'"有觉德行,四国顺之。'"

圣治章第九

曾子曰:"敢问圣人之德,无以加于孝乎?"子曰:"天地之性,人为贵。人之行,莫大于孝。孝莫大于严父。严父莫大于配天,则周公其人也。昔者,周公郊祀后稷以配天,宗祀文王于明堂,以配上帝。是以四海之内,各以其职来祭。夫圣人之德,又何以加于孝乎?故亲生之膝下,以养父母日严。圣人因严以教敬,因亲以教爱。圣人之教,不肃而成,其政不严而治,其所因者,本也。父子之道,天性也,君臣之义也。父母生之,续莫大焉。君亲临之,厚莫重焉。故不爱其亲而爱他人者,谓之悖德;不敬其亲而敬他人者,谓之悖礼。以顺则逆,民无则焉。不在于善,而皆在于凶德,虽得之,君子不贵也。君子则不然,言思可道,行思可乐,德义可尊,做事可法,容止可观,进退可度。以临其民,是以其民畏而爱之,则而象之。故能成其德教,而行其政令。《诗》云:'淑人君子,其仪不忒。'"

纪孝行章第十

子曰:"孝子之事亲也,居则致其敬,养则致其乐,病则致其忧,丧则致其哀,祭则致其严。五者备矣,然后能事亲。事亲者,居上不骄,为下不乱,在丑不争。居上而骄,则亡;为下而乱，则刑；在丑而争，则兵。三者不除，虽日用三牲之养，犹为不孝也。"

五刑章第十一

子曰："五刑之属三千，而罪莫大于不孝。要君者无上，非圣人者无法，非孝者无亲，此大乱之道也。"

广要道章第十二

子曰："教民亲爱，莫善于孝。教民礼顺，莫善于悌。移风易俗，莫善于乐。安上治民，莫善于礼。礼者，敬而已矣。故敬其父则子悦，敬其兄则弟悦，敬其君则臣悦，敬一人而千万人悦。所敬者寡而悦者众，此之谓要道也。"

广至德章第十三

子曰："君子之教以孝也，非家至而日见之也。教以孝，所以敬天下之为人父者也。教以悌，所以敬天下之为人兄者也。教以臣，所以敬天下之为人君者也。《诗》云：'恺悌君子，民之父母。'非至德，其孰能顺民如此其大者乎？"

广扬名章第十四

子曰:"君子之事亲孝,故忠可移于君。事兄悌,故顺可移于长。居家理,故治可移于官。是以行成于内,而名立于后世矣。"

谏诤章第十五

曾子曰:"若夫慈爱恭敬,安亲扬名,则闻命矣。敢问子从父之令,可谓孝乎?"子曰:"是何言与,是何言与!昔者天子有争臣七人,虽无道。不失其天下;诸侯有争臣五人,虽无道,不失其国;大夫有争臣三人,虽无道,不失其家;士有争友,则身不离于令名;父有争子,则身不陷于不义。故当不义,则子不可以不争于父,臣不可以不争于君。故当不义,则争之。从父之令,又焉得为孝乎。"

感应章第十六

子曰:"昔者明王事父孝,故事天明;事母孝,故事地察;长幼顺,故上下治。天地明察,神明彰矣。故虽天子,必有尊也,言有父也;必有先也,言有兄也。宗庙致敬,不忘亲也;修身慎行,恐辱先也。宗庙致敬,鬼神著矣。孝悌之至,通于神明。光于四海，无所不通。诗云：'自西自东，自南自北，无思不服。'"

事君章第十七

子曰："君子之事上也，进思尽忠，退思补过，将顺其美，匡救其恶，故上下能相亲也。诗云：'心乎爱矣，遐不谓矣。中心藏之，何日忘之。'"

丧亲章第十八

子曰："孝子之丧亲也，哭不偯，礼无容，言不文，服美不安，闻乐不乐，食旨不甘，此哀戚之情也。三日而食，教民无以死伤生。毁不灭性，此圣人之政也。丧不过三年，示民有终也。为之棺椁衣衾而举之，陈其簠簋而哀戚之；擗踊哭泣，哀以送之；卜其宅兆，而安措之；为之宗庙，以鬼享之；春秋祭祀，以时思之。生事爱敬，死事哀戚，生民之本尽矣，死生之义备矣，孝子之事亲终矣。"

本经概要

讲题确定　研习缘起

大家好!

今天我们一起来学习儒家十三经之一的《孝经》。我们的讲题是"古代帝王和谐世界的法宝——《孝经》研读"。

讲题的确定,源自《孝经·开宗明义章》。孔夫子开篇就讲:"先王有至德要道,以顺天下,民用和睦,上下无怨。""先王",古代圣贤的君王,有和谐世界的法宝,能够顺应天下,使人民和睦,上下尊卑都和谐而无怨,这就是和谐世界。即现在我们国家提倡的"构建和谐社会,共建和谐世界"。所以,我们从二千五百年前孔老夫子讲述的《孝经》中吸取圣贤的智慧是很有必要的。

茂森承蒙恩师栽培,多年来也在学习儒释道三家的典籍。早在小学时代,母亲就教导我读《孝经》,一直以来都在学习行孝,在这方面也略有一点心得。今天遵恩师慈命,在此把自己学习《孝经》这部宝典的一点粗浅体会,以及对古圣先贤教诲的一点心得，向各位朋友做个汇报，请大家多多指教。

儒释道学　同出一原

今天先来分析、研学整部《孝经》的主旨、思想，即首先讲一个概要。

我们采用佛家天台宗的"五重玄义"来学习《孝经》。通常讲的儒释道，儒就是儒家；释就是佛家，因为佛是释迦牟尼佛，所以我们称为释；道，就是道家，这三家都是圣贤的教育。

雍正皇帝，是清朝一位很有学问的皇帝，他对儒释道三家的研究都很深入，曾经写过一篇《上谕》，即皇上的圣谕。他说"理同出于一原，道并行而不悖"，是说三家的义理，都是出自同一个源头。这个源头是什么？佛家讲的"心性"，道家和儒家都讲"道"，道是源头。即古圣先贤的这些教诲、这些道理统统都是从道、从心性流露出来的，而心性是人人本有的，"道"，是遍及整个宇宙，无处不在的，可见三家都是出于一个本源！

"道并行而不悖"，这个道是他们的教学可以在世间同时推行，互相之间不会有冲突、不会有抵触，这就是我们现在常常听到的"多元文化"。如果我们自己觉得儒释道三家会有矛盾，互相会起冲突，那不是三家的道理有冲突，其道理仍是同出于一源，是我们自己对儒释道三家的理解不够透彻、圆融。恩师在一次联合国教科文组织的国际会议上，接受大家提问时说，儒释道，包括世间的种种宗教，也是"理同出于一原，道并行而不悖"，如果看到他们互相之间有冲突、会对立，就好比看到一个手掌的五根手指，好像是分开、对立的，实际上我们只看到了表面，没有深入，从手指深入到手掌心，五指理同出于一源，当然道就并行而不悖。五指一起拿东西，做事情，互相合作，很和谐。其实世界本来是和谐的，只是因为我们有分别、执著，把本来和谐的世界搞乱了，搞成对立、矛盾、冲突，原因还是我们对圣贤教诲理解不够透彻、深入。深入到根本、源头，我们就能真正体会雍正皇帝"道并行而不悖"的话真实不虚，世间所有宗教都可以并行而不悖，更何况是儒释道三家。

天台体例　五重玄义

自古以来，儒家的学者没有不读《道德经》，佛经的；道士没有不读四书五经，佛经的；佛家的高僧大德也都是在儒、道方面很有造诣的。因此我们也尝试将儒释道三家传统圣哲的教诲，融合起来学习这部名典——《孝经》，不仅义理上可以互相圆融，研究方法也可以相互借鉴，所以我们用佛家天台宗"五重玄义"的方法，专门研究《孝经》的体例、主旨。

佛经体例的研究分析方法，可以称得上登峰造极，两千年来在中国祖祖相传，总结出一套研究佛教经典的方法，天台宗有"五重玄义"，贤首宗即华严宗有"十门开启"，还有其他宗派，以这两家最为有名。"五重玄义"比较简单，它是从五个方面研究一部经典的玄妙义理，华严宗的"十门开启"是从十个方面去分析。这次我们尝试用天台的"五重玄义"来研学《孝经》。其实圣贤人的心是相通的，所讲的道理都能够互相圆融，所以完全可以借用佛教的研学方法来学习儒典。

今天我们借鉴"五重玄义"，分析整部《孝经》的概要。

真正对《孝经》有研究、有体悟的人，大概对经文的意思也非常了解，可能最想听第一讲，看看讲习者怎样分析《孝经》，对整部《孝经》有何心得体会，即想听概要。概要之后的经文，就比较容易顺一遍。其实真正造诣很深的人，不需要顺经文，而初学则有必要。

首先我们把研究方法的名目简单介绍一下。天台宗用"五重玄义"从五个方面来研学经典。这五个方面：第一是释名，即解释这部经的题目、名题。学一部经首先要解释题目，这是规矩。因为经题是整部经的总纲领，宗趣之所在，看到经题，就知道全经的大意；第二是辨体，辨体就是辨明这部经所依据的原理和体性；第三是明宗，就是明了修学的方法，宗是修学的方法；第四是论用，就是论述修学本经的功用、利益，即学习它的好处；第五是判教，就是判定这部经在教学课程中的地位，以及谁有资格学。如我们现在的学校，教务长负责整个课程安排，要制定出每门课在整个课程、教学大纲中属于哪一部分，谁来学。

一、释名

首先释名。本经的名题只有两个字"孝经",两字先分开解释,然后再合之。

唐玄宗唐明皇注解了《孝经》,宋朝大儒邢昺则为玄宗的注做了一部疏。疏就是注的注解,邢昺注解玄宗的《孝经注》,写了《邢昺疏序》。序文说:"孝经者,孔子为曾参陈孝道也。"即言《孝经》是孔子为弟子曾参(曾子)陈述孝道含义的一部经典。《孝经》确实是孔子与学生曾子的谈话,一问一答之间陈述了孝的道理、含义,记录、整理后,就成为我们所学的《孝经》。

(一)孝亲本性 恒常道德

什么是孝?什么是经?邢昺的注解序文说:"孝者,事亲之名;经者,常行之典。"所以,孝就是奉事父母双亲;经就是要恒常力行的典籍,也就是真理。真理是永恒不变的,如果根据不同的环境产生变化,就不能称为经典。譬如现在的法律、规章、制度,就不是一成不变的。国家有法律,企业有规章制度,这些都是要根据时代进行调整修订的,就不能称为经。经是永恒不变、古今不易、放之四海而皆准的,也叫真理,所以不是所有的典籍都能称为经。儒家的十三经,是学者们必读的,但不是每一部都称为经。《易经》是经,《孝经》也是经,然如《周礼》、《仪礼》、《礼记》就不是经,因为这些礼根据时代的不同会有变化,而经所说的义理是不能改变的。

经就是"道"、"德",古人讲"道德"。道,它是德的体,本体就是道。"道",不是人为创造的,是自然而然就有的。宇宙自从生成开始,道就存在了。甚至说宇宙还没有生成以前,道就存在了,道不随宇宙生灭而生灭。

邢昺序文:"道常在心,尽其色养,中情悦好,承顺无怠之义也。"

这是解释"孝"字的含义。首先讲"道常在心",说明道是本来就有的,正如《三字经》开篇所讲:"人之初,性本善。""人之初",不是人刚出生的时候,真正的意思,人之初是讲人的本来面目,在父母还没生我们之前的本来面目,即"性本善"。"性"就是讲我们的心性,本善即本来是善,纯善无恶,这是我们的本性,这就是道。

所以道常在。常在是不生不灭,亘古至今都没有中断过,它不会被破坏,不会动摇。我们现在学习圣贤之道,心里要存着道,存着道就是跟本性本善相应,所以"道常在心"。心里常有道,表现出来的必定是孝顺,因为孝也是本性的本善。孝的体就是道,就是本善,是我们现代人讲的爱心。每个人本有的爱心对父母表现出来了,必定是后面所讲的"尽其色养"。

色是表情、脸色,我们对父母,外表一定是真诚,毕恭毕敬,对父母以纯净的孝心去供养、孝敬,"尽"是毫无保留,没有夹杂。内心里面没有丝毫的不善、不敬、不诚,这叫"尽其色养"。

"中情悦好"就是要让父母生欢喜心,让父母高兴。悦亲,是讲孝敬父母不是只拿点钱供养父母，不仅是买点吃的用的，那固然可以说是孝，但是孝的层次太浅了。真正的行孝，是色养，即对父母恭敬，这是孝父母之心；买点吃用之物，是孝父母之身。

"承顺无怠"，承，承欢于膝下，顺从父母的意思，绝对不会跟父母起对立、起冲突，孝敬父母毫不懈怠，绝无倦色。这是本性使然，不是造作出来的，如果造作出来的就会有懈怠的时候，如果是他本性的流露，本来就该如此，就不会有懈怠。因为已经习惯，不这样做反而会怪怪的，不舒服。"承"，还有承传之意，承传父母的志向，即养亲之志。父母的期望，我们要竭力做到。祖先的志愿，我们要帮助他们实现。孝包含了三层含义：孝养父母之身，孝养父母之心，孝养父母之志。这样，孝才能够称为圆满。

（二）天经地义　法宝民行

邢昺的序文："按《汉书·艺文志》云：夫孝，天之经，地之义，民之行也。举大者言，故曰《孝经》。"这是引用《汉书·艺文志》，来论述为什么这部经叫《孝经》。

"天之经"，经就是常，恒常不变。就像太阳，每天早上必定会起来，到晚上必定会落山；月亮，晚上必定会起来，早上必定会落山。正如日月星辰的运作，都恒常而有规律，所以"经"就是常。

"地之义"，义就是利益万物，大地默默承载着万物，不管是山川河流，还是动物植物，还是我们人类，不管是好人还是坏人，全都承载，毫无私心，毫无偏执，利益一切人、事、物，这是"地之义"。

这是天地无私的品德，圣人效法天地之德的行为，就是孝。

"民之行"，民就是人，每个人都应该行孝，因为这是本性本善，本来就应该这么做的，不用问为什么，就应该这么做，跟天地一样。所以经就是恒常，永久不变。

例如，古代圣贤大舜行孝，父母虐待他，甚至千方百计要把他害死，可是舜没有因此而对父母有一点不好的颜色，心里也没有一点抱怨，还是这样的承顺，最后感动了父母，也感动了天地。感得大象都从山里跑出来帮他耕耘，小鸟也来播种，尧王知道了舜的德行，聘请他出来治理国家，最后把王位也让给他。不仅孔子、孟子赞叹大舜，四千年后的今天，我们讲到这个故事，依然对舜的德行肃然起敬。

三千多年前的周文王，每日三次向父母亲问安，父亲有病了，他很担忧，一定要把父亲治好，才能心安。每天去问候，天天如是，终生奉行，这就是所谓的"文王三省"。

二千多年前的汉文帝，母亲薄太后因病卧床，文帝三年侍奉于床前，对母亲竭尽全力的孝敬、安慰。这些故事尽管是几千年前的事情，可是到了今天，人们依然在传颂，真正有识之士，依然在效仿。可见古人行孝，今人也要行孝，孝真是恒常不变的大道。

我们摘抄了邢昺序文的一些重点的文句来学习。"皇侃曰：经者，常也，法也"，这是解释经的意思。皇侃是南梁的学者，是一位大儒，也曾经注解过《孝经》，叫《孝经义疏》，现已失传。他解释经，是常、法两个意思。为什么叫常？因为这部经就是圣贤的教诲，圣贤的教诲我们要荷担，不能只把它当作学术来研究，研究得再好，没有落实到自己的生活，那不能叫成就。所以孔子劝我们行仁、行道，任重而道远。祖祖相传、代代相传，我们要把古圣先贤的道统荷担起来，传承下去，这是古代儒士真正所希望的。时代虽然有变迁，哪怕是金石都可能被销毁，但是孝亲的德行是永远不能够变迁的，所以叫常。这是从圣贤教诲来讲。

"法也"，"法"就是这种方法。方法是什么？刚才我们提到《孝经·开宗明义章》，孔子说的"以顺天下，民用和睦，上下无怨"，现代讲，就是实现幸福美满的人生，构建和谐安定的社会，共建和谐和平的世界，这种方法、这种教育就称为法。所以我们的讲题称为——古代帝王和谐世界的法宝。"经"的义理，确实是很深。

二、辨体——以"道"为体

辨体就是辨明本经所依据的原理。这部经依据什么为体？用什么做原理？我们把它判为以"道"为体。所以"道"就是它的本体。这么判，有经文的依据，孔夫子在开宗明义章就说到："夫孝，德之本也。"这里讲的孝是德行的根本，即德的本体就是道。德是道的相，道是德的体，孝是德的本，那孝不仅是德，是根本的德，自然是以道为体了。

（一）和谐之道　以孝贯通

2006年在杭州举行的世界首届佛教论坛，主题是"和谐世界，从心开始"。茂森又在2007年4月份，承蒙我们中华宗教文化交流协会以及道教协会的邀请，参加了在西安举行的国际道德经论坛。论坛的主题叫作"和谐世界，以道相通"，也是"和谐世界"的主题。茂森在会上作了演讲，提交了论文，也发表了出来。论文的题目叫"和谐之道，以孝贯通"，是从道家《道德经》开解孝顺对现代社会的启示。这篇论文分析了道和德，最后皆归到孝。所以"和谐世界，以道相通"，那和谐之道，就以孝贯通。

（二）宇宙本体　自性为道

首先我们来看什么是道。《道德经》上对道的阐述可以说是最圆满的。道是语言说不出来，甚至是思维难以想象推测的，所谓"不可思议"。佛家也讲："言语道断，心行处灭。"《道德经》上一开头就说："道可道，非常道；名可名，非常名。"这是讲道真的是无法说，也不可以想象。能说得出、想得出的那就不是道了，不是常道。

道是什么？宇宙的本体。老子说是天地之始。所以只是给它安一个名，称为道。其实"名可名"就不是常名。老子在他的《清静经》中也讲得很清楚："大道无名，长养万物，吾不知其名，强名曰道。"即真正的道是没有名字的，你见不到、摸不着，甚至想都想不到，但是它长养万物，也就是宇宙都是从"道"那里生出，它是宇宙的本体。"吾不知其名"，老子不知道应该如何给它命名，"强名曰道"，勉强的就用"道"字来说明，所以这个"道"是"玄之又玄"。为什么？我们的眼耳鼻舌身意没办法接触到，眼见不到，耳听不到，鼻闻不到，舌尝不到，身体这些器官触摸不到，甚至意念都想象不到，它却是宇宙的本体，生成了天地万物，又蕴含在万物之中。

老子在《道德经》上说："天下万物生于有，有生于无。"天下万物就是讲我们宇宙，古人认识的宇宙范围小，所以老子给我们说得小一点儿，只说一个天下，这样我们比较容易体会。实际上，老子的本意是指整个宇宙"生于有"。有是什么？"生于无"，这个无就是道，是一种不得已的说法，这个"无"不是我们一般概念想到的什么都没有，什么都没有叫"无"，那就很好理解了。这个"无"能生"有"，所以"有生于无"，证明它并不是什么都没有的那种状态，这与佛家讲的"法性"概念是一样的。所谓"法性空寂"，虽然空寂，但能变现万物。《华严经》讲的"唯心所现，唯识所变"。这个"心"跟这个"道"是一样的，它是宇宙的本体。

禅宗的六祖，唐朝的惠能大师在五祖会下大彻大悟，说了五句话："何期自性，本自清净；何期自性，本不生灭；何期自性，本自具足；何期自性，本无动摇；何期自性，能生万法。"这五句话把"道"描述得很清楚，五祖听了以后就给他印证："你已经开悟证道了，你可以传承衣钵了"，就此惠能称为禅宗六祖。"何期自性"，"何期"就是想不到，真的是"道可道，非常道"，说不出来，想不到。"本自清净"，这清净是空寂，就是老子说的"无"；

"本不生灭",不生也不灭的,本来就有,没有生灭。"本自具足"就是人人都有,而且是物物皆有,天地万物哪一样都有,就是老子讲的这个"道",生成万物又蕴含于万物之中。"本无动摇",自性没有动过,没有动的时候就叫"道"。老子说:"道生一,一生二,二生三,三生万物。"这个道也就是老子说的太极,太极生两仪,两仪生四象,四象生八卦,八卦生万物。不管你用什么名,你体会它的意思,不动的时候,那叫道,一动,那就生一了。

佛家讲的什么动?念头动。念头不动的时候,那就是道,那就是自性。一动,就生起这个宇宙,一生二,二生三,三生万物,种种的万物就出生了。现在科学家说的宇宙大爆炸,突然就爆出来了。"何期自性,能生万法",就是生起这个宇宙了。所以自性虽然空寂,没有任何的一物,所谓"本来无一物",但是它能生万物,这是真正"道"的含义。

道的存在无法用我们的器官触摸到、接触到,《道德经》上讲到:"视之不足见,听之不足闻,用之不足既。"这讲了,看是看不到,听也听不到,我们的六根,包括我们的意念都想不到。这种状态好像很难理解,其实在自然界当中也有这种现象,可以帮助我们理解。譬如磁铁和磁性,一块磁铁它有磁性,磁性看不到,视之不足见。听不到,听之不足闻,可是用之不足既,它的作用可大了,我们放一根铁针、钢针在旁边,它们就被吸过去了。这是磁性有作用,作用还很大。我们现在整个社会的电能、发电机,怎么来的?就是在磁场里面转动一个线圈,这个线圈就在转动当中自然产生电流了。这是磁性的作用,它能发电,所有的灯、电脑, 所有现在我们使用的电器都是靠磁性的作用, "用之不足既", 那个范围很宽广。所以这是宇宙的本体, 不可思议, 却又确实存在, 妙用无边。

(三) 德为道相 道为德体

"德"是什么? 德是道的相, 道是德的体。道, 我们看不见摸不着, 想也想不到, 可是它能显现出来, 显现出来叫德。我们人类, 把道人格化了, 也就是儒家讲的八德: "孝悌忠信礼义廉耻", 八德, 这是人格化的道。还有伦理化的道, 人与人之间的关系, 人伦, 用五伦十义来体现道。所谓父子有亲, 君臣有义, 夫妇有别, 长幼有序, 朋友有信, 这是伦理化的道, 把道显现出来, 就是德。比如, 大海中水是道, 水是大海的本体, 那个波, 你能见得到, 水波起来了, 你看见波, 就知道那是水, 波是德, 波能显现水, 水是波的体。因此我们行德就能证道。我们能够做的、能够看到的、能够用到的, 那是德, 知道德就是有道。那么德的根本是什么? 是孝。所以孝亲是大德、大道, 不用人教的, 自然而然就叫道。

(四) 慈孝存心 行而有德

前不久有报道, 一位十九岁的大学生刘霆, 他母亲患了尿毒症, 要换肾, 但是家里很穷, 没有钱治疗。刘霆考上了浙江林学院, 知道读不起书, 就想在家里侍奉病床上的母亲, 他说: "母亲含辛茹苦把我养大, 我自然要力所能及的回报。"可是母亲说:

"不行，你一定要去读书。"在母亲的强烈要求下，刘霆决定背着母亲到学校。不能够住学校的宿舍，他就在外面租了一个很小的房子，跟母亲同住，白天读书上课，晚上回来做家务、照顾母亲。而且他决心要把自己的一个肾献给母亲，让母亲能够活下来。他鼓励母亲说："妈妈，你一定要活着，只要你活着，我就能坚持下去。"这种孝心没有人教他，自自然然就是这样的。"道"显现在他身上，所以他这种孝行、这种德行就是道的人格化、伦理化，我们称它为天性。他的这种孝心孝行感动了很多人，一些热心的人士纷纷解囊相助，拿钱来帮助他母亲治病。上海一家医院知情后，决定为他母亲提供肾源，并免费手术，刘霆不需要为母捐肾了。一颗至诚的孝心唤起了无数的孝心，因为所有人的心都是本善、同体的。当一个人在行孝的时候，他能与道相通，就能感动所有人的孝心跟着显发出来。因为体是一样的，所以佛家讲"众生同体"，儒家讲"仁"，仁爱的仁，这都是讲到同体的爱心。既然是同体，就能互相感动，互相传递、开发这种孝德。

所以我们说孝的本体就是道，辨体就是以道为体。即夫子在本经开宗明义章所说的"夫孝，德之本也"。其意深奥无边，我们要认真努力地去体会、去力行，才能够真正领会圣人的意思。

三、明宗 —— 事亲、事君、立身

五重玄义第三"明宗"。"宗"就是修行、修学的方法。我们怎样来明了这部经教给我们的修学方法？我们判本经的经义

是三层含义：事亲、事君、立身。经文上说到："夫孝，始于事亲，中于事君，终于立身"，这就是教我们如何行孝，如何修学这部《孝经》。

（一）孝有三层 成圣圆满

这里讲的孝有三个层次：

第一层是对父母双亲的奉养、孝敬。这是起始，那还不够，不能停留在这个高度，还要把孝心扩展，对父母尽孝，也要用这个孝心对待人民。

第二层"事君"，就是我们现在说的为人民服务。古代是君主制度，为大家是事君。皇帝是国家的代表，为君主、为皇帝就是为国家。现在没有皇帝了，君换成人民，事君就是胡主席讲的八荣八耻前两条"以热爱祖国为荣，以危害祖国为耻；以服务人民为荣，以背离人民为耻"。热爱祖国，服务人民，这就是事君。所以经文解释要联系时代，才会得利益，要懂得活学活用。因此孝要扩展，不仅对父母，还要对所有的人民，乃至对整个地球的人类，因为地球人本来是一家。

第三层"终于立身"，就又高一层次，终极的孝是什么？立身行道，也就是成圣成贤，做圣人，孝才能够圆满。这就是夫子在《孝经》中给我们指示的行孝的修学方法。

（二）幼承母教 孝道扎根

茂森在修学孝道方面得力于母亲从小的教育。我们都知道唐朝孟郊的《游子吟》，是劝孝的，这是母亲在我几岁的时候，教导我念的第一首诗："慈母手中线，游子身上衣。临行密密缝，意恐迟迟归。谁言寸草心，报得三春晖。"一个游子要出远门了，可能是要出去求学，或者工作，临别时，母亲为他密密地缝制衣服。为什么要密密地缝？因为母亲担心孩子出远门，衣服破了，会给生活带来不方便。母亲对孩子的关怀真是无微不至，所以世人说："谁言寸草心，报得三春晖。"小草蒙受太阳的温暖，照耀成长，想要报答三春晖的恩德，如何能报答得尽？学这首诗时，我还不会讲普通话，母亲就用粉笔在家里房间的门板上，写下这首诗，教了一个多月才把我教会了。一般的孩子可能十五分钟就能够背得很熟了，这也证明我资质并不是很好，其实资质差点没关系，只要有良好的教育，还是能够成才。所以母亲教导我是从孝入手。我们家里有所谓的家庭文化，就是当我们的老人生日，或者是春节、假日的时候，我母亲的兄弟姐妹，以及我们这些孩子，都一起跟公公、姥姥欢聚一堂，孩子们都要表演节目，或者朗诵一首诗，或者读一篇文章，献给老人家，这是家里的悦亲活动，旨在培养孝道。培养孝道要真正做，不是把《孝经》倒背如流，只会念书，重要的是能够真正行孝。

（三）十一龄童　浅解《孝经》

1984年的春节，我十一岁，妈妈让我写一篇小短文，在家庭聚会时给长辈们做献辞。当时因为学习《孝经》，就写了《怎样孝敬父母》。一个儿童领会、理解孝的含义是很粗浅的，在这里也分享一下：

怎样孝敬父母？《孝经》里有这样一段话：

"夫孝，天之经也，地之义也，民之行也。"孝敬父母，一方面是物质上的孝敬，要让他们丰衣足食，按时给他们一些零用钱，经常给他们买一些可口的食品。尤其当父母患病时，子女应尽全力照顾好老人，也为自己的子女树立好榜样。更为重要的就是精神上的孝敬，我们要关心老人，要尊敬他们，有事同他们商量，尊重他们的意见，使他们精神上感到愉快。

这一小段文是十一岁的茂森在家族的春节聚会上的献辞。这些文字，母亲都很有心，收集在我们家庭的一个文化箱里。现在，二十多年以后翻出来看看，都觉得很有味道。虽然家里并不富裕，但是母亲对我的教育确实很用心，很注重对我的培养。父母含辛茹苦把我教育大，我从小尤其得力于母亲的教导，母亲常常启发我立大的志向，要做有用的人。所谓"读书志在圣贤"，立大志向，做圣贤人。

（四）为报亲恩 效法范公

由于母亲的培养教育，我的小学中学都非常顺利，成绩也非常好。小学毕业，是以广州市黄埔区第一名的成绩考上重点中学——华南师大附中；中学成绩也很优秀，顺利考上了全国著名的高校中山大学，读国际贸易经济专业；上了大学以后，母亲就鼓励我要出国留学，要学好本事，将来成为对社会有用的人，而且母亲对我讲："我要做博士的妈妈。"

因为母亲的这个志向，所以大学期间一直在做准备。1995年，二十二岁，大学一毕业就很顺利地到美国留学，攻读硕士，接下来就是读博士。临行前，想到在孩童时代念的《游子吟》，这回真的自己要做游子了，就安慰母亲说："妈妈，您好好地保重，等我七年。"当时，母亲已经跟父亲离异，我跟母亲相依为命，我走后，母亲就是一个人生活。但是为了成就儿子的未来，母亲愿意甘受寂寞。茂森也体会到母亲的用心良苦，所以跟母亲保证说："您等我七年！"因为七年的时间可以把硕士和博士完成。在美国，一般来说，读一个硕士要两到三年，读一个博士要四到五年，正常情况下，七年可以把硕士和博士都拿下来。

在美国留学期间，因为时时刻刻都想到要报母亲的恩，实现母亲的志愿，所以读书也很用功，成绩都很优秀，一般都是全班第一名，在学校也拿到奖学金。没有奖学金就很难支付昂贵的学费和生活费，奖学金对我帮助很大。我记得每个月奖学金能拿到八百美金，对一个留学生来讲，这算是不错了，可以把学习和生活维持得很好。记得当时为了省钱，生活也很勤俭。母亲曾教导我要学习范仲淹，范仲淹是"断齑划粥"，生活很简单，在书院里面读书，一天就煮一锅粥，冻成块，再切点咸菜沫，叫齑，撒在粥上，把粥分割成几块，每餐吃一块，这就是断齑划粥。我把八百块钱奖学金也来"断齑划粥"，分成三份：两百美金给母亲寄回家；一百美金寄给我父亲，虽然他又成立了自己的家庭，但是我对他依然是孝敬；另外剩下的五百块钱再继续分，除了自己的生活费、学费，能够每个礼拜给母亲打一次长途电话，有时候要打一个多小时，长途电话费是我支付最多的开支。再省些钱，每年可以回家探望父母，作为路费、买机票。

所以当时就租最便宜的房子，冬天房子里冷，不开暖气，夏天热，也不开空调。为什么？舍不得，为了省钱。我留学的行李有限，只带了一条毛毯，棉被在美国的价格比中国高，也不舍得去买。冬天冷的时候，毛毯不够盖，就把所有的衣服都压上，甚至把书本都压上来。那时好多中国留学生一起住，我记得刚刚去的时候，有一位学长毕业了，他的高压锅用了好多年，已经不高压了，锅顶的重锤子都不见了，准备扔掉。我就跟他讲："别丢掉，你就送给我吧。"我就拿着这个不高压的高压锅，做菜、做饭、煮汤，什么都用它，一用就是四年。

（五）持戒有定　学业早成

同学们看我这么省，又看到我有两件事情不省：一个是打电话，一个就是每年必定回家探亲，不省路费。他们都跟我半开玩笑地说："你要是把这些钱都省下来，就能买部汽车了，买部二手车是没问题的。"我没有买汽车，上学骑着一辆小的自行车，风雨无阻，但是心里很踏实。在留学期间，心里就只存着一个目标：赶紧完成学业，然后孝敬父母，奉养父母。为了专心学习，我给自己定了七条戒律，所谓"七不"：第一不看电影电视，第二不逛商场，第三不留长头发，第四不穿奇装异服，第五不乱花钱，第六不乱交朋友玩乐，第七不谈恋爱。

生活看起来很枯燥，但是在这枯燥的环境里，反而人的进取心更强，因为志向非常坚定，所以学习很顺利，成绩也很优秀，结果四年就把硕士和博士的课程全部完成了。原来跟母亲承诺是七年，四年就完成了。当时我们学校的一些老师，包括我的博士生导师都很赞叹："在我们学校，这么快速完成硕士、博士学业的，你还是头一位。"

（六）事业有成 孝为本源

因为成绩很优秀，做的研究、出的成果也很显著，因此在导师的有力推荐下，很快就找到了工作。博士毕业一般是在大学教书，当时定在德州大学一个分校做助理教授。博士还没毕业，工作就已经确定了，这让很多留学生非常羡慕。博士毕业前，我第一件事情就是把母亲接到美国来，特别请她参加我的博士毕业典礼。

那是1999年，茂森是二十六岁。穿着博士服，手捧着毕业证书，和母亲合影，当时母亲非常高兴。母亲希望我做一个博士，做一个教授，我也在很好的落实。我们母子一起在美国三年多，生活真的是很愉快，我的工资比较高，在美国也算是中上水平的收入，能够很好地养母亲之身。

二十六岁的茂森走上了美国大学的讲台，台下有很多学生年纪都比我大，自己也觉得很不可思议！为什么有这样的成绩？思前想后，不是自己聪明过人，不是资质很好，童年时代念一首诗，一个多月还不会背。真的，有今天的一点点成绩，如果说有积过德，可能是心里总装着父母，孝心确实可以帮助我们成功。所以德的本是孝，古人说得好，"水有源，木有本"，"父母者，人之本源也"。水有源头，树木有根本，如果是无源之水、无本之木，那很快就会枯竭，很快就灭亡了。我们的本是什么？父母！尽孝才能够使自己的事业成功。孝心是事业最好的动力。所以事亲、事君，事君是什么？自己的事业，要为人类做贡献，成为一个对社会、对世界有用的人。

（七）恩师导引　志存高远

我们母子在美国几年，一直跟随恩师学习。恩师今年已经八十二岁高龄，他把一生奉献给中华传统文化教育事业。当时我们在美国很希望追随恩师学习，恩师就劝导我们到澳洲去："澳洲我们建立了一个学院，你可以过来跟我们一起学习。"当时澳洲各方面条件远不如美国，跟随恩师学习就意味着要放弃自己优越的生活和工作；但是我跟母亲商量以后，我们还是决定要追随恩师，于是就舍掉了美国的一切。当时美国政府刚刚批下来给我"杰出教授和研究人才"的绿卡，结果我也没要，就到了澳洲，很顺利的在澳洲昆士兰大学任教。

昆士兰大学在澳洲属于八大名校之一，它的工商管理MBA硕士班的项目在澳洲是排行第一的。我当时是在商学院教金融科目，它在亚洲排第六，像我们北京大学好像也在同一个排名当中排第二十三。由于原来学习时养成的习惯，在美国工作很自然就非常努力，直到去澳洲，我一直守着"七不"的戒律。因为持戒，不仅学习时很顺利，工作也很顺利，在美国连年获国际会议的最佳论文奖，也出了很多的论文，到了澳洲也是连年获得昆士兰大学的最佳优秀研究奖，两次承担国家研究的项目。在发表文章方面，都是全学院一百多位教授当中的佼佼者。因此，就被破格提升为副教授，很快就获得终身教授（tenure）的聘用。在学术界拿到tenure，意味着你终身都有保证了，中国人讲的"铁饭碗"，只要你不辞掉工作，学校不能辞退你。得到终身教职不容易，一般人是拼死拼活拿到了就松下来了，像我这样年轻，三十四岁成为澳洲昆士兰大学的终身教授，当时在全澳洲也是不多见的。

（八）回首前路　慈母舵手

在澳洲的一天，翻看家庭文化箱，看到了1992年，母亲给我的生日贺卡，她对我这一生的希望都写在这张贺卡里面，在此把贺卡的内容跟大家分享一下：

茂森儿：

祝贺你十九岁青春的年华！这是你迈进大学的第一个生日。世界上有两样东西，只有失去时才知道它的价值，这就是青春和健康。希望你做一个智者，身置庐山之中而知庐山之美。你已经成年，今天和你谈谈我对你人生的总体策划，假如环境没有意外，你的道路是：大学毕业，获学士学位；研究生毕业，获硕士学位；攻读博士获博士学位；争取到当今世界发达的国家学习和工作。成家要晚,立业在先,遵循古训:修身、齐家、治国、平天下。在修养方面克服浮躁,一心不乱,增加自控能力。宁静致远,行中庸之道;三十岁前,学习,积累,打基础;三十岁至五十五岁,成家立业,干一番事业;五十五岁后收心,摄心,总结人生,修持往生之道。这样,当你回顾往事的时候,可以自慰地说:我活着的时候很充实,离去的时候很恬静。

永远爱你的母亲
一九九二年五月

这是我十九岁生日时,母亲为我写的贺卡,母亲在贺卡中确实把我一生的道路都指明了。回顾这十六年走过的人生路,我也可以自慰的说,母亲给我定的很多志向已经实现了。譬如说获得了博士学位,在发达国家工作,也算小有成绩,这些是属于"事亲、事君"的部分。

(九)明师贤母 志在圣贤

但是母亲对我还有更高的期望,她说要遵循古训:修身、齐家、治国、平天下。圣贤人的志向,圣贤人的事业,确实是需要茂森终身奉行。母亲的这张贺卡也体现了《孝经》修行的三个层次"事亲、事君和立身"。

我现在可以告慰母亲说:"妈妈,您想做博士的妈妈,您想做教授的妈妈,这些志愿都已经成就了。"就在2006年的年初,我刚刚获得终身教职的时候,马上有好几家大学来聘请我做教授,包括澳洲的,包括中国的。我和母亲有意追随恩师回国,为祖国、为人民服务,报答祖国之恩。当时厦门大学正好筹建财务金融研究所,聘请海外著名学者、教授来做首席教授,就给我发了聘函,以年薪八十万人民币还加上五十万元的研究经费,以及免费提供吃住的优厚条件,希望我到任。

这是个很好的机会,母亲就请教恩师,恩师则希望我能够真正走上圣贤教育之路。那天,母亲在澳洲陪着恩师散步,母亲抓住机会就问:"茂森现在已经获得了厦门大学的聘函,恩师,您看是在澳洲工作好,还是回祖国工作好?"结果恩师回答说:"要做圣贤!"这一句回答好像答非所问,我母亲问是回中国好还是在澳洲好,恩师说:"要做圣贤!"

这句话真的有点像禅门的机锋话,看似答非所问,但是我母亲一下子就觉悟了。真的,我们想来想去都是为自己打算,有没有为天下人民去打算?现在的世间,不是缺一个金融教授,缺的是圣贤教育的师资。中国传统文化,圣贤的教育,经过历史的变迁,现在已经到了快要断的边缘,太少人发大愿、立大志来承传古圣先贤的道统。学者很多,但是圣贤太少。

那是2006年,正是在世间人看来功成名就之时,母亲和我决定改变工作。当时,母亲给我写了一个生日贺卡,说:"茂森儿,做母亲的希望你更上一层楼,希望儿子做君子,做圣贤。你能满我的愿吗?"

《孝经》上说:"立身行道,扬名于后世,以显父母,孝之终也。"终是终极。所以真正大孝之人是以德济世,正是古圣先贤所说的"为天地立心，为生民立命，为往圣继绝学，为万世开太平"。

现在我们环顾这个世间，海内外都一样，由于缺乏了伦理道德圣贤教育，一些人为所欲为，损人利己，导致社会有种种的乱象。我们国家的领导人英明，提出"和谐社会，和谐世界"的理念。理念怎么落实？中国古代圣贤的教育哲学——《礼记·学记》中讲到："建国君民，教学为先。"所以要用教育来实现和谐社会、和谐世界，而教育缺乏的正是具有圣贤品德的师资。与其我们期望别人来做圣做贤，不如自己直下承当，我们要来做。做不做得到那是一回事，但是要有心去做，甚至是知其不可为也要为之。所以我们母子就决定辞掉澳洲昆士兰大学的终身教职，来走圣贤道路。

母亲对我说："能孝敬自己的父母，是小孝；能孝敬天下的父母，全心全意为人民服务，是大孝；能成就圣贤、普利众生，使千秋万代的人获益无穷，是至孝。我支持儿子走上大孝，奔向至孝！"

（十）母慈子孝 投师学圣

母亲说出这样的话，我非常感动！我们母子相依为命三十多年，现在她的辛苦终于得到了成果，可是她没有把成果留给自己，而是奉献给社会，奉献给圣贤教育的事业。翻出三十多年来的这些相片，母亲含辛茹苦的养育，都还历历在目，母亲的谆谆教导，仿佛就响在耳边。大家看到的相片，一张是我很小的时候跟母亲照的,一张是近期跟母亲照的,感恩之心充满了自己的心灵,发大誓愿要报母恩。

报恩就是要养母亲之志,母亲的志向是希望我立身行道,传播圣贤教育。母亲就带着我一起到恩师座下正式拜师,请恩师收留我,悉心地指导我。我也愿意全心全意地跟着恩师学习、弘扬圣道。拜师之后,2006年年底,我送给母亲一个生日贺卡,上面写了一首诗,叫"感恩慈母颂",愿意跟大家分享:

春秋六秩转瞬间,育儿辛苦三十年。

昔有孟母勤策励,而今家慈不让贤。

不恋高薪教授衔,唯希独子德比天。

从来豪圣本无种,但以诚明度世间。

这首诗大意是父母六十多年辛苦,转瞬之间教导孩子也三十多年了。母亲的心志如同当年孟母,希望培养像孟子一样的圣贤。放下世间名利的追逐,不贪恋高薪、教授这些名衔,只希望自己儿子的德行能够效法天地、效法圣贤,立志成圣成贤。能不能做到?从理上讲每个人都能做到。孟子说的好,"人皆可以为尧舜",也就是说人皆可以为圣贤。"从来豪圣本无种",没有说天生的某个人一定是圣贤,一定不是圣贤,每个人都可以做圣贤,只要自己肯承当;怎么做?"但以诚明度世间"。古德有说:"圣贤之道,唯诚与明",《中庸》上讲,所谓"自诚明,谓之性;自明诚,谓之教"。圣人本性真诚而有智慧,这叫"自诚明",这是天性,是我们的本性，这就是道。那么"自明诚"，明白了以后，觉悟了，要效法圣贤，养我们的真诚，这就要教、要学。

我们学习圣贤教育，谈到《孝经》的明宗，修学的方法，茂森也很有感触，得力于父母、师长的教诲，才有今天的觉悟。愿意真正落实《孝经》的修学，不仅要事亲，还要事君，全心全意为人民服务，更要立身行道，成就圣贤，回归本善。这是第三个方面。

四、论用——宇清，国安，家和，人乐

第四是论用，就是学《孝经》的作用，学了有什么好处，能得到什么利益？这个利益太大了。恩师的话："宇清，国安，家和，人乐。""宇清"是整个宇宙都清，得到太平、圆满的利益，国家也能得到安乐，这是和谐社会；"家和，人乐"是家庭和顺，人人也得到幸福美满快乐。怎么得到？行孝。以孝治身，以孝治家，以孝治国，以孝来平天下。这是《孝经》教导我们的功用，非常的圆满！所以古代很多的帝王都注《孝经》。因为他们意识到和谐社会、和谐世界的重要，而《孝经》是最有效的方法。

（一）历代帝王 首重《孝经》

古来很多帝王都重视《孝经》，包括汉文帝，他当时用《孝经》来考核官员；东晋元帝作过《孝经传》；宋武帝、宋文帝曾经讲过《孝经》；梁武帝亲自写过《孝经义疏》；还有唐玄宗亲自为《孝经》作了注解；不仅汉族皇帝如此，满清王朝的顺治、雍正

也都亲自注解过《孝经》;康熙诏请百官作过《孝经》的衍义疏,这是很大的工程,在《四库全书》、《四库荟要》里面都有,所以《孝经》是帝王和谐世界之道。

我们判本经的论用,即讲学这部经的功用,可以归纳为四条,所谓宇清、国安、家和、人乐,这是从大讲到小。宇清就是我们这个世界,乃至整个宇宙都能得到清廉;国安就是我们所在的国家也得到安定;家和就是我们自己的家庭能够和睦;人乐就是我们自己得到幸福快乐。这四条概括了所有利益,正是我们国家和社会所希求的,所谓和谐的家庭、和谐的社会、和谐的世界。

和谐如何实现?孔老夫子在《孝经》中讲,要以孝去治理。以孝治身就能人乐;以孝治家就家和;以孝治国就国安;以孝治理天下就天下清宁。如果再扩展来说,以孝心对待整个宇宙一切众生,就得到宇宙的清宁。所以这一个孝字,就圆满的得到和谐。

邢昺注解玄宗的《孝经御注》,引用了隋朝学者刘炫的《孝经述义·序》:"《孝经》,言高趣远,文丽旨深;举治乱之大纲,辨天人之弘致。大则法天因地,祀帝享祖,道洽万国之心,泽周四海之内。乃使天地昭察,鬼神效灵;灾害不生,祸乱不作。明王以之治定,圣德之所不加。"

是讲《孝经》虽然是一篇短文,总共只有一千七百九十九个字,可是"言高趣远",其文义高广,旨趣悠远,文辞优美,意境深远,彰显圣治之道、圣人之德——天地之德。举出天下大治、大乱的根本在于能不能够以孝治理天下,因为孝道是天之经、地之义、人之行,所以孝是总纲。

(二) 三才孝纲 大小不二

从大的方面来说,如何能够孝治? 天、地、人三才都以孝为纲。所谓"法天因地",就是效法天地。天是恒常的运作,地是无私的奉献,人在天地之间效法天地之德。对待君上,古时候是君主时代,要对皇帝、古圣先王常常的纪念,对自己的祖先也要常常的祭祀。这就能够使天下百姓民心和睦,四海之内的人民都能够得到圣王的德泽。天地都有感应,所谓"天地昭察,鬼神效灵"。天地鬼神实在是跟人有感通的,当一个人行孝的时候,天地鬼神都护佑;人如果不行孝,天地鬼神都厌恶。真正以孝治理天下,从自己做起,对父母有一种纯真的孝心,然后扩展至对百姓,以这颗孝心对待所有的人。这是讲国家领导人,他能够以孝心对待万民,自然就能感得"灾害不生,祸乱不作"。所谓是天地都相保,灾害都避免了。

明王,是指古代有明德的圣君、圣王,他以孝来达到国治、天下平。所以孝可谓是"圣德之所不加",就是本经中曾子问孔老夫子,圣人之德有没有可以超过孝道的? 孔老夫子曰:"圣人之德又何以加于孝乎? "圣人之德哪里有能够超过孝的呢? 所以圣人之所以能够成就,就是因为孝心达到了圆满,即圣德的圆满,这是从治国、平天下、成圣、成贤这些大的方面,讲到帝王、领导人的孝治。

从小的方面,我们继续看刘炫的《孝经述义·序》:"小则就利因时,谨身节用;施政闺门之内,流恩徒役之下。乃使室家理治,长幼顺序;居上不骄,为下不乱;臣子尽其忠敬,仆妾竭其欢心。"

普通老百姓也需要行孝，所谓庶人之孝。老百姓如何行孝？要因地之利，即顺应天时、获取地利，从事生产、工作来养活自己的父母，个人生活要非常节俭、谨慎。这样，才能够长久的侍奉父母，使自己对父母的奉养丰丰富富，宁愿吃穿用度少一些，也要竭力让父母得到温饱，这是普通老百姓也要做到的孝道。

闺门之内，闺门就是讲一个家庭内部，还是要用孝道，用礼，这一条出自《古文孝经》。《孝经》有《古文孝经》和《今文孝经》，我们采用的是《今文孝经》。《古文孝经》有一章是闺阃章，谈到在闺门之内要有礼，以礼治家，这样就能够上下和顺。哪怕是仆人、家里的下人，都需要恩德照顾，一个家庭，哪怕是只有夫妻两人的小家庭都能得到和谐。所以有家礼、家规，在家庭就会实现夫义妇听，夫和妇顺，长幼有序。

做人要懂得"居上不骄，为下不乱"。在上位得到了富贵，不可以有傲慢心，因为有傲慢心必定富贵不能长久，可能很快就把自己的地位、名誉和财富都亏损了。在下位，不能想着跟别人去竞争、斗争，争夺权势、富贵。要知道，一个人的富贵穷通都有定数，即使是你争得来、抢得来的，还是你命中本有的。既然如此，何必争抢？不如把功名富贵看淡，乐得做个君子，造就温、良、恭、俭、让的好品德，而功名富贵真是命中所有，必定还能得到。只有小人，才会斤斤计较，不断的争取、抢夺那些命中本有的东西。古人叹曰："君子乐得作君子，小人冤枉作小人。"不需要以小人的手段就能得到的，非得要作个小人，这是很冤枉的。

真正以孝治理家庭、国家、社会，天下的臣子，必定能够尽忠；为人子，也必定是尽孝；所谓"尽其忠敬"。忠跟孝是一体的，敬就是我们对于长上、父母的敬意。孝一定要连着敬，如果是孝没有敬，这个孝就不称为"孝"了。仆妾，这是指一般的仆人，就连服务人员，他们也能够很欢喜的效劳。因为他们能够感到孝的氛围，孝的氛围一定很和谐，所以，他们做事能够安心。譬如一个企业，实际上也是一个大家庭，老板像是大家长，他要以孝治理自己的大家庭，让人人都守礼、都忠敬，没有不平等，必定是和谐，自然人人都欢心，而家和万事兴。企业员工都能够和睦，上下同心，这个企业必定很成功。所以，孝的功用是很广阔的。

最后刘炫说："其所施者，牢笼宇宙之器也；其所述者，阐扬性命之谈也。"这是讲孝的功用，很深很广，真的是涵盖宇宙，宇宙万物都是这颗孝心的显现。我们昨天谈到，孝的体就是道，即佛家讲的自性。《道德经》讲宇宙的本体是道，宇宙是从道而生的。六祖惠能大师说，"何期自性，能生万法"，万法就是我们的宇宙，宇宙就是道变现出来的。我们一个人能够养成纯真的孝心，就与道相应，这颗孝心它可以遍及整个宇宙，而使宇宙都能够清宁、和谐。如果把宇宙都能够和谐起来，那和谐一个地球，就是理所当然了。所以我们坚信古圣先贤的教诲，只要以这颗孝心来对待、治理世界，必定能得到和谐。

《孝经》所述，是性命之谈，"性"就是本性，就是讲到宇宙万物的本体，那就是道。所以我们判本经是以道为体，这也是有依据的。命就是所谓天命，孔子说："五十而知天命。"天命是什么？就是宇宙人生的真相。《孝经》所阐述的正是宇宙人生的真相，如果依此修行、落实，必定获得无上的利益。因此本经开宗明义就说，这是先王的至德要道。所以概括起来，本经修学的功用，小则得到幸福人生，大则得到和谐世界，清宁宇宙。

（三）子承亲志 继往开来

中国历朝历代已有很多帝王注解过《孝经》，足见对《孝经》非常重视。他们把《孝经》作为考核读书人的教材，甚至是作为教导宫廷王子、贵族的教材。顺治和雍正两位皇帝还亲自给《孝经》作了注解，康熙虽然自己没做注解，但是其父顺治留下遗愿，希望能够撰修一部《孝经衍义》，把历朝历代的凡是讲到孝道方面的注疏、文字汇集起来，以《孝经》的义理为主纲来注解《孝经》，由于工作量很大，顺治没能完成，康熙就承接过来。康熙当时诏领大臣、儒臣一起来汇集，编成了《孝经衍义》，总共一百卷，收录在《四库全书》和《四库荟要》里。《中庸》上面说到："夫孝也者，善继人之志，善述人之事者也。"孝能够继承先人的志向，能够继续前人的事业，所谓孝亲之志。康熙子承父志，可谓孝矣。父母、先人的志向，我们要努力做到，这是真正的孝。

茂森之所以这次有愿心把《孝经》讲解一遍，也是完成母亲的愿望。三年前母亲就表达了她的志愿，希望我放弃学校的教授工作后，跟随恩师学习，能够在学习过程中把《孝经》讲解一遍。母亲注重孝道，特别培养我从小念《孝经》，现在母亲有这个志愿，末学即当"继人之志，述人之事"，是谓养亲之志。所以好好的把《孝经》讲解一遍,是茂森成就母志的一项使命。

五、判教——圣之根,人之行

第五个方面,判教。简单地说,判教就是判定教学课程的地位,到底什么人要学习《孝经》。

(一)修德行孝　做人根本

《孝经》是"圣之根,人之行"。圣贤的根本就是孝道,人人都要去学、去行。邢昺的序文讲到:"按《钩命决》云,孔子曰:'吾志在《春秋》,行在《孝经》。'"孔子自己说,我的志向表露在《春秋》这部书中,而我真正的行持、力行在哪里体现?在《孝经》当中。至圣先师孔子确实是为我们做了榜样。成圣成贤,根就是孝;成圣成贤,也不外乎是孝道的圆满而已。而孝是本善,每个人本来就具足的德性,人人都应该去行。

所以我们判本经的所谓"教相",就是教学的课程,它是"圣之根,人之行"。我们如果想要成就圣贤,首先要扎孝道的根,所以本经是一门圣贤的基础课程。而"人之行",人人都一样,没有分别,男女老少、各行各业,只要是人,都要去学、都要去行,可见这门课程涵盖之广泛。每一个人都应该学习孝敬父母,人不孝敬父母,就不能称为人。

我们都知道乌鸦反哺,小羊跪乳。小乌鸦长大了,老乌鸦飞不动了,小乌鸦就会出去找食回来孝敬自己的父母,这叫反哺,乌鸦懂得知恩报恩。小羊都是跪在母亲的身体下面，仰着头来吃乳，这种跪乳的形态显示着羊儿的感恩。所以动物都能体现孝心，如果人不行孝，不如畜生啊。

因此《孝经》这门课程，人人都要学习，而真正做到了极处，成圣成贤就都能达到。孔子本人曾经说过："吾志在《春秋》，行在《孝经》。"他的志向在《春秋》这部著作里面，而他的行持就在《孝经》里面。可见，圣人也是在不断的行孝修德。所以这部经，普通的妇孺需要学，立志成圣成贤的人也要学。

（二）曾子请益　夫子述作

这部经的作者，一说是曾子。即曾子作为一个大孝子，听了老师教导孝的道理，记录整理了《孝经》。

而邢昺《注疏》云："夫《孝经》者，孔子之所述作也。"他说的非常有道理，意即《孝经》为孔子亲口所述、亲手所著，非曾子所写。《孝经·开宗明义章》，孔子跟曾子问答的形式，是假立曾子为请益问答之人来广宣孝道。选择曾子作为请益问答之人，是因为曾子在七十二弟子当中，是个孝子，孝行最显著。

（三）成书宗旨　时代背景

邢昺《疏》序文说："述作之旨者，昔圣人蕴大圣德，生不偶时，适值周室衰微，王纲失坠，君臣借乱，礼乐崩颓。"

这是讲孔子述作《孝经》的宗旨。当时至圣先师虽然有大的圣德，但是生不逢时。春秋时代，周朝末年，王室衰微，纲常尽失，列国诸侯争斗，君臣关系紊乱，诸侯不敬天子，诸侯国的大夫，也不敬诸侯，至于家庭，儿女不懂孝敬父母，几近天下大乱，所谓"礼崩乐坏"。这是孔子著《孝经》的历史背景。

我们再看："居上位者赏罚不行，居下位者褒贬无作。孔子遂乃定礼、乐，删《诗》、《书》，赞《易》道，以明道德仁义之源；修《春秋》，以正君臣父子之法。"

这段文字是讲孔子删述六经的目的。当时礼崩乐坏，天下大乱，居上位者，赏罚不明，凭着私欲私利而执法，使制度、王纲紊乱。在上位的人若不公平，执法不分明，往往会以私废公。"上所施，下所效"，上梁不正，下梁就歪，所以当时是上下一片混乱。有鉴于此，孔老夫子决定删述六经。

《六经》是最好的教育教材。当时国家天下之所以混乱，就是因为没有很好的教育，所以孔老夫子当时定礼乐，就是著《礼经》、《乐经》，删《诗经》。《诗经》是本来存在的民谣、歌谣集。孔子把这些歌谣搜集起来进行删订整理，所用的原则、标准就是三个字："思无邪"，即凡是引人邪思的这些歌谣统统删掉，最后收集到《诗经》里的，都是启发良善、有很好教育意义的诗歌。这是我们所说的对于文娱节目的管制。因为媒体里面的节目，最容易误导百姓，所以对媒体的管制是很有必要的。如果媒体的节目充满杀、盗、淫、妄、暴力、色情，每天用这些东西教导民众，会有什么结果？必定天下大乱。所以孔子当时删《诗》、《书》，是对媒体、对文娱节目的负责，让大众可以有健康的娱乐。所谓"移风易俗，莫善于乐"，乐和诗都是属于文艺方面的，能帮助社会移风易俗。如果内容健康，必定会把社会带向和谐；如果内容不健康，必定会制造混乱。书就是《尚书》，易就是《易经》。"礼、乐、诗、书、易"这五经，阐述道德仁义的源头、本体。最后孔子还修了一部《春秋》，《春秋》是鲁国的国史，里面也记述着诸侯列国的很多事情。《春秋》为了正君臣父子之法，褒善贬恶，把对错的道理、原则讲得很清楚，使君臣、父子、夫妇、兄弟、朋友这五伦关系得以彰显。这是社会治乱的关键，如果五伦关系乱了，社会一定大乱。《春秋》这部书是正人伦之法，法即教材。

（四）本经深义　解行并重

继续看邢昺《疏》序文："又虑虽知其法，未知其行，遂说《孝经》一十八章，以明君臣父子之行所寄。知其法者修其行，知其行者谨其法。"

这是讲孔子著《六经》时，就想到大家即使是读《六经》，明白道德仁义之源、君臣父子之法，而"未知其行"，即不懂得落实，就是学了还不知道从哪里做起，懂得道理不知道怎么用，这种现象也是很普遍的。如果只学了道德仁义的辞章，不懂得怎么做，不能把这些道理用到自己的日常生活当中，那就是"虽知其法，未知其行"。

恩师上人说只学不落实，是搞儒学研究，不能够真正帮助国治天下平，那是学术研究。要把儒学两个字调过来，学儒。学儒就是学孔子，学孟子，学做圣贤。我们懂了就要做，不肯做，不能把这些道理落实到我们的处事待人接物，那就成了儒学研究家。《弟子规》讲："不力行，但学文；长浮华，成何人。"所以学了要力行，不力行，只是增长浮华。因此恩师反复强调要学儒，从哪里学起？从《弟子规》学起，《弟子规》就是行，《弟子规》从头到尾就讲孝道。我们读诵《孝经》，跟《弟子规》仔细对照，《弟子规》从头到尾就讲如何事亲、如何事君、如何立身，这就是《孝经》的宗趣。孔老夫子预见于此，担心后人只搞儒学研究而不能真正身体力行，不肯做圣贤或者不知如何做圣贤，所以述作《孝经》一十八章，把《孝经》讲述出来。

《今文孝经》，即我们所学的《孝经》总共十八章；《古文孝经》是二十二章。唐玄宗当时确立了《今文孝经》，后世一般都用《今文孝经》，《今文孝经》就是我们现在所学的《孝经》。《今文孝经》，其实在汉朝就已经有了。战国时期，文字还没有统一，各国都用自己的文字，所以当时的《孝经》是用各国的文字写的，称为《古文孝经》。秦始皇统一文字后，就用当时流行的小篆或者是隶书来抄写《孝经》，称为《今文孝经》。

《古文孝经》和《今文孝经》略有出入。注解《古文孝经》，最著名的是西汉的学者孔安国。注解《今文孝经》最著名的有东汉的学者郑玄（郑康成），以及唐朝的唐玄宗，即唐明皇李隆基。玄宗皇帝在古文、今文《孝经》中，裁定用《今文孝经》，他参照多种古代注解，删掉一些繁乱的部分，采用精华，重新注解了《孝经》，即我们现在要学习的《唐玄宗御注》。宋朝邢昺又给《御注》作了注解，叫"疏"，就是《孝经正义》。当时孔子讲《孝经》的目的，就是为了让大家明了如何把圣贤之道落实，所谓"以明君臣、父子之行所寄"。该怎样做好一个人，做父亲的要怎么做父亲，做儿子的怎么做儿子，做领导的怎么做领导，做下属的怎么做下属，所谓是"知其法者修其行，知其行者谨其法"。知其法，就是解门，深解《孝经》的义趣，可以帮助我们力行。认真去落实、去力行，也能够帮助我们更深入地理解《孝经》的义趣，理解圣贤之道。所以学儒、学道不是落在言语上，最关键的是要去力行，这是讲求知行合一。《弟子规》到最后"余力学文"也讲到要知行合一。学文，力行，二者要相辅相成。

邢昺《疏》序最后说到："故《孝经纬》曰，孔子云：'欲观我褒贬诸侯之志，在《春秋》；崇人伦之行，在《孝经》。'"

《孝经纬》这部著作里，孔子讲到：评论诸侯天下大事，褒善贬恶，体现我心志的是《春秋》这部书；人伦的这些行为，在《孝经》里面提倡。所以《孝经》之重，与《六经》等同。《六经》是法，是解门，《孝经》是行门，解行本当并重。

（五）诸学总汇 六艺之根

东汉时代的大儒郑玄（郑康成），他注了一部《六艺论》，曰："孔子以六艺题目不同，指意殊别，恐道离散，后世莫知根源，故作《孝经》以总会之。"是说，孔门的儒家学人都要学习六艺，即礼、乐、射、御、书、数，六种基本的才能，每一位儒者都必须要学习，而《孝经》是六艺之总汇。

所谓礼，就是礼节，学儒的人，必定要学礼，如果不懂礼，就不能够称为是儒者。乐，就是音乐，古时候读书人都能够弹琴。这是以乐来养心，以礼来治身。所以礼乐是对身心的一种调治，儒家用"乐"养心，佛家用禅定来调伏自己的心灵。"射"就是射箭的艺术，古时的儒生，不是文弱书生，都能射箭、骑马。"御"，是驾马车，既可以在讲堂学习、讲课，也可以上阵作战，所谓文武要双全。"书"就是书法，要写一手好文字，包括毛笔字以及文学方面的写文章，都属于书这一类。"数"就是数学、历法，包括天文、地理、易经八卦的算法，这些都是需要精通的。

孔子提倡的六种技艺，题目不同，"指意殊别"，它们的指向、方向都不一样。因为学得多，孔老夫子担心后人学杂了，怕道离散，本来学六种技能最终目的是帮助我们明道。孔子在《论语》中说："志于道，据于德，依于仁，游于艺。"道、德、仁、艺，最后一个艺，就是六艺。

德、仁、艺都是帮助我们悟道的。道是什么？宇宙的本体！孔子非常明了，学问最终就是明了宇宙本体。佛家讲的明心见性，见性就成佛。佛就是儒家讲的圣人，宇宙间的大圣。所以如果后人学习这些技能，而忘记了学习的目标，志向不专一，就使道离散，后世不知根源，可能只学皮毛，不能真正学到深处、根本，因此孔子作《孝经》以总汇之。

孔子为什么要作《孝经》？不仅是总汇六艺，也是德、仁、艺的全部总汇。即整个儒家的学问，都以《孝经》进行总汇。大儒郑康成，体解《孝经》篇幅虽短，讲到六经之根，如此见地，实在是了不起！

以上是《孝经》概要的介绍，我们尝试用佛教天台宗之五重玄义法分析了《孝经》的体例，是按照释名、辨体、明宗、论用和判教五个方面来研习的。释名就是解释《孝经》的名题；辨体就是辨明本经的体性和基本的原理，我们判作是以道为体；明宗就是明了本经所指出的修学方法；论用就是阐明本经的功用；判教，就是判定教学课程地位，我们判定是圣学之根。

《孝经》地位如此之高，所以要非常的重视，它涵盖了整个儒家学问、整个圣贤的学问。下面我们就以殷重的心、诚敬的心，来一起学习这部无上的宝典。

开宗明义章第一

曾子请益　夫子述作　阐明宗旨　至道孝德

【仲尼居，曾子侍。子曰："先王有至德要道，以顺天下，民用和睦，上下无怨。汝知之乎？"曾子避席曰："参不敏，何足以知之。"子曰："夫孝，德之本也，教之所由生也。复坐，吾语汝。身体发肤，受之父母，不敢毁伤，孝之始也。立身行道，扬名于后世，以显父母，孝之终也。夫孝，始于事亲，中于事君，终于立身。《大雅》云：'无念尔祖。聿修厥德。'"】

解释章题　综述全经

一、逐字逐句　开解章题

"开宗明义章"，"开"就是彰，彰显。"宗"是本，本就是根本，根本实际上就是道。佛家讲的自性，要把自性开显、彰显出来，用什么? 用孝。所以孝道是开解、开显自性宝藏的钥匙，因此称为性德。"明"就是显，明显;"义"就是义理，把自性的义理，所谓道理，把它明显化了。"章"，也是明的意思，就是分开每一段，使义理很明显，这叫章。

我们依照唐玄宗的《御注》和邢昺的《正义》注解，逐字的开解章题。

二、综述诸章　阐明关系

本经第一章，开门见山就把根本的义理开显出来，是整部经的主旨所在。

所谓行孝有三个层次，后面五章接着讲五孝，即天子之孝，诸侯、卿大夫、士人、庶民，这五种人行孝，都在开宗明义章中显现出来，所以称为开宗明义第一，按照章的数目字来排列，这是第一章，把孝的道理总说出来，后面各章都是注解第一章的内容。

邢昺的注解讲到整部经的层次、结构和大意。我们在没有学习正式经文之前，了解大意，对整部经有一个总体的认识。

开宗明义章之后就是天子章。《疏》文讲到，"言天子、庶人虽列贵贱，而立身行道无限高卑。故次首章先陈天子，等差其贵贱以至庶人。"这段话说明天子章、诸侯章、卿大夫章、士章、庶人章这五章五孝，虽然列有次第、贵贱不同，可是在行孝方面，立身行道没有限制地位高低，不论尊卑全都需要行孝。所以，五章五孝分别列出五种阶级的人如何行孝，我们由此推演，社会各个阶层、男女老少、各行各业，不分贵贱贫富，都需要行孝。

下文说："次及'三才'、'孝治'、'圣治'三章，并叙德教之所由生也"。三才章、孝治章和圣治章，这三章讲德、教之所由生，圣贤的德教从哪里来？从孝道而来。纪孝行章是叙述孝子如何事亲的，与五刑相因，五刑章跟它相搭配，这是讲到"夫孝，始于事亲"，这是行孝的第一个层次。所以这两章是讲到第一层。

广至德章、广要道章、广扬名章即"先王有至德要道，扬名于后世也"。这三章专门注解开宗明义章的"先王有至德要道"；广扬名章讲到扬名于后世，即如何立身。

"扬名之上，因谏争之臣，从谏之君，必有应感。"扬名章以后就讲谏诤章，谏诤章是说君臣、父子之间都有进行劝谏的道义。"谏诤"，必有应感，至感应章。君臣之间、父子之间，乃至天、地、人之间都有感应。广要道章、广至德章、广扬名章三章相次，不离于扬名。广扬名章、谏诤章、感应章，三章合在一起，实际上都是教我们如何行大孝，立身扬名，都是为了说明立身行道的义理。

事君章，是讲"忠于事君也"，这是孝的第二个层次。讲完如何事亲、如何立身和如何事君以后，继于诸章之末是丧亲章。"言孝子事亲之道纪也。""纪"，极限。儒家讲人道，只讲从生到死。没有讲到生之前，也没有讲死之后。这里讲"孝子之事亲，终矣"，终，终了，极限。这是指父母去世后，能够继续祭祀，已经是尽孝了。这是简述各章的大意，接下来我们逐章详细的学习。

依循古论　解析章句

一、设置情境　垂之来裔

【仲尼居，曾子侍。】

唐玄宗《御注》："仲尼"是孔子的字，就是指孔子。"居"是闲居，闲坐着；"侍"，就是侍坐。是说，一天孔老夫子闲坐着，其弟子曾子在旁边侍坐。"侍"是学生在老师旁边服侍老师，侍立、侍坐都可以。因为后面讲到曾参避席，就是从自己座位上起来，我们可以推测到当时曾子在侍坐。

邢昺《正义》云："夫子以六经设教，随事表名。虽道由孝生，而孝纲未举，将欲开明其道，垂之来裔。以曾参之孝，先有重名，乃假因闲居，为之陈说。自摽己字，称'仲尼居'；呼参为子，称'曾子侍'。"

这段解得很好，讲到孔老夫子为什么要述作《孝经》，也再次说明本经是孔子亲著，其地位完全跟《六经》相同。所以这里说孔老夫子以《六经》设教，这就是儒家的学问了。《六经》根据所学的科目名题不同，譬如，礼、乐、书、数这些不同的名字，随事表名。

"道由孝生"，前面已谈到，德是道的相，而孝是德本；《六经》、六艺都是帮助我们证道的,证道就是所谓的回归本性本善,回归人之初、人的本来面目,孝是最好的帮助我们回归本性本善的方法,从孝入手来成就道德,最方便。"而孝纲未举",是讲如果我们对孝的道理并不明了,夫子圣人就要为我们立教。所以"欲开明其道",为我们阐述说明其中的道理。"垂之来裔",让后人、我们这些后学都能够了解。

(一)曾子大孝　与母感通

曾参以孝著称,对父母可谓纯孝。有一天,他上山砍柴,家里来了客人。母亲想把曾参赶快唤回,于是就咬自己的手指,十指连心,母亲指痛,山上曾参忽觉心痛,担心母亲有事,赶紧回家,才知有客来访。曾参纯孝至极,才跟母亲有此感应。

这种感应胜过手机,手机还要有电磁信号,深山里面,电磁信号不灵,而且还有辐射,有副作用。古人完全是用真诚之心来感应。

曾子大孝,才有纯孝的感应。因此孔老夫子讲《孝经》,当然要对他来讲。所以,这是假借曾子作为对象,用问答的方式来陈说孝道。

夫子讲自己的字号,说"仲尼居",夫子自己写文章,写"仲尼居"。曾参,"参"是名字。古人对男子尊重就用"子",老师对学生也是很尊重的,他用"曾子",不用曾参,所以用"曾子侍"。曾子是夫子的传人,学识也非常的渊博,他每天都用反省的功夫,所谓"吾日三省吾身,为人谋而不忠乎?与朋友交而不信乎?传不习乎？"跟人家一起共事有没有忠诚，跟朋友在一起交往有没有讲信用，老师的教诲有没有真正去落实，"习"就是落实。"吾日三省"最后成就圣贤，所以后人把他尊为宗圣，尤其在孝道方面，他是夫子的传人。夫子对曾子讲《孝经》，是因为他已经做到了纯孝、至孝。虽然他行孝方面做得很好，但是对道理的明了还没有达到圆满，所以夫子跟他讲《孝经》。

（二）孝亲尊师 谦卑受教

一位老师会希望传道给谁？必定是对老师有诚敬、谦恭态度的学生。从本经第一句话"仲尼居，曾子侍"，这个"侍"，我们可以想象一幅图画：曾子毕恭毕敬，侍奉在夫子旁边，从对老师随时听候命令的这种恭谨、谦敬的态度，就知道他一定能够传承夫子之道。对老师恭敬就是对道恭敬，所谓尊师重道。曾子为什么能这么尊师？因为他是孝子，所以师道是建立在孝道的基础上的。古代的圣贤学问都是师道，儒、释、道三家都是师道。师道，现代讲就是教育，不是宗教。教育，师道，要建立在孝道基础上。《孝经》是根本的经典，儒、释、道三家都以孝为根基。

二、至德要道 教之由生

【子曰："先王有至德要道，以顺天下，民用和睦，上下无怨。汝知之乎？"曾子避席曰："参不敏，何足以知之？"子曰："夫孝，德之本也，教之所由生也。复坐，吾语汝。"】

孔老夫子首先发问,可见得这部《孝经》是无问自说的。为什么孔老夫子不等学生提问他自己先说?因为这个道理太深妙了,学生可能问不出来,所以孔老夫子就自己先提出来了。

(一)先王大舜 孝道圆满

【先王有至德要道。】

玄宗《御注》:"孝者,德之至,道之要也,言先代圣德之主,能顺天下人心,行此至要之化,则上下臣人,和睦无怨。"所以,这个"至德要道"就是孝道。

这是注解经文第一句。孝道是德的究竟圆满。道,是方法。什么方法?开发我们自性宝藏的方法。"道之要","要"就是关键。即只有行孝才能够圆满我们的德行,把自性的宝藏开显出来,此即回归本性本善,成就大圣。先代、古代的帝王、圣王都能够顺乎民心,用孝来治理天下。为什么孝道顺民心?因为是人的本性本善。圣王用孝道顺民心,民心自然归顺。要推行政治,要推行教育,最重要的是什么?用孝。孝治天下,推行孝道教育,就能够教化天下的国民,使上下君臣之间都和睦无怨。

先王,是孔老夫子眼中的古圣先王,一般是指历史上的三皇五帝,即燧人氏、伏羲氏、神农氏三皇,黄帝、颛顼、帝喾、尧、舜五帝,到尧舜为止。舜让位给禹后,禹的位子没有禅让,而是让自己的儿子启继承,就此开始了夏朝。夏朝之后是商朝,商朝之后是周朝。夏商周称三代，三代圣君称三王。所以"先王"还可以指五帝和三王。古代的帝王都有圣人的道德，都有所谓的"至德要道"，他们自己本身把孝行做圆满，就能够服众，然后推而广之，以孝心对待大众。

舜王，至孝至德。生父和继母虐待他，甚至几次欲置之死地。一次，让舜下井干活，等他下到井里就填土，想把舜活埋。幸亏舜事先得知，提前在井里挖好了通道，安全的逃了出来。回到家里，若无其事，不仅毫无抱怨的言语，连怨恨的心都没有。还是照样恭恭敬敬地行孝，这叫至德。心里没有对立、没有冲突。在他眼里，父母永远没有过失，只有自己做得不够好。徐醒民老先生讲解《孝经》时说，这种境界已经出离了六道轮回，不在三界当中了。佛法讲的三界六道，三界是欲界、色界、无色界。众生因为迷惑、颠倒、造业，所以在六道三界轮回。众生最大的迷惑是什么？自私自利，跟人对立，跟人起冲突。舜的父母这样虐待他，而他跟父母一点冲突、矛盾、对立都没有。这是圣人的境界！

舜的孝心，感动了天地，感动了当时的尧王，不仅把两个女儿嫁给舜，还请他出来治理国家。尧王的两个女儿都非常贤惠，到舜家不以公主身份自居，侍奉公婆尽心竭力，舜也得到了家庭幸福；经过二十八年的考验，尧王判定舜真是圣人，就把王位禅让给他，舜得到了天下。

因此，孔老夫子赞叹大舜："德为圣人，尊为天子，富有四海之内，宗庙飨之，子孙保之。"即舜的德行，堪称圣人；尊贵，做到天子；富有，四海之内都是他的财产；在宗庙内享受后人的祭祀；子孙绵延不断，我们现在很多人都是大舜的后代，这是一个人达到了圆满的成就。当时他治理的天下国家，真的是风调雨顺、人民幸福和睦、天下太平。凭什么达到的？就是一颗孝心，以这颗孝心来治理天下，能够让天下人和顺，让国民百姓和睦，上下都没有怨言，这就是先王的至德要道。

（二）恭敬老师　尊重道业

【汝知之乎？】

夫子讲到至德要道，就问曾参，"汝知之乎？"你知道先王的至德要道是什么吗？曾子立即从座位上起来，因为原来是坐着的，现在听到老师提问，马上就起来了，这是对老师的恭敬。"参不敏，何足以知之？"我并不是聪敏的人，怎么可能知道先王的至德要道？曾子是如此的恭敬，所以才能谦卑受教。如果是态度傲慢，对老师不尊敬，就学不到真实的东西，得不到真实的学问、利益。

茂森也在美国和澳洲教过书，在美国大学教过四年，在澳洲大学教过四年。现在回国来，不在大学教书，觉得大学里的学生很难真正学到东西，因为他们对老师没有恭敬心。美国的大学生们，能把老师当作朋友就算不错了，不会把你当作真正意义上的老师，甚至上课还拿着可乐，边喝边吃着零食。更有甚者，老师站在台上讲,他把两腿放在前面的椅子上,就这么大大咧咧地坐在台下听。这样的心态,能学到什么? 所学的都是皮毛常识而已,对他的人生恐怕没有多大益处,所以一个人真正能够尊师重道才有受教的基础。我们从事传统文化的教学,发现很多人对老师很尊敬,尊敬老师,其实是尊重道业。所以作为老师,孔子看到曾子恭敬谦卑的态度,必定是把平生所学和盘托出,悉心教导,成就这样的好学生。

曾子说:

【参不敏,何足以知之?】

这句话意思是说,我并不聪敏,怎么可能知道先王的至德要道呢? 多好的受教态度,既谦虚,又真诚。确实曾子虽然有大学问,而且行孝也做得很好,但是跟老师孔子的境界还有差距,所以对孝的体会还并不是那么圆满,对先王的至德要道能体会一些,还没有达到"足以知之"。"足"就是满足,不是圆满的体会。能体会得一部分,但是不圆满。谁能体会得圆满? 只有圣人。曾子当时还不是圣人,他是贤人,贤人跟圣人还有差距。所以曾子请教先王的至德要道,请老师为他详细地解说。孔子见到曾子如此的谦敬,那必定是毫无保留地说出来了。

（三）天性德本　推及五伦

【子曰："夫孝，德之本也，教之所由生也。"】

"夫孝"，就是孝。"夫"是语气助词，没有意思。先王的至德要道是什么？就是一个字"孝"。"孝"能顺天下，使民用和睦，上下无怨。我们现在梦寐以求的和谐世界，一个"孝"字就能做到，因为孝是德本，是道德的根本；孝是天性，人本来就有孝德，这就叫性德。孝是从人的本性里流露出来的。本性就是道，流露出来的就叫德，所以"孝"就是本性自然的流露，不用人教的基本道德。譬如，一个小婴儿，他对母亲的依恋，完全没有丝毫的障碍，跟母亲心连心，不会离开母亲一步，母亲对孩子亦如是。父子有亲，父母跟儿女的亲情是自然天性，所以行孝就是顺着天性而行，因此称为德之本，根本在此。如果把这个德之本保持一生，对父母的亲爱永远保持，而且能够发扬光大，以孝心对待所有的人，这就是圣人了。圣人，不是天生的，也没有人天生不可能成为圣人。每个人都能成圣人，只要我们孝的天性保持一生不变，并把孝心扩展到对一切人、事、物，就成圣人了。"教之所由生也"，圣贤的教育，就从这里生发开来。

邢昺《正义》："案《礼记·祭义》"，《礼记》中有一篇叫"祭义"，"称曾子云：'众之本教曰孝。'""本教"就是根本的教育，教大众什么？孝道，所谓教之所由生也。

"《尚书》：'敬敷五教'"，《尚书》提到的"五教"，就是五个方面的教育。具体是："解者谓教父以义，教母以慈，教兄以友，教弟以恭，教子以孝。举此，则其余顺人之教皆可知也。"五种教育，教父亲要做到义，义就是义务。父亲的义务是什么？养育孩子，教育孩子，"子不教，父之过"。母亲就是要慈祥、慈爱，对孩子关怀，母爱本身是最深厚的仁爱教育。所以父母要承担起教育子女的责任，尽到这个本分。兄弟之间，兄友弟恭，要互相关怀，兄长照顾小弟，小弟恭敬兄长。一个家庭如果没有父亲，兄长就要负起父亲的责任，长兄如父。"教子以孝"，就是做儿女的，本分是什么？孝顺父母。孝顺涵盖面很广，不仅是对父母孝，对兄弟行悌道也是"孝"，所谓"兄弟睦，孝在中"。《尚书》讲的五教就是教给我们在家庭里面，要尽到自己的本分：做父亲的，像个父亲；做母亲的，像个母亲；做兄弟的，像个兄弟；做儿女的，像个儿女。通过这样的人伦关系，我们推演开去，"举此，则其余顺人之教皆可知也"，从家庭的夫妇、父子、兄弟推广到社会上的君臣、朋友的人伦关系，这五伦关系的教育即是伦理道德教育，其根本就在于教孝，所以称为"教之所由生也"。

这是孔老夫子跟曾子，以发问的形式展开教学，讲到孝是道德的根本，是一切圣贤教育的源泉，所有的教育都从这里生发。

我们谈到人伦方面的五种教育。人伦，即我们讲的伦理，古人讲的五伦关系的教育，五伦就是道。为什么称为道？因为道是自然的法则，不是人为创造的。五伦关系：父子有亲，君臣有义，夫妇有别，长幼有序，朋友有信。这五种关系，人生下来就要面对。它不是某个法律规章制度规定的，是自然的法则，所以称为道。父子有亲的亲就是德，父子的关系本来就是一种亲爱的关系，父子之间的亲情随顺着道，这叫德。

君臣之义，君是领导，对于下属要仁慈，这是义；下属对领导要忠，这也是义。夫妇之间，互相的关怀，分担起家庭的责任，一般男的主外，女的主内。先生担负起家庭的经济来源，做经济支柱；太太担负起教养孩子的责任，这叫别，别是分工不同，即分别做不同的工作。分工合作，夫妇目标相同就是传承家道，培养好的后代。

古时候虽然是男主外、女主内，但是男女绝对是平等的，分工合作就是真正的平等；现代人，在男女本来平等的关系上面，又加上男女平等的口号，非得让女子也要出来工作。结果女子既要在外面挣钱，又要教养孩子，双重的任务、重担之下，女子教导孩子的这种天职就被削弱了。现在的孩子，如果从小没有得到很好的教育，没有得到父母的关爱，长大了不孝顺的就会很多。对父母不孝顺，出去工作怎么可能对领导尽忠，怎么可能对国家对人民真心诚意的尽义务？大都是自私自利，争名夺利。因此，社会失去了过去的那种纯朴。

现在我们要提倡构建和谐社会，就要重视家庭伦理的教育，夫妇有别就很重要。太太的使命——教养儿女，一定是比先生的使命更伟大。为什么？因为先生挣钱少一点，最多是家里生活贫困一点，还能够维持下去；假如说太太没有教好儿女，家道就此断绝了，儿女长大成为社会的负担，不仅是家庭的悲哀，也是社会的悲哀。所以女子的使命比男子更伟大，怎么能说重男轻女？

中国古代可以说是重女轻男。女子的使命比男子更是崇高，更是伟大。为什么？"不孝有三，无后为大。"女子是承担起养育后代的重要责任。后，不是生出来就叫后代，正是要教养他们，让他们能够传承家风、传承家道，让祖宗的基业得以保全，得以发扬光大，才叫有后。如果养一个败家子，祖先几代人辛辛苦苦积累的家业，就会在他手上败光，这能够叫有后吗？所以五伦关系中，夫妇这一伦是核心。

长幼有序，朋友有信，这都是德。德，一定是随顺道。所以古人的教育都围绕着伦理道德。从哪里开始？从教孝开始。

（四）契入境界　当机受益

因道理极深极广，孔夫子就叫曾子"复坐"，你再坐下来；"语汝"就是我跟你好好说一说，孝道的理很深，事很广，需要详细陈说。

我们看到这句话，不要觉得是夫子跟曾子说的，跟我们没关系，这样就很难得到圣贤经典的益处。学习圣贤的经典最关键的是要契入境界，直下承当。夫子跟曾子说，其实就是跟我们说，我们就进入现场，聆听夫子教诲。曾子做了榜样，我们要学习他对老师那种谦恭的态度，这样才能受教。一个人读圣贤经典能不能够受益，主要是态度问题。看到"吾语汝"这个"汝"，大家觉得这是对曾子说的，跟我没什么关系，袖手旁观，在旁边看看戏，这样子不得益处。这个"汝"就是讲我们自己，曾子是我们的代表。

三、人子之身　血脉相承

【身体发肤，受之父母，不敢毁伤，孝之始也。立身行道，扬名于后世，以显父母，孝之终也。】

这是讲孝的层次，开始最基础的就是"身体发肤，受之父母，不敢毁伤"，是讲要爱护身体，因为我们的身体得之于父母。我们从哪里来？是父精母卵慢慢长大的。我们本来不存在，完全就是父母的那个小细胞慢慢长成的，所以我们跟父母本来是一体的。因此，我们的身体就是父母的身体，不仅是得之于父母，真的就是跟父母一体。所以爱护自己的身体就是爱护父母的身体。对于自己的头发、皮肤这些最小的器官都要爱护，不可以毁伤，这是孝的开始。

我们要了解，夫子的这种说法里面还有深意。既然身体是父母的身体，跟父母一体，那父母的身体呢？他们也有父母，他们的身体也是我们祖辈的、爷爷奶奶这一辈的身体，即父母上面又有父母，一直追溯到我们的祖先，所谓炎帝、黄帝，我们都是炎黄子孙。再追溯上去，那就更久远了。可谓是过去无始，都是一体的。所以，祖先的这些儿孙，我们说炎黄子孙，哪个不是跟我们一体？真的是一体。要是用生理的分析，我们人类，都有相同的基因，长的才是基本相像，所以人类本来也是一体。

我们要把这个孝心扩展。一开始是爱自己的身体，然后扩展到爱父母的身体，爱我们长辈的身体，爱所有人的身体。天下的人，跟我都是同胞，跟我都是一体。所以当看到我们的同胞们遇到了苦难，一定要伸出援手，像帮助自己那样帮助他们，这是孝道。

（一）领袖德教　爱民大孝

2008年5月12日，中国四川省汶川县发生了八级的大地震，而且这个地震波及十三个省市自治区，灾情非常严重。

我们的国家领导人，面对这种灾难，立即采取行动。就在地震的当天晚上，中共中央政治局常委立即召开紧急会议，商讨抗震救灾的工作。胡锦涛总书记亲自主持会议，而且做出重要的指示，要求尽快地、尽全力地抢救伤员，确保灾区人民大众的生命财产安全。会议马上决定，立即组织解放军武警部队和民兵、医疗人员等等，赶赴现场全力救援。温家宝总理也亲自赶赴灾区，看到伤亡人员，温总理流泪了。因为灾情确实很严重，救灾的工作很有困难，而且地震导致房屋的倒塌，地面、地块的移动，使救援部队难以进入现场。但是温总理强调，一定要抓紧时间抢救，把救灾抗震的工作放在重中之重，要把伤亡程度降到最低。我们看到国家领导人这样全力以赴地带领着各级的官员来抗震救灾，也是非常感动。正好看到《孝经》第二章，即天子章，是讲国家领导人如何行孝："爱敬尽于事亲，而德教加于百姓，刑于四海，盖天子之孝也。"

一个领导人，古代叫天子，叫皇帝，现在我们称为国家主席、总统或者是总理、首相,他们该怎么样尽孝?对自己的父母双亲尽孝,用自己的爱心和敬心对待父母,养成这一颗纯孝的心,对待一切的百姓都是以这颗心。自己以身作则,把这个爱心扩展到对全国的人民。这是身教,这是德。不仅是身教,而且用言教。怎样言教?大力地提倡伦理道德的教育。比如胡主席提的"八荣八耻"的社会主义荣辱观;加强未成年、青少年的思想道德教育建设等等,这都是言教。德教,德是身教,教是言教。"加于百姓"、"刑于四海",这是自己做好榜样,天下的百姓、人民都效仿他,都向他学习。不仅是国内的人民仰慕他,效法他,国际上的、各国的人民都对他尊敬,都佩服、都效仿,这是孔子说的圣王,这叫"天子之孝"。

国家领导人在灾情严重的情况下能如此尽心竭力,人民自然就响应了。我们看到这两天来,很多的单位、团体、个人,纷纷伸出援手,出钱的,出力的,还有献血的,把这些爱心及时送给了灾区人民。

我们的恩师也是立即做出行动,马上捐出一百万,去赈灾。而且他号召学圣贤文化的同学伸出援手,大家共同发心来帮助救援。所以,孝心的根本就是爱心。看待一切人就犹如看待自己的父母,对一切的男子当作是父亲一样孝顺,对待一切女人都像对待自己母亲一样爱敬。

(二)生全归全 不毁有终

《弟子规》讲的"凡是人,皆须爱",看到他人身体有毁伤,就好像自己毁伤一样。所以，"身体发肤，受之父母，不敢毁伤，孝之始也"。"始"，不仅有开始、有基础这个含义，还有根本。根本是什么？根本是一体的爱心。因为身体发肤跟父母是一体，全国人民乃至全世界人民身体发肤都跟我是一体，所以我们都不敢毁伤，不仅不敢毁伤，还要尽心竭力的去帮助他们，让他们得到安乐。能够做到这一点，自然能够立身行道，扬名于后世，就自然能够使父母显耀，这是"孝之终也"，终是终极，到达了究竟圆满。

唐玄宗《御注》解释这段经文："父母全而生之，已当全而归之，故不敢毁伤。立身行道，扬名於后世，以显父母，孝之终也。言能立身行此孝道，自然名扬后世，光显其亲，故行孝以不毁为先，扬名为后。"

这是讲到，为什么不敢毁伤？因为父母生我们的时候，"全而生之"，我们从父母那里出来，是整一块完全出来的，不是头、手分开，生了以后，再组合而成，不是的，生出来就是一个完整的人。所以我们有责任为父母保全身体，一直到终老，"全而归之"，还给天地。有这份心，自然就对身体发肤不敢毁伤，这是讲到孝之始。"能立身行此孝道"，有这种孝的理念，保全自身的完整，保全自己品格的完全，这样叫立身。终身奉行、不辱其身、不辱其德，这样子自然名扬后世，光显其亲。因为你是个孝子，大家都尊敬你，后世的人都向你学习。像舜王大孝，四千多年以后的今天，我们依然在传诵他的美德，这是光显他的父母。讲到舜，就一定讲到舜的父母；讲到曾子必定会讲曾子的父母，所以父母得到光显了。这是讲到孝的所谓先和后，以不毁为先，以扬名为后。

宋朝的大儒、礼部尚书邢昺的《正义》，如下解释唐玄宗《御注》："言为人子者，常须戒慎，战战兢兢，恐致毁伤，此行孝之始也。"

这是讲到我们身为人子，常常要很谨慎的做人，戒慎恐惧，担心自己德行有亏缺。谨慎的人自然就能够保全身体。譬如说不至于违犯刑法被抓去惩治，甚至杀头、枪毙，这就不能够保全其身。不仅要保全其身，还要保全我们的德行。做人要做得堂堂正正，不可以有辱于父母。所以平时要懂得戒慎恐惧、战战兢兢、如履薄冰、如临深渊。每一言、每一行，乃至每一个念头都要观照，知道对还是错，是善还是恶。如果是对的、善的要把它发扬下去，要维持，要保持；如果是错的、恶的，就要赶紧放下，丢掉，把这个念头甩掉，把言行纠正。能够这样去做人，自然就不会有辱其亲。

"恐致毁伤"，担心毁伤。"毁"是亏辱的意思，"伤"就是损伤。"毁"是就德行讲的，他亏欠了道德，污辱了自己的名誉，污辱了自己的门楣；"伤"是对身体而言，不能够有所损伤。

如果是造恶、犯罪，譬如跟黑社会结成团伙，在黑社会互相争斗中有伤，甚于至死，都是不孝。又譬如说犯罪，犯了罪以后被加刑这都是有所损伤。也不可以自杀，自杀是很大的罪过，是大不孝。

（三）身德并重　扬名显亲

邢昺《正义》："又言孝行非唯不毁而已，须成立其身，使善名扬于后代，以先荣其父母，此孝行之终也。"

行孝不是只停留在不毁伤其身、不毁伤其德，还要进一步的提升，所谓"成立其身"。这是什么？立大志，做圣贤。立身行道才能使善名发扬于后代。像我们现在提起孔老夫子，没有人不赞叹、没有人不恭敬，都知道这是至圣先师，万世师表。孔子也是父母所生，讲到孔子必然会想到他的父亲叔梁纥，必然会提起孔母。还有孟子，孟子是亚圣，孔子是至圣，孟子效法孔子，他也做圣贤了。提起孟子，自然也会提起孟母。所以，让父母得到光荣，这是孝行之终。

因此，真正大孝叫显亲，让父母名誉显耀于历史。这不一定只有帝王才能做得到，平民百姓都能做到。《二十四孝》里面有帝王，像舜帝、周文王、汉文帝，这些是皇帝；也有平民，像老莱子，身为七十多岁的老人，还能够为了悦亲，故意扮成小孩子的样子蹦蹦跳跳，讨父母的欢心，真是至孝，这是平民尽孝；曾子也没有做大官，也不是帝王。所以，真正能够把孝道做到了很纯，父母的名声照样能够得到显耀，甚至比帝王的名声更为显耀。

我们看完一部历史，能够记得起的皇帝的名字并不多，除了少数政治清明德泽天下的，大概只会记得每个朝代开国的皇帝和最昏庸的末代皇帝。但是讲到《二十四孝》的孝子，我们不仅知道他们的名字，必定还会提起他的父母，这就是让父母得到了光荣，这叫扬名。

邢昺云："若行孝道，不至扬名荣亲，则未得为立身也。"所以行孝，必定是要让自己的德行达到圆满，才能够真正做到扬名荣亲。如果达不到德行圆满、扬名荣亲，那不可以称为尽孝。为什么？因为立身没有圆满。我们看儒、道、释三家的圣人，孔老夫子、老子、释迦牟尼佛，他们都不是皇帝，也不是大官，他们都是教育工作者。孔老夫子曾经周游列国十四年，很希望谋取官职，来推行周公之道，未能如愿，最后他自己收取学生，教化大众，成为大教育家。老子更是淡泊名利、归隐山林，留下一部《道德经》垂世。释迦牟尼佛本来是太子，可以做国王，但他弃位出家，教化众生四十九年，讲经说法三百余会，即办学讲经三百多场。

这三家的圣人都为我们昭示，圣贤教育的工作，是真正的行大孝，是最利益大众的一种工作，是立身、立德都达到圆满的工作。

《礼记·祭义》云："父母全而生之，子全而归之。可谓孝矣。不亏其体，不辱其身，可谓全矣。"意思就是我们的身体是父母所生，很完全的身体就要完全的回归天地。让身体得以保全，这叫孝。这是从身体上讲"不亏其体"，可是德行比身体更重要，不辱其身，这叫作全。所以全而生之，父母不仅生我们的生命，而且随着生命的产生，同时就有了慧命。慧命就是我们德行、道德的生命，我们灵性的生命，我们也要懂得保全，不能够亏辱。

（四）自律自重　修身养德
这段话与前面讲孝之始，后面讲孝之终，互相是融通的。孝之始包含孝之终,孝之终当然也涵盖孝之始。"身体发肤,受之父母",意思涵盖了"不辱其身",因此,"身体发肤,受之父母"是教我们懂得自爱,懂得自重,爱自己的身更要爱自己的德行,不使自己的品格、节操受辱。当然,浅显的方面也要懂得保护自己的身体。像我们的起居饮食规律健康,这都是保护好身体,都属于自爱。现在很多人生活不规律、不健康,晚上不睡,早上不起;吃的也不健康,吃一些工业产品,即垃圾食品。这都是让身体受到亏损,这也是不孝。所以,一个真正的孝子,他必定在生活中的每一点、每一滴、每一时、每一处都很谨慎。

我的生活很有规律。早上必定是三点多钟起床,晚上十点钟之前必定要躺下睡觉。中医告诉我们,一天有四季,春夏秋冬。所谓春要发,夏要长,秋要收,冬要藏。春天,是早晨三点到九点;夏天,是上午九点到下午三点;秋天,是下午三点到晚上九点;冬天是晚上九点到第二天早晨三点。所以人睡眠的时间最好是在冬天,冬眠,在晚上九点到三点这段时间入睡,不可以太晚。如果是晚上十一点钟以后还不睡,那就会很伤身体,第二天怎么睡都补不回来。

早晨起来就开始运动运动,不用很剧烈的,动一动、看看书,一日之计在于晨。早起之后,其实一天都会生活地很有条理。

有的人,早上起得很晚,七、八点钟起来了,一看,时间很紧了,赶快随便抓了一个面包,边走边吃去上班,赶车。急急忙忙,慌慌乱乱,一整天的情绪都受到影响。这是什么?他不懂得健康的作息。长此下去,身体一定受不了,这叫短期行为,不爱惜身体,就是不孝。

(五)有机素食 大孝国民

我吃素已经十几年了。为什么吃素?吃素是健康,饮食习惯要健康。现在的肉不能吃,为什么?你看看养猪的,养鸭养鸡的养殖场,统统都给它打生长素、荷尔蒙,还要打免疫的针、催生长的针、抗病毒的针,打的都是化学药品,那个肉都变质了。

我们的恩师有一次到一个很大的养鸭场去看,拿了一只小鸭子放在手上,像一个手掌这么大。我们的恩师看到像这么大的鸭子,总该有一两个礼拜了吧?结果养鸭场的人告诉他,这只鸭子是昨天刚刚出生的。就像吹气球一样把它吹大了。为什么它长得这么快?都是给它打化学药品。所以,两个礼拜就长大了,就可以拿到市面上去卖。你想想,现在的肉怎么能吃?所以吃素好!

最好吃有机素食,现在农民常常用化肥、农药,那个菜也都有这些化学药品,吃下去很麻烦。所以吃有机的蔬菜,最好是自己种的。自己要是没条件种,尽量买市场上有机的食品。所谓有机食品是不用化肥、不用农药自然生长的,新鲜的食品。大米、面包都能买到有机的,吃这些,身体不会那么容易受到损伤。

现代人,这么多奇奇怪怪的病,而且最多的一种我们听到的是什么?心脑血管的病,像中风、脑血栓这些病。什么原因?吃肉。让血管硬化,这个是最重要的原因,所谓病从口入。还有肝病、肾病,这都是比过去多了好几倍的。为什么会出现这些问题?都是吃出来的。我们知道肝是解毒的、肾是排毒的,食品里都有毒素，吃到身体里面，肝要解毒、肾就要排毒，毒太多了，肾和肝负担过重，出毛病了。所以，现在常常听到肝硬化、肝癌，或者是什么尿毒症、肾衰竭等，都是跟这些不健康的饮食有关。

讲到"身体发肤，受之父母，不敢毁伤"，现在也很有感触，我们很希望全国共同来推动有机饮食和素食，保证国民的健康，这是由对自己身体不敢毁伤，小孝，扩展到对国民身体的爱护，提高国民健康素质，这是大孝。

我吃素吃了十几年，真的身体还不错，没有去看过医生，没有上过医院，没什么大病，一般小风寒感冒也不用吃药（那都不算病）。这说明什么？健康饮食、生活规律很重要，这本身也是尽孝。

（六）为母捐肾 感动中国

讲到身体发肤，夫子的教诲意思很深很广，可以开解得很细致。我们的身体既然是受之于父母，就跟父母是一体。当父母需要的时候，我们是可以连自己的身体都贡献出来的。所以我们常听到古人割股疗亲，为了给父母治病，把自己大腿上的肉割下来作为药引。现在，同样也有这种感人的事例。

2005年，国内评出了十大感动中国的人物，其中有一位孝子，当时三十八岁。他的母亲在2004年患了尿毒症，只有换肾才能够让他母亲康复。可是找肾源很不容易，所以他就决定把自己的一个肾捐出来贡献给自己的母亲，并且没有告诉他母亲。为什么？因为母亲都很爱儿女，如果知道子女要为她献肾，他说他妈妈宁愿跳楼都不肯接受。所以就瞒着母亲，在医院里做了换肾手术。手术也很成功，后来母子两个人都康复出院了。到出院的时候，他母亲还不知道自己身上这个新的肾来自于儿子。

医院的医生深受感动，后来就把这件事情报告到了中央电视台感动中国人物评选委员会。当评委会记者来采访还躺在病床上的这位孝子的时候，他说，像奥运冠军，还有二十多年出生入死的缉毒警察，还有艾滋病的防治专家等等，这些人当选，都是对国家做出了很大贡献，我只是为母亲、为家里做了点事情；母亲生我养我，我所做的这一点点还不到她给予我的万分之一，真想不到大家给我这么高的荣誉。

孝子的孝行，启发了多少人的孝心，所谓"慈母身上肾，孝子一片心"。孝心就是跟父母一体的观念，自己的身体当然就是父母的身体，把自己身体的一部分回报给父母，这是理所当然的事情，所以他本人不觉得有什么值得表彰的，这叫道。道是什么？自然的，本来就该这么做的，所谓"人之初，性本善"。没有人教，他本来就是这个想法，就是一体的观念。

四、立身行道 扬名显亲

【立身行道，扬名于后世，以显父母，孝之终也。】

邢昺《正义》说："《哀公问》称孔子对曰：'君子也者，人之成名也。百姓归之名，谓之君子之子。是使其亲为君子也。'此则扬名荣亲也。"

这是《正义》引用《哀公问》中孔夫子说的一段话。"君子也者，人之成名也"，一个人他的德行达到了君子，大家都敬仰他，所以人就成名了。这个成名是所谓实至名归，不是他自己想贪图这个名誉，是自自然然人家对他有这份敬仰、爱慕、尊重，即"百姓归之名"；百姓都仰慕他，自然称道这位君子是某某人的儿女，其父母也都被称为是君子，即"是使其亲为君子也"。

（一）少小受教 亲严子孝

当我们行孝、立德，有了君子之名，父母也被称为君子，这叫做"扬名荣亲"。所以，我们在立身行道方面不可以疏忽。《弟子规》告诉我们"身有伤"，就是前面讲的孝之始也，"贻亲忧"，父母就忧虑；"德有伤，贻亲羞"，父母感到羞愧，这是不孝。

记得我小时候很爱集邮票，母亲也允许我有这个爱好。邻居家小孩也集邮，我看到他那些好的邮票就起了贪心。我虽然还在小学，但比邻家小孩大，就想出一些小计谋，拿自己的普通邮票跟他换珍贵的邮票，这叫以恶易好。《太上感应篇》讲的，用不好的东西去换别人好的东西过来，这是贪心。后来，母亲发现我竟然做这样的事情，就让我把所有的珍贵邮票都还给邻居家小孩，并向他道歉，承认错误。而且母亲还郑重警告我："如果以这样的心集邮，会使你的德行有亏损，我就要把这些邮票统统烧掉。"那个时候，我幼小的心灵产生了极大的震撼，从此就再也不敢有这些不好的想法了。

"君子爱财,取之有道。"不管你喜欢什么东西,以正当的途径来取得,不可以用这种卑劣的手段,这是我心里当时的震撼,而且留下深刻的印象。这件事情连我母亲都忘掉了,但是我一直到现在都还记忆犹新。以后不敢再犯这一类"德有伤"的事情,这叫自爱、自重。不自爱、不自重,就会让父母的名声都遭到侮辱。一个孩子,品德差,人家会问谁家的?父母是谁?这个孩子就使父母受辱。所以,自爱自重、不辱其身那就是对父母的孝敬。

(二)行孝立德 当下显亲

再进一步,要立身立德,做君子做圣贤,然后能够让父母的名声得以传扬。

我们在第一讲跟大家报告了,我母亲很愿意我走上圣贤教育的道路。所以她也同意,而且支持我放弃了昆士兰大学终身教授的工作,放弃了高的工资、收入,放弃了买来的别墅公寓和汽车,回到祖国,跟随恩师学习传统文化,从事圣贤教育的工作。这在古人眼里看来是很平常的,孔门三千弟子,哪个不是这样的?可是现在,因为伦理道德教育已经到了极其衰微的程度,大家对于伦理道德,对于圣贤之教的观念淡薄,甚至对孝道的观念都很淡薄,很少人能够对父母尽心竭力的行孝。正因为社会是这么一个风气,我们更要努力的行孝。

一些团体邀请母亲跟我一起去做母慈子孝的讲演,当时还不觉得怎么样,结果讲演出来以后,很多人都非常欢喜,好像都很感动，见到我的母亲都非常地尊敬，非常地敬爱。常常有很多人会送礼品给我，让我转交给母亲，说"替我们向您母亲问候"，并对母亲极力赞叹，确实出乎我的预料。所以想到现在就可以荣亲扬名，不必等到后世，你现前这么做，现前就让你的父母得到光荣。为什么有这样的一种影响？因为现在做的人太少。人家不做你来做，虽然没有做什么，也显得很突出。所以，按照古圣先贤的伦理道德去做人，自己心安理得，幸福快乐，父母也就得到了光荣。

（三）孝无始末 终身奉行

邢昺《正义》的注解："夫不敢毁伤，阖棺乃止，立身行道，弱冠须明经。虽言其始终，此略示有先后，非谓不敢毁伤唯在于始，立身独在于终也。明不敢毁伤，立身行道，从始至末，两行无怠。此于次有先后，非于事理有终始也。"

邢昺注解得很好，点得很妙。因为孝之始和终，不是只在年龄次序上来讲的，"身体发肤，受之父母，不敢毁伤"虽然是孝之始，可是你一直做到"阖棺乃止"，就是棺材盖合上了，人去世了才能停止。即孝之始，不是小孩子才做，而是要终身奉行，一直贯彻到生命终结。立身行道虽然叫孝之终，可是"弱冠须明经"，弱冠是不到二十岁，古人二十岁行冠礼，就戴帽子，表示长成人了，自己要对自己负责任了。人家叫你的字，不叫你的名，把你当作成人看待了。弱冠是不成人，是还没有成年的青少年，就要学习立身行道，要明白这些圣训、圣人的教诲，就要开始立志做圣做贤。所以这里虽然讲的始和终, 这只是表面上看有先后, 保全身:不敢毁身这是先, 立身行道这是后, 虽有所谓的先后, 可是先和后是互相融通的, 所以"非谓不敢毁伤唯在于始"。不敢毁伤身体, 不是说只在于开始的阶段, 而是终身都要奉行; 立身行道不仅在于终, 在于最后, 不是说盖棺定论那个时候, 是从小就要学习立身行道。这是给我们显明不敢毁伤和立身行道, 从结束到开始, 从始至终, 两行无殆。始和终这两条都要一生奉行, 不可以懈怠。在次序上讲虽然有先后, 可是在事理上, 没有所谓的始和终。

五、行孝尽忠 一体一心

【夫孝, 始于事亲, 中于事君, 终于立身。】

这是孔老夫子为曾参继续说明孝道的含义。怎样去行孝? 讲到三个层次。"事亲", 就是奉事父母; "事君", 就是为国家服务; "立身"就是立身扬名, 成就圣贤之道。

唐玄宗的《御注》: "言行孝以事亲为始, 事君为中。忠孝道著, 乃能扬名荣亲, 故曰终于立身也。"是讲孝道从奉事父母开始, 在家里要养成这颗孝心。君是领导的意思, 孝心养成以后到了工作岗位, 对领导负责任叫事君。古代是君主制度, 君也代表国家, 所以事君也就是服务祖国人民, 这是尽忠。要知道忠和孝是一个心, 能尽孝的人自然能尽忠。为什么? 因为孝和忠不是两个心，它是同一个心，只是一个在家庭里，一个是在工作岗位上。所以古人选拔人才，用两个标准，一个是孝，一个是廉。孝就是孝敬父母，廉就是清廉、不奢侈，就是八荣八耻里面讲的"以骄奢淫逸为耻"。清正廉明，他又有孝心，这种人一定要请他出来做官，为国家为人民服务，他必定能够尽忠。所以古人是求忠臣于孝子之门，很有道理。

在四千多年前是禅让制，没有帝位的沿袭，当时选拔国家领导人也是用孝。像尧王选舜王，就是看什么？舜王的大孝。禅让制度不是世袭的，不把王位传给自己的孩子，这点跟现在民主制度相似。现在是选举制，像选举总统、国家主席等等，选举国家领导人，什么标准最好？还是要用古人的标准。一个是孝，一个是廉。真正的大孝子，他必定能够以孝治天下，必定能够让社会和谐。忠孝能够两全了，才能够所谓的扬名荣亲，故曰"终于立身"。古人这种尽孝的观念就是在家里孝敬双亲，出外有机会为国家服务时，他必定是移孝作忠而能够扬名荣亲，这是立身。

邢昺《正义》："夫为人子者，先能全身而后能行其道也。夫行道者，谓先能事亲而后能立其身。前言立身，未示其迹。其迹，始者在于内事其亲也；中者在于出事其主；忠孝皆备，扬名荣亲，是终于立身。"

即作为人子，首先要能全其身而后才能行其道。这是讲做到身体发肤不敢毁伤才能立身行道。行道的人要先能事亲，先是孝顺父母、奉事双亲，然后才能够谈立其身。因为孝是德之本也，要立身立德首先得做个孝子。对父母都不孝何谈立身，何谈立德? 真正希望有志于治国平天下的人, 从哪里做起? 从尽孝开始, 所谓 "前言立身, 末示其迹"。前面说到 "立身行道, 扬名于后世, 孝之终也", 这就明确告诉我们修学的次第。修学的相是有层次的, 有始, 始于事亲; 所以其迹就是表现在行事上, 要知道有这个次第。"始者在于内事其亲也", 从家庭内部开始, 对父母尽孝。孝心养成以后, "中者在于出事其主", 这是为国家为人民服务, 这个主就是领导, 古代是君为主, 现在是民为主。所以出事其主就是为人民服务。他能够对父母全心全意的尽孝, 自然对人民也能全心全意的服务, 忠和孝是一个心, 它不是两个心。一个有了, 另外一个自然有, 这是一体的两面。同一个心, 一个是对父母, 一个是对国家人民, 忠孝两全, 皆备就是两全, 才能做到扬名荣亲, 这叫终于立身。

(一) 孝亲爱民　殉职垂范

孔繁森受国家委任, 到西藏去支援藏族人民的经济建设。

当接到国家援藏的委任, 孝顺的孔繁森有点挂念母亲, 老母亲劝他说, 家里有媳妇照看, 让他听党的话, 安心去支援西藏建设, 于是孔繁森含泪辞别了母亲。

西藏地处高原, 生活条件很苦, 孔繁森是山东人, 他以前住的是平原, 到了高原也不容易适应, 但作为西藏地委书记, 他做到了全心全意为藏民服务。

孔繁森到西藏后最关心的是老人, 看到养老院里面条件很差, 冬天冷, 一位老人家由于鞋子破了, 脚被冻得红红的, 孔繁森看了之后眼泪都要流出来了，为了温暖老人家的双脚，他立即把自己胸口的衣服解开，把老人家的两只脚藏到了怀里，在场的人无不为之感动。

孔繁森还兼做医生，冬天老人们容易得咳嗽病，他在医院看到一位老人家痰在喉咙里咳不出来，很危险，就当机立断把听诊器的胶管拆下来，一头伸到老人家的喉咙里面，一头放在自己嘴里，把老人家喉咙里的那口痰吸了出来，解除了老人的生命危险。

看到一位老太太在牧羊，因为穿得很单薄，冻得哆哆嗦嗦，孔繁森立即把自己的棉衣解下来，披到了老人家身上。他移孝作忠，工作废寝忘食，甚至达到了忘我，到最后，因为劳累过度而殉职了。他走前留下一句话：一个共产党员最高的境界就是爱人民！

《弟子规》讲的"凡是人，皆须爱；天同覆，地同载"就是圣人追求的"仁"的境界，孔子一生就是追求仁道。孔繁森给我们显示了忠孝两全的模范、榜样，所以中央表彰他，用他的事迹来教导全体党员。

我们现在希望构建和谐社会，共建和谐世界，就要效法孔繁森，以孝心对待百姓，对待所有的人。一个领导以身作则，必定是感化所有的下属，感化天下百姓。这就是孟子所说的"老吾老以及人之老，幼吾幼以及人之幼，天下可运于掌"。用对自己父母的那颗孝心对待所有的长辈，用关怀自己儿女的爱心关怀所有的幼者、晚辈，那么社会就和谐，天下就太平。天下可运于掌，和谐社会就可运于掌。

这就是古代圣贤君王追求的以孝治天下的境界。所以，一个人，从事亲开始，到事君、到立身，三个层次，这也是本经的宗要。我们第一讲讲到《孝经》的概要"五重玄义"，明宗，宗就是修学的方法，修学方法就是这三个层次。

（二）九旬资教　爱心永存

就一个社会、一个国家而言，以孝治天下，效果最佳。就个人而言，以孝治身，也得到莫大的利益。什么利益？我们可以得到不老、不病、不死的利益。听到人还可以不老不病不死，好像很玄，我们用一个例子来说明。

近来我们看到一篇表彰报道。一位老人家叫白芳礼，他从七十四岁那年开始，就靠蹬三轮车挣一点钱，自己生活非常非常的清苦，把钱积攒下来。挣了总共三十五万元人民币，捐给了天津的多所大学、中学和小学。资助了三百多名贫困学生，而这位老人，人们惊讶地看到，他的生活，清苦的已经接近于乞丐了。而当他九十三岁离开人世的时候，他的私人财产是零。在1993年到1998年之间，这位老人资助了红光中学的两百多名藏族学生。月月都给他们生活补助，一直帮助他们到高中毕业。有一年，他为南开大学贫困学生捐款，当时学校特地派车去接他，可是老人家说，"不用了，我不习惯坐小轿车，我只会蹬三轮车。"所以他蹬着三轮车到了学校，告诉领导说这样可以省一点汽油钱，多给一个孩子买一本书。在捐款仪式上，当老师把这件事情一讲，台下是一片哭声。这些贫困学生上台接过老人家捐助的款项，双手都在发抖。老人说，我过的是很苦，挣来的每一块钱都不容易，可是我心里是舒畅的。看到大学生们能从我做的这一点小事上换取一分报国心，我高兴！

这位老人一天蹬三轮车也就能挣上二三十块钱，可是他能够每天供养十来个孩子的饭钱，他自己住的地方非常的简陋。他为了去车站拉客，索性就在车站里搭了一个三平米的小铁皮房子。住在里面，夏天温度高达四十摄氏度；冬天，杯子里的水都结成了冰坨子。而这位老人在小棚子里一住就是五年。每天就这样蹬车挣一毛、一块，把钱一点点攒下来，放到一个饭盒里面，等到存满五百块的时候，老人家就把这个饭盒揣在身上，蹬着三轮车，冒着风雨去中学、去大学里送。到了九十三岁这年，他把最后一饭盒的五百块钱，拿出来送给看望他的学校的老师们，老人说："我现在干不动了，以后可能不能再捐了，这是我最后的一笔钱。"老师们当场全部都哭了起来。后来，这位老人就与世长辞了。

我们看白芳礼老先生，他从来没有衰老过，也没有时间生病，这就是不老、不病。就以这一颗纯孝至爱的心，关怀着这些孩子。自己生活得再苦，工作得再累，他都干，为了什么？为了启发孩子们的报国心。

所以他有没有死？他没有死。他留给世间的是一份永恒的爱，永恒的孝心，这就是所谓的不老不病不死。我们真正行孝，自然就能得到这些真实的利益。老人为什么能够不老不病？七八十岁，八九十岁，依然能够蹬三轮车，去载客，因为他只存着一颗爱心，孝心的根本就是爱心。按中医讲身体是金木水火土这五行组合起来的，一个人有这份爱心，他的全身血气通畅，身体能够正常的运转。所以，他能够不病，他能够不衰老，而且最终他的精神也不死。

（三）如如无我 精神永恒

人，到底能不能达到不死？是可以达到的。

如果人人都能够不死，这多好啊。过去秦始皇到处去找长生不死的药，不能够满愿。如果人财富很多，官位很高，大富大贵，不想死但又没办法，这多悲哀；如果能够回头去寻找不老不病不死的方法，这个人就能得到解脱。

老子所说的道，是说人的本性不生不灭，道就是不生不灭，它是不死。当一个人行孝的话，这就与道相应，就能够把本性开发出来。我们这个身体，五行结合的，金木水火土组合的身体，它有老、病、死，可是我们的灵性、本性是不生不死的。

当一个人用孝道把本性开发以后，生死问题都解决了，他可以得到不死。舜王就是通过行孝达到了不死的境界，他生死问题都解决了。舜王能够在父母虐待，甚至迫害，三番五次要把他置之于死地的情况下，心里没有丝毫抱怨，没有丝毫嗔恨，说明当下已经超越了我相人相。只有把我相人相放下了，他才能够在这个境界里面如如不动，依然保持纯孝之心，就是爱心。

《金刚经》讲到释迦牟尼佛前世是忍辱仙人，遇到一位暴君歌利王，歌利王要害他，所谓凌迟处死，把他身上的肉一块一块割下来，割截他的身体，让他在极痛苦当中死去，但是忍辱仙人没有一毫的嗔恨心。为什么? 因为他在那个时候已经没有我相人相众生相寿者相, 执著全部放下了。假如有我相人相, 他应该生嗔恨, 但他没有, 所以这种辱他能忍, 忍辱的时候也没有忍辱的念头, 舜王也做到了这个境界, 所以我们知道, 舜也必定是了脱生死了。

六、常念祖恩 修道立德

【《大雅》云:"无念尔祖, 聿修厥德。"】

这是本章引用《诗经·大雅》的一句话, "无念", "无"是个语气词, 这句意思就是念念不忘你的祖先。"尔"是你; "聿"是述、叙述; "修"是要修持; "厥"是他的, 就是祖德。

唐玄宗《御注》:"义取恒念先祖, 述修其德。"即常常怀念祖先之恩, 念念叙述和修行其道德, 这样才能做到立身行道, 扬名后世。

天子章第二

天子爱敬　奉亲立教　德被四海　万民福祉

【子曰："爱亲者，不敢恶于人；敬亲者，不敢慢于人。爱敬尽于事亲，而德教加于百姓，刑于四海。盖天子之孝也。《甫刑》云：'一人有庆，兆民赖之。'"】

解释章题　综述主旨

这一章经文不长，而义理非常深广。

邢昺《正义》曰："前开宗明义章虽通贵贱，其迹未著，故此已下至于庶人，凡有五章，谓之五孝，各说行孝奉亲之事而立教焉。天子至尊，故标居其首。案《礼记·表记》云：'惟天子受命于天，故曰天子。'"这一段注解把天子章经文的意义点了出来。

开宗明义章把孝的主旨、宗趣、功用都显示出来，讲的是孝的一个大意，它对于男女老少、各行各业、贵贱贫夭都适用，所以说它是通贵贱的。贵，上自于天子，下至于平民百姓，孝都适用，也就是人人都要行孝。第一章讲的是一个大意，并没有很仔细地说明，"其迹未著"，没有把如何行孝，什么人该行什么孝这些事相讲清楚。

从天子章开始，到诸侯章、卿大夫章、士章、庶人章这五章，告诉我们不同的身份如何来奉行孝道，从事相上为我们讲清楚，这五种人如何行孝，即"五孝"。虽然经文只列了五种，实际上我们要懂得举一反三、闻一知十，知道不管在什么样的身份地位上，都应该竭力事亲。夫子在《孝经》里举出"五孝"，是用五个例子，来涵盖一切。目的是为了立教，就是显示孝道这一门教育。古代天子至尊至贵，因此按照尊卑的顺序，就把天子章摆在了首位；按照尊卑排列，庶人章摆在第五。

天子章的"天子"，用《礼记·表记》中一句话解释："惟天子受命于天，故曰天子。"天子是一种尊称。古代是世袭的制度，父位传子；现在是民主选举的制度，是民选，公民投票，或者是公民代表、人民代表投票。"天"就是指"天地人"三才中的天，人在天地之间是最尊贵的，所以天、地、人合称三才。天子，使命非常重大，所以叫"受命于天"。如何让人顺应天时，因循地利，而行孝、行善，让社会和谐，使世界太平，这是天子的责任，即天职、天命。"天"是形容使命之伟大，就像天的儿子一样，要替天行道。天子本人必定是一个具足道德的人，他自己必定是一个孝亲敬亲的人，才能把这一份孝心扩展至普天之下的百姓，以孝治理天下。所以天子章主要是讲，天子如何把自己爱敬双亲的心扩展至百姓、扩展至四海，让普天之下的民众都能够受益，都能够效法天子而去行孝，那么社会必定和谐，世界也能够大同。这是邢昺提示的天子章的义理。

依循古论　解析章句

一、孝道真谛　人我一体

【爱亲者，不敢恶于人。】

孔老夫子说，爱自己父母的人，必定不敢对人生起厌恶，也就是他心里不会有跟人对立的念头，因为对立就破坏了一体。

我们知道孝讲的是一体的意思，中国的文字很有智慧，"孝"，是一个会意字，上面是个"老"字头，下面是个"子"字底，这表明老一代和子一代合成一体，就成为一个"孝"字，老一代是指父母，子一代是儿女，父母跟儿女是一体。如果儿女跟父母心里起了对立、起了代沟了，就"老""子"分开了。古代没有"代沟"这个名词，因为古代人从小就受到孝道的教育，绝对不会跟父母有代沟，无论如何也不会舍弃父母。现在讲"代沟"，一些孩子，十二三岁离家出走，不要父母、不要家了，父母跟子女，这老一代和子一代就分开了，分开了就没有孝道了。

(一)游学海外 怀亲念亲

我跟父母没有代沟,从小就养成了让父母安心的习惯。在美国留学的时候,即使学业、工作很忙,我也坚持每个礼拜必定打一次长途电话,每两个礼拜写一封长信给父母,汇报自己的学习、生活状况。

从小到大,自己觉得最惬意的就是,吃完饭可以跟父母散散步、聊聊天,尤其是母亲常常每天吃完饭,和我悠悠然然的散步、聊天,言谈话语中都凝聚着人生的经验和智慧,让我也受益匪浅。在这样的熏陶中,不知不觉的增长了很多的人生经验,所以也少走了很多弯路。

(二)老实孝亲 真实受益

很多同龄人羡慕我,二十六岁当上了博士,走上美国大学讲堂教书,当教授,学业一帆风顺,事业也蛮有成就,人生真是很顺利。

实际上我的资质并不高,这都是母亲耐心教导的结果。小时候母亲教我背诗,姥姥在旁边都摇头叹息说:“这孩子怎么这么笨?怎么教都教不会。”这就可见我的资质,但我有一个优点就是听话,能够随顺父母,跟父母绝对不会起冲突、对立、隔阂。所以,孩子听话谁最得益处?不是父母,是孩子自己得到真正的益处。俗话说,长辈们走的桥比我们走的路多,吃的盐比我们吃的饭多。他们的人生阅历,我们直接听取过来、吸收过来,变成自己的人生经验和智慧,真的就少走很多弯路,人生就很顺利。所以

孝子，有孝顺的德行，他的人生也一定会顺利。孝顺不仅是顺父
母，自己同时也得到顺利的人生，这就是孝的真实利益。

（三）宇宙一体　爱人如己

"孝"字表一体，父母跟儿女是一体。父母之上又有父母，
一辈辈往上推，到我们老祖宗；儿女下面又有儿女，一代又一代，
往下延伸，一直到未来，无尽的未来。无始的过去和无终的未来
都是一体，这就是孝。这是从时间上讲，过去无始，未来无终，是
一体；空间上也是如此，整个地球是一体，乃至整个宇宙是一体
的，无尽的时空都是一体，这是"孝"字的深意。因此，真正尽孝
的人那就是圣人，他的观念里面宇宙万物、一切众生跟自己都是
一体，没有二、没有分别；没有你我他，爱人如己。说爱人如己这
话都说得浅了，因为说爱人如己还有人和己，实际上是什么呢？
没有人，只有自己，就一个自己。

爱人就是爱自己，这才是夫子追求的仁道。"仁"是孔老
夫子追求的人生最高的境界，圣人的境界。孔老夫子对颜回说：
"一日克己复礼，天下归仁焉。为仁由己，而由人乎哉？"就是当
下这一天，就现在，要去行仁。"仁"是什么？"孝弟也者，其为仁
之本与"。仁的本就是孝。所以我们行孝，我们能够克己复礼，天
下就归仁。为什么说天下马上就归仁？大家都行仁，就是因为天
下和自己本身是一体，自己为仁，天下就归仁，所以孔老夫子说，
"为仁由己，而由人乎哉？"自己以外没有天下，所以谁去行仁？
只有一个自己在行仁，天下就是自己，自己以外哪有什么天下？佛

家《华严经》上讲："唯心所现，唯识所变。"宇宙万物是什么？是我们心识变现出来的。这个"自己"是谁？就是自己的心、识。宇宙就是心识变现的，当然整个宇宙就是心识。所以当我们的心行孝、行仁，整个宇宙的境界都是纯孝、纯善、纯仁，这是孝的深意。

（四）天子博爱　苍生如己

天子真正做到"爱亲"，就是大孝。大孝的人，一定是见天下人跟自己是一体的，他的"爱亲"圆满，所以"不敢恶于人"，所谓"仁者无敌"。真正的"仁者"心里面没有敌人，没有讨厌的人，"不敢恶于人"。"不敢"，是不会。他不会讨厌哪个人，不会有对立，不会起冲突，不会跟谁矛盾，一切人、一切事、一切物跟他都是一体，他爱人真的就是爱自己。看见人有难，必定相助，而且是没有条件的，这叫"博爱"。"博"是广大，没有条件，为什么没有条件？因为是一体。就像我们人，如果左手痒了痛了，右手去抚摸它，去安慰它，难道还要讲条件？左手还要给右手什么报答？右手还要跟左手要价钱？不会！为什么？两个是一体。所以真正的"爱亲者"，必定是见一切天下苍生如同自己，就像自己的身体发肤，不敢毁伤。

二、爱敬父母　尊重他人

【敬亲者，不敢慢于人。】

"敬亲者"，就"不敢慢于人"，对别人必定是尊敬。因为真正"敬亲"的人，对父母双亲至诚恭敬，他这种敬心就会推展到对待所有的人都是敬，不敢有丝毫的傲慢、轻慢。

我们说一个人，他对自己父母很爱很敬，但是对别人还讨厌、轻慢，这种人算是孝子吗？我们分析：假如说他对父母是能敬、能爱，还算不错，但是这个敬爱，还不是真心；如果是真心，就是一味的这种心，不变的心，才叫真心。会变的，有条件的、有分别的心，就不是真心。真心如天地一样，"凡是人，皆须爱，天同覆，地同载"，天覆盖着地面的众生，没有分别。你对我好，我才给你覆盖，你对我不好，我就给你破一个洞，天不会这样做。大地也是"凡是人"，都在那里负载，它不会分好人坏人，更不会有厌恶的人，不会对人轻慢，同是谦卑、恭敬的负载，这种心是真心。所以对父母能够真心的敬爱，就不会对别人起分别，不会讨厌、轻慢人。这样的心是真心，叫"一真"。"一"就是真，有了二、有了三、有了分别，那就是妄心，真心就被破坏了。所以一真一切真，一妄就一切妄。

（一）博爱广敬 四海效法

真正"爱亲者"必定"不敢恶于人"，"敬亲者"必定"不敢慢于人"，这叫"博爱"，这叫"广敬"。天子对父母亲能够如此的爱敬，做一个很好的孝子的榜样，然后把这种德教推广至于百姓，让百姓都能够受到孝道的教育，都能够起而效法，达到"刑于四海"，"刑"就是法、效法，四海之民，都向天子学习。

《御注》讲："君行博爱广敬之道，使人皆不慢恶其亲，则德教加被天下，当为四夷之所法则也。"

这个"君"有双关的意思，指天子，也指一个真正行孝、行仁的人，叫君子。天子、君子落实孝道，能够"行博爱广敬之道"，以身作则，所谓"学为人师，行为世范"，就使人人都不会轻慢和厌恶自己的父母。所以要真正让社会和谐，人人懂得敬亲孝亲，需要大力提倡孝道的教育，即"德教加被天下"。德行的教育，最重要的就是孝道的教育。

（二）评选孝子 广推孝行

我在演讲中，也都提倡、希望国家从中央到地方各级政府，每年都能举办孝子的评选活动。

现在很多省份都在评"十大孝子"，有些行业也在评孝子，像影视界也评"十大孝子影星"。我们希望各行各业、各级政府都能够评"十大孝子"，把孝子评出来以后，新闻媒体进行报道，让大家对他们的孝行纷纷效法，这就是"德教加被天下，当为四夷之所法则也"。"四夷"是讲东南西北，包括少数民族，包括边疆地区，扩展出来就是世界各国，都纷纷效法伟大的圣人的事业，天子容易做到。

"盖天子之孝"这个"盖"，就是略讲，因为这里才短短几句话，没有把天子之孝讲得那么详细，所以就用"盖"。我们这一次讲《孝经》，希望能够稍微详细一点，把里面的理、事都分析得清楚一些，让大家能够深体义趣，然后容易应用、落实。

（三）汉文尝药 孝感天下

古来就有皇帝行孝治天下的例子。《二十四孝》里面有一位汉文帝，他是汉高祖刘邦的第三个儿子，嫔妃所生，不是正室，原来也不是太子，但是因为他天性纯孝，对母亲非常的敬爱，竭力的行孝，后来大臣们拥戴他做了皇帝。文帝继位以后，没有一点骄慢之气，而且对亲生母亲薄太后更是殷勤体贴。

有一次，薄太后生了病，三年卧床不起。汉文帝不顾国事劳累，每天都在母亲床前照顾、侍奉，衣不解带，给母亲煎的药，他必定亲自尝过才给母亲喝。如是三年，他母亲很感动，也心疼儿子，劝文帝说："宫里这么多人都可以照顾我，你就不要在这里辛苦操劳了。"但是汉文帝执意要照顾母亲，他跪在母亲床前说："如果孩儿在您有生之年不能够行孝尽孝的话，那到什么时候才能够报答您的养育之恩呢？"《弟子规》上讲，"亲有疾，药先尝，昼夜侍，不离床"，汉文帝给我们做了好样子。

汉文帝的这种仁孝，感动了朝廷上下、文武百官，也感化了所有的百姓。因此汉文帝时，大家佩服他的德行，自自然然就会对他敬重，所以他治理国家也不需要很费心，就天下大治。

《论语》上讲，为政不在多言，"其身正，不令而行"，如果为政者，他自己行得正，真有德行，"孝悌忠信礼义廉耻"做得很好，他的命令不用去下达，大家就能体会了，马上就开始执行，这样的管理多容易！"其身不正，虽令不从"，自己如果没有做出好榜样来，下达的指令底下人不服，不肯去执行，那就不好管理，国家如是，企业亦如是，单位、团体都如是，所以关键在领导人。团体也好，企业也好，乃至国家也好，领导人自己要有德行，就能够治理得妥当有序。所以汉文帝时代，真是风调雨顺、国泰民安，出现了历史上有名的"文景之治"。

孔子在孝治章中说，"是以天下和平，灾害不生，祸乱不作，故明王之以孝治天下也如此。""明王"就是圣明的君王，能以孝来治理天下，天灾人祸都没有了，天下和平了，灾害都不生了，人为的祸乱也不会起来了。所以，以孝治天下重要，这是古代帝王和谐世界的秘诀。

（四）多行恕道　克己复礼

邢昺《正义》："言天子岂唯因心内恕，克己复礼，自行爱敬而已，亦当设教施令，使天下之人不慢恶于其父母。如此，则至德要道之教，加被天下，亦当使四海蛮夷，慕化而法则之，此盖是天子之行孝也。"

这段文字是邢昺对唐玄宗《御注》中"君行博爱广敬之道，使人皆不慢恶其亲，则德教加被天下，当为四夷之所法则也"的注解。天子，就是国家领导人，不仅要自己做一个德行的榜样，"因心内恕，克己复礼，自行爱敬"，就是讲自己要有德行，而且还要施教于百姓。

"因心"，"因"底下一个"心"，就是"恩"，这是讲天子要懂得施恩于百姓。"内恕"是指心内，内心要存有恕道。"恕道"就是懂得原谅别人，懂得包容别人，懂得体贴别人，懂得爱护别人。孔子的学生子贡曾经问过夫子，有没有一言而可以终生奉行的，夫子告之就一个字，是"恕"，上面一个"如"，下面一个"心"就是如其心。人家心里怎么想的，我们能否体贴到、体会到？接着孔子进一步解释，"己所不欲，勿施于人"，这就是恕道。

自己不想得到的恶语、坏事，不好的遭遇，那么，就不可以把这些强加给别人。在国际上各个宗教都有类似的教诲，所以这句话，联合国把它奉为"黄金法则"。不管是什么样的宗教、什么样的民族、什么样的文化，这个法则都适用，这就是恕道，就是"己所不欲，勿施于人"。

不但"因心内恕"，而且要懂得"克己复礼"。"克"有两种说法，一种是努力、尽力去遵循"礼"，"礼"是圣人的教诲，遵循圣人教诲来生活工作，这叫"克己复礼"；另外，这个"克"，也有克服自己烦恼习气的意思，就是《三字经》上讲的"人之初，性本善，性相近，习相远"。人本性都是纯善的，都是平等的，所以"性相近"；可是有了习性，有了烦恼习气，跟本性就偏差了，就远离了，所以"习相远"。要知道习性本来没有，本来有的是本性本善，我们要回归本性本善，做圣人，就是把自己的烦恼习性克服掉，把自私自利、损人利己、贪嗔痴慢、贪图享受、骄奢淫逸、不忠不孝、不仁不义的这些后天污染导致的习性，尽力克服掉。"克己"的"己"是自己的习性，遵循着"礼"，"克己复礼"，能够帮助我们回归本性本善，成就圣贤之道。

（五）自行爱敬　慕化天下

"自行爱敬"，就是对父母要爱要敬，而能够爱人敬人，孝心要扩展到对一切人，这是"自行"。

不仅"自行"，还要教化他人，所以"亦当设教施令"，就是推广德行教育，推广这些设施，这些规章制度，都是维护伦理道德的规范，人们能够遵循着伦理道德，遵循着"礼"而生活，社会就和谐，就会天下之人都"不慢恶于其父母"。自己能行孝，自行而后化他，正己而后化人，这个"化"是教化。教化比教育还有更深的一层，这"化"就是让人变化，因为我"教"，所以他"化"，他改变了，他转恶为善，转不孝为孝顺，都不敢轻慢、厌恶自己的父母，这是推己及人，推己及物。"如此，则至德要道之教，加被天下"。"至德要道"就是孝道，孝道的教育加被于天下，甚至使少数民族、外族、外国"四海蛮夷"（统指是外国），都能够"慕化而法则之"。"慕"是羡慕、仰慕，仰慕这位天子的德行，而能够自我转化并效法之。

世界各国领导人都能够学习孝道自行化他，而达致和谐世界，就叫天子的行孝。

三、天子德教　惠及四海

【爱敬尽于事亲，而德教加于百姓，刑于四海。】

我们学《孝经》，学古圣先贤的典籍，不可以学死。天子章讲的是天子如何行孝，我现在不是天子，我可以不用学这章；诸侯章，我又不是诸侯，也不用学了；卿大夫章，我也不是大夫，我还没当官，也不学了。这样，就把经典学死了。

（一）天子匹夫　为仁由己

要懂得活学活用，要知道谁是"天子"，是不是只有国家领导人一个人，才有天子的职责？不是的。"天下兴亡，匹夫有责。""匹夫"是普通老百姓，一介草民对天下兴亡都有责任。所以，天子章，我们普通人照样能够学习，能够落实。

"爱敬尽于事亲，而德教加于百姓，刑于四海"，我们也都可以做到。古圣先贤教导我们，每一个人都有三种使命，所谓"作之君，作之亲，作之师"。"作之君"，"君"是领导，"亲"是父母，"师"是老师。每个人都要担当起做领导、做父母、做老师的责任，"君、亲、师"。

哪怕是一个没有地位的人，像我现在，又不是天子，又不是诸侯，又不是大夫，辞了工作，也没工作，我在这里能否做到"爱敬尽于事亲，而德教加于百姓，刑于四海"？只要自己肯做，就能做到。

孔老夫子对颜回说，"为仁由己，而由人乎哉？""为仁"不仅是天子才能做到；颜回没有社会地位，生活贫困，"箪食瓢饮，居于陋巷"，如此清苦、贫贱的生活，可是孔老夫子教导他"为仁由己"，他也能够让"天下归仁"，这不是等于天子的职责？所以我们只要真正自己做到"爱敬尽于事亲"，做一个孝子，树立榜样，用我们有限的时间、精力、体力，来做这个弘扬孝道的教育工作，德教也就"加于百姓"。

现在, 有网络这些远程教学的工具, 我们在摄影棚里面教学, 虽然底下一个听众也没有, 但是我们这个德教也可以"加于百姓"。我们真正奉行孝道, 也能"刑于四海"。

(二) 媒体工作 治乱攸关

媒体确实是影响力很大, 现在媒体发达, 使教育容易了很多。

我们的恩师在讲课里面常讲到, 有两种人可以救天下, 也可以灭天下。一种是国家领导人, 天子, 他的一个正确的决定, 可以救世; 他一个错误的决定, 可以灭世。所以, 造无量功德, 或者造无量的罪业, 都在他一念之间。另外一种人是媒体的传播者, 包括一些影视人员, 如果他们能够把好的节目, 德行教育的这些节目传播出去, 就是无量功德; 如果把这些杀盗淫妄、色情暴力的节目播放出来, 那就是灭天下, 让天下大乱。

我们在影视界, 看到一位相声演员陈寒柏, 他是这几年走红的一位笑星, 是一位光头影星, 他表演的特点是说方言, 得到大众的喜爱。

他是一位孝子, 亲生母亲过世后, 他父亲娶了继母。继母对陈寒柏也很关怀、很照顾, 陈寒柏对继母, 也非常孝顺, 他说: "我之所以能从普通的工人成为相声演员, 全是因为我的继母。继母对我的爱, 给了我无尽的创作源泉……"

因为陈寒柏每天工作很繁忙, 晚上要去演出, 还要写相声的讲演稿, 所以很劳累, 白天就在家里睡觉。继母因为怕影响到儿子休息,常常是搬张小凳子在家门口坐着,夏天有时候达四十度高温,老人家就在外面摇个蒲扇,只怕打扰了儿子。这让陈寒柏非常的感动。

陈寒柏对母亲的孝顺,也感动了著名的相声演员侯耀文。侯耀文相中了他,想收他为徒弟,有一天就来陈寒柏家里做客。到了他家里,看到这一家人,父亲、继母、陈寒柏的亲兄弟,以及继母带过来的几位兄弟,一大家子在家里热热闹闹、快快乐乐,非常的和睦,亲情很浓。这种其乐融融的情形,让侯耀文很感慨,当即做出决定,收陈寒柏做徒弟。他说自己收徒弟的标准很严格,不仅是看演艺,更重要的是看德行,尤其是看他对父母是不是尽孝。侯耀文说,陈寒柏对他继母的这种孝心让人感动,觉得他的人品好,将来肯定会出好作品、成大器。

老一辈的艺术家真懂得看人。孔门的四科:德行、言语、政事、文学,头一个是德行。所以一个人在事业上能不能成功,看他的德行,德行是根,而孝又是德之根、德之本。所以当陈寒柏拜师以后,努力的学习相声艺术,在全国的相声演讲比赛中连连获奖,在中央电视台春节联欢晚会上,获得大众的好评。

有一次,陈寒柏晚上回家,下了大雨,他的继母惦记着儿子没带雨伞,听到他回来的声音,就马上拿着雨伞跑下楼,结果太急了,一下子从楼梯上摔下来,把小腿摔成了粉碎性骨折。陈寒柏马上背起继母,虽然继母比较胖,重量跟他差不多,但是他一下子就把继母背起来,马上冲出去开车把继母送到医院。而停车的地方到医院还有五百米的路,当时下着雨,陈寒柏就背着他母亲,一步一步向医院走。因为雨天地滑,摔倒了好几次,手臂、脚都摔出血来。他继母说:"孩子,你快把我放下,我们等雨停了再走也不迟。"可是寒柏说:"不要紧,妈!我早点把你送到医院,才能安心。"

有一次,陈寒柏到大连演出的时候,刚准备上台表演,就收到了二姐打来的电话,说:"咱妈突然患了脑血栓……"

当时陈寒柏吓了一跳,手机都掉到地上,眼泪掉下来。可是马上要上台表演,报幕员已经在报幕,他马上擦干泪水,大步走上舞台,还是镇定自若把原定的节目演好。陈寒柏表演完了,掌声四起。他深情地对观众们说:"为了报答家乡的父老乡亲多年来对我的厚爱,下面,我给大家唱一首歌,叫《母亲》,这首歌也献给我最敬爱、最挚爱的母亲,此刻她老人家正躺在医院里……"他唱歌的时候,全场鸦雀无声。陈寒柏边唱边流眼泪,每一句歌词,都是发自内心真情的流露,大家也都感动得流下热泪。

像这样的相声演员、明星,他能够自己"爱敬尽于事亲",在舞台上,当下就能够"德教加于百姓",这不等于履行天子的职责一样?《孝经》上讲:"君子之教以孝也,非家至而日见之也。"一个君子,他要教百姓行孝,不必要每家每户去跟人苦口婆心的讲,只要真正自己做到,哪怕是就在台上唱一首歌,那种真情的流露也能感动人。

后来,陈寒柏决定,为了照顾病床上的母亲,留在大连,跟母亲生活在一起。

在2005年除夕之夜,他在春节联欢晚会上表演完节目,晚上也没睡觉，第二天一早，立即坐最早的一班飞机，从北京飞往大连，飞回家里，给母亲拜年。早上回到家里的时候，一进门就大声说："妈，儿子给您拜年了！"就把新年礼物献上去。这个礼物就是他参加中央电视台春节联欢晚会，得到的那笔补助费。这位母亲接过信封，又从她的床头褥下摸出了同样的两个信封，这是陈寒柏前年、去年参加春节联欢晚会的补助费。三个信封放在一起，老人家没有舍得花一分钱。

我们看这位相声演员，他能够用自己的孝行，做出好样子，来感化社会大众。他的这种德行，比他在事业上的成就更为伟大。

孔老夫子在《孝经》中说："教民亲爱，莫善于孝。"要使社会和谐，人人懂得相亲相爱，最好的教育是孝道的教育。"教民礼顺，莫善于悌"，使人民恭顺有礼，最好的教育是"悌"道。"悌"就是兄友弟恭、尊敬长上。"移风易俗，莫善于乐"，"乐"古代是音乐，现在可以泛指所有的文艺演出。这些影星、歌星、演员们，文艺界的传播者们，他们能够移风易俗，用他们的影响力，用传播媒体的方便，带动社会风气。"安上治民，莫善于礼"，让上下能和睦，要讲究礼。这个礼，要从家里做起。陈寒柏对母亲，每年必定是春节晚会表演完了，第二天一早就赶到家里，给母亲拜年，这是礼。献上新年的礼物，也是礼。以礼治家，则家庭和谐；以礼治国，则社会和谐；以礼待天下人，则世界和谐。礼的根本，就是孝心，就是爱敬。

陈寒柏这个例子也启示我们，真正要做到"德教加于百姓"，最好的方式，是用媒体、用远程教学。

(三)天子庶人 奉亲无二

邢昺的《正义》:"五等之孝,惟于"天子章"称'子曰'者,皇侃云:上陈天子极尊,下列庶人极卑。尊卑既异,恐嫌为孝之理有别,故以一'子曰'通冠五章,明尊卑贵贱有殊,而奉亲之道无二。"这段话所讲的细节,一般人可能疏忽。即天子章至庶人章五章,五孝,"五等之孝",只有天子章一开端用"子曰","子曰:……爱敬尽于事亲,……"。这个"子曰"是孔子亲口说的,诸侯章、卿大夫章、士章、庶人章,虽然都没有讲"子曰",但这五章仍然都是孔子说的。

为什么只在天子章那里说"子曰",后面没有?

南朝的皇侃,是一位大儒、经学家,他注过《孝经》。邢昺引用皇侃云:"上陈天子极尊,下列庶人极卑。"这五等之孝,最尊贵、地位最高的是天子;地位最卑微的是庶人,普通老百姓。尊卑虽然不同,但是行孝的道理是一样的。所以编辑《孝经》,是怕我们错解是不是尊卑不同,行孝的理也不同,实际上理是一样的。因此,天子章是五孝第一章,之前用"子曰",意在通贯五章。"子曰"贯穿于天子章到庶人章,表明不管地位的尊卑,财富的多寡,不管是哪一行哪一业,没有区别,都要行孝,所谓"尊卑贵贱有殊,而奉亲之道无二"。每个人都应该孝亲,都应该"爱敬尽于事亲,而德教加于百姓,刑于四海",每个人都应该这么做。

(四)地方领导 孝亲爱民

我们看到在2005年元月,中国评出了"十大孝子",其中有一位叫李世同,他是河南省杞县的政协副主席,一个地方的领导。

这位政协副主席是一位孝子,对父母爱敬,而且能够对全县的老人都尽到爱心和孝心。多年来他深入到本县的五十多个行政村进行调查,了解老人们的生活状况。他发现村里的老人,生活愉快的占百分之二十,一般情况的占百分之二十,而受委屈、遭嫌弃的有百分之四十,受虐待、受遗弃的有百分之二十。也就是说,超过半数的老人心情都不愉快,都遭到委屈、嫌弃,甚至虐待。而这些老人家们,百分之七十的都是靠自己劳动养活自己的;一半靠自己、一半靠子女供养的只有百分之二十;完全由子女养活的只有百分之十。这种情况说明大家爱亲、敬亲做得不够,李世同决心要改变这种状况。他就在县里面发起组织成立了"敬老孝老志愿者活动协会",开展了多种形式的敬老爱老活动。比如说,亲自做敬老爱老的教育报告会六十多场,听众达到七万多人。这是"德教加于百姓",在他直接关怀、帮助下解决的老人和子女的纠纷案件,达到两百多件;他还发动开展"敬老爱老思想教育进万家"的活动。通过办这些活动,启发大众的孝心,达到教育的目的,所以大家称赞他是"老年人的贴心人"。

他是爱心功臣,是敬老孝老的楷模。

孔子在《孝经》中说:"先之以博爱,而民莫遗其亲;陈之于德义,而民兴行。"真正用广大的孝心、爱心对待一切的老人,"老吾老以及人之老",百姓看到他这么做,也纷纷效法,也就不会嫌弃、不会虐待自己的父母。"陈之于德义",是讲教学,自己做好还不够,还要去讲、去教学,推广、宣传德义忠孝的道理,民众学到了，就能够自然的行孝。

因此，李世同也是在行"爱敬尽于事亲，而德教加于百姓，刑于四海"的工作。

每个人都应该、也都能够行天子之孝、行诸侯之孝，都能做到五孝，这才叫活学活用。只有用到生活中，圣贤之教对我们才有真实的益处，否则学到最后，只是增长一些皮毛常识，对自己的生活、对自己灵性的提升，没有太大的用处。恩师说的"学儒"和"儒学"，区别在此。我们学这些儒学典籍，学儒，学得跟圣人一样，学得跟孔子一样，落实了德行，这是学儒。我们不是单纯搞儒学研究。单纯做学问，搞研究，写报告，写论文，"长浮华"，对人民百姓，对真正和谐社会、和谐世界没有什么真实利益。我们学习儒学典籍，学儒，最终目的是学以致用，重在落实。

（五）爱敬己亲　推及天下

邢昺的《注疏》中有一段话解释《孔传》（即《孔安国传》，孔安国是注解《古文孝经》的一位西汉大儒）："孔传以人为天下众人，言君爱敬己亲，则能推己及物。谓有天下者，爱敬天下之人；有一国者，爱敬一国之人也。不恶者，为君常思安人。为其兴利除害，则上下无怨，是为至德也。不慢者，则《曲礼》曰'毋不敬'。《书》曰：'为人上者，奈何不敬？'君能不慢于人，修己以安百姓，则千万人悦，是为要道也。"这段话讲到，天子章的"不敢恶于人"、"不敢慢于人"，这个"人"就是天下众人，即我们现代人说的"以人为本"。"以人为本"，当然我们自己要做到"爱敬己亲，则能推己及物"，孝心养成以后，用对父母的爱敬之心对待众人、对待一切人事物。"推己及物"，"物"不仅是讲人，如果说"推己及人"，那只是讲人，物包含的范围比人的范围广，不仅是人，而且包括动物、植物、矿物、地球、宇宙都要以这颗爱敬之心对待，这就是夫子追求的仁道，这就是大孝之道。有了这颗心，不管身份地位如何，就在自己的本分上行孝道。

"有天下者，爱敬天下之人。""有天下者"指国家领导人，古代的皇帝，现在的总统、主席，他们可称"有天下"，即他是天下人的领导，就要"作之君，作之亲，作之师"，用"爱敬其亲"的心来爱敬天下之人。

"有一国者"，"一国"周朝封诸侯，一个诸侯，有一片封地，称诸侯国。诸侯章讲，"有一国者"的诸侯，能爱敬一国之人，爱敬本国所有的百姓，我们类推，有一家者，就要爱敬一家之人；有企业、公司行号的，要爱敬一企业、一公司行号之人；有一个学校的校长，爱敬学校之人——学校的老师和学生；做省长的，爱敬一省之人；做市长的，爱敬一市之人；做县长的，爱敬一县之人……不管我们在什么样的岗位地位上，都要行爱敬之道，爱敬的心没有分别，这都是本性本善。不同的缘分，不同的条件，不同的境遇，它的表相有不同，但是心是一样的。

"不恶者"，即"不敢恶于人"。"为君常思安人"，一个领导，爱敬其亲，"不敢恶于人"，不敢厌恶人，当然"常思安人"，常想如何安抚百姓，为他们"兴利除害"，就是替百姓服务，以人为本，解决百姓的衣食问题，做百姓的衣食父母，帮助百姓过上和乐的生活。"则上下无怨",全国上下,都能够和睦无怨,这是"至德",即至高无上的品德才能做到。

"不慢者","不敢慢于人",《礼记》的《曲礼》开篇即讲"毋不敬",意为一切都要恭敬,都要礼敬,不能有丝毫的轻慢、怠慢、傲慢。"书"是《尚书》,"为人上者,奈何不敬",一个领导,怎么能够不敬?是说做领导的人,对人要平等,更要懂得谦卑,这样才能够得到百姓的拥护和爱戴。"君能不慢于人,修己以安百姓",是讲领导人不轻慢人,好好修为自己,断毛病习气,存养德行,就能够安抚百姓。"千万人悦",千万人就是讲到全国上下,乃至世界各地,都庆幸有这么好的领导人,这就是领导人的行孝。

"是为要道也",这就是重要的方法和道理,"要道",就是以孝治理天下。

(六)修己安人 世界和谐

古人讲"大道至简",真正大道理是很简单的。自己"不敢慢于人","不敢恶于人",而能够"爱敬尽于事亲,德教加于百姓,刑于四海","修己以安百姓,则千万人悦",几句话就说明白了,这就是"至德要道"。

其实就是一个字"孝"。

领导"常思安人",就没有自私自利,他所思所想的,是如何让百姓过得幸福安乐。如何实现?"修己以安百姓",如果不"修己",百姓也不能安。自己身心没有修好,自己都不安,怎么能安人？

2006年4月份，在杭州举行的"世界佛教论坛"，它的主旨是"和谐世界，从心开始"。所谓"心净则国土净，心安则众生安，心平则天下平"，因为众生与我本来一体。这个"我"，讲到究竟处，就是我的心。众生是我心变现出来的，当然跟我心是一体，我心安则众生安。这个心不是别人的心，是自己的心。我们要使世界和谐，自己要心净、心安、心平。心清净没有染污，没有贪嗔痴慢，完全是本性本善起用。心安，没有烦恼。心平，没有对立冲突，这就是世界和谐。正如夫子对颜回的开示："一日克己复礼，则天下归仁焉。"以上是《孔传》给我们开解的含义。

（七）内若有念 外必有相

隋朝大儒刘炫注《孝经》云："爱恶俱在于心，敬慢并见于貌。爱者隐惜而结于内，敬者严肃而形于外。"这里是告诉我们，心和相表现也不一样。这里讲的"爱、敬"的爱，"不敢恶于人"的"恶"，爱和恶，就是爱敬和厌恶都是在于心，心上起了爱敬或者起了厌恶，心上起念头了，必定会有外在的表相，即敬和慢。爱表现出来的相貌，必定是敬，你爱这个人，你必定是敬重他；如果你讨厌这个人、厌恶这个人，你必定是对他轻慢、怠慢。所以"爱恶"讲的是存心，"敬慢"讲的是形式。

"爱者隐惜而结于内"，我们现在要培养爱心，实际上孝就是爱，爱是本善。宇宙是一体的，爱心涵盖一切众生，乃至宇宙万事万物，这也就是孝道。父母对儿女，儿女与父母之间，爱表现成"父子有亲",父慈子孝这是爱;君臣关系,爱的表现是君仁臣忠,是君臣有义。所以爱心是一个,只是在不同的环境、关系上,表现的形式不同,即"爱者隐惜而结于内"。爱心,看不见、摸不着,但是我们能感知。如何感知?从外形上。外形上就是敬,"敬者严肃而形于外"。所以外表对人由衷的毕恭毕敬,说明他对人有爱意、爱心。从内心、外相讲爱心,这种说法也很好。所以君子,存心达到了仁爱,一体的爱心,他必定是在家对父母爱敬,在外对百姓也是爱敬。这是刘炫的一段解释。

下面诸侯章、卿大夫章、士章和庶人章,都是讲不同地位,不同等级阶层的人,其爱敬之心,表相有不同,但存心是一样的。所以,天子以爱敬之心对天下人,就可以保其天下;诸侯以爱敬之心对一国,就能保存其社稷;卿大夫能以爱敬之心来对待自己的家族,也能保其宗庙;士人以爱敬之心待人,就能够保其禄位,而守其祭祀;庶人,普通老百姓,爱敬存心,也就能保其田宅。地位尊卑有不同,爱敬之心无二。

四、天子庆善 泽福万民

【甫刑云:"一人有庆,兆民赖之。"】

"一人",在天子章专门指天子,就是国家领导人。"庆",就是善,是说领导人有善德、有德行。"兆民赖之",("兆",古代数字,有几种说法,一说十亿为兆,一说万亿为兆,又说百万为兆,

我们不必去求它的精确单位。）"兆民"就是泛指一切的百姓，都
能够因为天子行孝而得到庆善，都能够倚赖这位天子。即天子能
够行孝行善，可以为百姓造福，作为百姓的依靠。

（一）述而不作　言必有据

《甫刑》，《尚书》的《吕刑篇》，也叫《甫刑篇》。

孔老夫子讲一段话，必定会引用古代典籍。《孝经》从头到
尾，引用《诗经》很多，这里引用《尚书》。

孔老夫子出口有据，所谓"述而不作，信而好古"。即夫子
一生只叙述古圣先贤的教诲，自己没有创作。这是谦逊，也是事
实。现代人都爱讲创作，写一本书，还加注版权，不让别人翻印。
不像孔老夫子，自己没有创作，只是汇集、转述先贤的教诲，"述
而不作"；"信而好古"，"信"是信奉古圣先贤教诲，"好古"，学
习古人，效法先贤，所以他成就了圣德。

（二）领导修德　人民有福

"一人有庆，兆民赖之"，也是本章的总结。"一人有庆"，落
在"爱敬尽于事亲"上面，包括"爱亲者，不敢恶于人；敬亲者，不
敢慢于人。爱敬尽于事亲"，都是天子的善。下面讲"兆民赖之"，
就是"德教加于百姓，刑于四海"。天子自己行孝，并用孝道的德
教来推广，来教导大众，使大众也断恶修善，这样的圣君可以依
赖，所以上下能够和谐。领导人修德，做好榜样，众生就有福了。

现在四川发生了特大地震，国家领导人胡锦涛主席、温家宝

总理等等，号召全国上下，团结一致，互相帮助，共渡难关，积极采取行动，全力以赴来抢险救灾。

现在科技发达，人们生活水准提高了，很多人都迷恋物欲的追求，精神生活反而大不如前。伦理道德教育断了几代，近百年至今，已经衰微到极处。当今社会亟待推行德教。

"德教加于百姓"，是当今社会重中之重。国家主席胡锦涛提出"和谐世界"的主张，得到全国上下，乃至全世界的赞同。如何能落实？中国古老的典籍《礼记·学记》告诉我们，"建国君民，教学为先"。只有用圣贤的教育，才能唤回人心。把人们追逐物欲、废弃伦理道德的这种观念改变过来，才能够真正得到和谐社会、和谐世界。

温总理到灾区视察，含泪看望灾区孤儿，跟灾民们一起抢险救灾。温总理自己也已年迈，但他还是奋战在第一线，鼓励灾民们勇敢地面对灾难，鼓励大众竭力抢险。

据报道，温总理本人也是孝子，虽然日理万机，但每天在中南海，只要有时间，肯定要回家陪母亲吃饭，这是他对母亲的爱敬。"爱敬尽于事亲"，而又"德教加于百姓"，自己做好样子，废寝忘食的为人民服务，这是给我们做了榜样。所谓"一人有庆"，这"一人"，就是国家领导人，他们能够行孝行善，百姓得福，即"兆民赖之"。

谈到教育，师资最重要，社会需要伦理道德教育的师资，需要一批有志的青年，来推行德教，来传承老祖宗的道统。自己首先做到"爱敬尽于事亲"，做到"学为人师，行为世范"，然后推广圣贤教育。

（三）母慈子孝 立志圣贤

值此时节，茂森与母亲商议，决定放弃澳洲昆士兰大学教授的工作，转而从事圣贤教育。母亲非常支持，很令人感动。在2005年，决定立志走上圣贤教育之后，我给母亲写了一封新年贺卡，在此分享给大家：

亲爱的妈妈：

韶光飞逝，妈妈已到了耳顺之年了。而您教养儿子已经三十多个寒暑。我在这三十多个寒暑中，愈来愈体会到，世上最伟大的是母爱。母爱，能在寒冬中为儿女带来温暖，在酷暑中带来清凉……

您对我三十多年的养育中，含辛茹苦，毫无保留，不求回报。所以古德教导我们孝养父母说："天地是孝德结成，日月是孝光发亮。"父母恩德无边，而"孝亲乃天地第一德"。

我立定志向，尽形寿落实孝道，时时以九条孝愿来鞭策自己，保证您晚年的物质生活和精神生活快乐！

《孝经》上说："立身行道，扬名于后世，以显父母，孝之终也。"因此大孝者应以德济世，为天地立心，为生民立命，为往圣继绝学，为万世开太平。

目前世界，圣教衰危，天灾人祸频繁。我们庆幸得蒙净公恩师教诲，得遇正法，获益无穷。我愿继承恩师之志，为挽救世运人心，努力修学。从格物、致知、诚意、正心、修身开始，尽形寿为人演说圣贤之道，弘法利生，以报父母、恩师、天地、祖先、古圣先贤之德！

儿茂森顶礼

二〇〇五年元旦

"爱敬尽于事亲，德教加于百姓，刑于四海。"我们每一个人，哪怕是普通的人，都可以做到的，也是都应该去做的。

（四）哀悼国难　亲安鬼享

学习了天子章，大家明白"天子"不是单指领导人，当我们能够真正做到"爱敬尽于事亲，而德教加于百姓，刑于四海"，那我们也在行"天子之孝"，所以每个人都应该有作之君、作之亲、作之师的责任感和使命感。

2008年5月12日，四川省发生地震，数万同胞被埋葬在废墟中。国务院决定把5月19号、20号、21号三天作为全国的哀悼日，深切哀悼四川省汶川县，以及其他受灾地区罹难的同胞。全国这三天都下半旗，停止一切公共娱乐活动。在19号下午，两点二十八分开始，全国人民默哀三分钟，来沉痛悼念灾区死难的同胞。国家哀悼同胞的倡议，也正是在落实《孝经》的丧亲章经文："孝子之丧亲也，哭不偯，礼无容，言不文，服美不安，闻乐不乐。"

中华儿女都是炎黄子孙，本是一家人，面对死难的同胞，我们如同自己失去了父母家亲眷属一样。停止一切娱乐，哀泣悼念死难的亲人。以此仪礼，引发国民孝思。灾难面前，各族团结，互相爱护，众志成城。短短几天，整个中国乃至世界华人都行动起来，出钱出力，赈灾安民。

我的恩师闻听灾难发生，立即捐资百万，并号召各位同学为灾区罹难众生祈祷、回向，还设置捐款功德箱，让大家也奉献一份爱心。听闻三天全国哀悼讯息后，恩师即在网络上公布，并祈请全球同学，在今天下午两点二十八分，跟全国哀悼时刻同步，以自己身、口、意的清净功德，回向给罹难众生，安慰亡者，离苦得乐，往生净土。回向给世界各地，消灾免难，风调雨顺。

《孝经》云："夫然，故生则亲安之，祭则鬼享之。是以天下和平，灾害不生，祸乱不作。故明王之以孝治天下也如此。"

父母、亲人在世，要让他们得到安乐，这是对他们尽孝；已经过世，要对亡者祭奠，为他们默哀、祈祷，让他们享受生者的哀悼、祭奠。"鬼享之"，"鬼"，是指过世的亲人。我们说人死了，是身体的死亡，是人生命的断灭，但灵性不灭，依旧还在，所以我们对亡者尽孝的心不能中断，要竭尽全力的让他们得到安乐。如此和谐的景象，是古代圣明的君王，以"孝"治天下的结果。圣君懂得以"孝"治理天下，利益无量无边，所以号召天下百姓一同来做，所谓"生则亲安之，祭则鬼享之"。故以"孝"治理天下，能得到灾害不生，祸乱不作的和谐世界。

（五）灾难当前　同心祈愿

时值国家灾难时刻，我们学习《孝经》，要以一颗真诚的孝心，把我们所学的落实。

在这三天之中，为死难同胞祈祷、哀悼，为中国境内风调雨顺，国泰民安祈祷。祈祷还要扩展至全世界，不仅是中国能够得到和谐太平，我们生活在同一个地球，都是地球人，地球的村民，因此要回向全世界，孝心和爱心没有国界、种族、文化、信仰的隔阂，因为它是人的本性本善。

《孝经》中说的就是"父子之道天性也"，所谓天性就是人本有的，是人的本性，不用人教的，会自然显露，尤其灾难当前，我们更能看到感人的天性流露。

据报道，四川省北川县地震灾区，救灾的武警战士们在一个倒塌的房屋废墟里，发现了一具三十岁上下年轻女子的尸体，她双膝跪在地上，两只手在前面撑着地，身体已经被压得变形了，早已气绝身亡。可是居然发现，在她身体保护之下的几个月大的小婴儿，却一点事都没有，正在安详的入睡。

母亲用身体挡住压下来的房屋，保护并拯救了孩子。在场的武警战士感动得流泪，他们发现裹婴儿的被子里塞着一个手机，手机屏幕上显示着已经写好的一条短信："亲爱的宝贝，如果你能活着，一定要记住我爱你。"这是年轻的妈妈给孩子的最后祝福。父母牺牲自己，保全儿女，地震灾区一幕幕感人的场面，为我们显示出母爱、父爱的伟大。

我们从小到大，父母有多少爱心的付出，多少无私的奉献，为了儿女，父母可以把自己的生命献出来，这就是父子亲情，这就是人的本性本善，无私无我，完全的献身。圣人的教育，就是把"孝道"的天性保持一生，这是圆满的教育目的。一个人能够从小到大，自始至终都保持这种天性，并且能够把这种天性扩而大之对待所有的人，如同对待自己的父母一样去行孝，去献上爱心，这样的教育就是帮助人成圣成贤的教育，所以我们学习《孝经》，联系当前发生的事情很有感慨。

诸侯章第三

不骄不溢　协和臣民　戒慎恐惧　安守社稷

【在上不骄，高而不危；制节谨度，满而不溢。高而不危，所以长守贵也；满而不溢，所以长守富也。富贵不离其身，然后能保其社稷，而和其民人。盖诸侯之孝也。《诗》云："战战兢兢，如临深渊，如履薄冰。"】

解释章题　简析主旨

本章继天子之孝后，讲诸侯如何行孝。在周朝，天子下面有八百诸侯，诸侯是一国之主，地位仅次于天子。诸侯有公、侯、伯、子、男五种，是因地位不同而封地不同的五种等级。

为什么用"诸侯"，而不用诸公、诸子、诸男这些字样？其实本该称诸公，但是因为"公"跟天子的"三公"称呼上雷同，因此就不称诸公，用第二个字诸侯，这是对每一个诸侯国的君王的敬称。下面的伯、子、男三等也是属于诸侯，不过在这里就不称侯了。

一、不骄不危 有度不溢

【在上不骄，高而不危；制节谨度，满而不溢。】

诸侯之孝，"在上不骄，高而不危"。"在上"的诸侯，地位仅次于天子，贵在人上，高要不危，就是不能有骄慢的心理和态度，这样即使在高位，也不至于危险了。不骄之后，还要"制节谨度，满而不溢"，"制节"就是我们生活的费用要懂得节制，要节约，如果生活费用很高，很奢侈，再多的财富也会被浪费殆尽。所以这里讲的"不溢"，就是不能够奢侈。

玄宗《御注》："诸侯列国之君，贵在人上，可谓高矣。"诸侯是国君，地位很高，"而能不骄，则免危也"。所以高地位的人能够去除骄慢的习气，就可以免去危险。下面"费用约俭谓之制节"，这是讲制节谨度。"慎行礼法，谓之谨度。"所以制节主要是在节约费用方面来讲的。"谨度"，谨慎自己的言行，这是讲遵守礼法。这里强调的不骄、不溢，"无礼为骄，奢泰为溢"。所以一个人不守礼法，就是高于礼法之上，就是骄慢，心目中没有把礼法放在第一位，甚至全不放在眼里，无法可依，自以为是，做人、做事、待人、接物都无礼，这就是骄的表现。"溢"，就是指奢侈浪费。所谓骄奢淫逸，贪图享受，不懂节俭，不恭慎保持自己的德行，这就称为"溢"。所以在高位的人要谨慎去除骄、溢，不能让它滋长。

二、不危不溢　富贵长守

【高而不危，所以长守贵也；满而不溢，所以长守富也。富贵不离其身，然后能保其社稷，而和其民人。】

"高而不危，所以长守贵也。"在高位，因为不骄慢，就不会危险，因此能够长久保全他的高位。"满而不溢，所以长守富也。"财富溢满而不奢侈，还是谨慎节俭，就能保全他的富裕。"富贵不离其身，然后能保其社稷，而和其民人。"高位的人，能够保全富贵，自然就能够保全社稷。高位者如果能够不骄、不奢，能够谨慎、恭敬的行事，人民看到后，也会佩服、效法，所谓"上行下效"。国内自自然然就能上下和睦，达到"和其民人"。上下和睦国家就安定，社稷也就得以保全。

唐玄宗《御注》云："列国皆有社稷，其君主而祭之。""社稷"就是指神，一国之主祭奠社稷之神。"言富贵常在其身，则长为社稷之主，而人自和平也。"所以一个高位的诸侯，如果能够不骄不奢，就能够保全他的富贵，就能够长久的祭祀自己国家的社稷之神，即自己可以长久的作为一国之主，而人民也就自自然然能够安定和睦。如此，可谓诸侯之孝。

邢昺《正义》："言诸侯在一国臣人之上，其位高矣，高者危

惧，若不能以贵自骄，则虽处高位，终不至于倾危也。"这是讲高
而不危的含义，诸侯是一个国家的君主，一国内有文武大臣，也
有普通老百姓，所以叫"臣"和"人"。诸侯在臣人之上，所谓是
万人之上，其位高矣。地位很高了，就会有危险，正如我们登高
下看，会畏惧，自自然然就有一种畏惧感，一种危险感。以此比
喻高位的人，要有畏惧感，"若能不以贵自骄，虽处高位，终不至
于倾危矣"。在高位的人，不以位高骄慢，愈加战战兢兢，有所畏
惧，深恐德行不够，不能保持这样的高位，对不起自己的父母、先
人。即地位愈高，使命愈重，责任愈大，能够不以贵自骄，这样虽
然处在高位，也不至于产生倾覆的危险。一个国家，产生内乱、
倾覆、破国、亡国，追根到底，还是因为领导人的骄慢所致。因为
骄慢，放纵欲望，言行也不谨慎，往往就会导致内忧外患，所以
忧患的产生，包括天灾人祸，根源还是在自己。佛家讲的圆满，"心
外无法，法外无心"。整个宇宙都是自己真心变现的，外面的境界
如果好，那是我们至孝至善的心变现的；如果外面的境界有天灾
人祸，归根到底是自己不善的心招感的。心外没有境界，境界都
是内心的影像，所以要改变不好的境界，就要改心，改自己的言
行。作为一个领导人，他真正能做到在上不骄，能够做到节约不
奢侈，谨慎自己的言行，自自然然灾难可以得到化解，甚至免除，
所谓"明王以孝治天下"，这是至德要道。

三、戒慎恐惧 基业长存

本章以《诗经》的一句话来做总结：

【《诗》云："战战兢兢，如临深渊，如履薄冰。"】

《御注》解释"战战"是恐惧的样子，"兢兢"是戒慎的样子。所以"战战兢兢"就是戒慎恐惧。"如临深渊"，我们想象在悬崖边上探头，自然会戒慎恐惧，从而小心翼翼。"如履薄冰"，刚结一层薄冰的河面，很容易就塌下去，所以要格外小心，行之脚步不可太重，否则会冰破人陷。用这两个戒慎恐惧的譬喻来形容，"义取为君恒须戒慎"的意思就很明白了，作为一个诸侯国的国君，要恒常戒慎恐惧，小心翼翼来维持这一国的基业；"恒"是不间断、必须要之意。

依循古论 解析章句

邢昺《正义》解释"在上不骄，高而不危，制节谨度，满而不溢"："积一国之赋税，其府库充满矣。"

诸侯国的经济来源赋税汇聚起来，国库就很充实。"若制立节限，慎守法度，则虽充满而不至盈溢也。满谓充实，溢谓奢侈。"国家要想国库充满、充实，要靠赋税。赋税出自国内人民的劳作，即现代所说的国民生产总值，这是税收的来源。税收的来源有定，不能无限增加，历朝历代帝王也都希望减轻赋税，不能给国民太重负担，且每次朝代更替，大家都希望减赋税，甚至喊出"均贫富，减赋税"的起义口号，除减赋税，大家也希望平均财富，缩小悬殊的贫富差距。均贫富，这样就可以帮助社会达到和谐。所谓"收入不在多寡，而在不均"。

我们国家免除了农民的税收，这是历史首次，是古代圣明的君王一直在梦寐以求而未能实现的，我们这个时代实现了，这是国家了不起的成就。

税收完全从工商服务行业得到满足，还能够充满国库，所以皆大欢喜。"若制立节限，慎守法度"，虽然国库税收充满，但是也要节省使用。如果不节俭、不谨慎有度，作为高位的人，用钱无限，花销无度，甚至劳民伤财，就会出现大问题。即"则虽充满而不至盈溢也。满谓充实，溢谓奢侈"。如果满而将溢，则"制立节限"，节约开支，使国民收支平衡，国家不会出现很大的负债和赤字，外贸逆差和政府的财政赤字，都可以减少甚至变成盈余。

我们中国现在贸易顺差，政府税收充盈，形势很好。国家反贪污、反受贿，大力抓廉政建设，要求为官的人、政府的公务员清正廉明，这也是"慎守法度"。虽然国库充满，也不至于盈溢，盈溢就是指奢侈浪费，奢侈浪费很快会把国库掏空，因此这是一个国家的经济支柱。我们讲到的经济基础和上层建筑的关系，经济基础非常重要,经济基础关键在制节谨度,节约开支,少浪费,并谨慎避免腐败现象,这样,诸侯的政权就能够稳定,所谓"高而不危,所以长守贵也;满而不溢,所以长守富也"。

一、世界首富 用钱智慧

邢昺引用《书经》:"书称'位不期骄,禄不期侈'是知贵不与骄期而骄自至,富不与侈期而侈自来,言诸侯贵为一国人主,富有一国之财,故宜戒之也。"《书经》讲"位不期骄,禄不期侈",就是高位跟骄慢习气并没有直接联系,所以在高位上的人,也可以不骄慢;富有的人跟奢侈没有直接联系,也可节俭生活。"期"就是约定,约会,"禄"指富贵。

微软公司总裁比尔·盖茨是世界首富,但生活很节俭,他能够做到制节谨度。

"是知贵不与骄期而骄自至。"地位高贵的人虽然跟骄慢没有直接联系,但是往往很容易导致骄慢习气产生。即骄慢习气会自动自发地来,不知不觉就生了傲心。所以儒家教导我们"傲不可长",佛家说的傲慢是一种与生俱来的烦恼,只要有"我"的观念,即是"我执",宇宙本没有一个独立的我,都是因缘合和体。此身非我,何故着我?而身处高位,易生傲慢,甚至不知不觉,根本在于"我执"。"富不与侈期而侈自来。"本可以过节约的生活,可是家里富有,环境使然,就不知不觉的会奢侈、会浪费,这也是恶习气。孔老夫子在《孝经》里特别教诫高位、富贵的人,不能够骄奢淫逸。正如胡主席提倡的"以骄奢淫逸为耻",以它为耻,因为它是恶习气。"人之初,性本善",骄奢淫逸不是本善,是后天养成的不良习性,应该去除,在富贵中,依然修养自己美好的品德。"言诸侯贵为一国人主,富有一国之财,故宜戒之也。"诸侯是一国的人君、领导,富有诸侯国的财产,更要戒除骄奢淫逸。

邢昺《正义》有两段话,讲得很好:"又覆述不危不溢之义,言居高位而不倾危,所以常守其贵;财货充满而不盈溢,所以常守其富,使富贵长久不去离其身,然后乃能安其国之社稷,而协和所统之臣人。谓社稷以此安,臣人以此和也。"

经文重复讲述不危不溢,高而不危、满而不溢,讲了两次。如此短文,反复讲述,可见非常重要。"言居高位而不倾危",在高位上只要不骄慢,就不会有倾覆的危险,所以能够长守其贵也;"财货充满而不盈溢,所以常守其富",他的财富充满,甚至做得世界首富,自己不骄奢、不浪费,财富就能长久的保全。如果能够用财富和地位,帮助世间苦难的众生百姓,那就更是积德行善,富贵更能长久。比尔·盖茨真的很有智慧,他把此生财富的百分之九十以上捐出来,用作慈善事业,这是布施。佛家讲,因果报应,布施的因,得财富的果报,愈布施是愈富贵。所以"富贵长久而不去离其身",他总在布施,富贵就长久而提升,即福分愈来愈大。

"然后乃能安其国之社稷,而协和所统之臣人。"这样国家安定,子孙得到福荫,诸侯国内的臣民都能上下和睦,实现和谐社会。"谓社稷以此安,臣人以此和也",国家因此而得到安定。"此",就是一个国家领导人能做到不骄不奢,能够高而不危,满而不溢。国家领导人如此，下面臣民效法，腐败现象自然会杜绝。"臣人以此和"，官员百姓都因此和睦安乐。

邢昺《正义》引用隋朝大儒皇侃所云："在上不骄以戒贵，应云居财不奢以戒富，若云制节谨度以戒富，亦应云制节谨身以戒贵。此不例者，互其文也。"皇侃意思深入一层。他说，"在上不骄"这是教诫身居高位的人，与之对应，应该说"居财不奢"，这是讲占有财富而不奢侈，不浪费，依然能够节约，把有余的钱财帮助社会，这样能够使富贵长久。所以"居财不奢"应该是用来教诫富者。一个是教诫贵者，一个是教诫富者。"制节谨度"，是教诫富的，"节"是节约；"谨度"，就是用度要谨慎，有钱也不可以铺张浪费，钱终有花尽的一天，不可滋长奢侈之风，这是教诫富（富人）。与之相对"应云制节谨身以戒贵"，身居高位的人，地位高贵，自己也要节约，而且言行举止要谨慎。所以对富者而言是谨度，对贵者而言是谨身，这是互文。按照逻辑，应该是这个说法，大概是因为省略，所以此意讲的简略。因此"在上不骄"之后，就没有讲"居财不奢"了，但是我们可以推论出来。"制节谨度"也就没有讲"制节谨身"了。所以我们学习古代的典籍，要懂得举一反三，归根结底，教我们戒骄奢淫逸。

二、华人首富　恪守母教

华人首富李嘉诚，他母亲是一位非常贤惠的传统家庭妇女。从小母亲就教导他，要谨慎做事，要讲究诚信，要做一个忠孝节义的人。

李嘉诚十四岁时，父亲因病过世，由于家庭经济重担，他放弃学业，出去工作。开始非常辛苦，他是家里最大的孩子，为了母亲、弟弟妹妹，他每天起早贪黑的工作。他们家是从潮汕地区迁到香港的，那时还在抗日战争当中，这位年轻的小伙子非常努力地工作，因为他心里想着母亲、家庭，所以工作很专注、很努力，也很快就掌握了这些商业要领。李嘉诚虽然读书并不多，但由于良好的家教，商业生涯一帆风顺，最后一直做到了华人的首富。

（一）孝德诚信 事业有成

李嘉诚之所以有这样的成就，其根本还是有一颗孝心，因为有孝心，他做人就注重德行。

安史之乱后，唐玄宗希望以佛教的法事来祭奠在战场上死难的军民，为此，各地都建立寺院，都称为开元寺，潮州也有一个这样的开元寺。正如恩师号召学习圣贤文化的同学们，为全国和全世界人民祈祷，消灾免难，祈祷罹难者安息，这都是祭奠之意。

李嘉诚的母亲一次讲到，开元寺的住持，有一天要传衣钵，找继承人。他有两个高徒，不知哪个合适继承衣钵，于是各给一袋稻谷，让他们去种，明年收成时谷多者做接班人。第二年秋收后，两个徒弟都来到师父跟前，大徒弟，担着满满一担谷子来孝敬师父；另外一个，两手空空来了。结果这个师父看了之后，笑了一下说，我这衣钵就传给空手回来的二徒弟。大家都不解，先前说谷子多的继承衣钵，为什么衣钵给了空手来的人？原来，谷子都是用开水煮熟了的，不能发芽，所以不可能种出谷子来。二徒弟空手回来，证明他是个诚实的人，继承人首重德行，所以首先要有诚信，才能够有资格继承衣钵。母亲讲这个故事，就是教导他诚信做人，特别是企业界、商业界的人，"诚信"是成败的关键。

李嘉诚从小受教，做人很诚信。有一次，一个美国的客户，给他的长江实业公司下了一批订单，合同都已经签好了，但是临时又取消。按照法律李嘉诚可以追究对方的责任，让对方赔偿，但是他宁愿自己吃亏，也要包容、诚信。美国的一些厂商看到李嘉诚确实是一位诚信、可靠的人，他的品格，很让商业界人士敬佩和信赖，就纷纷跟他订货，都把订单交给他，事业随之一帆风顺。一个善的心念发出来以后，表面上似乎吃亏了，但是他得到莫大的利益。

（二）基金如子　报恩不溢

李嘉诚成为华人首富后，仍然生活得很节俭。

他用孔老夫子《论语》里的话，表明对富贵的态度："不义而富且贵，于我如浮云。"即富贵如果是靠不正义的、不合法的手段而取得，一位真正的君子，他是不屑一顾的，君子把富贵看作是浮云一样，并不会为富贵而去攀求，更不会用卑鄙的手段去谋取。李嘉诚的财产，二十多年来，总共捐出来和承诺捐出的有七十七亿元，其中大部分用在办学、教育、医疗、扶贫和文化体育等事业,这是报国家恩。自己维持一个好的家风,让儿女也能健康成长。李嘉诚的两个儿子也都健康成长起来了,都能够挑起他留下来的家业了。

他还有第三个儿子"李嘉诚基金会"。他主要的精力放在这里,专门做慈善事业,所谓财富取诸社会,还诸社会。所以,富贵的人能够在上不骄,能够满而不溢,才能够长久。

(三)恢复古寺 养亲之志

李嘉诚很孝敬母亲,他母亲是一位虔诚的佛教徒。开放后回到故乡潮州,走访亲人,发现潮州开元寺在动乱当中受到破坏,就有意想要修复潮州开元寺这座千年古刹。李嘉诚了解母亲的心意后,立即慷慨解囊,捐资修复开元寺。他给开元寺住持的信函说:"本人此次提出对贵寺重建稍尽绵力,缘于家慈信佛多年,体念亲心,斯有以略尽人子养志之责。"李嘉诚养亲之志,帮助母亲实现恢复千年古寺的愿望。这个寺院是重点的文物保护单位,是文化传承的地方,也是佛陀教育的场所,可以帮助净化一方的人心。李嘉诚实现母志,尽了人子的孝道,他之所以有今天的财富和成就,根在于德行。

《四书·大学》云:"君子先慎乎德,有德此有人,有人此有土,有土此有财,有财此有用,德者本也,财者末也。"

一个君子最注重的就是德行、修养,不是追逐财富,只有小人才舍弃德行,追逐财富。君子明白德行是根本,"有德此有人",有好的德行,自然就有人跟随、帮助,就像跟随李嘉诚创业的一班老臣,都是三十多年的,忠心耿耿,没有离开过,即使在公司低潮时也不肯舍离,因为他们信服李嘉诚的德行,所以有德的人,自然就有一批真心跟着他干事的人,这是事业的基础;"有人此有土",有了人,自然要创业,就会有资产,"土"泛指是资产,就像房地产等,都是资产,房地产也是李嘉诚发家的一方面;那有了这些资产就能够生财了,"有土此有财";"有财此有用",赚得的财产,不是自己骄奢淫逸,用来享受的,要把它服务社会、奉献社会,这是真正的智慧。

李嘉诚在一次被记者采访的时候说,自己的财产八辈子都用不完,现在还在努力经营,因为希望用这些财富为社会做贡献,所以李嘉诚的财是"有用"。如果只为自己享受,财不是真正的"有用",那么财也保不长久。所以,"德者,本也;财者,末也"。

因此,要成就一番事业,德是最根本的,财富都是枝末,一个企业的领导懂得这个道理的话,会把德行摆在第一位,肯定自己会修德,他的企业必定能够长久,他的富贵也能长久。

三、知所先后 则近道矣

(一)骄奢淫逸 富贵难保

如果是骄奢淫逸,他的富贵很快就崩溃了。很多所谓的快速成长起来的企业家,因为骄奢淫逸,几年的工夫把财产挥霍殆尽,甚至锒铛入狱,身败名裂。

在美国, Morgan Stanley摩根斯坦利这个金融集团, 是一个很大的银行。一位华裔女总裁, 身居要职, 因为从事内幕的股票交易, 跟她的先生联手把这个公司里的内部消息用来做交易, 谋取非法的利润, 事情败露, 锒铛入狱。虽然她有高位, 也有高学识, 最后, 家里的财产不足以抵消法院判处的罚款, 家败人亡。所以"居上而骄", 富贵不会长久。

不骄、不奢的德行最根本还在于孝道, 夫子在本经开端就说: "夫孝, 德之本也。"没有孝道的人, 他心里不会常常想到父母、想到祖先、想到祖先留下来的家业, 很容易就随顺自己的贪婪、欲望, 不符合仁义道德, 甚至做出不合法的事情, 因此富贵也就不能长久。

(二) 金融诈骗 导致灭亡

人如果没有德行, 很快就会走向没落。

2001年在美国发生了震惊世界的金融丑闻, 美国第七大的能源公司安然集团, 资产富可敌国, 但是因为公司的几位领导人, 做金融诈骗, 消息走漏, 马上引起股市大跌。

他们几个人也被追究法律责任, 结果一位副总裁, 在汽车里对着自己太阳穴开枪自杀; 另外的两位主犯, 有一位被判处七十五年的监禁, 当他听到这个消息以后, 心脏病发作就死掉了; 另外一个, 面临着二百七十五年的监禁, 二百七十五年他这一生都还不清监禁的债, 那得来生再还, 可能好几辈子都得坐牢, 才能把这二百七十五年还清。

如果不是用正当手段得到的财，是不义之财，不可能长久，都是昙花一现。所以一个企业重点在两个方面，一个是管人，一个是理财，人、财管好了，企业一定是发达兴盛。如何管理？"德者本也"，领导人自己要有德行，自己修好德行，能够带动下属互相合作，互相的帮助。企业如此，家庭、学校等各个单位乃至国家，都是如此。人管好了，财自自然然就能溢满了。

（三）修齐治平　德本做起

现在国家提倡"以人为本"，确实国家是以人为本。

古人云："民为重，社稷次之，君为轻。"所以国家领导人排在百姓、社稷之后，百姓排在最重的地位，这就是以人为本的思想。中国古代圣明的帝王都是这种观念，所以他的朝代在开国的时候，帝王都是很开明的，都有过一阵繁荣兴盛的阶段。

国以人为本，人以什么为本？人以德为本，德以什么为本？德以"孝"为本。所以，《大学》上讲，若人欲明明德于天下，所谓要修身，齐家，治国，平天下者，当胸怀圣贤之志。如何落实？从孝道落实，修身。《孝经》很多内容都是在讲修身，修身而后齐家，齐家之后才能够使国家安定，国家安定了，再扩大就和谐世界了，就叫平天下了。从头到尾，小至修自己一身，大至平整个天下，和谐世界都不外乎是"孝道"的圆满落实而已。这就是诸侯章为我们揭示的含义。

卿大夫章第四

服饰言行　遵礼守法　无过无恶　守其宗庙

【非先王之法服，不敢服；非先王之法言，不敢道；非先王之德行，不敢行。是故，非法不言，非道不行；口无择言，身无择行；言满天下无口过，行满天下无怨恶：三者备矣，然后能守其宗庙。盖卿大夫之孝也。《诗》云："夙夜匪懈，以事一人。"】

解释章题　简析经文

卿大夫是西周、春秋时国王及诸侯所分封的臣属，地位次于诸侯。诸侯在其国由世子世袭，诸侯的众子则封为卿大夫。卿大夫自己的封邑由嫡长子世袭，卿大夫的众子则被封为士。卿大夫接受国君封给的都邑，世袭对都邑的统治权，服从君命，对国君有定期纳贡赋和服役的义务。

本章从服饰、言语、行为、德行等方面具体讲述卿大夫如何行孝。

一、服饰身表　等差有礼

【非先王之法服，不敢服。】

《御注》解释"服"，就是服装，所谓身之表也。人的外表、服饰给人第一印象，它代表一个人一定的文化素养，尤其是古代，服装还代表一个人的身份地位，所以都很有讲究。

《御注》："先王制五服，各有等差。言卿大夫遵守礼法，不敢僭（音贴）上偪下。"先王制的五服，是五种人穿的不同服装，即天子、诸侯、卿大夫（卿和大夫，这是两个阶层）还有士。这五服各有等级差别，作为卿大夫，他们要遵守礼法，服装不可以乱穿。比如说，卿或大夫穿了天子的服装，那就是冒犯天子；也不能穿诸侯的服装，那就是冒犯了国君；他们只能穿自己卿和大夫的服装。"不敢僭上偪下"，"僭上"，就是冒犯长上，如果穿了下面阶层的服装，就逼迫到下面（不知道穿什么了）。所以古人很有讲究，都会按照自己的身份、地位来穿着服装，特别是上朝，互相之间不认识，就看你身上的服装辨别尊卑，位卑的人要主动向位尊的人行礼。上朝的服装叫章服，章是什么？表现出你的身份地位，一看到服装上面的花纹，他就知道你是属于什么地位，便于互相之间行礼, 所以五服很有科学性。

二、言语行为 不敢违礼

【非先王之法言, 不敢道; 非先王之德行, 不敢行。】

《御注》: "若言非法, 行非德, 则亏孝道, 故不敢也。" 所谓 "法言" 是礼法之言, 祖宗定下的规矩, 礼和法都要遵守。"德" 指道德之行, 是讲人要遵守道德, 行为不可以违反道德。"非先王之法言, 不敢道; 非先王之德行, 不敢行。" 卿大夫, 是天子或诸侯的大臣, 是我们现在讲的各级领导、公务员, 他们都要为国家服务, 所以要遵守礼法, 遵守道德。如果 "言非法", 即他讲出非法、不符合礼法的语言; 他的行, 不符合道德, 这就亏损了孝道, 严重的可能会遭到国家法律的制裁。

一个孝子, 他知道要保全家业, 要对得起父母, 不可以让父母蒙羞, 如《弟子规》云: "德有伤, 贻亲羞。" 所以他不会干出那些非法非德之事, 因为他有孝心, 孝心是对父母对家族负责任的心。人如果有责任感, 他处处都懂得谨慎, 不会为所欲为, "是故, 非法不言, 非道不行。"

三、守法遵道 无怨无恶

【口无择言, 身无择行; 言满天下无口过, 行满天下无怨恶。】

《御注》："言必守法，行必遵道。"所以有孝心的人，讲话都必定守着礼法，行为也会遵循着道德。言行皆遵法道，即一言一行，一举一动，都遵循礼法、道德的标准，而礼法道德都有定规，老老实实的遵法依道而言行，自己就没什么可选择的了，所以"口无择言，身无择行"。

"言满天下无口过，行满天下无怨恶。"是讲真正能够依照着礼法、遵循着道德去言语，就不会有口过了。口过就是言语上的过失，句句都符合礼法，谨慎自己的言语，就不会有这种口过了。古人讲："病从口入，祸从口出"，如果言语上不谨慎，还会招致灾祸，所以口是"祸福之门"。如果能够句句都遵循礼法、道德，自无怨恶。一个人真正品行端正，遵循道德行事，人人都会敬重他，就不会产生怨恶、厌恶。"怨"就是怨恨，"恶"就是厌恶。因为他有道德，所以他到哪里都会受到尊重爱戴。道德就是人性本善，是每个人本性中都具备的道德，这叫性德，叫本善。每一个人本有的性德，不只是属于他个人，比如，虽然我们现在可能行不出来高尚道德，但是看到有人行出来，我们会肃然起敬，因为他所做的，符合自己的性德，符合自己的本善。所以当然我们会敬重他，而不会有怨恨和厌恶。

四、三者皆备　守其宗庙

【三者备矣，然后能守其宗庙。】

《御注》讲三者为"服、言、行也"，如经文所言的"法服"，"法言"和"德行"，三者都能够谨慎地去守护，去遵循，就能够守其宗庙。

按照儒家的礼，卿大夫立三庙以奉先祖。卿大夫他们会立宗庙，所谓三庙来祭祀供奉自己先祖的牌位，所以要"守其宗庙"，自己必定要谨慎的行事，家道不会衰亡。"言能备此三者"（这三者是服、言、行），"则能长守宗庙之祀"，就能够长久的祭祀祖先了。如果违反了礼法，被国家惩处了，导致家破人亡，可能被杀头，甚至会灭九族，家中的宗庙被破坏了，没有人祭祀了。所以能保全家中的宗庙，这就是"卿大夫之孝"。

邢昺《正义》："言大夫委质事君，学以从政，立朝则接对宾客，出聘则将命他邦。"这是为官事君要尽忠，在朝廷从政，接待宾客，出外统兵打仗，保卫家园。"服饰、言、行，须遵礼典。"这讲的三者都要遵循着礼法，遵循国家法律，遵循道德。"非先王礼法之衣服，则不敢服之于身"，这是按照礼法来穿着服装。"非先王礼法之言辞，则不敢道之于口"，所以出言都很谨慎。"非先王道德之景行，亦不敢行之于身"，先王的道德，我们要学习、要效法，不是这种道德景行，我们不要去做，"景行"是美好的品行。

"就此三事之中"，是讲服装、言语和德行，服、言、行三事。"言行尤须重慎"，虽然说了三事，可是最重要的还是讲言、行这两桩事，更需要重视和谨慎。"是故非礼法则不言，非道德则不行"，不是礼法的这些语言都不说，跟道德不相应的行为不做。"所以口无可择之言，身无可择之行"，即"口无择言，身无择行"。言行没有什么选择，统统按礼法道德行事，使"言满天下无口过，行满天下无怨恶"。这就能达到所言天下无人指责，所行天下人心服无怨。所以"服饰，言，行三者无亏然后乃能守其先祖之宗庙，盖是卿大夫之行孝也"。卿大夫之行孝，服饰、言、行三者是纲领，都不亏欠礼法道德，自然家道就能长久保持，也能保其宗庙，此谓卿大夫行孝。

五、夙夜恭谨　敬事君上

最后，本章引用了《诗经》：

"夙夜匪懈，以事一人。"

此卿大夫，为天子的卿大夫，而非诸侯的卿大夫；"夙"就是早；"夙夜"就是早晚。早晚都不懈怠，"以事一人"，为一人服务，这"一人"是指天子。

卿大夫忠于自己的职守，忠于祖国，服务人民，就能够保全家业，守其宗庙。天子的卿大夫如此，诸侯的卿大夫同样要在服、言、行三方面，谨慎行事。

依循古论 解析章句

一、谨慎不敢 遵循道统

"非先王之法服不敢服",是讲不是先王所规定的服饰,不敢乱着。因为古代的服饰,都代表着身份。如果穿着服饰不合身份,这就有犯上逼下之嫌。

还有,言语要谨慎,"非先王之法言不敢道"。所道的、所说的都是古圣先王的教诲,他们的言语,正如夫子"述而不作"。言语、文章,都没有自己的意思,都没有创新,全都是转述古圣先王,转述老祖宗的教诲。我们在此讲习《孝经》,也像孔老夫子那样"述而不作","非先王之法言不敢道",都是转述老祖宗的教诲,用现代的话表达出来,让现代人能够听得懂古圣先贤的意思,绝不敢添加任何自己的意思。

"非先王之德行不敢行",古圣先王的崇高德行,是我们学习的榜样,我们应该效法其谨慎、崇高的德行,并落实在日常生活当中。

在"服、言、行"三个方面都非常的谨慎,这样才能做到"言满天下无口过,行满天下无怨恶",才能达到"守其宗庙",即能守住祭祀先祖的宗庙。"宗庙",在现代,可以引申为道统。我们学习传统文化,尤其是年轻人,要有传承先贤的心,要立志把老祖宗优秀的文化（道统）发扬光大。这就是古人说的"为往圣继绝学"，这种绝学可以帮助天下万世开太平。这样就是我们现代意义上的"守其宗庙"。

我们的心量要扩大，不仅是守着自己的小家，更要把天下作为自己的家，守住祖宗先贤的教诲、道统，这就是所谓的卿大夫之行孝。卿大夫的行孝，我们普通人也可以做到。只要能够做到"服、言、行"三者无亏，就能够守住老祖宗的道统，做现在的圣贤人，也就是行卿大夫之大孝。

邢昺《孝经正义》的一些解释，很值得我们学习。这段讲到唐玄宗注解经文时所说的话："言卿大夫遵守礼法，不敢僭上偪下者。"是说卿大夫遵守礼法，不能够犯上，也不可以逼迫下属。

邢昺注释："'僭上'，谓服饰过制，僭拟于上也。"就是在穿着服装上面，古人都有讲究的，必须要符合自己的身份。《弟子规》所讲的"上循分，下称家"。如果服饰过分，你低于这种地位，却穿了这种地位的服装，那就叫作"僭上"，就是欺上的意思。

"'偪下'，谓服饰俭固，偪迫于下也。"不可以穿高于自己身份的服装，当然，也不可以穿得太过简陋，低于自己的身份，这样会令下属无所适从，等于是逼迫到了下属。所以古人的服饰是很有讲究的。

现代人对服饰讲究得没有古代严格。可以引申为，我们的穿着要适合自己的身份地位，不可以太过奢华，超过了自己的身份地位，或者财富允许的范围；也不可以穿得太过简陋，会给人一种不够庄敬的感觉。现在有些女同胞，穿着简陋到露得太多，这样就容易引人邪思，使人对她不恭敬，也等于把自己的身份降格了。所以穿着服饰要符合自己的身份，而且以端庄、整洁为美，不可以标新立异，更不可以穿着诱人邪思的服装。这是我们用现代的意思去体会。

邢昺《正义》："卿大夫言必守法，行必遵德，服饰须合礼度，无宜僭偪。"这是讲到卿大夫要守法，遵循道德，服饰要符合身份礼度。

二、服饰守分 古礼今用

一般人看人都是先看服装，因为表面的服装给人第一印象，服装穿得得体，给人的第一印象就好。

服装符合礼度，就要根据时间、场合、人事物的不同而适当调整。譬如说，到写字楼上班，就要穿得像一个文员、一个公司的职员。在公司里的位置不同，穿着也应该稍微注意。如果是作为一个高层的经理，那么穿的应该比较正式，因为在工作中会有社交的机会和场合。如果平时不注意服装，我们给人的印象会不佳。当今着装虽然没有像古人那样的严格要求，也是有一定讲究的，我们要懂得古礼的精神，要把礼古为今用。

"僭偪"，就是不可以给人犯上或者逼迫下属的这种印象。

三、颜子问仁 克己复礼

邢昺《正义》:"'法言,谓礼法之言'者,此则《论语》云:
'非礼勿言'是也。云:'德行,谓道德之行'者,即《论语》云:
'志于道,据于德'是也。'若言非法,行非德'者,'则亏孝道,
故不敢也'者,释所以不敢之意也。"

(一)遵法之言 心存礼义

唐玄宗说:"法言,谓礼法之言者。""法言"就是"礼法之
言"。邢昺解释,这句话出自《论语》的"非礼勿言",当时颜回向
夫子请教"仁",夫子曰:"克己复礼为仁。"就是好好的遵循礼,
放下自己的习气毛病,真正以礼规范自己的身心,这叫作仁。孔子
又说:"一日克己复礼,天下归仁焉。为仁由己,而由人乎哉?"我
们真正好好地为仁,行仁道,天下人真的就跟我们一块行仁。所
以,在天下推行仁道,不在别人,也不在仁道,而在乎自己有没
有这个心,能不能够"克己复礼"。颜回听夫子的教诲,真正明了,
真的"为仁由己"。整个天下就是自己,让天下归仁,只有自己先
行仁。

颜回悟了,就立即向夫子请教如何着手修行,正所谓悟后起
修。颜回问:"请问其目?"有什么纲领做下手处?"目"就是修学
的纲领。夫子曰:"非礼勿视,非礼勿听,非礼勿言,非礼勿动。"
即"克己复礼"。唐玄宗的"礼法之言",我们就明白了。非礼法之

言不敢道,就是"非礼勿言"的意思。言为心声,心存礼义,自然所说的话完全符合礼义。所以要真正做到"非礼勿言",必须把心里一切非礼的念头,非仁的念头统统断掉,让自己的心整个归仁,表面的言行当然就会体现出仁。

(二)志道修德　回归本性

邢昺解释唐玄宗的"德行,谓道德之行",也是用《论语》"'志于道,据于德'是也"。夫子在《论语》上讲:"志于道,据于德,依于仁,游于艺。"邢昺用"道"和"德",来解释"道德之行"。

"道",我们在《孝经》概要已有所解释。它是宇宙的本体,就是心性,老子说的"道",跟夫子"志于道"的"道",是一个境界,都是圣人所追求的。圣人立志就在于"道",就是找回心性,找回自己的本来面目,找到宇宙的本体,也就能够跟宇宙合一。

儒家讲的"志于道",就是佛家的"发菩提心",就是发成佛度众生的心,成佛就是得道了。得道了,众生就度尽了,也就是夫子说的"天下归仁"。"天下"的意思很广,不只地球而已,圣人心目中的天下,是指整个宇宙。整个宇宙的众生都归仁,那就是众生都得到幸福美满了。所以夫子的志向也是这种境界。

"道",虽然无形无相,如老子所说:"视之不足见,听之不足闻。"就是视而不见,听而不闻。也就是眼耳鼻舌身意六根没办法接触到,这是心性。但是,它是万物的本体,它能够现相,现的相就是"德"。

"道"显现在五伦关系上，就表现出"五伦十义"，我们把"五伦"作为道，"十义"就是德。实际上，五伦已经是现出的相。"父子有亲"，"父子"这是五伦中的关系，"亲"就是德；"君臣有义"，"义"就是德；"夫妇有别"，"别"就是德；"长幼有序"，"序"就是德；"朋友有信"，"信"也是德。

我们虽然没办法用六根接触得到，但是，可以"据于德"，"德"，我们是可以修的。修德自然能够见道，夫子说："志于道，据于德。""据"就是把持，靠修德来悟道、入道。夫子在这里，把道德之意开显出来。如《孝经》所讲，德行就是道德之行。

（三）有耻"不敢" 成圣成贤

唐玄宗云："若言非法，行非德者"，如果我们的言非法，不符合礼法，行不符合道德，"则亏孝道"，就对不起父母。所以一个孝子，他必定是处处谨慎，自己的言行如果亏欠父母养育之恩，甚至让父母蒙羞，那绝对不敢做。经文连讲三个"不敢"："非先王之法服不敢服，非先王之法言不敢道，非先王之德行不敢行。"人有"不敢"的存心，他的德行就很有根基了。

"不敢"，是羞恶之心。孟子讲"羞恶之心"，即耻心。古人讲："耻之于人，大矣。得之则圣贤，失之则禽兽。"一个人真正有羞耻的心，处处都谨慎自己的言行，真的能够成就圣贤之道。人最怕的是无耻，敢造，做出违背良心、亏欠孝道的事情，叫作"忍心害理"，最后就是成了禽兽。所以"释不敢之意"，"不敢"两字其意极深，真正以"不敢"存心，成圣成贤是不难的。

宋朝有一位御史赵阅道，他对自己的一言一行都非常谨慎，御史就像我们现代的纪委、纪律检查委员会主任一类的官职，专门纠察贪官污吏，严肃朝廷风气，所以他本人也就对自己的言行更为谨慎。每天晚上，他必定在自家的庭院里焚香，把自己一天所犯的过失、所做的事情写在一篇疏文上，然后跪着把疏文读出来，禀告上帝，向上天呈报自己一天的言行。

古人都敬天、敬鬼神。如果有事情不敢写到疏文里，就说明德行上有亏欠。既然是不敢写的，不敢禀告天地的，自己也就不敢造。赵阅道用这种方法激励自己，做人要做到刚正廉明，光明磊落，上不愧于天地，下不欺瞒众人，做一个真正的有德君子。这是古人每天反省检点得到的一种境界。有"不敢之意"，这个人成圣、成贤、成君子，绝对有份。

所以赵阅道在朝廷中百官敬畏，最后他走得也非常安详，一点病痛没有，真是自在往生。这是一生行善积德，对得起天地鬼神，他得到了善终的果报。

四、行有怨恶　反求诸己

邢昺《正义》："口有过恶者，以言之非礼法；行有怨恶者，以所行非道德也。若言必守法，行必遵道，则口无过怨，恶无从而生。"邢昺解释唐玄宗的"口有过恶者"，言语被人指责，所说的话必有不合礼法之处；行为上如果是遭到了众人的怨恨厌恶，肯定是因为自己的行为不符合道德。

礼法和道德都是符合本性本善的，所谓天理。即使一个没有文化的老太太，她也知道什么是善，什么是恶，因为人本性是善。看到不善，我们自然会起厌恶心，因为跟本性相冲突。换言之，言行如果违背了良心，自然会遭到人的厌恶。

一个君子、一个孝子，其言语出现过恶，或是行为让人产生烦恼，必定是"反求诸己"，我为什么会让人烦恼、厌恶?肯定是自己做得不够好。时时"反求诸己"，则圣贤驯致。

（一）闵损芦衣　成就孝德

《二十四孝》中的大孝子闵子骞，是孔子的学生。闵子骞的生母过世，父亲娶了后母。后母偏爱自己亲生的儿女，而虐待闵子骞。寒冬，她给自己亲生的孩子用棉花做棉衣，而给闵子骞用不保暖的芦苇花，闵子骞穿着芦花做的冬衣，冷得发抖。父亲不知情，见他整天哆哆嗦嗦，就怀疑他干活不努力。

一次出门，闵子骞为父亲驾车，冻得手脚都不听使唤，父亲以为闵子骞在偷懒，拿起皮鞭就往他身上抽，结果衣服破了，芦花飘了出来。父亲明白了是后母虐待儿子，非常气愤，回家要休妻，把她赶出家门。闵子骞跪地哀求说："请父亲不要赶走母亲，如果母亲走了，可能我们三个孩子都挨冻，母亲在这里，只有我一个人挨冻。"闵子骞的话感动了父亲，更感动了后母。所以他后母回心转意，忏悔，改过，自新，对闵子骞也像对自己亲生的孩子一样。

闵子骞真正做到了"反求诸己"，用自己的德行感化父母。

后母对他不好，是"行有怨恶"，怨恨他、讨厌他，但闵子骞从未埋怨后母，他想的是自己哪里做得不对，所以他最终感动了后母。"怨恶"也就化解了，这是真正的道德，真正的行孝。

君子"若言必守法，行必遵道"，如果所说的都符合礼法，所行的都符合道德，口自然就无过怨，没有过失，也没有人会怨恨我们，所以"恶无从而生"。这个恶，就是善恶的恶。真正言守法、行遵道，自然就不会有过失。如果发现有过失，让人起了烦恼，必定是言行方面有亏缺。所以君子时时是检点自己、改自己，真正是"为仁由己"，不管别人是不是仁，是不是遵循礼法道德，自己一直坚持去行仁。

（二）修己安人 不见他过

佛家禅宗六祖惠能大师说得好："若真修道人，不见世间过。"一个真正修道的人，一个贤人、君子，他绝对不去看别人的过失，不会见世间人的过失。世间人的过失，必定是因为自己过失引起的，修道的人常存这个观念，他不会去修正别人，只想着修正自己。

夫子在《论语》里面讲"修己以安人"。如何"安人"？让人得到安乐，不会怨恨我们，那就要"修己"。别人没有过失，过失都在自己，这就是闵子骞行孝的秘诀，也是舜王（大舜）成就的秘诀，一味只是"反求诸己"，而不去求诸人。君子是求诸己，只有小人才求诸人，才看别人过失。凡夫小人，事情不成功，会埋怨别人，不想自己过失。所以圣贤跟凡夫，区别就在此地。

五、言行枢机 出己加人

邢昺《正义》："云'三者，服、言、行者'也。此谓法服、法言、德行也。"这是讲到"服"、"言"和"行"，是注解，是"法服"、"法言"和"德行"。"然言之与行，君子所最谨。""服、言、行"三方面，"言、行"更重要，所以君子最谨慎的就是言行。服装比较容易做到符合礼度。而言行能够处处符合礼度、符合道德，这就不容易。

邢昺云："出己加人，发迩见远，出言不善，千里违之。"这是讲到"言"。"出己加人"，我们有没有想过，言语从自己的口里出来，被别人听到，会起到的效果？有时说者无心，但听者有意，能够常常这样去想，这样去检点，"非礼勿言"，自然能做到。"言"，"发迩见远"，"迩"是近。虽然我们讲话，好像近旁的人才能听到，但是它的效果会达到很远。古人云："一言兴邦，一言丧邦。"讲对了一句话，可以拯救国家；讲错了一句话，可能会贻害无穷。现代科技发达，媒体技术进步，这方面就更加明显了。像我们现在，讲课录影，摄影棚里只有自己，没有听的人。对着摄影机讲，离摄影机也很近，但是通过网络，马上传播到全世界，真是"发迩见远"，这个效果会很大。我们讲的是真正的圣贤之道，就会使世界安定和平；假如我们现在讲错了，把圣贤之道讲偏了，就会误导大众。所以我们的语言要更加谨慎，所谓"非先王之法言不敢道"。不是儒释道三家圣人的言语，不是古圣先贤的教诲, 自己不敢去说, 说了之后, 后果自己能承担吗?

(一) 言语有失 因果自负

禅宗有公案(故事)讲, 一位法师讲法, 说错了一个字, 堕了五百世野狐身。

这位法师在一次讲法时, 一个听众向他请问, 大修行人会不会落因果? 听众问的意思是, 大修行人, 因果是不是没办法束缚他了? 结果这个法师说, 大修行人不落因果, 即没有因果。按照佛家说, 凡事都有因果, 所以他这话讲错了, 误导了众生, 于是堕了五百世的狐狸身。

到唐朝时候, 这个问题他一直还在困惑, 他还是狐狸, 但已经修得人身, 能够变成人形。百丈禅师讲经说法的时候, 这个狐狸就请求百丈大师给它开示。百丈禅师说: "明天你把这个问题当众提出来, 我给你回答。"百丈禅师是一位大彻大悟的圣者, 他看到了这个人, 知道是狐狸。第二天狐狸变成一个老人, 起来发问, 大修行人还落不落因果? 百丈禅师就告诉他, 大修行人不昧因果。"不昧"就是明了。一个人对因果明明白白, 他绝对不会造恶因, 因为他知道恶因必定有恶果, 他对因果报应非常明了。"不落因果", "不昧因果", 一字之差, 意思天渊之别。这个狐狸明白了, 它就得到超度, 脱离狐狸身往生了。百丈禅师第二天带着人到山沟里去, 找到了这只狐狸的尸体, 以出家人的葬礼把它埋葬了。

这个故事告诉我们, 一个字讲错都有这么严重的后果, 说话怎么能不谨慎?

(二)礼法道德 约束媒体

现在我们看媒体的节目,常常为这些主持人、影星、演员们捏一把汗,他们的影响力很大,他们简单的一句话,都可能产生很大效果。假如不谨慎,后果不堪设想。还有一些领导人、知名人士,所谓文化圈里的名人,及各行各业的名人,他们说的话,都会产生很大影响,假如是像《孝经》里讲的,不符合礼法,不符合道德仁义,可能会给世界带来毁灭性的影响。

所以,"出言不善,千里违之"。讲的话如果是不善的,不符合道德礼法的,这是误导大众,大众"千里违之"。"千里"讲地域的范围,现在不只是千里,是整个地球。"违之",表面意思是因为大众都懂得礼法道德,所以他出言不善,大家立即会群起而攻之,会批评他、会指责他。

譬如未成年的孩子、青少年,看了色情网站、暴力影片,很可能就会做出违背礼法道德的事情。所以"非先王之法言不敢道",想到现代社会,很让人感慨。我们现在言论自由、出版自由,网络内容更是很难去管制,所以一些不善的言论充斥世间,把民众头脑都搞得一塌糊涂,甚至以造恶为能,而耻谈道德仁义。所以,我们要真正快速的实现和谐社会、和谐世界,要控制媒体,凡是不符合礼法道德的,加以管制,甚至是把它取缔,这是对人民负责,把人民导向伦理道德,这样,社会才能够和谐。

（三）再三述及 谨慎言行

邢昺又说："其行不善，谴辱斯及。"我们行为不善，不符合德行标准，自然就会有人批评，甚至污辱我们，那也无异于批评、污辱我们的父母、祖先，所以这也是我们的不孝。

"故首章一叙不毁而再叙立身"，"首章"就是开宗明义章，讲到"身体发肤，受之父母，不敢毁伤"一次，但是讲到立身是两次：第一次"立身行道，扬名于后世"；第二次"始于事亲，中于事君，终于立身"。两次提到"立身"，说明立身重要。

"此章一举法服而三复言行也"，即卿大夫章，"服、言、行"三方面，法服提到一次，而言行讲了三次：第一次"非先王之法言不敢道。非先王之德行不敢行"；第二个是"非法不言，非道不行"；第三个是讲"口无择言，身无择行"，所以言行非常重要。

"则知表身者以言行，不亏不毁犹易，立身难备也。"从文意看，立身贵在修我们的言行，对身体不亏不毁，还比较容易，但是立身就难一些。真正立身，必定是谨言慎行，即言行上处处留心，处处都遵循着礼法道德，一生都没有任何的亏欠，他才能够做到立身圆满。这个很不容易，这是行大孝！

六、言行表象 心念内府

南朝学者皇侃云："初陈教本，故举三事，服在身外可见，不假多戒。"

这是讲"服、言、行"三事，举出来是为了陈述孝道。"教本"就是讲的孝道，"夫孝，德之本也，教之所由生也"。孝道，尤其是讲到卿大夫之孝，举出"服、言、行"三事，"服在身外可见"，服装，代表你的文化素养，代表你的综合素质，我们给人的第一印象就是服装，留心注意，容易做到，所以"不假多戒"，就没有太多的论述。

"言行出于内府难明，必须备言。"相对于服饰，"言行"难以控制，因为不容易觉察，"难明"就是很难觉察。"言行出于内府"，"内府"是我们的心念，心念起了才有言行。一个人常存着善心善念，他的言行也必定是善的。如果有自私自利、有贪欲、有嗔恨，他的言行必定会有偏颇，甚至是造恶。所以这里非常强调言行谨慎，而戒言行关键在戒心，要把自己内心里面的恶念去除得干干净净，不允许自己内心有毫分不善夹杂，这样言行和心态、心念都变得纯善了。

孔老夫子讲这一章的深意，是希望我们通过戒外表的言行，而去戒心。

（一）净意戒心　改变命运

古人戒自己的心，用功很深。明朝有一位进士俞净意先生，在自己的传记中说，他十八岁就中了秀才，但是考不上举人和进士，而且生活非常的拮据，很潦倒，靠教书维持生活。前后生了九个儿女，五个儿子、四个女儿，结果死的死、散的散、失踪的失踪，最后只剩下一个女儿。他的太太因为伤心哭儿女的缘故瞎了眼睛。俞净意公功名不遂，生活潦倒，又加上家庭不幸，非常的沮丧；而他自认为也在力行着德行，做得很不错，天天祷告灶神爷，希望灶神爷上天去给他禀告，每年都写黄疏祷告灶神，却好多年都没有消息。

四十七岁那年，奇迹发生了，灶神爷化成道士来到他家，给他点化："你这一生命运不济，原因在于自己德行有亏欠。"灶神爷说他表面上做得不错，都在奉公守法，而且提倡学习古圣先贤的文化、断恶修善、不杀生、不邪淫、不妄语等等，包括他在乡里头提倡的"文昌社"，也是依《文昌帝君阴骘文》来修行的，但是因为他意恶太重，表面上虽然做得像个君子模样，内心却有种种的贪念、傲慢、偏激、瞧不起人、自私甚至还有邪淫的念头，对过去、未来的种种妄想，都纠缠在内心里面，所以灶神批评他："你还想要求福，你内心里这么多意恶，想要得到福报不可能，而且上天还要给你加更重的恶报。"这些话像当头棒喝，把俞净意先生敲醒了。

第二天早起，正好是年初一，想到昨天晚上灶神爷的点化，真的是如梦方醒，他就立誓痛改前非，把自己的意恶要去除干净，不让丝毫的恶念夹杂在自己心中。如是做了三年，结果整个命运都改变了。他后来考上了进士，这是古人最高的学位。他原来只是秀才，从十八岁做秀才到四十七岁都没有考上功名，结果因为他真心改过，竟然得到了进士的功名。更不可思议的是，在京城竟然找回了自己失散多年的儿子，这是他仅存的一个儿子，家里的香火得以延续。

他自己考上进士也不愿为官了，知道为善重要，所以回到自己家乡大力的行善，成为一乡的大善人。他的儿子考取功名，连生七子，家里变得人丁兴旺。俞净意公是真的在行大孝，孟子讲"不孝有三，无后为大"，自己因为造恶，感得天的恶报，变得家破人亡，后代香火都没有了，后来因为发心行善，他竟然三年把命运全改过来了，而且香火得以延续，这就是"能守其宗庙"。

（二）断恶修善 了凡成圣

"言行出于内府难明"，就是从言行上、从心念上断恶修善，从自己内心来下功夫。

袁了凡先生，也是明朝的一位进士，跟俞净意公几乎是同时代的人，他在给儿子的四篇家训中说："命自我作，福自己求。"了凡先生也是自己改造了命运，原来算命先生把他的命都算定了，他每年考多少名，拿多少官府的俸禄，统统和算命先生说的一样，他以为命是没办法改造的，所以也就没有进取心了。后来云谷禅师点化他，命运掌握在自己手里，真正断恶修善，命运可以改造。古人常用功过格来修行，了凡先生明白了，就真正发心改过修善，自己订立功过格，凡是言行上有不符合礼法道德的统统记录下来，乃至于心态上不正的、念头里有不善的也都记下来，然后对照改过。他原来命中也是没有功名，结果后来考上了进士；原来命中只有五十三岁寿命，他却活到七十四岁；原来命中无子，他后来得到两个儿子，真正把命运给改造了。

改造命运、兴旺家族，乃至要兴旺一个国家，都要从我做起,从我内心做起,如《大学》所云,意诚而后心正,心正而后身修、家齐、国治、天下平。所以"内府"心念的波动都要很留心、很谨慎,不允许有丝毫不符合礼法道德的心念产生,一发现有不正当、不善的念头马上把它扑灭,所谓"才动即觉,觉之即无",心里一动马上觉察,觉察以后立即把恶念放下,恶念就没有了,久而久之,心就能够做到纯净纯善,言行也就变得纯善了。"言行出于内府难明,必须备言",即讲言行的根就是心,所以一定多说几句。

皇侃的"最于后结,宜应总言",是说后面的结尾是前面的总结,即"谓人相见,先观容饰,次交言辞"。这是讲到"服、言、行",人与人相见,先看服饰,再看他的言辞,然后评定他的德行。"故言三者以服为先,德行为后。"把德行放在最后,这是因为德行需要更多的时间才能观察出来,而服饰最容易看到。所以"服、言、行"是按照这种顺序来排列,以服为先,以德行为后。

七、念念为善 天下归仁

后面讲到:

【《诗》云:"夙夜匪懈,以事一人。"】

"诗",是《诗经》。孔老夫子,言必有据,讲话都有根据,他本人也给我们做出好的榜样,也是"非先王之法言不敢道",不是符合礼法道德的话他不说，能找到《诗经》的依据。《诗经》说，"夙夜匪懈，以事一人"，"夙"是早，早晚都不可以懈怠，"一人"是讲天子，卿大夫早晚都不懈怠而尽侍天子，这是《诗经》说的意思。

"夙夜匪懈"，从早到晚就在自己的"服、言、行"三个方面用功、谨慎，不能有丝毫的不妥当产生。所以一个真正的孝子，朝暮都对自己的形态、言语、造作，统统谨慎，没有丝毫松懈，是说谨慎的心不松懈。以这种心来侍奉自己的长上，就可以言行没有亏欠，而能够守其宗庙，能够把老祖宗留下来的道统、文化发扬光大。这是"夙夜匪懈，以事一人"引申的含义。

"一人"不是确定要指哪一个人，"一人"也是指我们的老祖宗，我们中华民族的老祖宗可以追溯到炎帝、黄帝，再往前伏羲，所以我们所有的华人都是伏羲之后。"一人"也可以称为是伏羲，就是我们的老祖宗。我们如果不好好修学，努力把老祖宗的教诲落实，对不起老祖宗，这就是不孝！所以这句话的含义可以引申到很深，真正能够昼夜都对自己言行、心念不松懈的人，他当然可以成就圣贤！

有一种修行的方法，可以断一切的烦恼，即："谓于昼夜常念、思惟、观察善法，令诸善法，念念增长，不容毫分不善间杂。"是说一个觉悟的人，对自己的言行、心念毫不松懈，昼夜都常念、思惟、观察善法。"常念"是心善，"思惟"是思想善，"观察"是行为善，这就是我们讲到的言、行、心念都善，而且念念都使自己的善增长，不会有所亏缺。昼夜都不松懈，甚至心念里不令毫分的不善间杂，所以念念都是善，如此就把"夙夜匪懈"这一句做圆满了。

"以事一人"，说到底"一人"就是自己，所谓"唯心所现，唯识所变"，整个宇宙是我们心识变现的。孔子说："为仁由己，而由人乎哉。"天下就是一个自己，自己以外没有天下。这就是"法外无心，心外无法"，除了自己的心以外没有现象，宇宙万物就是自己一颗心。"夙夜匪懈"的这么去努力修行，不令毫分不善夹杂在心念里面，为的是回归自性，回归到自己的本来面目，也就是回归到道上。把孝做到圆满的人，他就是回归本性、本善了，他也就是跟道合二为一了。所以当他成道以后，他看整个宇宙只有一人，就是自己，自己以外没有别人，没有万事万物。

这句话可以体会得很深，所谓了解得深的人，看了体会很深；但是《孝经》是老少皆宜，浅的人体会的浅一点，各得其所。我们研习就是要把意思往深处讲解，让大家了解孔夫子志于道的深意，才知道行孝意义的无限深广。愿意回归本性本善的，就愿意行孝，他知道行孝到了登峰造极之处也就是成圆满的大圣。

士章第五

移孝作忠　以敬顺长　忠顺不失　守其祭祀

【资于事父以事母，而爱同；资于事父以事君，而敬同。故母取其爱，而君取其敬，兼之者父也。故以孝事君则忠，以敬事长则顺。忠顺不失，以事其上，然后能保其禄位，而守其祭祀。盖士之孝也。《诗》云："夙兴夜寐。无忝尔所生。"】

解析章名　综述文义

士章是讲士人如何行孝。

《白虎通》是汉朝时的一部经学著作，可说是一部经学的全书，它这样定义士人："士者，事也，任事之称也。""士"就是从事事业的一种人。古代讲的士、农、工、商，农、工、商都是职业，但是"士"并不算是一种职业，它可以作为一种后补职业。

"士人"一般说是读书人,读书人可能没有财产,可能没有正式的事业或者职业,但是读书人在古代最受人尊敬,士、农、工、商,这个"士"排在第一位。孟子说,"士有恒心而无恒产",这是说一个士人,他只要有恒心,把这种心培植起来,即使是没有产业,他也能够堪称士人。

孔子的学生子贡,在《论语》里也曾经问孔子什么是士。"子贡问曰:'何如斯可谓之士矣?'"子贡问,什么人才能够称为士人?一般说好学的读书人、君子称为士人。我们来看看孔子怎么回答,"子曰:'行己有耻,使于四方,不辱君命,可谓士矣。'""行己有耻",知耻,是讲他的行为有道德,"耻"字是圣贤的根基。学问之道也就是学耻很要紧,自己真正知耻,一切的行为造作自然就懂得收敛,处处都对自己负责任,凡是见不得人的、不可告人的事情,绝对不做,因为这是可耻的。所以真正知耻的人多了,社会就安定和谐了。

现在社会很多人不知耻,不知耻就是无耻,把违背伦理道德仁义的这些事情,甚至还当作一种能力,还引以为荣,还认为自己是英雄好汉,敢作敢为,这是无耻!凡是做违背道义的事情,都是不懂什么是耻,不懂耻就会做出无耻的事,对不起自己,也就对不起父母,对不起祖宗。"行己有耻"重要,这是"士人"的第一个标准。

"使于四方,不辱君命",这是从事一个事业,要为领导负责。我们每一个人都应该对自己的身份负责任。各行各业,这些官员或者是公司的职员,或者机关、团体的行政人员都要懂得不辱君命,"不辱君命"就是他真正负责任,不会让自己的领导或者自己的机关、团体、企业、事业单位受辱蒙羞。

"晏子使楚",齐国的宰相晏子出使楚国,没有让齐国受侮;像蔺相如,赵国的士人,出使秦国也不辱使命。这些都是不辱君命的好样子。我们作为一个中国人,也要懂得不能丢国家的脸,特别是到了外国,要做出一个有德君子的样子,让外国人看了生恭敬心,不能辱没国家。所以"不辱君命"真能够做到,是了不起的人。

现在交通发达,来往旅游的人很多,到了外国,我们这张脸、这个肤色,别人一看就知道是中国人,所以我们的一举一动都代表着整个中国人的形象。我们到一个外国的小镇,那个小镇的镇民可能一辈子没来过中国,或者一辈子没见过几个中国人,他对中国的印象就从我们的言行、举止而得到。如果做得很好,他的内心知道中国人都是好样的;如果是做得不好,他就会落下一个印象,中国人就是这个样子,这就有辱国家。今年我们国家举办奥林匹克运动会,各国的来宾会很多,每一个国民确实要懂得不能有辱我们的国家,处处要树立遵守礼法、遵守道德的样子,让外国人看了我们心生恭敬,让四方的人都赞叹,这就称为士!

子贡听了这个解释,继续问,"敢问其次?"子贡听到"行己有耻;使于四方,不辱君命",可能比较难办到,就再问除了刚才讲的以外,士还有什么含义?"曰:'宗族称孝焉,乡党称弟焉。'"结果夫子说:就是你真正把孝悌做得很好,你的家里人都称你是个孝子,你宗族的人都知道你是在行孝道,一乡党的人、整个家乡的人都称你有悌道,悌道就是兄友弟恭,你懂得尊敬长辈、尊敬兄长,孝悌的德行为人称颂,这就是士。

子贡接着又问"敢问其次"?那再次一等,第三等的士人是什么样子?孔子回答说:"言必信,行必果,硁硁然,小人哉,抑亦可以为次矣。""言必信",出言要诚信;"行必果",做事必须果断,必须有结果。孔子提倡忠信,自古"信"被看得很重要,人无信则不立,一个人的人格就体现在他的诚信,要出言诚信、行为果敢。"硁硁然"是石头敲击的那种音,很坚硬,这说明忠信、果敢坚固不变。"小人哉","小人"不是相对于君子而言,是说所做的事情是很小,只能谨守他的事业,即只能够保住小范围事业的人,但是他也能够做到"言必信,行必果",这种人也算士人。所以孔子眼中的士,是有一定标准的。

"资于事父以事母,而爱同"的"资"就是用、取的意思,用侍奉父亲的心来侍奉母亲,这是讲事父和事母在爱心上相同,爱心对父母是一样的,爱父亲也爱母亲,这是讲"爱"。

"资于事父以事君,而敬同",这是讲敬,敬父亲和敬领导的心是一样的。所以这里讲"故母取其爱,而君取其敬,兼之者父也",对母亲而言,比较多的是讲爱,亲情方面显得多;对领导而言,比较多的是讲敬;对父亲是爱和敬兼有,但用心是一样的,对于父母、对于领导都用一颗爱敬之心。

"以孝事君",所以要用我们的孝心,去侍奉领导。我们对工作负责任的态度,就是忠心。把我们侍奉父亲的心去侍奉君上、领导,叫作"忠";敬父母的心来敬领导,那就能够"顺"。忠和顺都能够不失、都能够保持,这样去工作,"以事其上",你就能够"保其禄位,而守其祭祀"。

"禄位",现在说的工作、薪水,我们都能够保存、保持,是因为工作认真负责。"守其祭祀",古人都祭祀祖先,要使祭祀延续必须有禄位,即我们的工作维持得很好,才有能力祭祀。"守其祭祀",是讲能够延续工作,进而延续自己的家族,此谓"士之孝"。

最后引用了《诗经》的"夙兴夜寐","兴"是起来,"寐"是晚睡,讲早起晚睡,即起早贪黑地工作。"无忝尔所生",不要让自己的父母遭受耻辱。"忝"是辱,"所生",指父母,我们是父母所生的,不能让生养我们的父母,因为我们而感到羞耻。

依循古论　解析章句

一、爱母敬父　取敬事君

【资于事父以事母,而爱同;资于事父以事君,而敬同。故母取其爱,而君取其敬,兼之者父也。】

邢昺《正义》曰:"取于事父之行以事母,则爱父与爱母同。取于事父之行以事君,则敬父与敬君同。母之于子,先取其爱;君之于臣，先取其敬，皆不夺其性也。"

这里是说取母之爱而取君为敬的原因。对父母的侍奉一样，因为母子之间感情特别深，母亲方面就比较着重在爱，而父亲方面比较着重在敬。用侍奉父亲的行为来侍奉母亲，所以爱父亲跟爱母亲是相同的；在家里养成孝道，以侍奉父亲的行为态度来侍奉长上、领导，这个"敬"是一样的，以敬父之心敬君、敬领导就是忠心。

母子跟父子之间的爱是一样的。五伦关系讲到的"父子有亲"，父是代表父母，父母与儿女有亲爱的关系，这是讲到天性。君臣之间，臣对君要敬，这也是出自于天性，所以叫"皆不夺其性"，这个性就是天性。如果人能够随顺着天性而做人，他就能够称为是君子、圣贤。父母跟儿女之间的亲爱，领导和臣子、下属的这种仁敬，都是天生的，并不是后天人们制造出来的。孔老夫子在士章里教导我们，要移孝而做忠，对父母能够孝、能够爱；对于领导就能够忠、能够敬，都是天性。

唐朝一位中书侍郎，名叫崔沔，侍奉母亲尽心竭力，是个孝子。他母亲得了眼病，为了帮助母亲治疗，崔沔不惜倾家荡产，但很久都无效，最后母亲双目失明。而崔沔侍奉母亲三十年，总是那样的恭敬、真诚，甚至晚上，都在母亲身边和衣而睡，就是为了晚上母亲呼唤时，他能随时起来为母亲服务。每当过年、过节或者是遇到良辰美景的时候，崔沔都扶着母亲去散心。譬如说跟亲友们聚会，或者去郊外旅游，母亲和大家有说有笑，一团和乐，很开心，也就忘却了眼病的痛苦；出外旅游时，母亲看不到风景，崔沔就不断地给母亲讲述风景是如何的美，母亲听着仿佛亲眼看到了这些良辰美景一样。

后来母亲去世了，崔沔非常的伤心，为了纪念自己的母亲，就立志终身吃素。《弟子规》讲："居处变，酒肉绝"，他"酒肉绝"，一绝就是一辈子，终身吃素来怀念自己母亲。

后来他官做到了侍郎，相当于现代副部长的级别，朝廷俸禄非常丰厚，他就把这些俸禄都分给自己的亲人，自己的兄弟姐妹以及他们的儿女，照顾他们的生活。因为母亲在世时，所忧虑的就是自己的这些哥哥姐姐和亲友。照顾他们的生活，是报答母亲的恩德，也是安母亲在天之灵。

崔沔这位大孝子，真正对母亲尽到了爱敬之心，这个爱敬非常的圆满。孝心是天性，他把这个天性能够保持一生，甚至父母不在世的时候都依然保持而不改变，所以他做官也是忠心耿耿。对父母能够爱敬，当然对皇上、对君王、对于国家、对于人民也能够尽到爱敬之心。他自己也得到很好的果报，他的儿子崔佑甫，做到了宰相，而且很贤能。

这是善有善报，自己能够尽孝尽忠，必定就有尽孝尽忠的儿女。

二、孝悌顺长　移之事君

【故以孝事君则忠，以敬事长则顺。忠顺不失，以事其上，然后能保其禄位，而守其祭祀。】

邢昺《正义》曰："以事父之孝移事其君，则为忠矣；以事兄之敬移事于长，则为顺矣。'长'谓公卿大夫，言其位长于士也。又言事上之道，在于忠顺，二者皆能不失，则可事上矣。'上'谓君与长也，言以忠顺事上，然后乃能保其禄秩官位，而长守先祖之祭祀。盖士之孝也。"

"以事父之孝移事其君"，是以对父母的孝心来对待领导、对待事业，就能够尽忠。"忠"字上面一个"中"，下面一个"心"，也就是心取中，不偏不倚。能够行中道，心地光明，没有偏疵，不图自私自利、不图名闻利养个人享受；而是一心为国家、为人民做奉献，这叫忠。忠心源于孝心，实际上忠心和孝心是一个心，就是我们的真心，也是《三字经》所讲的"性本善"。每个人都有这种真心本性，我们能够把它保持，用这颗心面对父母，那就是孝；面对领导、面对自己的事业，那就是忠。只要真心能够保持，八德就全都具足了。

"以事兄之敬移事于长，则为顺矣"，这是移敬兄之心敬长。"长"，指公卿大夫。士人，地位在公卿大夫之后。"公"就是诸侯，所谓"公、侯、伯、子、男"，五等的诸侯。当然公上面还有天子。《孝经》讲的五孝，从天子到诸侯到卿、大夫，然后再到士。所以"士"这个地位排在天子和公、卿、大夫之后。因此天子、公、卿、大夫统统叫作"长"。这个"君"前面讲的，移孝做忠对君上。"君"，可特指是天子，也能泛指领导，一个企业的老总、总经理、董事长，这是领导；一个学校校长，机关团体都有负责人，这些都称为是君。"卿大夫"是各部门的领导，用敬自己兄长的敬意对待长上，这叫行悌道。用孝悌之心对待君上、领导，表现出来的自然是顺从，即我们说的"听话"。

（一）老实顺亲 成功捷径

现在听话的人很少，因为我们的教育都是培养人创新思维，培养人独立个性，而"忠顺"、"孝悌"这些顺从的品格，不提倡了，不鼓励了，没有放在眼里，甚至会觉得一个懂得顺从的人，是一个懦弱无能的人。现在的社会搞得很复杂，人人都有自己的意见，人人都好打抱不平，一点小事就兴风作浪，这是社会不安定的因素之一。

一个人能够有孝心，他肯定处处都能够顺从父母。像我从小到大，我的父母还有我的长辈们都说，很少跟父母顶嘴，更没有吵架现象，心里也没有所谓的逆反，有逆反心理是大不孝。孝顺，孝顺，孝后面必定是跟着顺。我从小到大，从小学到中学、到大学，到美国留学攻读硕士、博士，乃至最后在大学里任教授，这条路都是我母亲的心愿，我只是顺从母亲的心愿来走这条人生路，结果发现这竟然是条捷径。

很多人对我讲，三十几岁能当终身教授，很了不起。实在不是自己了不起，也跟大家报告过，我资质很差，如果说有优点，大概只是听话。舅父在我三十岁生日时，写了一张贺卡说：

茂森，看你三十年走过的路程，给你总结你最大的优点是什么？两个字：听话。

听话就是顺，这样的人有福，父母的人生经验、人生智慧，我们这一个"顺"字，就统统得到了，少走很多的人生弯路。在家里有这种孝顺心，出去工作跟领导，必定会和谐。他自自然然就有一种"忠顺"之心，不是造作，也不是要讨好领导，不是给领导献媚，他已经养成习惯了。以"忠孝"存心，所以外在表现必定是顺从，必定是恭敬。

"又言事上之道，在于忠顺"，"事上"这是讲对于领导，即前面讲的君、长，现代比我们位高、德高、年高、声望高的人，都可以归到"上"这一类人。"事上之道"，对于这些人我们应该怎样去侍奉？忠顺两个字，二者不失。"忠"，忠心耿耿，忠诚，不会叛逆；"顺"，顺从，听话，乐意奉侍自己的长上。

（二）有智有义　保身保国

随顺"长上"们，也要有智慧。如果造恶，我们就要懂得善巧，帮助他们回头。所以这个"顺"是顺我们每个人的天性本善。后面《孝经·谏诤章》讲到，这个"顺"不是盲目的听话，"子从父之令"，未必就是孝，不是父母讲的什么都没有一个判断，照单全收。不能愚"顺"，要有智慧。

舜王随顺父母，父母想害他，他能够保全自己的身体，不陷父母于不义。在此状况当中，既随顺了父母，又保全了自己，这就是智慧。一次，曾子被生气的父亲打昏，孔子就批评他，你这样不能叫作孝顺，要是父亲失手把你打死了，你就陷父亲于不义了。所以"顺"，要靠智慧。

忠顺二者都能够保存不失，就懂得"事上"，"上"包括君与长。"言以忠顺事上，然后乃能保其禄秩官位"，对领导能够忠、顺，就可以保全俸禄、官位。能够工作到退休为止，平平安安的退下来，能够"长守先祖之祭祀"。祖先我们要祭祀，祭祀祖先是孝道。要祭祀祖先，自己要先能够保全家业，否则无颜面对先祖。

因此士之孝，就注重在移孝作忠，以敬父母、爱父母的心来对待领导、对待国家、对待人民、对待自己的职业，行为上做到忠顺，这样可谓一位士人行出的孝道。

（三）忠于职分 天地护佑

忠心，人能够对自己的职责尽忠，也就是负责任，甚至能够把自己安危都忘记，保证工作的顺利进行，心里面想到人民而能够牺牲、奉献自己，忠才能够做到圆满。

2008年5月12日的四川大地震，救援工作演出了一幕幕感人至深的故事。有一位都江堰市的医疗队队长，叫高天君。他们是跟解放军医疗队合作，一起去做救援工作。因为地震导致山体的移动，道路破损了，没有办法走，所以他们只能徒步进入灾区救援。这位高队长跟战士们一起作为一个尖刀班，快速行军进入地震区。当时还不断有余震，一路上很危险，山石不断地滚下来，山体也在移动，地壳很不稳定。因为地震以后地面有些洞，高队长走着走着，不小心踩空了，一脚踩到洞里，结果骨折了。高队长却不顾个人安危，立即跟其他战友说，我走不动了，你们赶紧前往灾区去救援，不要管我，我就在这里自己照顾自己，等你们回来时再把我带出去。战士们很担心，地震还在继续，眼看山体会移过来，人就会被埋葬。但是高队长想到，灾区还有很多人等待救援，所以命令大家，不可以等待，赶紧走，战士们只好含着泪水离开了。

行善之人有天护佑，在这样危险的地带中，高队长竟然安然无恙，被后来从这个地方经过的另外一个救援队救出来了。

一个人真正能够忠于职守，不顾自己的安危，念念想到救人民，替人民服务，他的果报一定会非常好，真是人以忠顺来感，天必"保"、"守"而应。这个"保"、"守"就是《孝经》讲的"然后能保其禄位而守其祭祀"，真正以一颗忠心来行事，天地双保，使他能够不仅保全身体，也能保全禄位，保全家业，他忠义的美名，也在全国上下流传。我们深信，是"忠顺不失，以事其上"这个善因，才得到"保其禄位，而守其祭祀"的结果，所以一部《孝经》也是在讲因果的道理！

（四）安亲尽忠　流芳百世

邢昺《注疏》云："入仕本欲安亲，非贪荣贵也。若用安亲之心，则为忠也。若用贪荣之心，则非忠也。"这是给我们讲述了什么才叫真正的忠，为什么我们要去做官，要为人民服务。

"入仕"古代就是做官，"士人"就是我们讲的读书人，读书人的目标是考取功名，能够得到一官半职，就入仕了。入仕的目的，邢昺《正义》讲的好，为了"安亲"，就是让父母亲心能欢喜、安乐。如果官做的好，清正廉明，百姓爱戴，甚至能够流芳千古，这就真正让父母心安了，安乐了。《孝经》开宗明义讲，大孝显亲，能够扬名后世。古人把入朝做官，作为一种安亲扬名的手段，他们不是为了自己贪图荣华富贵，做官是为了父母，所以还是一种行孝。

《孝经》上讲："始于事亲，中于事君，终于立身。""事君"，入仕做官，就是一种行孝。把这个孝心扩大到为国家、为人民服务，所谓"老吾老以及人之老，幼吾幼以及人之幼"。如果贪图自己的荣华富贵、功名利禄，那就堕落了，有亏于德行，那怎能称为孝？

邢昺《正义》说："若有安亲之心，则为忠也"，这个发心要正，我做官到底是一颗什么样的心？心要不正，这因就不真、不善，果也就不真、不善。所以安亲之心是真正的好因，以此心来入仕做官，自然能够尽忠。

（五）岳飞秦桧　果报迥异

宋朝的岳飞和秦桧，两人做官用心就不一样。

岳飞之所以能精忠报国，是因为他有安亲之心。他考上了武状元，出仕做官之前，岳母在他背上刺字"精忠报国"，岳飞一生真正做到了母亲这句话，为安母亲的心，他移孝做忠，精忠报国。反过来，奸臣秦桧，他的心就不是安亲之心，而是贪荣之心，则非忠也。他贪图的是自己的荣华富贵，是为自己打算，所以凡是有碍他功名利禄的人，都视为眼中钉、肉中刺。秦桧知道岳飞攻打金国，如果真的迎回老皇帝，岳飞的位置肯定在他之上，他只因这一念嫉妒之心,就要把岳飞置于死地。归根结底,这也是贪荣之心,所以他最终成了不忠不义的奸臣,遗臭万年。

现在杭州的岳王祠供奉着岳飞的像,大家对岳飞都恭敬、赞叹、顶礼;在岳王像外面的地上,跪着秦桧和他夫人的铜像,大家拜完岳飞后,回头就拿棍子来打秦桧和他夫人的铜像,边打还边骂,甚至给他吐口水。用心不善,因虽小,果会大,到最后是自己没有好下场。秦桧死的时候,舌头伸出来,自己嚼自己的舌,把舌头嚼断,痛苦而死,因为他用口诬陷忠臣,造了口业,最后就落得嚼舌而死。秦桧之妻,也被千秋万代的人唾弃。

(六)忧乐为公 圣贤示范

真正能够常常想到为父母、为国家、为人民,他能立志,不仅"保其禄位,守其祭祀",甚至能够流芳百世,成圣成贤。

宋朝的宰相范仲淹,出身贫寒,父亲早亡,母亲改嫁到朱姓人家。后来范仲淹立志求学,拜别母亲时,让他母亲等他十年,拿了功名,衣锦还乡,接母亲出去奉养。

范仲淹到一个破旧的书院苦读,五年和衣而睡,闻鸡起舞,非常的用功。他吃的是稀粥就咸菜,粥煮好后,冷凝成一体,然后切成几块,再撒点切碎的咸菜在粥上,一餐吃一块,这就是"断齑划粥"。有一次,一位富贵子弟看到范仲淹这样的清苦,于心不忍,给他送来一桌很好的酒菜,让他品尝,补充补充营养。但是过了好些天之后,这个富家子弟去看他,发现那桌酒菜原封未动。就问范仲淹为什么没吃,难道不喜欢这些酒菜?范仲淹很诚恳地告诉他，不是不愿意接受馈赠，如果今日吃了美味佳肴，他日就吃不下稀粥咸菜了。

范仲淹先生以苦为师，能够用清苦的生活砥砺自己，是因为有一颗至孝至忠的心。他为报答母亲，让母亲晚年有一个好归宿，也是处处想到为国分忧、为民服务，忠孝存心，心是真的，安亲而不是贪荣，否则见到美味佳肴他肯定动心。

记载里还有个故事，讲他在寺院里面，有一次在树底下挖出了一坛白银，但是范仲淹先生看后，心都不动，还是把它原封埋好，也没告诉别人。多年后，范仲淹做了宰相，寺院的人来，请宰相照顾修复一下家乡的破庙。范仲淹先生告知，寺院树底下就有一坛白银，足够寺院之用，大家果然挖出来那坛白银。范仲淹见到美食不动心，见到了金银不动心，可见他对荣华富贵，没有丝毫的贪图。他能够这样刻苦立志，完全是一颗"安亲"之心，"安亲而后安民"。

范仲淹年轻时，遇到一位算命先生，就向他请教，自己能不能做到宰相。算命先生觉得这个小伙子一开口就想做宰相，口气真大。范仲淹就话锋一转，问能不能做个医生，算命先生有些不解，刚才还说想做宰相，怎么一下降到了医生？

因为医生的职业，在古时候是很清贫的。过去的医生真是医德高尚，存心就是救死扶伤，不是贪图别人供养的医疗费。所以穷人看病，买不起药，付不起医疗费，医生都会免费给他医治，甚至还贴补医药费帮他买药。现在不要医疗费的医生估计已经不多了。听我的外公外婆说，在民国时代，哈尔滨老城区的那些医生给人看病不开口要价，外面放一个钱箱，你看了病之后，自己觉得能付多少，就把钱投到箱子里，医生也不看你投多少，到了一个月末，他就把这箱钱收一收，这样医德高尚的医生，当然生活会很清贫。

想做宰相又降到医生，算命先生就疑惑地问原因，范仲淹说良相、良医都能救人，不能做良相，我就去做良医，算命先生感叹说范公有真宰相之心，将来必定做到宰相。言为心声，范仲淹以"安亲之心安民"存心，才能够写出《岳阳楼记》那样的千古名句，才能够示现"先天下之忧而忧，后天下之乐而乐"的圣贤风范。

子路是孔子的学生，在《论语》中问什么样的人是"君子"。

孔子回答："修己以敬。"以敬心好好的修持自己，即古人说的"主敬存诚"。能够"主敬存诚"，他对自己的生活一定很谨慎，德行方面都不会有缺失。像范仲淹先生，真的是以苦为师，见富贵财利都不动心，真是大德。

子路听到"修己以敬"，觉得还不够，又继续问，"如斯而已乎"？做到了"主敬存诚"就能称为君子了？好像子路觉得"修己以敬"，这个范围太小了。孔子就回答他："修己以安人。"自己好好的修就能够安人，自己"主敬存诚"，就安己了，自己心就安了，心安就身安，自己安了，才能安人。安人第一个是安亲，刚才讲的"安亲之心"，让父母亲安乐这是齐家；让家里人都安乐，然后扩展开来就是治国；让一国之人都安乐，再扩展就是平天下了。一天下人都安乐，也就是和谐社会、和谐世界。"修己"这是基础，是首要，是关键。

子路听了又三问："如斯而已乎？"修己安人这就可以了吗？孔老夫子又讲"修己以安百姓"，把人扩展到天下百姓，就是《弟子规》上讲的"凡是人，皆须爱"，安百姓就不只是齐家了，还包括治国、平天下。然后夫子接着说"修己以安百姓，尧舜其犹病诸。"真正做到了让天下人安乐，让世界和谐，哪怕是像尧、舜这些圣王都未必能够办得到。尧、舜这些圣人，如何来安百姓？就是靠修己，真正把自己德行修好了，他就能够做到孔子所说的"老者安之，朋友信之，少者怀之"。让天下人都能安乐，各得其所，这是太平盛世。

范仲淹年轻时就立志救国救民，这是大孝，不仅是事君，而且做到立身。当他把孝道做好以后，孝悌之风在家里就得以承传，所谓有其父，必有其子，所谓"我能孝自无逆子"。

范仲淹的两个儿子，范纯仁、范纯佑都是大孝子。特别是范纯仁，他德行学问都受到当时人的赞叹，朝廷都请他出来做官，当时范纯仁为了照顾自己年迈的父亲，把朝廷的邀请推掉了。他有句话很让人感动："岂可重禄食而轻父母？"怎么可以为了自己的功名富贵而轻忽了父母？也就是要把孝道摆在第一位，把自己的事业摆在第二位。

父亲过世以后，他的兄长范纯佑也因病在家，范纯仁为了照顾自己的兄长，仍推辞了朝廷的聘请。他对父母尽孝，对兄长尽到兄弟的情分，孝悌都做的很好、很圆满。

真正有孝悌之心的人，天必保之，所以他不会失掉禄食和官位，尽孝的人不会障碍自己的事业，范纯仁最后还是官拜宰相，成为一代名臣。正所谓忠臣出于孝子之门，范家为我们演出了孝悌、孝忠的家风。所谓"若有安亲之心，则为忠也"，我们能真正像范仲淹、像范纯仁以安亲存心，自然就能够尽忠。

（七）博士重孝　节俭舍受

茂森想到上大学时，母亲就表达心愿，希望我将来出国留学，读博士，取得世间的成就。

因为家里经济并不富裕，当然心里就想到，起码要能奉养父母，就像士章所讲的，能够"保其禄位"，就是有一定的事业，可以让父母安享晚年，亦是不辜负母亲的期望，于是我立志出国留学。

因为学习成绩很优秀，也很快在大学毕业之后就到美国读书，攻读硕士和博士。因为家里经济能力有限，所以自己也靠奖学金来维持。奖学金不仅能够维持自己的学习和生活，而且每个月都给父母寄钱。生活真的是"谨身节用，以养父母"。很希望自己努力的学习，赶紧把学业完成来回报父母。

在美国我是每两周都给母亲写一封长信，这些信母亲都收集起来，放在我们家庭的文化箱里，已经是很厚的一大叠，偶尔拿出来看，心里也觉得很感动。那是在美国留学的第一年的冬天，1996年1月7号，我给母亲写了一封信，在此给大家分享一段：

冬天的路易斯安那州挺冷。我们这儿晚上一般都在零度以下，有一天早上起床，竟发现天上飘落许多雪花……目前是最冷的时候，我可以挺过来，便可省些钱，无须买棉被了。尽管冷，我仍然保持每周一两次的冷水浴。在冷水浴时，我可以锻炼自己舍受。

我目前的学习、生活都较单调，每日穿同样的衣服，吃同样的菜饭，走同样的路，读同样的书。我尽量让自己在单调中求单调，使躁动的心熄灭。我每日早、晚警示自己安住单调的生活，做至少七年的"机器人"，直至获得博士学位为止。因为我深深懂得：我来美国不是享受的，而是欠着父母的恩德，花着父母的血汗钱，若不努力读书，天理难容！

所以我突然很喜欢寒冷的冬夜，因为在冬夜里，我才能体会"头悬梁，锥刺股"的精神，才能享受范仲淹"断斋划粥"的清净。

这个星期五晚上，下了一场冻雨，格外的冷，然而我的进取心却比任何时候都强了。我要以优秀的成绩供养父母！妈妈，请您放心，您的儿子向您保证，向您发誓：我一定会孝顺您，把孝顺放在第一位，把事业放在第二位。

这是我给母亲写的一封信，当母亲收到这封信以后，心里当然是非常的安慰，知道在异国他乡的儿子还在正道上走。而母亲是一位非常懂得教育的人，一般情况下，父母接到儿子这样的来信，会很心疼。怎么冬天都没有钱买棉被？怎么这么辛苦，这么枯燥的生活，可能会赶紧寄钱给儿子买棉被了，让儿子过好一点的生活。可是我母亲是怎么做的呢？她给我写了一封回信，这封回信也给大家分享一下。

寒冷能使人如此理智和坚强。感谢路易斯安那州的冬天！感谢清苦、无欲的生活！它使人恢复性德之光！中国六祖惠能大师说：人的本性里什么都有，具有智慧、福德等等，只是人们长久以来迷失，被贪、嗔、痴的尘土封盖了，使其不能显露。那么，用什么方法才能开启人性的宝藏？用"孝"。这是第一把钥匙。孝养父母，扩而大之，孝养一切众生。茂森，你做一个榜样，给青年们看看！

母亲抓住了这个机会又一次的提醒我行孝，不仅自己行孝，恢复自性的性德之光，而且要把它发扬光大，扩大到对一切的民众、一切众生。

（八）尊师敬道　安亲立身

邢昺《正义》，还引用到严植之的一句话，也是在注解这段经文。严植之曰："上云君父敬同，则忠孝不得有异。"这是讲以至孝之心来服务领导、服务于国家、人民，就必定是忠，孝和忠是一个心，不是两个心。敬父和敬君都是出于天性的至孝之心，如果对领导的敬意和对父母敬意不同，心就不真了。

某人对领导，见面鞠躬哈腰，毕恭毕敬，领导一呼，马上"应勿缓"，甚至溜须拍马、献媚，服务殷勤得不得了，好像对领导很恭敬。回到家里，不把父母放在眼里，像大爷一样，还要父母伺候，对父母都不敬，他怎么可能由衷地对领导有敬意？那对领导的恭敬，必定是贪荣之心所致。贪荣之心则非忠也，那个心是假心，有所图的心，自私自利的心，不是忠心。领导在任溜须拍马，毕恭毕敬,哪天下台,可能理都不理,又拍另外一个领导了,这不是忠。所以忠孝相同,不得有异,是一,不是二。

选择人才、选择下属,企业招聘员工,乃至国家要培养接班人,古人有一个原则,看这个人是否孝廉。如果真正是对父母尽孝的,他必定能对国家、对人民尽忠。因为忠孝不异,它不是两个心,是同一个心,对象不同,才有相上的区别,在心上、理上是完全一样的;廉洁的人不可能贪污、腐败,这种人就是最好的下属、接班人。

对父母尽孝,对老师表现出来的必定是致敬。老师在五伦关系当中,虽然没有特别指示出来,但是老师这一伦是跟君一样的。所以,以孝来做忠,对老师也必定是忠心,"忠顺不失"。中国古人非常注重师道,注重学问的传承,学问的传承是找传人,能够作为传人,那必定看对老师的态度,他能够对老师"忠顺不失",这是证明尊师,尊师的人必定重道,尊师重道是连在一起的,如果他对老师不尊敬,那他肯定对道业也不尊敬,因为老师是传道之人,韩愈的《师说》讲:"师者,传道,授业,解惑也。"

一个人真正希望学道,学知识,学技术,必定是对老师尊重,才能学到真实的东西。

我们真正明白这个道理了,像茂森在去年辞掉了教授的工作,后来一直跟随老师学习,立志从事圣贤教育的事业。

对老师我们常常提醒自己,要"忠顺不失"。父母把我们送到老师这里求学,母亲也是千叮咛万嘱咐,要听老师的话,所以对老师也是由衷的恭敬。孝亲尊师,自然好学,希望多学一点,希望老师多教导一些,所以想自己得到成就那必定是自己存心要正,即邢昺所讲"安亲之心",不是"贪荣之心"。如果向老师学习,学这些道德学问,有心将来能够成名,能够得到大家的恭敬、赞叹、供养,这是属于"贪荣之心",这些心就会障碍我们真正的道业。用心要纯真,将来果报必定是真。孔子教导我们"修己以敬,修己以安人,修己以安百姓"。

学道的最终目标就是安百姓,就是能够帮助世界达到安定太平,这是圣人的理想,真正做到了,才可谓做到立身行道,扬名后世,这是至孝。

三、君子立德　不辱先祖

士章引用《诗经》的一句话结尾:

【《诗》云:"夙兴夜寐,无忝尔所生。"】

简单说就是早起晚睡,不要辜负了自己的父母。"所生"就是父母,"忝"就是侮辱,让父母受辱。

如果我们不能够努力的求学、求道,不能够落实道德,没有真正做一个君子,心里常有所谓"贪荣之心",贪图自己名闻利养,贪图五欲六尘的享受,搞的是自私自利,贪嗔痴慢,这就让父母蒙羞了。《弟子规》讲,"德有伤,贻亲羞",士章告诉我们把孝心养成,移孝做忠;而为国家、为人民服务,还是为了"安亲",还是纯孝之心。这样必定能够成为君子、成为圣贤，这是孔老夫子希望我们达到的理想境界。

庶人章第六

顺应天时　分析地利　节用孝亲　未有不及

【用天之道，分地之利，谨身节用，以养父母，此庶人之孝也。故自天子至于庶人，孝无终始，而患不及者，未之有也。】

解释章题　综述主旨

这章经文不长，但是所含的义理十分丰富，讲的是庶人如何行孝。庶人，就是普通人，除了天子、诸侯、卿大夫、士人以外一般的平民百姓，都可以称为是庶人。

普通人该如何行孝？以自己的劳力来养活、赡养父母，供养双亲，而且要懂得"谨慎其身"。

邢昺《正义》："言庶人服田力穑，当须用天之四时生成之道也，分地五土所宜之利，谨慎其身，节省其用，以供养其父母，此则庶人之孝也。"古代是农耕社会，一般家里都有一些田地，春耕、夏长、秋收得到一些粮食，这就是所谓的用自己的劳力来赡养父母。

耕种，就要懂得利用天时地利。所以，需要"用天之四时"，掌握春、夏、秋、冬等节气的变化，掌握农作物生长的规律；"分地五土"，就是分五土所宜之利，分五土就是掌握五种不同土地的规律，决定如何种植。这就是"用天之道，分地之利"。

"谨身节用"就是谨慎其身，节省其用。"谨身"是对自己德行来讲的，言语行为都要谨慎，不可以造恶、犯罪，否则会遭到礼法的惩罚，就没办法孝亲，没办法服务父母了。自己也要节俭，生活节俭一些就能够长久一些，以此心行来供养父母，让父母能够安安乐乐的终其天年，这就是"庶人之孝"。

孝顺父母，与身份、地位无关。富贵如天子、诸侯，普通如平民、百姓，甚至贫贱如乞丐，都可以对父母尽孝，所谓的"孝无终始"。五孝始于天子，终于庶人，没有分地位的贵贱，统统都要行孝。当然"孝无终始，而患不及者"，意思很深、很广，我们后面会有详细的解析。

依循古论　解析章句

一、时空地位　事亲无碍

【用天之道，分地之利，谨身节用，以养父母。】

（一）蔡顺拾椹　孝感盗贼

汉朝有位孝子蔡顺，父亲早亡，跟母亲相依为命，他侍奉母亲非常孝顺。当时王莽篡位，天下大乱，又逢饥荒，无粮为炊，蔡顺只好上山去采桑椹果供养母亲。一天，他拿着两个篮子采桑椹果，遇到强盗拦劫。因为饥荒，强盗不抢东西，而是抓住人然后吃掉。他们看到蔡顺的桑椹果，一个篮子的果子黑紫、成熟，一个篮子的果子青红，还没有完全成熟，就好奇地问为什么要分开装，蔡顺就老老实实的跟强盗说："黑紫的果子比较成熟，味道甜，是给母亲吃的；青红的还没有成熟的果子，比较酸，我自己吃。"强盗大受感动，不仅不忍心伤害蔡顺，还送给他三斗白米和一些肉。

正如《三字经》所云："人之初，性本善。"人人都是本善的，强盗也有良心，只是因为后天的名闻利养、五欲六尘、贪嗔痴慢、自私自利，这些污染把自己的本善给掩盖了。

孝顺父母是本善，强盗亦有之。看到蔡顺如此孝顺，强盗也很感动，因为触动了他的天性，启发了他的良心。由此我们深信，人性本善的开发，最好的方法就是孝道！

（二）海口服刑　学习孝道

中央电视台播放的一个节目，宣传海南省海口监狱用《弟子规》、用孝道的教育，改造服刑人员，取得卓著效果。

一般人认为服刑人员很难改造，是害群之马，甚至对他们都唾弃。但是海口监狱的干警、领导以身作则，干警和服刑人员一起学习《弟子规》，讲孝道的故事，并以此来教育服刑人员，把他们的孝心启发出来，知道自己错了，见到父母痛哭流涕，跪在地上忏悔，发誓重新做人。这样的教育比以往用教条、机械，甚至暴力的效果显著很多，原因是循着天性教化。

父子有亲是天性，用孝道教化就非常的容易，《孝经》讲："教民亲爱，莫善于孝。"

蔡顺的例子，告诉我们强盗能够教得好；海口的例子，告诉我们服刑人员也能够变成好人。所以人都是能够教得好的。

（三）孝子刘霆　背母上学

作为古代二十四孝之一的蔡顺，他为我们演示了"谨身节用"，一位现代大学生，不让古人，也演绎了感人的孝行。

他就是浙江林学院的刘霆。刘霆家里很贫穷，母亲患了肾病后，父亲抛弃了他们母子。十九岁的刘霆，照顾母亲尽心竭力，真正是衣不解带，侍奉于床前，如《弟子规》所讲："亲有疾，药先尝; 昼夜侍, 不离床。"后来, 刘霆考上了大学, 但是家里无力负担学费, 他决定放弃学业, 在家里照顾母亲。但是妈妈希望他上大学, 在妈妈执意要求下, 最后他决定背着母亲上学。为方便照顾母亲, 他不住在校园里面, 而在大学附近租了一间很小很小的房子, 每天白天学习上课, 晚上回来做饭, 和母亲相依为命。母亲的病情一日一日加重, 医生建议换肾, 刘霆就暗暗下决心, 要用自己的一个肾来救母亲。

一些爱心人士得知此事, 都被刘霆的孝心感动, 纷纷解囊。因为孝心的感召, 不仅不必用自己的肾换给母亲, 而且医院另外找到了肾源, 免费为他母亲成功地做了换肾手术。为了给母亲省医疗费, 他甚至曾经饿得胃出血, 大家非常的同情, 热心人士的捐款, 保证整个医疗费用和生活学习外, 仍然用不完。

因为善款的每一分钱, 都凝聚着大家的爱心, 所以他仍然省吃俭用, 不敢浪费, 并把捐款中剩余的五万块钱, 又重新捐献出来, 在学校里设立了一个孝心基金, 使那些贫困而有孝心的孩子, 能够得到专门的爱心帮助。

刘霆, 一个普通的孩子, 也是"庶人", 他能做到"谨身节用", 在学校一边学习, 还一边打工, 节省自己的生活, 赡养母亲。他学习很努力, 成绩也不错, 得到捐赠后, 谨慎道德, 设立孝心基金, 帮助那些贫困的孩子。他首先是有孝道, 而且还能够把孝亲之心扩大, 演绎了现代孝子的感人故事。

(四)孝悌相感 捐资助学

茂森前年看到这篇报道,很感动,尤其是刘霆能够把对母亲的孝心扩大开来,设立孝心基金,帮助那些困难的人。

那时我在中山大学任客座教授,有一个国际工商管理MBA班,这个项目是跟美国麻省理工学院联合办的,用外国的金融教材,聘请外籍知名的学者来担任课程的教授,请我去教金融。中山大学是我的母校,我本不该收钱,但是校领导执意说,每个人都是这样,要有工资费用,不可以例外。工资很高,我就想干脆办一个基金,专门来资助大学里的贫困孩子。因为我是中山大学岭南学院毕业的,也在岭南学院任教,就跟院领导谈,结果他们真有这个项目,而且标准是家庭月收入低于四百块人民币的,就有资格申请这种助学金。我就把这些工资全部捐出来,资助中山大学岭南学院的贫困孩子。校领导问如何命名,是不是也搞一个"钟茂森助学金"?我说:不要不要。随后我想了一下,就用"孝悌助学金"。

《论语》云:"孝弟也者,其为仁之本与。""仁"就是仁爱,就是圣贤之德,所以用孝悌命名,是孝悌为本。有朋友听到我们在大学里设了助学金,他们也很欢喜,一起加入,共行善举,结果去年到今年,助学金的善款增加了很多。今年的捐助也有八万多人民币,资助了一些大学生的学习和生活,这是受到刘霆孝心基金启示的结果。刘霆家里遭受了那样的不幸,还能想到需要帮助的人,我们现在还有福分,吃得饱,穿得暖,我们有能力,更应该尽力地帮助那些比我们不幸的人。

（五）天时地利　节用孝亲

此章的经文是讲平民百姓，所谓庶人如何行孝，这是《孝经》五孝的最后一条。五孝讲的是天子、诸侯、卿大夫、士人和庶人，这五种人如何行孝。平民百姓也是可以行孝的，因为孝心是我们每个人本有的本德，所以不管是在哪一个阶层，财富、地位如何，统统都可以行孝。庶人行孝，所谓利用天时、地利进行生产。古代农耕社会，主要是农业的劳作，收获粮食，积累一点农产品、生活品来供养自己的父母。而自己一定恭谨做人，不犯错误、礼法，并节约自己的生活费用来丰丰富富地孝敬父母，就是所谓的"此庶人之孝也"。

"用天之道，分地之利，谨身节用，以养父母"。唐玄宗浅白注解："用天之道，春生、夏长、秋敛、冬藏。举事顺时，此用天道也。""用天之道"的"道"，在这里可以解释为规律，也就是天时的变化，春、夏、秋、冬四个季节，农作物在春天发芽、生长，夏天茁壮，秋天收获，"敛"就是收获，收获之后，把粮食都藏在了家里，然后就过冬，即冬天归藏。这是古代社会按照天时、季节的变化，很有规律的生活，这叫作"举事顺时"。"举事"就是我们的生活，不管做什么事，人们都懂得顺应天时，不会逆着天时来生活，即"用天道也"。掌握自然的规律，随顺自然，这样的生活是非常健康的。

（六）德能兼具　落实孝亲

现在科技发达，通过科学的技术，可以把春、夏、秋、冬四时的农作物,更换季节来食用。

譬如说桔子、橙子这些是冬天收获,但是,可以把它留到夏天来吃,北半球生长的农作物,用运输可以运到南半球,这种食品已经跟天时和地利都不那么相应了,所以吃起来并不一定健康。

要怎样吃?吃现前本季节收获的、新鲜的食品,蔬菜、瓜果、粮食,都是要吃当令的,这样最健康;不管我们走到哪个地方,最好要吃当地的、当季的食品,这叫做用天之道。我们孝敬父母,也要懂得这些健康的常识,如果不懂得这些基本的常识,可能一片好心,但是会让父母身体遭到损害,所以"用天之道,分地之利",我们要懂得如何在当下来落实。

唐玄宗的《御注》还解释到"分地之利",所谓"分别五土,视其高下,各尽所宜,此分地利也"。"分"是分别,"地"是土地,"利"就是土地给我们带来的这些益处、利益,我们要懂得去分别、去取舍,才能够懂得使用地利,这需要有常识,有所谓的农业科学知识。

这个"五土",按照《周礼·大司徒》所说,五土,"一曰山林,二曰川泽",山林好懂。川泽是水、河流、沼泽之类,这是湿地。"三曰丘陵",这是山,山丘。"四曰坟衍","坟"就是指在水边的高地,有点鼓起来的这种土地,一般坟墓的形状,也有点像这样,所以称为"坟";"衍"是指山坡,就是一座山,山顶和山脚之间的那个部分,山腰,这叫"衍",这也是属于山地。"五曰原隰","原"是平地,"隰"(读习),是指新开垦的田地。这五种不同的土地，我们要懂得如何来使用。古人的《周礼》对此都有考究，《周礼》是一部大的社会科学宝典，包括了人文科学、自然科学。学习这些知识，就懂得分别利用这些自然的资源，"视其高下，各尽所宜"，按照资源的性质来使用，这就属于"分地利也"。

这给我们一个启示：孝敬父母不仅要有一颗真诚的心，还要有知识，还要学习技能，如此才能够把自己的孝心落实，才能让父母得到真实的益处，这是一个普通老百姓都必须要掌握的，确实在生活中点点滴滴我们都要去学习。譬如说父母如果有病，我们假如有医学的常识，就懂得如何帮助父母治疗。我们用能力、智慧，满足父母任何的需要，这些都是行孝。

（七）谨身守节　不辱其亲

唐玄宗《御注》解释"谨身节用以养父母"："身恭谨则远耻辱，用节省则免饥寒，公赋既充则私养不阙。"此庶人之孝也。"谨身节用"首先讲到"谨身"，"谨身"就是持身恭谨，在德行、品行上不能够有所亏缺，否则就招耻辱，不仅自己蒙羞，也让父母家人蒙羞。《弟子规》讲："德有伤，贻亲羞"，现在的一些年轻人、青少年，因为缺少伦理道德教育，所以在持身方面不够恭谨，往往招来很多的祸患和耻辱。

现在常常有网上交友不慎的报道，尤其是年轻人、青少年女性还会招致灾祸。譬如东北新闻网上登载消息，一个十三岁的初中女生，网上聊天，谈情说爱，结果她被骗到小旅店受到污辱。

这是由于不能够持身恭谨，招致的奇耻大辱，当然父母也跟着蒙羞。今年4月27日出版的《重庆晚报》报道：有一位二十三岁的女子，也是在网上谈恋爱，那个男子自称是见多识广的公司老总，女子的父亲留下一块土地遗产，价值八十七万，结果被这个男子骗走了。这都是因为持身不够恭谨招致的耻辱。

现代网络，给这些骗财骗色的作案分子提供了很多方便。我们年轻人现在学习了《孝经》，看到这一句"身恭谨则远耻辱"，真的就要好好的落实。在上网的时候一定要谨慎，现在几乎每个年轻人都上网，稍不留意就会有一些色情的图片插进来，自己如果没有念念觉醒的话，很容易就被吸引、迷惑。所以读到这句，我们也很感慨，真正要落实孝道，最重要的还是要把自己的品行、德行守持得稳，不让家门蒙羞。

（八）节用爱亲　同胞一体

"用节省则免饥寒"，这是讲节用，"用"是费用。我们的生活尽量要节俭，因为人的福分总有一个定数，如果你省着用，这个福分就能长久。像我们的银行存款，你慢慢地、一点一点有计划地、有节度地使用，可以使用很久；假如挥霍，就很快把银行存款掏空了，那就难免要受饥寒之苦。自己饥寒事小，如果让年迈的父母跟着我们遭罪，那就是大不孝！

所以"谨身节用"很重要，尤其是对一个普通的家庭。像胡锦涛总书记提倡的八荣八耻，就提到"以骄奢淫逸为耻"，这个"骄"就是骄慢，"奢"就是奢侈浪费，"淫逸"就是生活不检点，享受过度，这些都是属于不孝。我们都知道，地球资源是有限的，我们的眼光不仅只看自己的家庭，还要看到一个国家乃至整个世界。"谨身节用"，节省开支这个方面，不仅是对自己家庭，还要立足于社会，立足于世界。

今年由于粮食的减产，粮食价格大幅度的上升，上升的幅度甚至达到了百分之四十、五十，引起了全球物价水平的攀升。有一些贫穷落后、资源缺乏的国家，就遭了大难。新华网上报道，拉美国家海地，由于粮食价格提升，普通家庭负担不了，贫穷的海地人民只能以泥饼来充饥，就是拿些泥土做成饼来吃，吃这泥饼，口里有股潮潮的味道，苦涩苦涩的，也不卫生，因为泥土里面也可能会有细菌，一般吃下去几小时，口里都有难以忍受的泥土味道，这些贫民就靠这些泥饼来维持一天三餐。

《弟子规》讲"凡是人，皆须爱；天同覆，地同载"，这些落后地区的人民跟我们也是同体的，也是"天同覆，地同载"，跟我们的手足同胞一样，看到他们生活得这么艰难，难道我们还忍心浪费粮食？我们能够节俭，节省一口饭，说不定就能救出一个非洲的难民，让他不至于饿死。所以看到餐厅、高级的酒楼、自助餐厅等等，浪费粮食的情景我们都很痛心！尤其现在，特别是今年粮食的减产，大家要真正发起一颗爱心，从我做起节省粮食，不仅我们自己珍惜自己的福分，也能够因此而让世上贫困的人免去饥寒。所以用节省而免饥寒，不仅是对自己的父母，也要把全世界的人民当作自己的父母一样，这个是真实的大孝！孟子曰："老吾老以及人之老，幼吾幼以及人之幼。"从自己的父母那里开始尽孝，把孝心扩展到对待万民，爱护自己儿女的心，拓展到爱护全世界的孩子。

（九）公赋充盈　私养不缺

"公赋既充则私养不阙"，"公赋"是讲给国家缴纳的赋税，每一个公民都要有纳税的义务，自己有生活收入，所得收入就要按照法定的税率来缴纳税收，个人要缴纳所得税，一个企业单位也要按照规定缴纳企业所得税。

一个国家实际上就是一个扩大了的家族，我们所有的中国人都是炎黄子孙，都是炎帝、黄帝的后代，所以我们都是同胞、手足，都是亲兄弟姐妹。我们多缴纳一点税收，帮助自己家族的人这是应该的。我们以一颗爱心，希望税收多交一点，利益社会人群，这个爱心就得福。

儒家十三经的《易经》就说："积善之家必有余庆，积不善之家必有余殃。"能够常常有一颗公心，以公家、国家的利益为重，不把自己的利益摆在公家利益之上，这是公心。以公心行善，不仅给自己积阴德，也是给自己的家族、子孙后代积累阴德，所以积善之家福分绵延长久，即必有余庆。反之，如果我们常常造作不善，自私自利、损人利己、废公营私，这种私心那就是大不善。"积不善之家必有余殃"，"殃"就是灾殃。"余殃"，"余"是剩余，不善，自己受灾殃之外还有剩余的灾殃，自己家族的子孙承受！历史上的奸臣、小人，自以为聪明的、损人利己，往往到最后不得善终，甚至后代都断绝了，这些都是报应。因果报应真是丝毫不爽,差错不了,明白这个道理,就会乐意行善,多交点赋税给公家,实际上自己的心很安。

《朱子治家格言》说:"国课早完,即囊橐(音陀)无余,自得至乐。""国课"就是国家的课税,向国家缴税要缴得充足,不能够偷税漏税,而且要早早地缴,不能够拖延,早缴完课税以后,即使自己口袋没有剩余,也心安理得。"囊橐无余,自得至乐",就是虽然已经没什么钱了,自己得到至乐。这个乐不是一般快乐,是至乐,这种乐不是外面满足欲望得来的乐,那个乐不是真乐、不是至乐,那种乐是靠外面的刺激。譬如说吸毒,吸毒的时候好像飘飘然挺乐的,吸完了以后会更苦,所以外面欲望刺激的乐,不是至乐、不是真乐。真乐至乐是从自己内心涌出来的,像一股清泉汩汩地往外涌,没有断绝,常生欢喜心。儒家《论语》开篇就说:"学而时习之,不亦说乎?""学"就是学习圣贤之道,"时习之","时"是时常,"习"就是落实,常常实习,真正把圣贤之道落实到自己的生活当中,一言一行都符合圣贤的标准,都符合大公无私,有一种天下为公的情怀,那可真乐!"不亦说乎",那才是真正的喜悦。

真正国家课税充足,实际上人民不会缺乏钱财。税收是收入的一部分,我们收入愈多,自然税收就会愈多,这是按照比例来的,跟我们的收入成正比。当税收充足的时候,也表明我们收入很满足,私养不缺,自己也得到了丰厚的收入。我们以一颗公心,替国家利益着想,实际上自己的利益也在其中。损公盈私、损人利己,最终还是损了自己。如果是偷税漏税、违法乱纪的行为，一旦东窗事发被缉拿归案，可能被处以巨额的处罚，甚至面临牢狱之灾，这有什么可乐？子孙有他自己的福分，偷税漏税得到的收入，留给子孙何益？

宋朝的宰相司马光家训讲，"积金以遗子孙，子孙未必能守"，财富留给儿孙，他如果不孝，不恭谨，挥霍浪费，没有德行，家产守不住，会很快败光，不如积阴德给子孙。阴德是行善，德行上不亏缺，就是保全自己的阴德，子孙才真正得到你的福荫。

（十）缴税利国 庶民有责

真正明了道理，缴纳国家的税收一定是欢欢喜喜，愿意多交、愿意早交，君子乐得做君子，这样心安理得，何乐而不为？

茂森在美国博士毕业，就在大学教书，收入还算比较丰厚，因为是单身，各方面可以免税的优惠条件我都没有。通常一个家庭可有很多免税的项目，还有很多可以去申请免税的项目，是属于法律规定的。但是茂森在每年缴纳税收的时候，统统都不去过问，乐意缴最大限度的税收、税率。有时同事就劝我说，可以去会计事务所那里，让他们帮忙做账，能够免很多税，一年能省几千、甚至上万的美金。在美国和澳洲，总共教书工作八年，只找过一次会计师，是因为报税太复杂，我就让他缴，其他的统统是用网络的缴税软件来填报，这种方式一般没有什么优惠项目，所以自己也不操那份心，心想，就等于是奉献爱心！自己还想去救济贫苦，国家需要为什么不布施给国家？有的人还想着我从国家税收那里省下点钱，可以做很多好事，这样就干脆给国家，不也是做好事？所以想明白了，会心安理得，自己也不会缺乏。真的你有这个福分，你缴的税越多，实际上，付出、奉献的愈多，你的福分就愈大，你的福是从你的付出和奉献那里得来的，不是从索取那里得来的。你索取来的那些，是把福用掉了，是消你的福报，你奉献出去的才是积累福报。这是讲到"庶人之孝"，就是普通百姓的孝道，虽然只有简单的一句话，但含义深广。

（十一）地球兴亡　匹夫有责

古人说："天下兴亡，匹夫有责。""匹夫"就是普通老百姓，就是庶人。天下的兴亡，一个普通老百姓都有责任。这个老百姓是谁？不是别人，就是我自己。"天下兴亡"，我的责任。这一念心善，可以把天下带向善的方向，给世界添上一分福报；如果一念心不善，就会把世界带向不善的方向，削减世界的一分福报。

"庶人之孝"，普通老百姓的孝道，好像跟国家、天下没关系，实际上有大关系。《论语》曰："一日克己复礼，天下归仁焉。"我这一日、一时能够克己复礼，遵守礼法、遵守圣贤人的教诲，做一个好人、做一个君子，天下都跟着归仁，归向了仁的境界。

这个理很深很深，因为整个天下，我们说一个世界，统统是跟我们的心念紧密联系在一起的。这颗心行善，克己复礼，那么真的天下都归仁，宇宙都归仁。这一念心要是向恶，损人利己、自私自利不善，那么天下都归恶！所以，怎么说自己跟天下没有联系？怎么敢对天下不负责任？责任重大矣！

我们地球有灾难，南北极的冰在不断地融化。如果真的是融化了之后，海平面会大幅度上升，沿海的城市都会泡在水里，而且会引起很多气候的反常、地壳的运动，海啸、地震就会频频出现。这些灾难我有没有责任？也有责任！地球兴亡，匹夫有责。我应该怎样帮助地球消灾免难？首先要尽到一份爱心，以善心善意对待地球上所有的生物。生物包括人、动物、植物，所有自然界的这些矿物、非生物，对待它们都要以一颗爱敬之心。

《孝经·天子章》说"爱敬尽于事亲，而德教加于百姓"，以爱敬父母的这颗存心，爱敬地球所有的生命，所有的矿物、动物、植物，这是从根本上帮助地球消灾免难。

具体做法，就是要从点滴落实。在2008年5月13日，瑞典召开了一次会议，邀请了诺贝尔慈善基金会理事长，诺贝尔奖金创始人的后裔麦克·诺贝尔博士做了一个专题演讲。他在会议上指出，现在地球温室效应，主要是因为排放过量的二氧化碳，最好的解决方法有两个：

第一，在节省能源方面要下功夫，即"谨身节用"。譬如说尽量少开私家车，用公共的运输工具等等；少开家里的电器，节约用电、节约能源。

第二，诺贝尔先生呼吁全球大众吃素。因为我们吃肉会增加很多资源的浪费，肉来自于畜养的动物，像牛、羊、猪、鸡等，这些动物也要吃东西，吃的这些植物，如此消耗能源，很大一部分都给流失掉，真正在体内遗存下来的能源，只是很小的一部分，大部分都在食物链中给损耗掉了。而且这些动物排放出大量的二氧化碳，这是导致全球升温的一个重要原因。天地创万物，真的都有自己的特性，人类的身体构造是适合吃素的，不适合吃肉，而我们偏偏顺纵口欲吃肉，结果消耗了大量的自然资源，现在引起了地球报复：气候反常，温度升高，冰块融化。所以现在我们要爱护地球母亲，把孝亲扩展到整个地球，为了爱护地球，我们应该吃素，这是对人类社会的大孝，这就是"谨身节用，以养父母"，用我们的这份爱心，从我做起，尽这个人类大孝，养地球母亲。诺贝尔先生自己身体力行，大车换小车，尽量的不用私家交通工具，而且很早就开始吃素。

这是讲到庶人章"谨身节用，以养父母"。我们现在要处处生起这颗爱心，孝心就是爱心。

二、天子庶人　孝无终始

【故自天子至于庶人，孝无终始，而患不及者，未之有也。】

庶人章最后这句也是很深刻的，意思很深广。

（一）贵贱尊卑　不患不及

唐玄宗《御注》解释："始自天子，终于庶人，尊卑虽殊，孝道同致，而患不能及者，未之有也，言无此理，故曰未有。"

这段讲到"始自天子"，我们已经把《孝经》五孝学完，第一就是天子之孝，接下来是诸侯之孝，再接下来是卿大夫之孝，然后是士人之孝，最后是庶人之孝。所以"始自天子"，"终于庶人"，这五孝有始，有终。始和终的概念，它还有更深广的意思，我们后面会谈到。字面上就是唐玄宗这里讲的"始自天子，终于庶人"。"尊卑虽殊"就是他们的地位虽然不一样，天子最尊贵的，万人之上，庶人是五个等级里面最卑下的，平民百姓，虽然身份地位不相同，但是"孝道同致"，这个孝道都能够落实，即不管你在什么地位，都可以尽孝。

有人可能会想，天子之孝、诸侯之孝，我又不是天子、诸侯，没办法做到；卿大夫之孝我也做不了；士之孝，士是读书人，我读的书也并不多，也没份；庶人之孝，庶人是普通人，好像才勉强，而且还不是做得很圆满，总觉得自己达不到孝的标准。这是"患不能及者"。"患"就是忧患、忧虑，担心自己"不能及"，做不到。

很多人看了茂森和家母演讲的《母慈子孝》，都很感动，看完之后，就会说："这个我做不到。"真做不到吗？"患不能及者"，他担心自己做不到。实际上，孝是我们的本性、本善，《三字经》开篇讲"人之初，性本善"，本善是你的本性，你本来的面目，怎么可以说做不到？说自己做不到的人，不是真做不到，是不肯做，真想做就一定能做到。

孔老夫子在《论语》中说："仁远乎哉？我欲仁，斯仁至矣。""仁"就是仁爱，是圣人追求的境界，孔夫子一生就追求这个境界。"远乎哉？我欲仁"，仁的境界远吗？我现在想要行仁，我想要做到，"斯仁至矣"，这个仁的境界就得到了。孝也是如此，孝就是仁。《论语》曰："孝弟也者，其为仁之本与？"孝就是仁之

本，人之根本就是孝。所以孝远乎哉？我欲孝斯孝至矣！我真想
行孝怎么可能做不到？这是我们的天性，现在只是回归到我们自
己的本性而已，并没让你增加什么，只是让你回头，回到你本来
的样子而已。

所以"患不能及者，未之有也"，那些担心自己做不到的，大
可不必，"言无此理，故曰未有"，担心自己做不到孝道，根本没
这个道理，所以说"未有"。唐玄宗直截了当说，担心不能行孝
道，从未有过这个道理。

邢昺《正义》云："正义曰：夫子述天子、诸侯、卿大夫、士、
庶人行孝毕，于此总结之，则有五等。"是说孔老夫子讲述了五
孝：天子、诸侯、卿大夫、士、庶人之孝。自天子至于庶人，这句话
是总结五孝。"尊卑虽殊，至于奉亲，其道不别，故从天子以下至
于庶人，其孝道则无终始贵贱之异也。"这句话是说，尊卑地位
虽然不一样，尊贵如天子、国家领导人，卑如百姓、平民，虽尊卑
不同，但孝敬父母"其道不别"，这个"道"就是孝道！孝道没有
分别，即孝心是一样的，同是一颗本性本善之心。而这个本善之
心，在天子的地位上，它就表现出天子之孝；这个心落在了诸侯
的身上，它就表现出诸侯之孝；落在卿大夫、士、庶人身上，它就
自然会行出卿大夫之孝；士、庶人也同样如此。心是一样的，事
相上有不同而已，理是一样的。所以从天子到庶人，"其孝道则
无终始贵贱之异也"。这个无"终始"就是说不管是天子还是庶
人，"始自天子，终于庶人"，都一样的，没有分别的。无"贵贱"，
孝道不分贵贱，不分身份、地位、财富，男女老少、各行各业，统

统可以行孝。这是"孝无终始"的意思。

邢昺《正义》又说:"或有自患己身不能及于孝,未之有也,自古及今,未有此理,盖是勉人行孝之辞也。"如果有人担心自己做不到,行孝没有办法落实,那是不可能的。"未之有也",这是不可能的。换言之,你想行孝绝对能行,这是自己的事情,不要讲条件、找藉口。一定要是天子我才能行孝,是庶人就不能行孝,"未之有也",没这个道理。所以"自古及今,未有此理",没听说过这个道理。"盖是勉人行孝之辞也",这是劝勉我们行孝。孔老夫子讲完五孝,这句话是总结,劝勉我们不管是什么样的人,都要行孝。这是邢昺《正义》对这句话的概说。

(二)地位有异 孝心无别

《正义》讲到"终始"很多意思,每一个都讲得很好,很值得我们学习。

《正义》注解唐玄宗的《御注》,他把唐玄宗的"始自天子,终于庶人"提出来解释,"谓五章以天子为始,庶人为终也"。就是天子章到庶人章这五章的总结,以天子为始,庶人为终,这是讲到终始。"云'尊卑虽殊,孝道同致'者",这又讲到刚才我们读到的玄宗皇帝《御注》的那句话。"尊卑虽殊,孝道同致","谓天子庶人尊卑虽别,至于行孝,其道不殊",这是讲到五个阶层的人,尊卑、贵贱不一样,但是孝道一样。"其道不殊",行孝的这种道、这种心没有区别。

《正义》总结的五孝非常好:"天子须爱亲敬亲。"这就是

《孝经》上说的"爱敬尽于事亲，而德教加于百姓，刑于四海"；
"诸侯须不骄不溢"，这是"在上不骄"，"满而不溢"，讲的诸
侯如何行孝；"卿大夫于言行无择"，这是经文上讲的"先王之
法言"和"先王之德行"，我们都要遵守，没有选择；"士须资亲
事君"，"资亲"就是孝敬父母；"事君"是忠于祖国、忠于人民；
"士"是读书人，读书人将来可能要做官，或者是现在说的要做
公务员，为社会为国家服务的这一类人；那么庶人是"谨身节
用"。这是讲到五种行孝，其解释前面都讲过，就不再赘述。

"各因心而行之斯至，岂藉创物之智，扛鼎之力，若率强
之，无不及也。"这是讲到五种孝，天子，卿大夫，庶人，不管是
哪一类人，都要"因心而行之"，就是各顺应着自己的本心，本心
就是本性、就是天性。这个心在此特别是指孝心，孝心是本善、
是本性的性德。"因"就是循着，遵循着我们的本性本善去行，如
此，我欲孝，斯孝至矣，我想行孝就能够做孝子，我想行仁，"斯
仁至矣"，就能得到圣贤的境界。

"岂"，就是哪里，是凭藉着"创物之智"，"创物"我们说
造物主，是创造宇宙万物的。本性本善人人本有的，我们现在行
孝就是随顺本善，哪里要造物主给我们创造出条件，我们才能去
行孝？也就是我们行孝，跟外在因素无关，不能够讲条件，纯粹
是我们的心，有没有这份心，自己是不是真想行孝，哪里还要去问
别人？观照自己的内心，对父母是不是至诚恭敬、真正爱敬存心，
自己就明白了，哪里是要别人去鉴定我是孝子？还是说自己非得
要在什么条件下才能行孝？没有这个道理，否则都是找藉口，无

须凭藉"创物之智","创物之智"是先天的条件。

"扛鼎之力",是说我们把一个鼎扛起来,要费很大的力,假如我没这个力就扛不起来了,这是比喻后天的条件。如果是说我非要先天条件具足,后天条件也具足,我非得要有足够的财富、地位、能力,才能去行孝,没有我就不能行孝,这是在找藉口。我们讲的汉朝孝子蔡顺,在兵荒马乱的时候,背着母亲逃难乞讨,采桑椹果,依然能够尽心竭力去行孝,把采的果子分两个篮子装,比较成熟的给母亲吃,那些生的酸的自己吃。蔡顺的身份、地位、财富,什么条件都没有,但他依然能够行孝。条件具足才能行孝,那个孝心已经不真诚了,何谈行孝?

"若率强之,无不及也。""率强"就是努力做到,在当前条件,哪怕是再苦、再累,再没有财富、没有地位、没有能力,我都能努力做到孝道。像十九岁的大学生刘霆,背着母亲上大学,贫穷到极点了,每天打工挣一点钱,给母亲治病,自己饿得吐血,也要让母亲吃上饭,这是"率强之",他是真正尽心竭力的做了,他在行大孝。"无不及也",没有做不到的,肯定能够做得到。

古人编的《二十四孝》,很有味道,故事中行孝的人,有老有少、有男有女、有富贵的、有贫贱的、有天子也有庶人。老的有老莱子,为了让他父母欢心,七十多岁了,还在那里蹦蹦跳跳做表演,让他父母开心,这是老人行孝;小孩行孝,东汉黄香,九岁扇枕温席,冬天给父亲暖被窝,夏天给父亲扇扇子乘凉,让他父亲安睡,即《弟子规》上讲的"冬则温,夏则清",这是小孩子行孝;《二十四孝》的唐氏乳姑不怠,有位媳妇唐氏,因为婆婆牙齿不好，吃不下饭，做媳妇的每天给她哺乳，天天如是，这是女子在行孝；天子有汉文帝、周文王；庶人有蔡顺拾椹，子路背米，曾参养志，都是一般的普通老百姓。男女老少、各行各业，不分老幼贵贱，只要你肯做，都能够做到行孝。

（三）孝无终始　超越时空

孔夫子说"孝无终始"，就是不分贵贱；终始，还有引申义，我们一般讲是时间概念，有始有终，而"无终始"，说的是时间上没有始也没有终，无始无终，都是在行孝。即古人能行孝，今人也能行孝，孝道超越了时间和空间，这是无始终的又一层意思。还有更深一层的意思，在时间上没有开始，创造宇宙之前孝道就存在，这叫无始。我们中国人讲，自从盘古开天辟地以来，孝道就有了。

孝是什么意思？中国文字很有智慧，上面是个老字头，下面是个子字底，老一代和子一代合而为一，一体，这叫孝。宇宙原本就是一体，原本就是孝，所以称为无始。这就是我们的本性，这就是老子和孔子所描述的道。《道德经》上讲的"道生一，一生二，二生三，三生万物"。道是天地万物之始，所以孝就是道，就是本性，就是本善。无终是没有结束，也就是说，它不随着星球、世界的成住坏空而成住坏空，它不生不灭，这讲的是什么？就是讲到本体，佛家讲的自性，老子、孔子讲的道，这是无始终的意思。

我们现代人怎样去落实？无始终就是一天二十四小时不间断，这样叫作无始终。古人编的《二十四孝》，数字二十四，一天二十四个小时，一年二十四个节气，这告诉我们，一年从始至终，再从终至始，从年初一到腊月三十，再从腊月三十到第二年，一天从子时到二十四小时（十二个时辰）数下来，又回归到子时，二十四小时没有间断，来保持我们的孝心。心里没有一刻忘记父母，常常把行孝放在心头，这就是古人所说的赤子之心。赤子就是刚生下来的孩子，对父母那种完全一体的感受，他对父母没有任何的猜疑，真的是老一代和子一代是一体的，他那个孝心真的是本善显现出来的，丝毫没有污染，这叫赤子之心。

如果能把赤子之心保持终身不变，这就成圣成贤了。圣人的内心看宇宙万物，跟自己是一体的，他与道融合在一起，不仅是跟自己的父母一体，跟地球上所有的人、所有的众生，包括动物、植物、矿物乃至所有的星系，整个宇宙，跟他们都融为一体，而且二十四小时没有间断，念念都是孝，念念都是善，都是爱，都是敬，都是诚。

儒家讲的圣贤，和佛家的菩萨一样，他们的存心，都是全心全意为他人着想，完全没有自私自利。《十善业道经》里说："菩萨有一法，能断一切诸恶道苦。"菩萨有一种方法，他能够断一切的诸恶道苦，一切苦都没有。"何等为一"，是什么法？"谓于昼夜常念思惟观察善法，令诸善法，念念增长，不容毫分，不善间杂。"昼夜二十四小时，不间断地常念善法。"百善孝为先"，最大的善法就是落实孝，昼夜常念孝，不会让孝心断掉，不会让自己的善念断掉。常念就是心善，常思惟就是思想善，常观就是讲行为善，也就是身、口、意，都跟孝相应，跟善相应，而且能够让这种善,念念都增长,没有毫分不善的念头夹杂进来。

什么是不善?自私自利就不善,一想到自己而忘了父母,忘了别人,就不善,因为一体就给破坏了。我们跟父母、众生是一体,而在这一体当中,虚妄的生了一个念头,想到是自己,本来整体就是自己,整个宇宙就是自己,偏偏在这个大的自己当中生一个小自己,小我,还执著这个小我,跟其他的众生对抗、对立、矛盾、冲突,损人以为利己,其实损人真不利己,损人是害自己!把自己本来的一体给破坏掉了。所以讲到"孝无终始",意义非常深广。

邢昺《正义》云:"'而患不及者,未之有也者'此谓人无贵贱尊卑,行孝之道同致,若各率其己分,则皆能养亲。"讲的意义深妙。这是解释唐玄宗的"而患不能及者,未之有也者"这句话。刚才已讲,人不分贵贱尊卑,行孝之道相同,如果真正能够尽心竭力来养亲,侍奉父母,都能做到。"言患不及于孝者未有也",自己说自己做不到孝,那是不可能。

(四)广大无方　塞乎天地

"孝道包含之义广大,塞乎天地,横乎四海。"这句话是说孝道的意思极深、极广、极大,它的体就是道,就是自性,是宇宙的本体,所以称为"大",它的相是整个宇宙万事万物都包含在其中,所以称"广"。佛家有一部《华严经》,称为《大方广佛华严经》,这个"大、方、广"分别是指体、相、用。孝也是具有大、方、广的意思。体称为大,大不是大小之大,没有大小,不是相对的概念,而是绝对的,这是道。道是宇宙的本体,也就是整个宇宙从道生出来的现象，就是宇宙万事万物之相，称为方。用很广大，称为广，广大无有限量，现在科学家都没办法探测出宇宙的究竟，太大，太广。非常广大的妙用，落实到我们生活无处不在，这是孝道，所以"包含之义广大"。

"塞乎天地"，天地就是讲宇宙，也就是说孝道是遍一切处，遍及在宇宙每一个角落里，没有一处不含有孝道，因为宇宙本来一体，本来一体就是孝，孝字的含义就是一体。所以随便拿出一物，都是这一体的、整个自己，称为"塞乎天地"。"横乎四海"也是这个意思。古人因为受到科技的局限，所以他们说的天地、四海这个概念，其实是指整个宇宙。

（五）一事可称 行成名立

邢昺《正义》云："经言孝无终始，谓难备终始，但不致毁伤，立身行道，安其亲，忠于君，一事可称，则行成名立，不必终始皆备也，此言行孝甚易，无不及之理。"这是在讲《孝经》的"孝无终始"，实际上是讲，行孝很难做到终和始都圆满，因为一个人的身份是一定的。譬如说我是个平民，不可能真正像在天子的地位，而有一些事相上天子行的孝行，我们没办法做到，这是讲的"难备终始"。"始"是天子，"终"于庶人，虽然在事相上不一定做到那么圆满，但是心上是圆满的，不管做什么事，都是以一颗至孝的心来做，那就是圆满。所以，理上圆满，事上也能称为圆满，理上没有障碍，事上也就没有障碍，所谓"理事无碍，事事无碍"，关键自己心上不要自设障碍，不要认为自己做不到就不做。

"但不致毁伤"，这是讲的最初级的孝行，所谓"身体发肤，受之父母，不敢毁伤，孝之始也"。这讲到始，最初下手爱护自己，因为自己的身体是父母所生，"身有伤，贻亲忧"，不能让父母忧虑，要爱护身体。不仅爱护身体，也爱护自己的品德，不能毁伤自己的名节，而让父母忧虑、悲伤，这叫自爱，是不可毁伤的意思。"立身行道"，"扬名于后世"，这是"孝之终也"，始和终这里都讲到了。

"安其亲，忠于君。""安其亲"是在家里行孝，让父母亲能够安乐，安享晚年。出外工作"忠于君"，忠于祖国。"君"在我们现在民主时代代表人民，过去是君主，现在是民主，所以主换了，我们把君换作是祖国和人民。八荣八耻前两条：热爱祖国，忠于人民。这是提升了一个层面。开宗明义章讲到"始于事亲"，就是"安其亲"；"中于事君"，提升一级就是"事君"，这是忠于祖国、人民；"终于立身"，终极在立身，这也讲到终始的问题。可是事无终始，"一事可称，则行成名立"，不管你在哪一个角度上、角色上来行孝，真正尽心竭力的做到，哪怕做到一件事，一个孝行都能够传颂千古。"行成名立"也就是你的行圆满，你的名也就会扬名后世。

《二十四孝》中的吴猛，是个孩子，家里很穷，都买不起蚊帐，夏天炎热，蚊子很多，父母无法安睡。这个孩子想了个办法，把自己的上衣脱掉，光着膀子，把蚊子吸引到自己身上，蚊子在身上叮，都不敢去赶它们，为了保证父母那边没有蚊子叮咬。这件事情，他做到了至孝，行成则名立，《二十四孝》传颂千古，他也做到了扬名于后世，以显父母。这就做到了"孝之终也"，他能够在这一事一行上面做到圆满，是因为他的孝心是圆满的，所以说"不必终始皆备也"，不一定把天子的事情、诸侯的事情、卿大夫、士的事情都做出来，就一件事情，也足见真挚的孝心。

最后"此言行孝甚易"，行孝难不难？不难，很容易，没有"不及之理"。只怕发心未到，就找出种种理由不肯真正行孝，真正发了孝心，他就没有理由，不讲条件，肯定做到。

（六）众之本教　敬养慎行

邢昺《正义》引用《礼记·祭义》的一段话来说明："曾子说孝曰：众之本教曰孝，其行曰养。养可能也，敬为难。敬可能也，安为难。安可能也，卒为难。父母既没，慎行其身，不遗父母恶名，可谓能终矣。"

这一段是引用曾子曾参的一段话，曾参是《孝经》的当机者，也是孔夫子《孝经》的传承学生，所以他对孝体会很深，他说"众之本教曰孝"，"众"就是民众，也就是每一个人。"本教"，就是讲孝道的教育。《孝经》开宗明义："夫孝，德之本也，教之所由生也。"这是德之本、教之源，所以孝称为本教。

"其行曰养"，真正的孝心，表现到行为上就是养父母。养父母一般人容易做到，"养可能也"，养父母好像并不难，供养父母衣食房子、生活用品，物质生活都是属于能做到养了，所以养不难。

"敬为难"，能够敬父母这就难了。就像宋朝的文学家黄庭坚,做了大官,每天回到家里给母亲洗尿罐,家里虽然很多佣人,他也一定要自己洗,原因是母亲很喜欢干净,容不得一点肮脏,黄庭坚担心这些佣人达不到母亲满意,自己亲自洗。身份地位这么高,对父母还这么至诚恭敬,尤其难能可贵,所以他是《二十四孝》中的一个典型。

"敬可能也,安为难。"能够对父母尊敬,至诚恭敬能够做到,能够真正安父母的心,这就又提升了一步。"安可能也,卒为难",能够安父母的身心,没有丝毫的忧虑,能做到一时容易,能做一辈子,一直到父母终息天年都不改变,这就更难了。

"父母既没",父母去世以后,自己还能够"慎行其身",恭慎保持自己的品行,持身严谨,这是安父母的心。如果品行有一点缺失,父母生前就会心不安。所以在父母走了以后,还能够保持像父母在世那样子,让父母在九泉之下心安。这就更不容易!

能够"慎行其身,不遗父母恶名",不因为自己品行的缺失,而让父母遭到骂名,这叫作"能终矣",终就是能够达到圆满。如果品行上有亏缺,人家骂我们,同时也把我们父母骂了:谁家教的孩子,这样的德行!使父母蒙羞,让父母横披恶名,这就是大不孝!

(七)圣德不远 我欲斯至

邢昺云:"嗟乎!孝之为大,若天之不可逃也,地之不可远也。"

这还是讲到终始的问题,这孝包含的事相太广大了。就好像要想逃避天的覆盖,不管天涯海角,都在天的覆盖之下,你不能够避开。"地之不可远也"，也不可能远离地面，乘飞机飞到了天空，暂时离开地面，也不能远离，仍然还是受地心引力，飞不出地球引力之外。我们头顶着天、脚踩着地，而孝道如天地之高广，无处不在，时时都要去做。

我们发一言，行一事，乃至起心动念，都关系到孝道，稍有不慎就是不孝。

"人无贵贱，行无终始，未有不由此道而能立其身者，然则圣人之德，岂云远乎？我欲之而斯至，何患不及于己者哉！"是说人不分贵贱，行孝不分终始，终刚才讲到的是指庶人，始是讲的天子，也不分贵贱、地位、能力。

"未有不由此道而能立其身者"，行孝尽心竭力，而能做到立身，孝道做圆满了，就是立身。孝道做圆满，就是在自己本分的行业、地位上，尽心竭力，然后能够立身。

"然则圣人之德，岂云远乎？"把孝做到圆满，这就是圣人。孟子说："尧舜之道，孝弟而已矣。"尧舜是圣人，他们的道就是孝悌。而孟子又说"人皆可以为尧舜"，人人都能够成为像尧舜那样的圣人，只要孝心圆满。舜实现了大孝，圣德也就圆满了。所以，怎么能说圣德很遥远？

"我欲之而斯至"，我想去行孝，德行就已经得到了，就实现了。"何患不及于己者哉"，哪里会忧虑没办法做到圣人？真正自己肯做，必定做到！《弟子规》讲："勿自暴，勿自弃，圣与贤，可驯致。"不可以自甘堕落，自暴自弃，真正立志从孝敬做起，人人可以成圣贤。

三才章第七

孝德至大　天经地义　见教化民　德政乃成

【曾子曰："甚哉，孝之大也！"子曰："夫孝，天之经也，地之义也，民之行也。天地之经，而民是则之。则天之明，因地之利，以顺天下。是以其教不肃而成，其政不严而治。先王见教之可以化民也，是故先之以博爱，而民莫遗其亲；陈之于德义，而民兴行。先之以敬让，而民不争；导之以礼乐，而民和睦；示之以好恶，而民知禁。《诗》云：'赫赫师尹，民具尔瞻。'"】

本章显示出，孝道的义理很深。

解析章题　概述主旨

邢昺《正义》：首先解释章题。"天地谓之二仪，兼人谓之三才。曾子见夫子陈说五等之孝既毕，乃发叹曰：'甚哉！孝之大也。'夫子因其叹美，乃为说天经、地义、人行之事，可教化于人，故以名章，次五孝之后。"这是讲三才章的章题，三才即天、地、人三才。

"天地谓之二仪"，道家云："太极生两仪，两仪生四象，四象生八卦，八卦生万物。"最初的就是太极，太极是道，是宇宙的本体。佛家用真如、自性、法性，不同的名词来描述这种本体。本体视而不见、听而不闻，我们六根不能够接触到，唯有它现相的时候，我们才能够见得到。它现相，首先生阴阳，阴阳称为两仪，也可以称为天地，天为阳，地为阴。所以"天地谓之二仪"，就是道家讲的两仪。

有天地，然后有人，所以"兼人谓之三才"。何以称三才？天地之间不仅有人，还有动物、植物、矿物，为什么只把人与天地并称？这是因为人立于天地之间，能够演出天地之德。

天有日月星辰，包括四时寒暑的交替变化，恒常运行没有间断。日月星辰，是天下万物生长的能量来源，万物生长靠阳光、雨露，所以天之德是仁爱，是厚生。大地随顺天时，承载成熟万物，所谓春生、夏长、秋收、冬藏。天地之德合起来，就是仁爱和恭顺。天仁爱万物，地恭顺天时成熟万物，天地无私施与万物的恩德，只有人能够效法，能够行天地仁爱恭顺之德。仁爱和恭顺就是孝，人能行孝，就可以有资格与天地合称为三才。

孔老夫子是劝导我们，效法天地，而去行孝。从对父母的仁爱恭顺做起，然后以仁爱恭顺之心，对待一切人、事、物，做到圆满，能与天地合一，就叫作回归本性。与天地合一就是与太极合一，就是与道合一，这种人就称为圣人。本性本善圆满流露的人，佛家称为佛，儒家、道家称为圣人。

《正义》云："曾子见夫子陈说五等之孝既毕。"孔子为曾子讲述了天子、诸侯、卿大夫、士、庶人五等之孝，曾子听了非常感动，"乃发叹曰：甚哉！孝之大也。"原来曾子对孝的含义，也有自己的理解，但体会不够深刻。现在夫子给他阐述了孝的广大意义，他不禁发出赞叹："孝实在是太伟大了！""大"，赞叹之词，不是通常物品大小的大，曾子所说的大，不是大小相对的那个大，这是一个绝对的大，没有对立的，是赞叹圆满的意思。什么东西没有对立？本体、道、太极、自性，没有对立。有对立就有二，二从哪里生？二从一生；一从哪里生的？一从道而生。老子说："道生一，一生二，二生三，三生万物。""孝之大也"，曾子是直指本性而言，道，称为大，这是极尽赞叹，在人类的语言里面，找不出一个合适的词来称赞本体、称赞孝，所以就只好用一个大字。佛家的经典里也常常用"大"来称赞本体，就像《大方广佛华严经》的经题，第一个字就是大，大就是赞叹本体的。孝就代表了本体，代表了自性。而且它给我们显示出，凡人能通过行孝而回归本性，并非唯有圣人才能够行孝，每一个人都能行孝，一旦行孝，便与本性相应。这里的大，不仅是赞叹本体，也赞叹这种修学的方法。如何修学？就是行孝。天子乃至于庶人，五等之孝统统都是与本性相应的，即孝道确实人人可行，所以曾子赞叹。

"夫子因其叹美"，孔老夫子因为曾子发表了这种赞叹，

"乃为说天经、地义、人行之事"，就给他讲了天、地、人三才的道理。

天讲的是经，经是恒常之意，天是恒常；地讲的是义，义是利物之意，真正滋润、成熟利益万物，只有利他，没有利己；人效法天地，能够恒常的利益大众、利益万物，这种德行称为孝行。所以天、地、人三事，"可教化于人"，用孝的道理，来教化百姓，不仅教化当时的人，也是垂宪于万世，所以《孝经》流传两千多年至今，历代都在学习、传诵，真的是可以教化万世之人。

夫子在本章讲述了孝的深刻含义，把天、地、人合起来，以"三才"作为章名，"故以名章"；"次五孝之后"，把三才章讲于五孝之后。这是邢昺《正义》解释本章章题。

依循古论　解析章句

一、夫子慈悯　极言孝大

唐玄宗《御注》："参闻行孝无限高卑，始知孝之为大也。"这是简单直讲，解释第一句经文"曾子曰：甚哉，孝之大也！"

曾参，曾子的名字叫参。"参闻行孝无限高卑"，是说夫子为曾参讲述了五孝的道理，曾子明白，原来行孝不分高卑贵贱，上至天子，国家领导人，下至庶人，平民老百姓，人皆因父母所生而来世间，对父母本该行孝，所谓天经地义。所以行孝不局限于身份高卑，高是地位高，卑是卑贱，也就是说男女老少，各行各业都要行孝，都应该行孝。行孝是性德，人本来就该如此，这是本性，原无道理可讲，而夫子大圣，竟然将本无可说的境界，讲出大篇的道理。老子云："道可道，非常道。"真正的道本不可说，佛家讲的"离言说相，离名字相，离心缘相"。讲到本体、道、自性，最后真的无可说，凡所说的都落到了对立、相对的概念中，所以不能用语言、文字来表达，不仅不能用语言、文字，也不可以用意识、思维、想象去达到，离心缘相，这叫作"言语道断，心行处灭"，言语讲不出来，连你心想都想不出来，这就是道。

既然道本不可说，圣人何故又讲？因为圣人慈悯，如不言说大概，我们凡人很难体会道之深意。所以，圣人在不可说的境界，善巧的说出这些道理，让我们明白后，去依教奉行。初行时有些勉强，像我们原来习惯于对父母不恭敬，现在学了孝顺的道理，即使硬着头皮，甚至咬着牙也要去坚持力行。孝顺父母。原来是父母给我们做饭、端洗脚水，现在反过来，我们主动给父母做饭、端洗脚水。一开始勉强而行之，慢慢会变得自然，自然以后，就不必用意识，不必落在自己的思想上，更不必落在语言文字上，也就是说行孝已经自然了，成了本分，应该这么做。就像前两次谈到的一位孝子，感动中国的人物，他把自己的肾捐出来，献给了母亲，他对采访的记者说："这是我本来就应该做的事情，真想不到别人给我这么高的荣誉。"他行孝习惯成自然，已经到了这个层面，不这么做就不应该。这就是离文字相、离心缘相，不用经过分析、说服、勉强照做，而是直下去做。所以曾子听到孔老夫子讲到行孝无限高卑的深刻义理，赞叹孝之伟大，"始知孝之为大也"，才知道原来行孝是这样的伟大。虽是伟大，也源自平凡，也是每个人都可以去行的。

二、孝为本性　天经地义

【子曰："夫孝，天之经也，地之义也，民之行也。"】

唐玄宗《御注》："经，常也。利物为义。""天之经"的经，是恒常的意思。"地之义"的义，就是利物，利益万物。天地恒常，利益万物，不求回报，毫无私心，毫无造作之意，这是性德的自然显现。

人如果能把天地之德行出来，就是真的行孝。"孝为百行之首，人之常德，若三辰运天而有常，五土分地而为义也。""百行之首"，是说行孝为百善之先。即任何的德行都是以孝为本，而人能够行孝，他的善心就能够开了，所谓孝心一开，百善皆开。因此称孝是百善之先，百行之首。"人之常德"，常是恒常，为什么孝这种德行称常德？因为人从出生那天开始，不分时代，不分种族，不分宗教信仰，不分文化，不分贵贱贫富，也不分年龄，就具备这种性德，这个德不会因为人的年龄变化而变化。它不生不灭，永远存在。人的身体虽有生死，但是这种常德没有生死，不会因为人的身体的生死而生灭，这叫本来如是。所以古人能行孝，今人也能行孝，中国人能行孝，外国人也能行孝，这个称为常德，常德也就是性德，跟自性相应。如果能够把性德开发出来，保持终身不变，这种人就是圣人。

"若三辰运天而有常"，是比喻这种常德。三辰是日、月、星（太阳、月亮、星星），在天上不断的运行，自古至今，日复一日，年复一年，恒常不变。所以拿三辰运行的这种恒常而有规律的现象，来比喻性德的恒常。实际上，性德的恒常比日月星辰更为恒常。日月星辰还有成住坏空，我们知道太阳系的寿命，是大约一百亿年，现在太阳系到了中年，大概再过五十亿年，太阳系也会消亡。科学研究表明，日月星辰，它有成住坏空，也有生命。但是自性，不生不灭，所以性之德是不生不灭的、恒常的。每个人本来都具有的这种性德，为什么我们现在显现不出来？是因为我们后天染上了习气，把我们本来的性德覆盖住了，但是它仍然存在，而且恒常、不生不灭。我们通过行孝，把这个性德显现出来，这就是成圣成贤之道。

"五土分地而为义也。""五土"，包括山林、川泽、丘陵、坟衍和原隰。坟衍就是指沿河的高地以及山坡，原隰是平原和新开垦的田地。分这五土来进行耕种，利用土地的性质来进行生产，这是分地之利。让土地也能够利益人民，这叫作"义"。地义是什么？是利物、利益人民群众、利益众生。

三、天明地利　恒常有则

【天地之经，而民是则之。】

唐玄宗《御注》："天有常明，地有常利，言人法则天地，亦以孝为常行也。"

"天有常明"，日月星三辰都是光明的来源，都是自古至今，恒常不变的，这是讲光明的恒常。"地有常利"，大地恒常的利益万物，也是自古至今都不变的。种瓜得瓜，种豆得豆，土地完全根据我们播下的种子而长出果实。从古至今，大地都在恒常不变的利益众生。我们关怀照顾别人，能做一日两日，做一辈子就难了，"常"难能可贵。行孝一天两天容易，能行孝一辈子难。所以"言人法则天地"，"法"就是效仿，"则"就是榜样，我们人要效法天地恒常的德性。所以行孝称作常行，要恒常，几十年如一日，这样才显出真诚，真诚永恒不变。不管遇到什么样的艰难困苦，都要去行孝，孝心不改。

山东卫视《天下父母》的系列节目中，有大连孝子王希海的感人故事。王希海的父亲脑出血，成了植物人，到2007年，快五十岁的王希海，照顾病床上的父亲，整整四分之一个世纪。当年二十三岁的王希海，本来有出国、恋爱、成家的机会，为了照顾父亲，他统统舍弃了。

因为父亲成了植物人，从衣食到睡眠，翻身乃至吐痰等等，这些基本的生理活动都要靠王希海来帮助。譬如说，王希海每天给他父亲喂饭，早晨六点到七点这个时间喂一次，中午一点到两点又喂一次，晚上六点钟喂第三次。因为躺在床上，为了避免父亲身上长疮，王希海每隔一个小时为父亲翻一次身体，从早到晚，从晚到早，都是如此。他还给父亲换衣服、洗衣服，每天必是换一套衣服、换一次床单。因为他担心父亲躺在床上出汗，床单搞湿了，父亲难受，对身体会不好，所以每天都必定给父亲换上干爽的床单和衣服。因为植物人没有任何的活动能力，父亲口里有痰，可能会造成窒息，所以王希海每次看到父亲有痰的时候，马上用一条吸管，塞到父亲的喉咙里，在另一端用嘴把父亲咽喉里的痰吸出来。每天都这么干，一干就是二十五年。

几十年里，唯有一次，晚上十二点钟，因为太劳累，父亲坐着的时候，自己在旁边坐着就睡着了，一睡就三个小时，当他醒来的时候，看到父亲还坐在那里。因为不能够自主活动，几个小时下来，父亲坐得很累，浑身都出汗了。王希海很心痛，立即扶着父亲躺下，并且忏悔发誓：以后如果父亲还坐着，我绝对不能坐着睡觉，非要父亲躺下来我才能够休息。

父亲出汗，需要身体清洁，他每天给父亲擦身，一天擦两次，早上一次，晚上一次，让父亲的皮肤能够得到很好的保护，日复一日，年复一年，都做习惯了。有一次，王希海带父亲到医院体检，一位老医生检查了他父亲的状况，不相信他照顾父亲已经二十多年了，医生觉得一个人不可能有这样恒常的心，把一个植物病人照顾得这么好。当这位老医生细细地看完了他父亲二十多年来的病历后，感动得流下热泪，说："我没办法想像你这二十多年是怎么样走过来的，你对于你父亲的护理，比任何一个医学院护理专业的专家都好，你可以给医学院护理专业的学生讲课了。"

王希海做得这么好，就是凭着一颗孝心，这颗孝心如日月星辰的运行，如大地的负载、荷担，贵在恒常不变。

王希海接受采访时说："人的生命价值高于一切，而我这一生下定决心，一切一切都可以抛弃，只要父亲能够活着，这就是我人生的最高境界。"王希海家境很贫寒，为了照顾父亲，又舍弃了工作，靠救济金生活，多年来，放弃了成家的机会，他把照顾父亲当成是人生唯一最大的心愿，让人非常感动。他真正做到了如天地一样，把孝行做得圆满。确实能够把孝行做圆满了，不正是达到了人生最高的境界？所以王希海的生活，别人看起来根本没有什么享受，但是他却活得非常充实，自己觉得人生非常有意义。而他自己力行孝道，不知不觉也感化了天下的人民，千千万万的观众看到了《天下父母》中王希海的事例，都被感动得热泪盈眶，立志行孝。如《孝经》所说，王希海的教化"不肃而成，其政不严而治"。默默地在做，并没有认为自己做了什么惊天动地的事，这是真正行道。这个道不可言说，更不可以用自己的思维，有言说有思维，就落入了造作。王希海孝顺父母，为父亲几十年的服务，没有丝毫的造作，完全出于天性，所以能够有这么大的感染力、震撼力，他是用行为教化了天下的人民，达到了"其教不肃而成"，即不用严肃的教化，完全用自己的行为来教化、感化人民。

　山东卫视播放孝子的真人真事，教化了大众，人民若能够在家行孝，社会自自然然的就能和谐。所以真正高级的政治不需要用军队，也不需要用法律，这叫"不严而治"，即老子所谓的"无为而治"，完全是用性德教化大众。所以我们中国，从中央到地方政府，如果都能够在电视台大力宣扬孝道，用媒体播放孝子的感人故事，唤起民众的孝心、天性，那么整个中国也能够不严而治，和谐社会唾手可得。

　这是古圣先王治理天下的法宝，所用的都是性德，都是天地常行。

四、法则天地　政教化成

【则天之明，因地之利，以顺天下。是以其教不肃而成，其政不严而治。】

　唐玄宗《御注》："法天明以为常，因地利以行义，顺此以施政教，则不待严肃而成理也。""法"就是效法，"天明"，是光明的来源，效法天之明。日月星辰，总是恒常的运作：早上太阳必定是从东边升起，傍晚必定是从西边下山；月亮也是这样，到了晚上就从东山升起来了，然后从西山落下去。天天如是，没有改变。这是天明以为常，"常"是恒常。王希海能够二十五年如一日，照顾他的老父亲，天天如此，这就是常行。"因地利以行义"，这是讲到效法地之德了。地，大地利益万物、成熟万物，这是行义。也就是我们能够照顾人、帮助人，像王希海对他老父亲那种无微不至的照顾，而且能够二十五年如一日恒常的照顾，这就叫作"则天之明，因地之利"。

"以顺天下"就是"顺此以施政教"，"顺此"就是顺着这种常行、性德。孝是天性，所谓天性，是天生就具有的德行，不是人为创造的。例如小婴儿，一生出来对父母就那样地依恋，对父母毫无保留地投靠，跟父母一体，这是天性。五伦关系的父子有亲，这个亲就是天性的亲情。国家能够顺应这种天性而施政教，"施政"就是搞政治，"教"是教育，实际上政和教，古来一体，所谓政教合一。教不是宗教而是教育，《礼记·学记》就说到"建国君民，教学为先"。要建国搞政治，就是让整个国家能够得到安定和谐，大众百姓能过上幸福的生活，这叫政治。如何实现？用教育，教学为先。所以古代帝王，最重要的治理天下的手段，就是靠伦理、道德、因果的教育。用伦理道德教育大众，大众就以不善为耻；用因果报应教育大众，大众就不敢造恶。教育得以实行，政治就容易成功。教育从哪里入手？从孝道，孝为德本，"教之所由生也"。因为孝是天性，是性德，随顺着性德可以帮助人回归本性。当人回归本性了，社会也就回归和谐了。人本来是善的，社会本来是和谐的。所以，根本不是要创造一个什么和谐社会，只要回归到本来的面目，就自然得到和谐了。和谐是本有的，不是外来的，把不善去除了，通过教育把人心转化过来了，社会就和谐了。

"则不待严肃而成理也。"不需要用严厉的手段治理国家。军队、警察、法律、司法部门、公安，这些国家机器，甚至可以不用了。因为教育、教化，人人都能够回归本性本善了，没有人造恶、犯法，用不着司法监狱、警察军队了。我们一国做出好样子，然后影响其他国家，让他们也能够效法，以孝治天下，以德治国，就能够真正得到"其教不肃而成，其政不严而治"，也真正实现了和谐世界，所以教育是最重要的治理国家的法宝。"不待严肃而成理也"，"理"，是治理；"成理"，国家不用严厉手段，就治理得有条不紊，风调雨顺，国泰民安，即用孝道的教育就能得到天下大治。

（一）深广解析 发明义理

邢昺《正义》曰："夫子述上从天子下至庶人五等之孝，后总以结之，语势将毕，欲以更明孝道之大，无以发端，特假曾子叹孝之大，更以弥大之义告之也，曰：夫孝，天之经，地之义，民之行。经，常也。人生天地之间，禀天地之气节，人之所法，是天地之常义也。"

邢昺讲得更具体，阐明了唐玄宗的《御注》。是说孔老夫子，讲完天子至庶人五等之孝后，本章是总结，"总以结之"。这章总结也是阐明孝的深意，"语势将毕，欲以更明孝道之大"，"语势"指讲到上一章，庶人章末后，"孝无终始而患不及者，未之有也"，这是总结了五孝，承上启下把孝道的深广义理，在这一章为我们讲述出来，"欲以更明孝道之大"。

孝道，是人之本性本善，所以用"大"来赞叹。经文用问答的形式，以曾子赞叹来发端。本来经文可以一直顺下来，但孔老夫子述作《孝经》时，为了突出彰显这一章的深意，特别以曾子的赞叹来进行发端，就是发起。"特假曾子叹孝之大"，假借曾子赞叹，实是孔夫子本人之意，用曾子做一个当机者，发起对孝的深层议论。"更以弥大之义告之也"，"弥"，更。前面讲的五孝，只是把孝的相说出来，把孝的理点出来，但是点得还不够透彻。在此，讲得更透彻，意思讲得更深、更广、更大。

（二）天明恒常　地义利物

"夫孝，天之经，地之义，民之行"，把孝作为人与天地合称的这种标准，人只有行孝才能够跟天地并称三才。如果不行孝，哪里有资格跟天地并称？即如果不行孝就没有资格称三才、称为人。因为人之行，必定是效法天地的，假如不效法天地之德，不行孝、不行善，虽然还有个人身，但是已经没有了人的资格了。人的资格叫人格，没有了人格，就不能够称其为人了。所以，人立于天地之间，真的要很好的行孝，续养我们本有的孝心，并且把孝心发扬光大，恒常而保持不变，此夫子教我们法则天地之意。

"经，常也"，经是恒常。"人生天地之间，禀天地之气节"，天地的气节，我们讲的恒常，就是无私的利益万物，仁爱恭顺，这都是天地之气节，天地之德行。所以"人之所法"，是"天地之常义也"。人应该效法天地，天之常、地之义。这是讲行孝的道理，讲到圆满。圣人之所以称为圣人，也就是因为他能够效法天地之常义,恒常的利益大众,毫无私心,与天地、与众生一体,就是真正的行孝,而孝就是一体的意思。

《正义》这段也解释得很好:"故须则天之常明,因依地之义利,以顺行于天下,是以其为教也,不待肃戒而成也;其为政也,不假威严而自理也。"

这是讲到我们应该"则天之常明","则"就是效仿,学习天的常明。"常"是恒常。"明"是光明,光明普照万物,普照没有私心,没有分别,完全是平等的仁爱。"因依地之义利",学习大地利益万物的精神,以顺行天下。

天下的人民,都有平等的本性,在本性上每一个人都一样。圣人没有增加一点,凡人没有减少一点,所谓在圣不增,在凡不减。这就是我们平常说的,人都有良心,良心是性德,人人皆有。只是圣人的良心发扬光大,完全圆满的显露了;凡人的良心蒙蔽了,或者是完全蒙蔽,或者是蒙蔽了一部分,不能够完全显露。凡圣不同,唯此而已。

我们现在推行教育,就要顺着人本有的良心,这就容易让人回头,这叫"顺行于天下"。"是以其为教也",以推行其教化。"不待肃戒而成也",不用严肃、严厉的惩戒手段,也能够教化好人民。随顺人民的天良,他们就乐意行孝、行善。"其为政也",即治理国家推行政治。夫子在本经强调,用教育、教化的方法为政,随顺着人的良心、性德,让大众回头就会很容易。"不假威严而自理也",假是假借,不用假借那种很威严的手段,譬如说严格的法律,或者是刑法,乃至国家机器,军队、警察等等,这些甚至都用不上，天下就自然能够治理得有条不紊，社会和谐，人民百姓和乐幸福，各得其所。

（三）随顺性德 效果显著

国家如此，企业也如此。企业老板，假如懂得用教育，天天让员工听课，每天学习一个小时的孝道，学一个小时的《孝经》或者是《弟子规》，员工不知不觉就会改变。

北京有一个企业，老板在单位推行弟子规教育。每天在工作时间，要求所有员工一定要听《弟子规》的课，听孝道的课，结果不出几个月，就发现员工们起了变化。大家学习以后，都写心得，说自己过去不孝父母，不知道感恩，现在学了《弟子规》，知道自己错了，想到以前父母无微不至的爱护关怀，心里很感动，发誓要行孝，要好好的工作，不让父母担心。有员工写心得说，住在同一个宿舍，互相之间也不懂得照顾，甚至矛盾很深，学了《弟子规》后，都能够互相照顾。老板看了很感动。以前叫这些员工做事情，员工有时做的不认真，不负责任，老板很操心，也很窝火；现在，员工能够认真负责做好本职工作了。以前公司有偷盗现象，有的明着拿私人购物发票回来充账报销，老板也无法制止；现在大家不会这么做，都知耻了。短短的几个月，企业有这么大改观，真的是"其教不肃而成，其政不严而治"。所以治理企业也是教学为先。

学校的老师，常常愁眉苦脸，抱怨学生难教化，违逆老师，不尊重老师，跟老师顶嘴，当然也不尊重学问，甚至谈恋爱、上网吧、夜不归宿、结伙打架斗殴、吸毒等，有很多不轨行为。这些现象应该引起我们的思考，并用切实可行的方法改变这种状况。其实，真正用孝道的教育，顺应人的良心，他们会很快回头。当然，要产生好的教育效果，必须是领导者，企业的领导、学校的领导，乃至国家的领导，自己本人要做到。领导本身做到"则天之明，因地之利"，才能"以顺天下"，实现"其教不肃而成，其政不严而治"。

北京那位老板，他认真学习《弟子规》，自己先做到，向员工们道歉、忏悔，过去没有学圣贤之道，不知道关怀照顾大家，常常是作威作福。学习了圣贤教诲，从《弟子规》做起，从自己做起，带着员工认真落实，老板首先向员工鞠躬，员工珍惜跟老板的缘分，变得敬业了，逐渐把企业当成家，这都是教化的效果。

（四）常德立教 不肃而成

邢昺《正义》引用《周礼》说："《周礼》：五土十地之利，言孝为百行之首。是人生有常之德，若日月星辰运行于天而有常，山川原隰（音习）分别土地而为利，则知贵贱虽别，必资孝以立身，皆贵法则于天地。"

"五土十地"，出自《周礼》。"五土"，前面有说明，一是山林，二是川泽，三是丘陵，四是坟衍，五是原隰。譬如山林，山和林是两个，下面依次类推，所以五土其实是十种土地，叫五土十地。不同的土地，就有不同的用处，土地是利益人民、利益众生的。取利益之意，利益即照顾帮助，就是尊重爱护。从父母做起，对父母尊重、敬爱、关怀、照顾、帮助,进而拓展到对一切人。所以讲到"言孝为百行之首,是人生有常之德",孝是百善之首,孝心一开,百善皆开,人的常德,古今不变,如日月星辰恒常的运行。

"山川原隰分别土地而为利",解释常和义,天是永常,地是利益。山、川,原是平原,隰是新开垦的田地,这些统统都是利人的。

"则知贵贱虽别",贵贱虽然不同,但是"必资孝以立身",都要通过行孝而立身,而成圣成贤。立身就靠孝,即孝做圆满了,立身也就圆满了。而立身"皆贵法则于天地",都要这么做,身份贵贱不同的人,都要效法天地的恒常,利益大众,这叫作立身,这是真正的行孝。

这是解释"天之经,地之义",意思很深广,合在一起讲就是常字,真正能够恒常的去做,就是真诚,能够终身不改变,这就是真正立身。

邢昺《正义》引用了古人的一段解释:

《制旨》曰:"天无立极之统,无以常其明;地无立极之统,无以常其元;人无立身之本,无以常其德。然则三辰迭运,而一以经之者,天利之性也。五土分植,而一以宜之者,大顺之理也。百行殊涂,而一致之者,大中之要也。"

这段话讲得很深,《制旨》是一本古著。"天无立极之统,无以常其明","立极"实际上是讲本体,所谓太极生两仪,太极是本体,没有相,看也看不到,摸也摸不着,但是它能生出天地,生出万物。天之所以能够常其明,"常其明"就是恒常的普照,日月

星辰的普照，是常德，因为它来自于太极，来自于生成天地万物
的道。道是不生不灭的，所以，它本来就是恒常的。六祖惠能大
师开悟了以后说："何期自性，本不生灭；何期自性，本不动摇；
何期自性，能生万法。""能生万法"，就是生成天地万物。自性
就是道，它是没有生灭、没有动摇的。所以它本身的性质就是常，
就是不变，天依赖这种本体，表现出来的德就是常。

地也是跟天一样由道而生。"地无立极之统，无以常其元"，
大地恒常的负载万物，利益万物也是本体的性德。"人无立身之
本，无以常其德"，"立身之本"是讲到自性，也就是"人之初，性
本善"，而在本经，立身之本特指孝道，这是德之本。孝道是性
德，是人本有的，所以才能够表现出来。"常其德"，就是把性德
恒常的表现出来，性德恒常，不因我们是否显发而生灭，圣人显
发了性德，凡夫把常德给覆盖了，没有显发，唯此而已。

"然则三辰迭运，而一以经之者，天利之性也。""三辰迭
运"，是讲日月星辰的恒常运行。这都是在讲经，经就是恒常，是
天利之性，天上的日月星辰，也是利益万物，普照万物。"五土分
植，而一以宜之者，大顺之理也。""五土"，我们根据性质不同
来种植、成熟万物，利益人民。譬如，山能种植树木，这叫适宜；
在新开垦的田地种植水稻、农作物，随顺土地性质来生产，这是
大顺之理。用天地作比喻，教诫我们要随顺性德。

"百行殊涂，而一致之者，大中之要也。""百行殊涂"，就
是百善，这是讲到不同的善，虽然相上不一样，但是同出于一个
自性，都是性德的显露。"一"，也是指自性，指道。与道相应，称

为善。行孝是最重要的，首要的善行。

《制旨》云："夫爱始于和，而敬生于顺。是以因和以教爱，则易知而有亲；因顺以教敬，则易从而有功。"

"爱始于和"，孝心就是爱心，爱从哪里出生？它的原点在哪里？原点是和，和是一体，真正的一体才能称为和，如果一体破坏了，就不和。家庭里面，父母与儿女要和，他们真正是一家人一体，和就自然了，假如一体破坏了，那父子就不和了。所以人为什么不和，家庭为什么不和，社会国家为什么会有不和谐？就是这个爱心、一体的观念没有，人们都在自私自利，都有损人利己的心，当然把和给破坏了，爱心就没有了。所以要通过教育，把一体的观念讲清楚，大家真正明了了，自己跟父母一体，父子就和了；一家人是一体，家庭就和了；整个社会整个国家同胞是一体，国家就和了；整个地球人是一体，世界就和谐了。地球是不是一体？是。美国一艘无人驾驶的太空船，飞到了遥远的太空，给地球拍照，相片公布在网络，发现在遥远的太空看地球，就是那么一点点，这一点点的小星球是我们整个人类居住的家园，大家怎么能够不团结，不和睦？我们真的是一体，一荣俱荣，一损俱损。真正明了了，爱心就能够显发了，爱父母、爱家庭、爱社会、爱国家、爱地球、爱人类、爱万物，这个爱心就是性德。

"而敬生于顺"，人因为能够顺从性德，才会恭敬人。人性本善，只要随顺自己的本善，这个人就是好人，就是善人。敬必定是随顺性德的表现，是真的敬，不是为了巴结讨好人，是自自然然的表现，这才叫顺，顺着自己的良心、顺着性德，自然做出来的。从顺、敬自己父母开始,如果父母都不顺、不敬,而去敬别人,"不爱其亲而爱他人者,谓之悖德;不敬其亲而敬他人者,谓之悖礼"。对别人表面会爱会敬,而在家不爱、不敬自己的父母,是悖德悖礼。违背了道德,违背了礼,不是真爱真敬。

"是以因和以教爱。""和"是一体,一体才叫真的和。"因"就是依据,依据一体的观念而教爱,用教育来显发爱心,帮助人们升起爱心。要把一体的道理说清楚,一体就是孝,先讲孝的道理,把孝的深意讲清楚。所以,《孝经》我们要详细地讲,把孝道的深意讲清楚讲明白,爱心就容易显发了。

"因和以教爱,则易知而有亲。""易知"是真正知道、明了,明了后就能够有亲爱的心,对父母、对人民就有真诚的爱心,因为真正知道我跟他们是一体;对地球也会真心地爱护,因为我跟地球是一体;乃至对宇宙也真心地爱护,知道我跟宇宙是一体。这是爱,大爱博爱,而爱心的原点就是父母跟儿女的爱,所谓父子有亲,父子有亲是爱心的原点。

"因顺以教敬",这是因为敬生于顺,顺良心顺性德,依据这个顺来教导敬,"则易从而有功"。真正明白,敬人是随顺性德,是本性本善,我们愿意遵从,就能够做得好,做出来自然就教化有功。如果不明白道理,让我们对人九十度鞠躬,就鞠不下去。真正明白道理了,对人九十度鞠躬恭敬人,是随顺性德,是我们本善的显露,就会做得欢喜自在。

"爱敬之化行,而礼乐之政备矣。"爱和敬的教化能够推行,也就是孝道的教育能够推行,礼乐之政就能够实现。礼乐为政即德治，人们不愿意作恶，耻于作恶；法律为政即法治，人们规避法律，不敢造恶，没有得到道德教化。所以孔老夫子追求礼乐政治。

"圣人则天之明以为经，因地之利以行义。故能不待严肃，而成可久可大之业焉。""圣人"，尤其是指这些圣贤的君王，当然也泛指所有的人，能够效法天的恒常、普照万物的性德，效法地的厚载、利益大众的德行，自行化他，然后把孝道、爱敬的教育，推而广之，这样就可以不用很严肃的国家法律机器，也能够成就和谐社会，和谐世界。

刚刚讲到孝这种德行，如天之恒常，"经"是恒常，如大地平等的利益万物。天地之德，要由人去表现出来，所以孝道乃是天经地义，即顺天地、民情、人性的德行。圣人如果能够随顺着天地之德，随顺着人心而行教化，就能得到"不肃而成"，不用很严厉的、严肃的手段教学，也能够成就。如果以孝道治理天下，则天下大治，"其政不严而治"，即不需要用严厉的统治方法，就能够使得社会和谐。

五、因天法地　见教化民

【先王见教之可以化民也。】

唐玄宗《御注》解释："见因天地教，化人之易也。"是说能够顺应天地而行教化，人民受到教育后，转化就很容易。这是古圣先王的智慧，他们知道唯有通过教育，才能够真正转化人心，使人民和睦、社会和谐。教育的关键，就是"因天地教"，"因"就是顺应、顺着，顺着天地去教育，天地就是道。老子说："太极生两仪，两仪生四象，四象生八卦，八卦生万物。""太极"就是道，是宇宙的本体。由太极而生两仪，"两仪"就是天地，也是阴阳。即教育只要随顺着道、随顺着本性，教化起来就会很容易。因为人人都有本性，而本性又人人平等，本性就是本善，用孝道教化人民，正是开显本性本善，孝心一开，百善皆开，所以古人称"百善孝为先"。转化民众，那是非常简单的事情。现在的父母抱怨儿女不好教；学校的老师抱怨学生不听话、不好教；企业的老板也在抱怨员工不听话。为什么觉得现在人这么难教？因为不懂得"因天地教"，不懂得顺着本性来施教，所以教得很辛苦，效果还不佳。孝是人的天性，要从教孝开始，正如夫子在《开宗明义章》所云："夫孝，德之本也，教之所由生也。"

海南省海口监狱，服刑人员学习《弟子规》，效果显著，中央电视台特别制作了专访节目。

海口监狱的领导们很有智慧，在进行教育改造服刑人员的探索中，选择了用传统文化来教化服刑人员。从教孝开始，启发服刑人员的孝心。这些服刑人员听到孝道的故事，学习了《弟子规·入则孝》，深刻认识到自己是大不孝，他们忏悔、流泪，"德有伤，贻亲羞"，父母把自己养大成人，自己却干出违法乱纪的行为，所以跟父母见面的时候，他们跪在地上，流着眼泪向父母忏悔、认错，还有的给父母洗脚，见面和临走都向父母深深的九十度鞠躬。在场的干警们，以及看到中央电视台专访镜头的很多人，都感动得流下眼泪。

这些服刑人员，内心深处有了大的转化，立志痛改前非、重新做人，这是用《弟子规》的教育，用孝道的教育，转化服刑人员的良好效果。这是"因天地教"，就真正能够转化人心。服刑人员，一般人认为他们是社会上最难教化的群体，而连他们都能够转化，所以没有不能够教化的人，每个人都是可以教得好的。

这个"化"，它比"教"的意思又更深了一层。"教"只是在因上讲，"化"是从果上讲。因为教育，人有了转化、发生了变化，我们说"变化气质"，从过去的自私自利、损人利己、贪嗔痴慢，这些习气那里回头，变得现在能够有爱心，愿意服务，愿意奉献，大公无私，这就是转化了。所以"先王"，古代的帝王，他们有智慧，明白用教育的方法治理国家是非常容易的事情。如果单纯发展经济，使人民生活富裕，物质生活发达，但是不搞教育，伦理道德就会下降，人们会愈来愈自私，甚至把伦理、道德、因果的传统教育，当成是迷信，觉得这种教育落伍了，不适合现代了，甚而把它抛弃了，这就会导致社会出现一些问题。所以，我们现在要真正构建和谐社会，就要大力推动伦理、道德、因果的教育。讲伦理道德，人民就知道什么是善、什么是恶，因而耻于作恶，所谓"示之以好恶"，"而民知禁"。教导因果报应的道理，他们就不敢造恶。

用现代科技，通过传媒，把这些教育送到社会的每一个家庭、每一个角落不是难事。如果能够天天讲学，再筛选那些真正顺应道德的文艺节目来播放，这样天天教化，不出三年，社会一定是一片祥和。那就不需要几百万的军队、警察这些国家机器，也能够让天下大治，验证"其政不严而治"真实不虚。

几年前，印尼前副总统邀请我们恩师到印尼，他请问我们恩师，如何解决印尼的经济问题。因为在1998年金融危机之后，印尼的经济一直都是很糟糕。所以副总统开口就问："如何能够把经济搞上去？"第二个问题，"我们现在的社会治安也不行，如何能够让社会稳定？"我们恩师告诉他，这两个问题，其实第一重要的问题是社会治安问题，第二个才是经济问题。社会如果稳定了，投资者们就放心，敢来投资，那经济自然就能繁荣发展起来。我们恩师就提议："如果想要社会安定，国家教育部门可以从这些文化领域当中，精选出一些有德行、有学问的老师，来进行教育。"印尼国家有一万七千个岛屿，所谓"千岛之国"，很多地方设立学校不容易，但是通过远程教学，就能很顺利地把这些伦理道德的教育送到每一个地方。我们恩师告诉副总统先生："不出一年，整个社会的治安会得到很大改观，再过三年，整个社会就一片祥和。社会安定，投资者就有信心了，就敢来投资了，经济自然就繁荣昌盛。"我们恩师给他的这个提议，真是治国之大道，正如两千五百年前孔老夫子所说，用教育来治国，可以"垂拱坐致太平"。不用很费心思，不用花很大力气，自自然然就能够让社会安定和谐，这是古圣先王的智慧，古圣先王的"至德要道"。

"建国君民，教学为先"，而教育以教孝为先。

六、君爱其亲 则人化之

【是故先之以博爱，而民莫遗其亲。】

唐玄宗《御注》："君爱其亲，则人化之，无有遗其亲者。"

教育想要真正达到效果，必须教育者本人先要做到。所以这里讲"先之以博爱"，是讲领导人先做到"博爱"。古圣先王，作为国家领导人，"爱其亲"，他对自己的父母尽到孝道，然后把这颗孝心扩展到对所有的人。把年长的人都当作自己的父母一样的尽孝，把年少的人当作自己的儿女一样爱护，这叫"先之以博爱"。领导人能这么做，人民百姓当然就跟着学习、效法，即"则人化之"，"化"是转化。领导人都这样的尽孝，百姓哪敢不尽孝？"无有遗其亲者"，"遗"是遗弃，不会有遗弃父母的人。

现在社会遗弃父母的人很多，老人家辛辛苦苦一辈子，把儿女养大，结果儿女成家后不愿意管父母，自己住漂亮的小楼，而让父母住在狭小简陋的房子里。这种现象真有，我们都曾亲眼看到。曾经有报道，兄弟俩人，都经营生意，赚钱也不少，但都不愿意奉养老母亲。迫于亲友、邻居的压力，只好每个月一人拿五块钱出来，算是给老母亲的赡养费。一个月十块钱，能怎么生活？老母亲没有收入，没有人照顾，身体不好，心情也不好，就这样在郁闷中死去了。母亲死后，两兄弟好像良心发现，就想到应该好好给母亲办一个后事，别人也不至于说他们大不孝。他们要把后事办得风风光光的，显示一下自己还是有孝心的。所以每个人拿出五千块钱来办后事，结果邻居们都骂他们，说他们没良心，如果真能够拿出这些钱来赡养老母亲，老母亲就不会这么早死了。遗弃自己的父母，大不孝，遭人唾弃。

这种现象，归根结底，还是缺乏教育所致。所以人如果没有受到良好的教育，不懂得孝亲、尊师，不懂得礼义廉耻，以功利之心做人做事，即凡是对自己有利的才做，对自己没有利益的就绝对不做，完全是搞功利、自私自利，才会产生这种大不孝的现象。我们要转变它，必须用教育。其实，人人都是本善的，用好的教育，即"先之以博爱"，领导人能够率先表现出孝道、博爱，可以教化百姓，帮助人回头。博爱是以孝心对待百姓，这是爱民。

温家宝总理，作为一个国家领导人，他本人也是一个孝子。不论多忙，总要挤时间回家陪老母亲吃午饭。在5·12大地震之后的两小时，马上就赶往地震的现场指挥救援，夜以继日，非常的辛劳，这是博爱。余震很危险，但是温总理不顾个人安危，忘我的工作在第一线。作为国家领导人，能够表现出这种博爱的精神，人民怎么会对自己的父母不孝不敬？所以，教育从教育者、领导者自身做起，就会有很好的效果。

七、众慕德义　起心行之

【陈之于德义，而民兴行。】

唐玄宗《御注》："陈说德义之美，为众所慕，则人起心而行之。""陈说"，这是教学，要通过讲课才能够达到教学的效果。讲课的内容，是"德义之美"。"德"是道德，"义"是仁义，道德仁义，这是伦理道德的教育。人民百姓听到伦理道德的教育，都产生了羡慕、仰慕的心，愿意来效法，所以"人起心而行之"。"起心"是真正愿意这么做，发心立志要做好人、善人，君子、圣贤人。教育能够唤起人的善心，这个善心人人本有，只是在污染中会被名利、各种贪求所覆盖。当人听到德义之美、伦理道德的教育，良心就会被唤醒。

我们的恩师，2006年10月在法国巴黎联合国教科文组织总部，跟联合国以及其他的一些和平机构，共同组织了一次国际会议。会议的主题是"学习释迦牟尼佛，办班教学，为人类做出贡献"，这是探讨佛教徒对人类的贡献。我们恩师讲，释迦牟尼佛一生四十九年的教学，帮助人们断恶修善、破迷开悟，不仅帮助当时的人，还帮助后世的人，他的贡献就是办班教学，是"陈说"，是讲课。如果不讲，光是给我们做出个好样子，根性不那么利的，有时候未必看得出来。看了以后，再听他一讲，就真明白了。所以先王是"先之以博爱"，先要做出好样子，然后才"陈之于德义"，做到了再说、再讲，效果就非常大。

释迦牟尼佛是这样，孔老夫子也是这样，一生都在教学。孔老夫子最后回到自己的家乡鲁国，就专职办班教学。过去周游列国的时候，还想出世为官，搞政治，帮助一个国家建立礼制，推行周公之礼。但是，哪一个国家都不用他，他只好回到自己的家乡（鲁国）办班教学。虽然只教了五年，竟成为万世师表、至圣先师。所以教学是最好的转化社会风气的方法，它真能让人觉悟，人们觉悟之后，就"起心而行之"。我们的恩师，一生教学至今五十年，半个世纪的教育确实产生了很大的效果，大家现在认识到传统文化的重要，也有不少人在依教奉行，也学得很好，这是教育的效果。

八、君行敬让 人化不争

【先之以敬让，而民不争。】

唐玄宗《御注》："君行敬让，则人化而不争。"

是讲一个领导人，他自己要做敬让的样子。"敬"是礼敬，"让"是谦让。自己能够礼敬、谦让，不跟人争，自自然然人民也能够效法他。"人化而不争"，"化"是转化，"争"是争名争利，现在人说的"竞争"。竞争不是好事情，其动力是自私自利。在竞争的过程中，自私自利的心不断地膨胀。竞争升级就成为斗争，斗争升级就变成战争。现在的武器，都是生化武器、原子弹，战争真的起来，那是全世界的毁灭，没有输赢，是同归于尽。竞争到最后，人类毁灭，所以不可以争。中国古代的圣贤都教我们敬让，对人礼敬，自己谦让、退后，让人家上前，自己少分一点，也让别人多得一点，绝对不能够竞争。

不竞争社会就不进步，这种观点是一种误解，是偏见。古代圣王，他们都以敬让来教化大众，反而能够使社会和谐、国泰民安。历史上的大治时期，远古的尧、舜、禹、汤，这些圣王，到"文武之治"，周朝文王、武王，汉朝有"文景之治"，唐朝有"贞观之治"，一直到近代清朝"康乾盛世"，每一个大治时期，这些君王都是提倡伦理道德教育，都是以身作则，"先之以博爱"，"陈之于德义"，以敬让、以礼乐来教化人民，而不是搞竞争。现在西方人提出竞争的概念，暂时好像科技发达了，经济进步了，可是，产生了很多后遗症。科技发达到现在，已经产生了地球的危机：温室效应，南北极的冰川融化，气候反常，地震、海啸频繁，乃至人为的战争，愈演愈烈，仇恨愈变愈深。这都是竞争的结果。

所以英明的领导不提倡竞争，提倡敬让。

九、礼乐德治 民心和睦

【导之以礼乐，而民和睦。】

唐玄宗《御注》："礼以检其迹，乐以正其心，则和睦矣。"

礼乐治理天下，是德治，胜于法治。"礼"是治身的，"礼以检其迹"。"迹"是我们的身体造作、言行，即可以看得见的，外在表现，叫"迹"。遵循"礼"，可以帮助我们修身，改正言行造作的过失，断这些习气。"乐"就是音乐，乐"正其心"。古代的音乐，帮助我们提升灵性，不像现代的一些音乐、歌曲、艺术，很多是"靡靡之音"，乱人心志的。《诗经》是一部古代歌曲、民谣集，夫子删订《诗经》时，只取善的部分，把恶的部分都删减、去掉，用的标准就是三个字："思无邪"。凡是引人邪思的那些内容，全都给删去，留下来的部分都是纯善的。所以读诵《诗经》，真正会"正其心"，即让人的心纯正、善良，没有不善夹杂在其中。

当人的身心都能够正，这就和睦。和睦第一步，就是我们自己身心和谐。身的和谐，是身的言行造作，统统符合礼，符合伦理道德；我们心的和谐，心里没有对立、矛盾、冲突，跟一切人都能够和谐相处，这样就身心和谐。身心和谐，人就健康。身和谐，身体健康。心和谐安泰、怡然自得，心理健康。生活符合礼，"礼"是一种健康文明的生活标准，包括我们的饮食起居，都是健康、有礼的。《礼记》都讲到了这些内容，包括一年四季吃什么菜。譬如，《礼记》的"月令"篇，讲到如何生活。遵守礼，人的身体健康，心情也愉悦，身心都健康，这是和谐第一步。自己身心和谐，然后影响到家里人，让家人也都能够效法，家庭和谐。家庭和谐了，就能影响一个社区，社区和谐。进而广之，社会和谐，最后达到世界和谐。

所以古人用"礼乐"治理天下。

十、示好引之 示恶以止

【示之以好恶，而民知禁。】

唐玄宗《御注》："示好以引之，示恶以止之，则人知有禁令,不敢犯也。""好",也可以念成"好"(hào)。"好恶","好"就是喜好,"恶"就是讨厌。一个领导人,他用自己的好恶表现,教育引导大家分辨善恶。用喜好的表情、言行,来引导大家向善向德;对待那些不善的、恶的事情,表现出讨厌,不去亲近,就能够帮助大家防非止恶,百姓都能够"知有禁令,不敢犯也"。看见领导对善恶的态度,自然他就有所禁止,不敢造次,不敢违犯。一个企业的领导,肩负着一个企业教化的重担,员工就是自己的学生,要负起一个领导者的教育责任来。首先领导人要懂得好坏、善恶的标准,处处表现出学好、做好,所谓"行好事,说好话,存好心,做好人",员工们看到了,自然也就会效法。一国如此,一个企业如此,一个家庭也如此,每一个团体都如此。

对我们个人而言,可能不是家庭的领导(家长),不是企业的老板,更不是国家领导人,那我们能不能够做到"示之以好恶,而民知禁"?也可以。就在我们生活的这个小圈子里面,坚持原则,做好事,不做坏事,说好话,不讲那些失德少义的话。这样的话一般有四种:第一种是"妄语",骗人的话,欺骗人,也欺骗自己,这种话不说,不打妄语;第二种"两舌",张长李短,当面背后讲论是非,这些人我是非,我们不评论;第三种是"恶口",恶口是骂人,粗言乱语,统统戒掉;第四种"绮语",是说那些花言巧语,浮华不实的话。这四种话统统不说。身体行为不造"杀、盗、淫","杀"是杀生,"盗"是偷盗,"淫"是淫乱,搞男女的不正常的关系。身不造杀、盗、淫;口不造妄语、两舌、恶口、绮语;意念,即思想,不起贪、嗔、痴,这就是真正做到"行好事,说好话，存好心，做好人"。我们自己做到了，自然就能影响周遭的人，周遭的人就知道有所禁止了。譬如说在单位里面，我们不滥用公物，树立一个良好形象，周围的人就会不好意思滥用公物。我们不去那些不好的、带有色情性质的场所，跟我们在一起的人，也就不好意思去了。我们在家庭，不看黄色网站、暴力节目，家里其他人也会受我们的影响不看这些，这是"示之以好恶，而民知禁"。不用勉强去要求别人，只要把自己好的样子拿出来，自自然然大家就跟着你行善，跟着你断恶。

这是玄宗皇帝解释三才章后半部的经文。

(一)邢昺《正义》 总结《御注》

邢昺《正义》曰："言先王见因天地之常，不肃不严之政教，可以率先化下人也。故须身行博爱之道，以率先之，则人渐其风教，无有遗其亲者。于是陈说德义之美，以顺教诲人，则人起心而行之也。先王又以身行敬让之道，以率先之，则人渐其德而不争竞也。又导之以礼乐之教，正其心迹，则人被其教，自和睦也。又示之以好者必爱之，恶者必讨之，则人见之，而知国有禁也。"

这段文字可以作为我们刚才学习的一个总结。

"先王见因天地之常，不肃不严之政教。"先王见到，用教育可以转化民心，而教育要随顺天地恒常不变的道。"道"在佛家称为"自性"，自性是不生不灭的，是真常。所以随顺着"道"而行就是"德"。用道德教育可以"其政不严而治，其教不肃而成"，所以叫"不肃不严之政教"。古代教育和政治是联系在一起，分不开的。古时的政治部门，宰相，像现代总理的位置，下设六部，第一个就是礼部。礼部就是我们现在说的教育部，教育摆在最先，古代君王都知道，要搞好政治，首先要注重教育。教育要起到好的效果，最关键的是教育者本身要做出好样子，才"可以率先化下人也"。"率"是表率，要先自己做一个表率，才能够教化下人。教育是上行而下效，上面怎么做，下面就跟着怎么学。所以父母假如抱怨孩子很难教，首先问问自己做得如何？如果自己都不孝父母，怎么去要求孩子孝顺？如果自己不能够大公无私，不能够奉献，不能够以博爱的存心待人，孩子当然也会自私自利，甚至"遗其亲"，"遗"是遗弃。所以孩子养成了自私自利的习气，是教育者本身没有做到位。这里讲"故须身行博爱之道"，自己做到博爱，没有自私自利，"以率先之"，领导人先自己做到好的样子、好的表率，"则人渐其风教"，人民受到你的德行的感化，渐渐地也就转化了，就没有遗弃父母的了。遗弃父母的人，连父母都容不下，自私自利到了极点。

所以要改变这种状况，领导人要做一个好样子，要以博爱来化解自私自利。

（二）领导博爱　员工爱亲

北京的一位老板，曾经讲到，他的员工们都很忠心耿耿，不用他怎么管，公司就很正常的运作，真的是"其政不严而治"。

有一个员工的父亲患了病，家里负担很重，但这个员工没有向老板申请任何的帮助，因为老板平时对他们很好，他觉得已经不能够再向老板要求什么了。这个员工有病的老父亲，背着儿子，给老板写了求援信，看能否帮他报销一些医药费。老板接到这封信，立即就拨款，帮他报销医药费。这个员工知道后，感动得不得了。老板"先之以博爱"，员工怎么可能遗弃他的父母？他一定是尽孝，对父母尽孝，他也必定对老板尽忠。

（三）母亲垂范　儿子效法

"于是陈说德义之美，以顺教诲人，则人起心而行之也。"先做到，然后再来陈说，再来教化大众，大家听了佩服，也会起心来效法。所以当父母的，如果希望自己儿女孝顺，很简单，在儿女面前做出孝敬父母的好样子。

妈妈对姥姥的孝顺，不仅在物质生活上供给得很充足，而且常常想方设法让老人家开心。老人家最开心的，是逢年过节儿孙们都欢聚一堂，大家有说有笑，享受天伦之乐。母亲每次都主动的组织家庭聚会，让这些孩子们都表演节目。像我小的时候，常常表演朗诵诗词的节目给老人家，老人家听了也很高兴，这是让老人精神愉悦。母亲常常自己写诗赞叹姥姥，赞叹老人，我们家庭一个重要的文化，就是常常赞颂父母的恩德。母亲在1979年，给姥姥写的一首生日贺诗，当时姥姥六十九岁。在此，为大家分享这首贺诗：

献给亲爱的妈妈

——祝贺您六十九岁生日

哪一朵葵花不向着太阳？

哪一个孩子不爱自己的娘？

亲爱的妈妈，

一个幸福的家庭，

您是舵手，

有了您，爸爸才有成就；

有了您，哥哥姐姐才能上大学；

有了您，我的户口才能从农村转回城。

您是我们幸福的源泉！

您是我们成功的后盾！

您是大北路之家的砥柱栋梁！

亲爱的妈妈，

您的性格就是永远给予，不求报酬。

您的爱像大海那样深广，

而我们回敬的却是一滴水啊！

您给予我们生命、学识和财富；

您给予我们温暖、快乐和幸福。

我们说上帝，

就是指您，

亲爱的妈妈！

我们说您，

就是指降福于我们的上帝！

小女良玉　敬呈

一九七九年正月

就是在这样的一种孝道的家庭文化氛围当中，我慢慢地成长，潜移默化，也就知道了如何孝亲。在十三年以后，那是1992年，我考上了中山大学，在母亲节的时候我给母亲献上了一首贺诗，在此，也把这首贺诗分享给大家。

亲爱的妈妈：母亲节快乐！

您和爸爸的爱，长出了我的胚胎，

一团模糊不清的心肉，损耗了您的生命精华，窈窕青春。

才有了嘴巴、耳朵、眼睛，创造了未来的大脑和胸怀。

您以痛苦的受难和乳血，使我从无到有，庄严存在！

您教我牙牙学语，

您教我认识世界，走第一步路，念第一个字，读第一首诗。

您凭着伟大的母爱与超人的远见，在我很小时就开始了对我的教育。

您把我送到幼儿园全托，以锻炼我独立生活的能力。

您在家里的门板上教会了我唐诗宋词，ABCD，

您手把手教我写毛笔字。

您是我人生启蒙的第一个教师啊！

您循序渐进，诲人不倦，把一个淘气顽童教养大。

您孜孜不倦辅导我升中考试，

使我能以优异的成绩考入广州市一流中学——华师附中。

您犹如一位向导，带着我走上了光明之路。

我上大学之后，您对我又提出了更高要求。

您为我规划一生的道路，给我讲如何处理人际和社会关系，

提高我的综合素质，为我做留学的准备。

您用心良苦，望子成龙。

从衣食住行到书本用具，处处都有您慷慨的给予。

您无论在精神上还是物质上，都给予儿子很多很多，

这全是基于您无私圣洁的爱！

如今孩儿的翅膀逐渐硬朗，羽毛逐渐丰满，

然而饮水思源，我一切的一切，

哪一点没有您的关心、爱护、劳动、智慧、教育和启迪？

您是母亲中的典范，是我心目中永恒不灭的星斗！

在母亲节之际，我要深情地说一声

"谢谢您，亲爱的妈妈！"

儿茂森 叩呈

一九九二年五月十号母亲节

教育真的是贵在"上行而下效"，"正己而后化人"。当母亲对待姥姥能够尽心孝养的时候，那么我们做孩子的，也能学到对父母要尽心孝养。不仅孝养父母之身，而且要养父母之心，养父

母之志。因为将自己的母亲永远摆在圣洁的位置，所以我母亲能够说出"母亲就是上帝"，而我也是这样认为："母亲就是我心目中永恒不灭的星斗。"

（四）上行下效 贵在力行

大舜终生都敬慕父母，这是一种至孝的心。而我们要养成这种至孝的心，这种纯净、纯善的心，这种真挚的爱心，然后以这颗心对待一切人，就能够起到感化大众的效果。正所谓"先之以博爱，而民莫遗其亲"。因此，教育的成败，关键就在于教育者、领导者自己有没有做到，做到之后再说。所以这里是讲，要先行"博爱"，然后才能"陈说德义"。如果先"陈说德义"，没有去行博爱，大家怎么可能敬服？就像父母让孩子学习《弟子规》，自己没有学，更做不到，孩子怎么可能服气。

一个父亲，知道孩子要准备期末考试，督促自己的孩子说："你赶快上楼去学习，不准看电视。"这个孩子上楼了，父亲就在下面把电视打开，电视的声音传到楼上，孩子边准备功课，边听着电视情节，他的心怎么能安住得下来，可能忍不住还会偷偷打开门，下楼瞄几眼。所以当父母的，首先要学《弟子规》，要把《弟子规》做出来给孩子看，孩子才能够学到真实的《弟子规》。《弟子规》不是让孩子背的，而是让父母做的，它好比是一个剧本，父母把这个剧本演出来，孩子就学到了。

孔子说："吾志在《春秋》，行在《孝经》。"《孝经》是孔子的行门。孔子说的很多，这六经都是孔子述说的。真正落实，就在《孝经》。所以，《孝经》就是孔子的行门。《弟子规》又是《孝经》的落实，这真是落到了实处。《弟子规》虽然是个蒙学教材，讲的都是日常生活小事，但是小事当中有大道理。把这些德行都落实了，《孝经》就自然能够做到，圣贤也能够成就。

《正义》的"先王又以身行敬让之道，以率先之"，都是要自己做个好榜样，做出表率，先自己做到，自己"行敬让"，"则人渐其德而不争竞也"。"敬让"是德，当我们看到领导能够行敬让之德，自然就不争了。领导都不争，我们还争什么？"争竞"就是竞争，不搞竞争了。

"又导之以礼乐之教，正其心迹。"是指用礼乐来教化，用乐正其心，用礼正其迹。这"心"、"迹"是分别对"乐"和"礼"而言的。以礼治身，以乐治心，"则人被其教，自和睦也"。这个"被"是念pī，通"披"字，"被其教"就是蒙、接受这种教化，接受礼乐的教化，自自然然就和睦。对自身而言，身心和睦，乃至家庭和睦，社会和谐，世界和平。

"又示之以好者必爱之。""好"，这是喜好，但也可以当"好（hǎo）"字讲。我们对善的、好的方面，表现出喜爱，愿意去行好事、说好话、存好心、做好人。"恶者必讨之"，"恶者"就是不好的，它念"恶（è）"念"恶（wù）"都可以，两个意思都具有。"恶（è）"是不好的，"恶（wù）"是厌恶，不好的我们就厌恶。"讨"，是讨伐、批评。通过褒贬善恶，表现出自己的喜好和厌恶，让人见到以后，"则人见之，而知国有禁也"，人民百姓见到领导不喜欢，知道不好，自然就会收敛，就不肯去做、不敢去做，这是自自然然的禁令,比法律更有效果,这是让人在心地上建起一道防火墙,人民知道不符合礼法,自己就能禁止恶行、恶的心念。所以礼乐之治,比法治高明。当然,法治还是要作为辅助,礼治作为主要的治理天下的方法。

(五)修德遵义 助我归真

《正义》的一些议论很好:"说礼乐而敦诗书,诗书,义之府也;礼乐,德之则也。德义,利之本也。"

"导之以礼乐,而民和睦。"礼乐能够帮助人治理身心,所以要"说礼乐"。"诗书",就是《诗经》和《尚书》。"敦"就是遵从。我们提倡礼乐的教育,又当遵从诗书的指示。善、恶,都从诗书里能够看到,这叫"示之以好恶,而民知禁"。这也是"陈说德义",诗书里德义也讲得很多。"诗书,义之府也。"《诗经》、《尚书》是"义之府","府"就是我们说的宅府、住处。"义"就住在诗、书里面。换言之,诗书是"义"的载体。所以诗、书所称述的是"义"。"义",古代称为"义者,宜也",就是应该的。什么是应该的,什么是不应该的,即什么是正当的,什么是不正当的。是非、邪正、善恶、好丑、利害,这些统统都可以归纳成"义"这个字。通过学习诗、书,我们就能够懂得这些道理,懂得如何做人。所以诗、书也泛指一切伦理、道德、因果的教育。

"礼乐,德之则也。""则"是法则、规则,道德的规则在礼乐。"礼、乐"也属于六经之一,《礼经》、《乐经》。"礼",现在也可以泛指一切伦理、道德的教诲,都可以称为是礼,也包括风俗习惯、正当的生活行为准则。它教我们怎么做人、做事，处世待人接物。这个规则体现的是"德"，"德之则也"。"乐"，《乐经》已经失传了，我们知道，这是一种可以帮助人提升德性的艺术。它不一定专指音乐，可以泛指艺术，包括绘画、书法等一切有利于调和身心的艺术，都是以"思无邪"作为标准。

"德义，利之本也。""德"之则是礼乐，"义"之府是《诗》、《书》。"利之本也"，"利"就是利益，"利之本"，根本利益，"德"和"义"才是我们根本的利益。根本利益不是经济利益，经济利益并不一定会带来生活品质的提升。很多人都抱怨、叹息，现在是比以前富有了，但是好像生活更烦恼了，没有过去那种洒脱、安逸的心情了。主要原因是，人都在竞争，这个过程中往往德义就没有了。所以，经济虽然发达了，根本的利益却失去了，皮毛的利益不会带来真正的幸福快乐。最近的根本利益，是我们人的身心健康。遵循德义的人，他没有烦恼，身心健康。大利益指的是家庭和睦、社会和谐、世界和平，不是个人的自私自利。有自私自利的心，德义就没有了，根本利益就失去了。所以自私自利没有好处，最终带给人们的就是烦恼，就是身心的不健康，甚至是灾难，天灾人祸都是从私心里产生的。

把自私自利放下，起心动念不要为一个"我"，而要为天下万民。范仲淹"先天下之忧而忧，后天下之乐而乐"，不想自己，这个"小我"放下了，"大我"才能现前。"大我"，整个天下就是自己；说的究竟圆满，就是整个宇宙是一个自己，那才是"真我"，这个身体不是"真我"。充其量，这个身体是"我"的一小部分，就像我的衣服，可以利用它，给大家做一个示现、做一个榜样，为大众工作，做一个工具，但是它不是"真我"，可以把它放下。你看人生死，不等于把身体放下了？人死了以后还去投胎，这个身体放下了，再换另外一个身体，就等于脱了衣服又换另一件衣服一样。因此，放下"小我"，才得到"真我"。而现代人在自私自利、在竞争当中迷失了"真我"，生活就很苦。所以要把这个根本利益找回来，就要修德、遵义。

（六）先礼后财　天下息争

《正义》曰："案《礼记·乡饮酒义》云：'先礼而后财，则民作敬让而不争矣。'言君身先行敬让，则天下之人自息贪竞也。"

《礼记》教导我们，如何做人，做人要"先礼而后财"。这个"财"，如果把它放在第一位，那就会产生竞争，大家都争这个财；争财的过程中，就忘了礼了；忘了礼，就忘了德了，那就叫缺德。我在美国、澳洲的大学教过书，而且都是在商学院任教，每个大学商学院都是最爆棚的，人数最多，学费也最贵，大家都来读商学院，因为都想发财。如果一个大学，要开一个专门教礼的课程，会有几人去读？我们现代的教育，特别是外国，都已经倒过来了，先财而后礼，所以问题越来越多。"先礼而后财，则民作敬让而不争矣"，大家都能够互相尊敬、礼让，就不会竞争。如果先财而后礼，那就倒过来了，民作竞争而不敬让矣。会出现争名逐利、损人利己，社会不公，怨气很多等等各种现象，这些都是缺乏了礼义的教育。

"言君"，"君"是领导人，"身先行敬让，则天下之人自息贪竞也"。要改变社会风气，最有能力的是领导人。作为一个领导人，他自己先做出敬让的好样子，尊敬人、礼让人，那被领导之人，都能够息灭贪心，不求竞争，都讲礼让，这就会有太平盛世出现。

《正义》云："案《礼记》云'乐由中出，礼自外作'中，谓心在其中也；外，谓迹见于外也。由心以出者，宜听乐以正之；自迹以见者，当用礼以检之。检之谓检束也，言心迹不违于礼乐，则人当自和睦也。"

这段议论，解释唐玄宗的"礼以检其迹，乐以正其心，则和睦矣"。《礼记》说"乐由中出"，"中"就是心，所以用乐来治心。"礼自外作"，"外"就是指我们身体的造作，造作出来的言行要符合礼，所谓"中，谓心在其中也"。这是讲调心之法，用这些艺术，用这个乐，没有邪思的这些艺术，帮助我们提升心境，提升灵性。"外，谓迹见于外"，这是讲我们的造作可以看到，这个"见"，古音读"现"，"见于外"，这是外在表现，可以让人看到的。"由心以出者，宜听乐以正之"，因为乐是由心出，所谓艺术都是心显发出来的一种表现形式，所以看一幅艺术作品，就能体会到创作者的心态，因为艺术是由心而出。

真正圣贤人的心，他们做出来的乐一定是最美的。《文王操》这首曲子，孔子听了很久，悟出只有文王的德行，才能写出这样教化人心的音乐。听这种音乐，心当然就正了。"自迹以见者，当用礼以检之"，这是讲到"礼"帮助规范自己的身行。"检之谓检束也"，就是约束。本来"礼"，是我们的本性本善，现在我们放逸久了，就要用"礼"来规范我们的身。规范久了，习惯成自然，跟本性相应了。所以一开始会有约束感，久之就自然了。"言心迹不违于礼乐，则人当自和睦也"，身心都符合礼乐，这个人身心都健康、和睦、和谐。

十一、引用《诗经》 重申章旨

本章最后一句，引用《诗经》：

【《诗》云："赫赫师尹，民具尔瞻。"】

玄宗皇帝《御注》："赫赫，明盛貌也。尹氏为太师，周之三公也。义取大臣助君行化，人皆瞻之也。"师尹，是指周朝三公，所谓"太师、太保、太傅"，三公之首叫"太师"，那么"尹"是太师的姓，所以叫"师尹"。三公，是帮助君王推行教化的大臣，是全国人民的榜样，作为三公之一，地位是很显赫的，所以大家都在看着，"人皆瞻之也"。"民具尔瞻"，"民"就是人，"具"就是皆，"尔"是你，"瞻"是看，就是大家都"瞻之"，都看着你、学习你，所以你要做一个好样子。

三才章最主要讲教化，就是自己要做好样子，然后才能够教化大众。所以"先之"很重要，"先之以博爱"，才要去说，才有"陈之于德义"，再"导之以礼乐"，然后"示之以好恶"，这样才能够真正帮助国家得到大治。

孝治章第八

圣君明王　礼敬尊亲　爱心广被　四海来祭

【子曰："昔者明王之以孝治天下也，不敢遗小国之臣，而
况于公、侯、伯、子、男乎？故得万国之欢心，以事其先王。治国
者，不敢侮于鳏寡，而况于士民乎？故得百姓之欢心，以事其先
君。治家者，不敢失于臣妾，而况于妻子乎？故得人之欢心，以
事其亲。夫然，故生则亲安之，祭则鬼享之，是以天下和平，灾
害不生，祸乱不作。故明王之以孝治天下也如此。《诗》云：'有
觉德行，四国顺之。'"】

本章经文，是讲古时候的圣王用孝道治理天下。

解释章题　综述主旨

邢昺《正义》曰："夫子述，此明王以孝治天下也，前章明先王因天地，顺人情以为教。此章言明王由孝而治，故以名章，次三才之后也。"

这是解释本章主旨，是说孔老夫子在此章讲述圣明的君王，他们以孝德来治理天下，自己能够爱敬事亲，然后以"德教加于百姓"，所谓是正己而后化人。由孝而治，用孝道来治理天下，自然就感得天下和平，灾害不生，祸乱不作，国泰民安，世界和谐，天下大治。

三才章告诉我们，孝是"天之经也，地之义也，民之行也"，把人的孝行跟天地之德合起来，即"先王因天地，顺人情以为教"。天地就是自然，因着自然来教化人民。"因"，就是依据。自然，是我们的本性。依着我们的本性、本善来教化，这是最有效果的。孝道就是本善，是每个人本有的性德。所以先王都是圣贤，很有智慧，他们依据着人的本性、天性，顺着人的情感去教化。孝道也有人情、情感，儿女跟父母之间的亲情，那就是天性，随顺着天性的情感来立教，教化很容易推广，很容易使人心向善、社会和睦。"此章言明王由孝而治，故以名章。""明王"，是古圣先王，他们用孝道来治理天下，都是因天地、顺人情的教化，得到天下大治，安定和谐。所以这一章在三才章之后，名字叫孝治章。治理的"治"，古音读"持"，孝治章。

依循注疏　解析章句

一、孝治万国　以事先王

【子曰："昔者明王之以孝治天下也，不敢遗小国之臣，而况于公、侯、伯、子、男乎？故得万国之欢心，以事其先王。"】

唐玄宗简单注解："言先代圣明之王，以至德要道化人，是为孝理。"夫子讲，"昔者明王"，过去先王，古圣先王；"明王"就是圣明之王。他们以孝来治理天下，因为孝是至德要道，至高无上的品德，至为重要的道理，能够转化人心，所谓是"百善孝为先"。当人的孝心开了，百善皆开，因此以这种至德要道来教化人，最容易，而且效果最显著，这就是孝的义理。

唐玄宗注第二句经文："小国之臣，至卑者耳。"小国的臣民是极为卑贱的。当时周朝有八百诸侯，有的国很大，有的国很小，做天子的是圣明的君王，即文王和武王，他们连小诸侯国的臣民，都不敢轻视。"主尚接之以礼"，"主"，指明王，天子，对待小国之臣，尚且用正式的礼节来接待。"而况于五等诸侯，是广敬也"，更何况是公、侯、伯、子、男这五等诸侯国的国君，当然更是待之以礼，做到广敬。"广"是广大，普遍的意思；"敬"就是礼敬，对待一切人都是这样的礼敬，这叫广敬。

"故得万国之欢心，以事其先王。"天子能够这样对众多诸侯国，上自国君，下至臣民都能以礼相待，自然能得到万国之欢心。"万国"，是"举其多也"，不是真正的数字，是讲有很多诸侯国。人能够以礼敬对待天下人，自然就得到天下人的礼敬，进而得到天下人的欢心。这是讲到孝道，"孝"，很注重一个"敬"字，所谓孝敬，如果没有敬，那就不称为孝。这种敬心是从敬父母培养起来的，然后把这个孝敬之心推广至万国、天下，得到的结果："言行孝道，以理天下，皆得欢心，则各以其职来助祭也。"是讲广行孝敬这种美善的结果，用孝道来理顺天下，自然就得到天下人的欢心，人民拥戴这位天子，当他要祭祀自己的祖先的时候，万国的诸侯、臣民都各以其职，即按照自己的身份地位来参加祭祀，这叫助祭。就是过去讲的进贡，各个少数民族的诸侯国，他们都纷纷拿着自己的特产来进贡，用这些贡品来帮助祭祀天子的祖先。因为天子能够礼敬诸侯，所以得到诸侯的礼敬。祭祀祖先就是对祖先尽孝，所以，当"我"能够以礼待天下人，以恭敬之心待天下人，天下人不仅恭敬"我"，而且恭敬"我"的祖先，因此就达到了对祖先的行孝。

"明王之以孝治天下"，是讲明王作为先王的子孙，应如何侍奉自己的祖先，即以礼对待天下诸侯，使自己的祖先能够享受到祭祀。古代诸侯都有助祭这种礼节。

我们再看，一个国家如何用孝道来对待其他国家。首先我们自己国家，要从天子至于庶人，从国家领导一直到百姓，都奉行孝道，以爱敬存心。

所以当我们举办一些国际活动时，自然就会有其他国家响应，这与助祭是一个道理。譬如我们准备奥运会，假如国家能够推行爱敬的教育，自己和睦，对待别的国家也能够礼敬，就能够得到其他国家的礼敬、拥戴。譬如说四川汶川大地震，国家遭难，我们从上至下都能够团结一致，以爱心来互相帮助，为救援灾区的灾民，奉献自己的一分力量，这种举动，这份真诚心，也自然能够带动起别的国家的同情和支持。地震之后三天，就有一百五十一个国家和十四个地区，以及很多的国际组织，通过各种方式，对我们的灾区表示慰问。爱心是可以唤起爱心的，我们自己的国民有爱心，互相帮助，才会感得更多其他国家的爱心支持。假如我们自己的国家，看到灾难并没有立即动作，并没有很重视救援工作，也就不能感得其他国家对我们如此的同情、支持。

令人感动的是，有一位爱沙尼亚的驻华大使翁卡（安德列斯·翁卡Andres Unga），在地震后三天，就到北京的红十字会血液中心，为震区的灾民们献血。所以我们自己对别的国家能够以爱敬来对待，也感得其他国家对我们以爱敬对待。

二、诸侯之国　爱民事君

【治国者不敢侮于鳏寡，而况于士民乎？故得百姓之欢

心，以事其先君。】

唐玄宗注解：治国的人，这里指诸侯，"国"是诸侯国，作为诸侯，他治理一个国。古代"国"就是诸侯所统辖的范围，即"理国，谓诸侯也"。诸侯"不敢侮于鳏寡"，对鳏寡孤独不敢轻侮。"鳏寡，国之微者。"男子失去了太太，就称为鳏；女子失去了先生，就叫寡。鳏夫寡妇，在一个国家是地位微贱的，力量也很单薄，没有很多人去体恤他们，所谓"国之微者"。对待卑微的鳏寡孤独，国君尚不敢轻侮，不仅没有轻侮、看不起的言行，更不会虐待刁难，甚至内心都没有看不起对方的念头，纯是一颗爱心、敬心对待他们。鳏寡孤独尚且如此对待，"况知礼义之士乎？"士，这个阶层懂得礼义，有一定的地位、声望，在社会上受大众尊重。百姓，一般称为民；百姓中知礼义者，就称为士。"而况于士民乎？"何况是知礼义的百姓呢？对待他们当然就更要礼敬。结果自然是"故得百姓之欢心，以事其先君"。

唐玄宗注解："诸侯能行孝理，得所统之欢心，则皆恭事助其祭享也。""所统"，就是所统辖的百姓。一个诸侯国的国君，都能够以孝敬之心，对待自己的子民，当然可以得到他们的欢心。百姓欢心，拥护、爱戴国君，国君祭祀祖先，他们也为国君着想，来恭敬助祭，诸侯国的社稷就能够长远保存。

孟子云："君子所以异于人者，以其存心也。君子以仁存心，以礼存心。仁者爱人，有礼者敬人。爱人者，人恒爱之；敬人者，人恒敬之。"

孟子讲到，君子跟别人不同，就在存心。君子以仁爱存心，"仁"是仁爱，想到自己就想到别人，爱敬别人如同自己。"以礼存心"，对待别人都以礼敬。"礼"，是身体形象；"敬"，是他的存心，"礼者，敬而已矣"。古人讲："诚于中而形于外。"内心对人恭敬，言行肯定对人有礼貌，如果在礼节上有缺失，就表明敬人的心不够，内心和外在是完全连在一起的。"仁者爱人"，君子以仁存心，他能够爱人，即爱护人、关怀人、尊重人、照顾人、帮助人，所以君子以仁爱作为自己的人生观。"有礼者敬人"，心存着礼义，对待别人自然能够礼敬。别人跟自己是一体，"仁"，人字边一个二，二人合一，这叫仁，这二人，代表任何两个人都是一体的，人与我本就是一体。所以懂得爱人的人，才是真正懂得自爱的人；能够尊重别人的人，他才是自重的人。不懂得爱人敬人，其实他也不自爱，也不自重，这个理很深，一切人、一切众生，实际上都是同体。

"十方三世佛，共同一法身。""十方"，是指各个方向。"三世"，是讲过去、现在、未来。众生，即我们每个人，一切众生都是同体，"共同一法身"，同一个身体，所以才能够体会古圣先贤教我们爱人、敬人就是自爱。

"爱人者，人恒爱之。"这是因果，"爱人"是因，"人恒爱之"是果。"敬人者，人恒敬之"，"敬人"是修好因，就能够得到"人恒敬之"的好果。所以能够永恒的爱人敬人，自然得到人们永久的爱敬。

周总理生前，对每一个人都尊敬。对待工作，都是尽心尽力。敬人敬业，鞠躬尽瘁，死而后已，为国家人民做出了很多难能可贵的贡献，赢得全国人民的爱戴。他病逝后百姓都为他送终，北京出现十里长街送总理的感人场面，联合国都给他下半旗。这是他爱敬人民的果报。

三、孝道持家　以事其上

【治家者，不敢失于臣妾，而况于妻子乎？故得人之欢心，以事其亲。】

这是讲到卿大夫之孝。《孝经》从天子、到诸侯、再到卿大夫，自高而卑讲下来。卿大夫是治家者，治理一个家族，谓"卿大夫"。

（一）家之概念　古今不同

现代人提到家，通常小两口带个小孩那就是一家，古代的家，跟我们现在概念中的家不一样，都是大家族，少者七八十口，多者几百口人。明朝的郑濂，家里有一千多口人，明太祖送他一个匾额，叫"天下第一家"，他是七代同堂，一个家像一个小社会一样。能够把家治理好，他就有能力治国；能够把国治理好，他就有能力平天下。《大学》讲："欲明明德于天下者，先治其国；欲治其国者，先齐其家；欲齐其家者，先修其身。"《孝经》和《大学》讲的理一样，想要把家治理好必先要修身，由身而家、而国、而天

下,身不能够修好,那么家不能齐、国不能治、天下不能平。如何
把家治理好,就讲到"家道"。

2008年6月初,我们恩师参加了在广州举行的国际儒联普
及工作座谈会,原全国政协副主席,现任国际儒联会长的叶选
平,邀请老人家去作开幕发言。恩师的发言,谈到中华兴家的家
道,最关键的是和睦,所谓"家和万事兴",而和睦的家也必有
家道。

古来的家,有家风、家规、家学、家业,四个要素才能组成
一个家。如果只有家的硬体,而没有家风、家规、家学、家业,就
不成为一个家,那家就破了。家风,就是伦理道德,儒家讲的五
伦八德、忠信持家、孝悌传家,这就是伦理道德的家风。家规,
规是规矩,家族的人共同遵守的规矩,大同小异,每一个家都有
它的家规。家族中有智慧的长者、家长,他们订立家规,其目的就
是让一个家能够绵延长久,能够有百代的子孙保持家业,所以不
得不重视做人、注重家规的伦理道德。而《弟子规》,就是中国
家规的集大成者,都是古老家规的要点汇集,如《论语·学而第
一》所云:"子曰:弟子入则孝,出则弟,谨而信,泛爱众,而亲仁,
行有余力,则以学文。"共有七个部分。所以我们现在希望恢复
中国的传统文化,就要从恢复家道开始。而我们要落实,必须从
家规《弟子规》学起,《弟子规》就是教我们修身齐家的,能够把
《弟子规》做到,家就能齐,进而治国平天下。

《弟子规》无非就是教孝、教敬。在家里"治家者不敢失于
臣妾,而况于妻子乎",治理家族的人,对地位卑贱的臣妾都不敢

轻侮、不敢怠慢。"臣妾",唐玄宗注解"是家之贱者";"臣",家里的奴婢,古代大家族,都有伺候的人,这叫臣;"妾",古代大家族的男子,可能会纳妾,也指奴婢、婢女;总之在家里地位轻贱、卑微。一位带领家族的家长,对臣妾都不敢无礼,更何况是对妻子儿女? 妻、子是家之贵者,一个家里的太太、夫人,或者是家长的儿女,在家里身份地位比较尊贵,要更加礼遇。能够这样对上下都礼敬,"故得人之欢心,以事其亲",就得到全家人的欢心,整个大家族,好几代人都能和睦、安乐,也都拥戴这位家长,整个家族都齐心、团结,真的是一体。《弟子规》讲"兄弟睦,孝在中",家庭能够上下欢心,人人和睦,做父母的最欢喜,用这种做法来孝敬双亲,奉事祖先,祖先在天之灵也得到安慰。

唐玄宗注解:"卿大夫位以材进,受禄养亲,若能孝理其家,则得小大之欢心,助其奉养。"卿大夫是一个大家族的治理者、家长,他在国家也担任职务,以才华贡献国家。卿大夫,是服务天子或者诸侯的,现代来讲,是做公务员,当官的。他能够以自己的才华,为国家、为人民贡献,而领取薪水、俸禄,来供养自己的父母亲,有一个稳定的收入,家庭也能稳定,这是尽孝。当然,除了政府公务员,其实士、农、工、商各行各业,都可以用自己的才华,做出贡献,而获得薪水、收入,来奉养双亲,来养家尽孝。"若能孝理其家,则得小大之欢心,助其奉养。"孝顺父母,不仅是拿钱供养父母,要懂得孝敬父母,能够使父母欢心,如果只满足父母的物质需求,不能够称为真正尽孝。父母喜欢什么? 看到一家都和睦,大家团团圆圆、和和乐乐,这就要一家之主懂得以孝理其家。孝心，就是一体的心，一个家是一体，无论尊贵、卑贱都是一体，所以都要尊重。妻子是家之贵者，故然要尊重，臣妾是家之贱者，我们也要尊重；明白了一体，尊重的心才能生起来。就好像人的身体，似乎头是高贵的，高高在上，脚是卑贱的，在人体的最下部，形象上虽然有高低贵贱，但确实是一体的。只要头，不要脚，就会破坏一体，这身就受到损坏了。身如此，家亦复如是，懂得修身就懂得齐家。所以对妻子、对臣妾，都要用这个孝敬之心。虽然在礼节上要分高低贵贱，但心上的敬意是一样的，即"以孝理其家"。以一体的心对待家人，当然"则得小大之欢心"，这"小"的就是指臣妾，奴婢，这些地位卑贱的；"大"是指妻子、夫人或者是父母、长辈，地位高贵的，他们都能欢心、和睦团结地生活在一起，并帮助这位家长来奉养双亲，祭祀祖先。因为你把他看成一体了，他也就把你看成一体，所以恭敬、尊重人很重要，"不敢失"，"失"，失礼，语言、行为的失礼。所以作为一家之长，他言行都非常谨慎，乃至于起心动念都能够观照住自己的念头。假如有傲慢、轻视别人的心，立即把这个念头改掉，那可真是有福报，所谓"家和万事兴"。家要和，首先自己身心要和，尤其是我们起心动念要以和为贵，即在内心没有跟任何人、任何事、任何物对立的念头，没有跟别人起矛盾冲突的念头，没有不平，也没有傲慢，更没有怨恨，纯是敬人礼人，这就会招来很大的福报。

（二）礼敬之心 德之所聚

《左传》记载，春秋时期的晋国有夫妇两人，先生叫作郤缺，他跟太太真是相敬如宾，虽然他们亲爱、亲近到成为夫妻了，在一室之内，但是礼节仍然不缺，互相之间非常恭敬。每天太太都拿着饭，给先生送到田里，在献上饭菜的时候，都是举案齐眉，恭恭敬敬，先生也是非常礼敬地接受过来，天天如是。晋国的大夫臼季，一天出使路过，看到这夫妇两人竟然如此的互相恭敬，相待如宾，非常赞叹。就回去禀告国君晋文公说："敬，德之聚也，能敬必有德，德以治民，君请用之。""敬"，尊敬的敬，就是能恭敬，敬人、敬事、敬物，这是德之聚也，德行的凝聚，德行的表现就在于恭敬。如果有傲慢，对人、对事不敬，德行就不多，就不聚，甚至德就散了，所以"能敬必有德"。我们看一个人有没有德行，就看他能不能够敬人、敬事、敬物。

我们的恩师，对一切人、一切事、一切物都是真诚恭敬。不管是身份高的人还是一般普通人来拜见，总是以礼相待，脸色没有丝毫怠慢，连对很小的物件，他都有那份恭敬心。印象很深刻的一次，我陪同母亲去新加坡，拜见老人家，老人家也是非常有礼，招待我们喝茶。在喝茶之间，我特别注意老人家的行为，就发现他拿着一条用过的纸巾，擦过很多遍，已经不能再用了，就恭恭敬敬把这张纸叠起来，然后轻轻地放在一边。这个动作做得非常自然，没有丝毫造作，我在旁边看了就非常感动。这就是性德的流露，本善的流露，这就是德行。晋国的大夫臼季说："能敬必有德，敬，德之聚也。"德行凝聚在一言一行、一举一动，我们就能看出一个人的德行。对小物件都如此恭敬，我们可以想象，对人就更是如此，就像《孝经》所讲，不敢失于臣妾，何况于妻子；不敢失于卑贱的人，何况尊贵的人。实在讲，我们体会老人家的恭敬心，实际上是平等的，是不分高低贵贱的，一味恭敬。这种恭敬心是性德自然流露，不管对什么样的东西、什么样的人，他自然流露出来。所以，我们看到他做得如此自然，没有丝毫造作。

子曰："出门如见大宾，使民如承大祭。"这是教导我们如何来学习恭敬。是讲孔老夫子每天出门的时候，都好像要见贵客一样，穿着得体，形貌、神态都是那种恭敬，因为一出门就要见到人，不管见到谁，都是恭敬。"使民"，要人做事，请人帮忙。请求别人帮助，就好像在行大祭祀礼，对别人那种礼敬，非常谦卑、恭敬，这就是德行。所以臼季对晋文公汇报，说有夫妇两人相敬如宾，肯定是很有德行。晋文公听后，马上就把做先生的郤缺招来，封给一个地方，委任他做了卿大夫。一个人能够常存恭敬之心，自然就有无量的福报。所以人的福分，实际都在我们的心田，一个人念念爱人敬人，已经注定有福；一个人如果傲慢，看不起别人，对人无礼，可以说他已经种了得不好果报的因，不仅没福，可能灾害都会降临在他身上。

（三）敬妻重教　家道绵延

唐玄宗《御注》："妻子，家之贵者。"邢昺的解释："案，《礼记》，哀公问于孔子，孔子对曰：妻者亲之主也，敢不敬与？子者亲之后也, 敢不敬与? 是妻、子家之贵者也。""妻子", 是太太跟子女, 为什么是家之贵者? 邢昺引用《礼记》中孔子回答鲁哀公的话"妻者亲之主也"。所以不敢不敬, 一定要恭敬。"妻", 做太太的, "亲之主", "亲", 亲缘关系, "主", 有主人、一家之主的意思。我们通常都觉得先生应该做主, 为什么太太是"主"? 孔子此言含义很深, 这层意思, 值得一提, 因为家庭能否兴旺, 做太太的至关重要。

周朝开国三太, 是周文王的奶奶, 太姜; 周文王的母亲, 太任; 周文王的太太, 太姒。这三位太太都是圣人, 周朝能够建立八百年的基业, "三太"的作用至关重要。据记载, 文王的母亲太任, 在怀文王的时候, 非常注重德行, 言行都很谨慎: "目不视恶色, 耳不听淫声, 口不出傲言"。这身、口、意上面, 都能够谨慎。眼睛不看不好的东西, 非礼勿视; 耳朵不听那些淫声, 非礼勿听; 口不出傲言, 非礼勿言。能够做到这些, 是因为她首先做到了"非礼勿动"。"动", 是起心动念, 她起心动念都谨慎, 所以言语行为都没有过失。太任这样的修养德行, 给了文王最好的胎教。古人讲: 有文王之母, 才有文王的圣德。言文王成为圣人, 是母亲的功德。所以在中国历史上, 周朝成为最长久的朝代, 就是因为开国的几位天子的圣德, 而圣德源于母亲, 源于太太。所以从孔子"妻者亲之主也"这句话, 我们可以了解, 孔子并不重男轻女, 其实他重视女性比重视男性更多。因为女性在一个家族, 繁衍、教养后代, 使家族能够绵延下去, 做先生的负担起经济, 养活家庭的义务, 男主外, 女主内, 内比外更为重要, 所以我们对太太要更加恭敬。

现代人讲究所谓的女权，叫喊男女平等，要这些女性也出来工作，跟男人们去竞争这些工作，不顾家庭了，这反而是对女性的不敬，本来女性负担着教养后代的最神圣的使命，可以说一个家族的命运，都维系在太太的手上。真正明白了道理，对一个家庭的太太，我们自然就会恭敬。当先生的首先要恭敬、感恩太太养育后代，就像春秋时晋国的郄缺，夫妇两人相敬如宾，利家利国。"不孝有三，无后为大"，要有后，太太可是负担着最重要的使命。有后，不只是生儿育女就有后，更重要的是要教导他们。

大文豪高尔基曾经说，爱孩子这是母鸡也会的事，可是要善于教育他们。生儿育女，如果不教导他们，那怎么能称为有后？所以先生要恭敬太太，太太当然也要自重自爱，勇于承担起教养儿女的使命，效法周朝三太，真正帮助家族养育出圣贤来，那就是对家族乃至国家最大的贡献。

"子者，亲之后也，敢不敬与。"妻之后才有子，做儿女的是父母亲的后代，怎么敢不恭敬呢？恭敬儿女也等于恭敬父母。

"亲之后"，如何能够使"亲"有后，让我们的家族有后代？最关键的就是教育，家庭教育至为重要，家庭教育首重伦理道德，只有重视伦理道德教育的家庭，他的家族才能够长久延续。《了凡四训》讲："有十世之德者，必有十世子孙保之；有百世之德者，必有百世子孙保之。"你的德行有多厚，你就有多少代的儿女保你的家业。自己德行能够做得好，就能够带动儿女。教育者首先要受教育，自己修好了，自然影响家人，就能够把道德的家风传递下去,这才称为有后。

家如此,国也如此。我们中国是拥有五千年悠久历史的民族,靠什么能够维系五千年大一统、长盛不衰?就靠我们的文化教育,最重要的是靠文化当中的家庭伦理道德教育,这是中华道统。所以我们希望中华民族有后,我们这一代就要直下承当,自己认真学习中华传统文化,实践中华传统文化,然后把这种道统传递给下一代,这样才是中华民族大家族的贵人。所以说"妻子,家之贵者"。我们中华民族就是个大家庭,每个人都有传承中华文化的使命,不能让文化断在我们手上!讲到妻和子,我也很有感触,所以多讲了几句。

(四)一心恭敬　家国同理

《孝经》讲明王"不敢遗小国之臣",恭敬到连小国的臣民都不失礼;诸侯,"不敢侮于鳏寡",对于鳏寡孤独,这些身份、地位卑贱的,势单力薄的人都不敢轻侮、不敢失礼;卿大夫不敢失礼于臣妾。这都是在讲恭敬之心。

大儒刘炫,也注过《孝经》。他说:"遗谓意不存录,侮谓忽慢其人,失谓不得其意。"这是给我们的特别解释。"不敢遗小国之臣"的"遗","不敢侮于鳏寡"的"侮","不敢失于臣妾"的"失","遗"就是讲意不存录,就是你没想到。譬如说逢年过节送礼、请客,礼尚往来,我们都要想到。如果应该去联系、送礼的人,我们没送到,这叫遗。对方被"遗",被人怠慢,心里就不高兴,这是人情交往。所以明王,做天子,日理万机,而他都没有忘记对小国之臣的礼敬，这就是不"遗"。"不敢侮于鳏寡"，"侮"是欺侮，"忽慢其人"，"忽"是轻忽，"慢"是怠慢，不把人放在眼里，这就是轻忽。对人不恭敬，态度傲慢，这是慢，也都叫欺侮。我们欺侮人，人家有机会也会欺侮我们。"不敢失于臣妾"，"失"，就是"不得其意"，是指在家里，每个家人心里的所思所虑，我们都要体会到，这叫"得其意"。所以作为一家之长，要很细心的关照家人，帮助家人，这是对人的恭敬。连家里的奴婢，他也在为家里做贡献，我们都要时时刻刻想到他、安慰他，让他们能够欢乐、欢心，这样家里才有凝聚力。

四、亲安鬼享　慎终追远

【夫然，故生则亲安之，祭则鬼享之。】

"夫然"，"夫"，是语气助词，没什么意义。"然"，像上面所说的那么做。我们能够如上所说，就是懂得了对一切人、一切事、一切物，都要常存恭敬之心的道理。"生则亲安之"，对在世父母，我们要尽心孝养。譬如说一个家庭，我们对一切家人都要恭敬，才能够使家里和睦，父母就心安。所以"生则亲安之"，父母在世心安，一家之主能够安其亲；一国之主，能够让一国的百姓都和睦相处，这个国家领导人的父母也心安。

"祭则鬼享之"，父母去世后，要祭祀父母，"鬼"就是指父母的灵、祖先的灵，他们能够享用祭祀。

《论语》讲："慎终追远，民德归厚矣。"能够常常祭祀祖先，社会风气也一定会很良善，人民都很厚道。如果连过去久远的祖先都念念不忘，常常怀念、祭祀，那么眼前的父母，他怎么可能不尽孝？所以这民风就能淳厚。

唐玄宗注解："夫然者"，就是你能这么做，"上孝理皆得欢心，则存安其荣，没享其祭。"这个"孝理"就是孝敬，"理"就是敬，以这个恭敬之心对待一切人，得到一切人欢心，家庭和睦，国家安定，天下和平。"存者安其荣"，当父母的，如果是一家之主的父母，这家庭因为和睦而显贵，"安其荣"；一个国家领导人的父母，因为这位国家领导人，治理国家治理得好，受到人民的爱戴，自然他的父母也受到人民的尊重。生前，父母亲欢喜；"没"，去世了，父母亲也能享其祭祀。而且不仅是他亲生儿女祭祀，如果儿女是一家之主，他能够以孝治家，一家人都来祭祀这去世的父母；如果这儿女是一国之主，古代讲的是天子、诸侯，那么一国的百姓都来助祭，所以过世的父母也能享受一国百姓的祭祀，这是真正对父母尽孝。祭祀的意义就是在于孝道，它是一种孝亲的活动，不是为了拜鬼神求福、求保佑。如果以有求的心来祭祀，还是为个人打算，不是孝敬心。真正以孝敬之心来祭祀，不仅父母在天之灵得到安乐，而且对自己德行提升，也会有很大帮助，所以祭祀是培养孝心的。

有人可能会问，父母去世了真有灵魂？夫子讲的"祭则鬼享之"是真的吗？

孔老夫子也承认有鬼神，也承认有轮回，虽然"子不语怪力乱神"，不讲那些鬼神的事，但是夫子他是承认的。《孝经》中"祭则鬼享之"就明文显现出来，证明父母的灵魂也能享用祭祀。孔老夫子注解《易经》说："精气为物，游魂为变"，"精气"，父精母卵交汇，就成为一个载体，"精气为物"；"游魂为变"，这是讲投胎，游魂入了受精卵，就成为一个生命，所以夫子他也承认有轮回。只是不像佛家、道家讲得那么详细。

现代科学家，也在探索鬼神，所谓不同维次空间生命的问题，也用大量科学证据，证实了人有轮回，确实是人死了以后，灵魂还存在。西方有很多濒死体验的案例，是人在去世前，濒临死亡的时候，就会常常出现灵魂出体的现象，然后他们又回到体内，这人就苏醒。苏醒之后他能够跟医生报告，刚才自己灵魂出体之后的现象，这些证明人有灵魂，身体虽然会死，但灵魂确实存在。

意大利一位专门研究鬼神的著名专家，叫马协娄·巴希博士（Dr. Marcello Bacci），他证明鬼神存在。从1949年，这项研究做了几十年，他用科学的手段，确实证明了鬼魂存在。一般是用一种电子的收录机，来收录鬼神的声音。他请一些刚刚失去孩子的母亲来做试验，由于思念孩子，这些母亲真的能够把孩子的亡灵招回来，通过这些电子通信设备，亡灵跟母亲对话，并且录音下来。这些试验做了很多，足以证实人死了以后灵魂确实仍然存在。所以孔老夫子讲的"祭则鬼享之"是符合真相的。现代科学也在逐步证明，身体不是生命的全部，生命也包括我们的灵魂，灵性的生命。

我们要祭祀这些鬼神，他们也跟人一样得到安乐。恭敬、礼遇一个人，他会安乐、欢喜，鬼神也如此，所谓人同此心，心同此理。现在如果不祭祀鬼神，鬼神可能也会发脾气，会搞出一些天灾人祸。

五、灾乱不生　天下和平

【是以天下和平，灾害不生，祸乱不作。】

唐玄宗注解："上敬下欢，存安没享。"对上位的人能够敬，对下面的人也能敬，他们就上下都欢喜。"存安"，不会有祸乱发生，现存的父母就安心。如果家里闹矛盾，很可能会有家庭悲剧发生；如果一个国家闹矛盾，就可能会有国家暴乱。所以上下都要和睦，内外都要欢心，父母这才安心。"没享"，是去世以后享用祭祀。讲到现存者和去世的人两个方面，所谓"存安没享"，这都是孝治天下的内容，不能只要一面，两面都要照顾。"人用和睦，以致太平"，"人"就是百姓，百姓都能和睦，太平天下就得到了。用我们现在胡主席的话讲，和谐世界就能实现，"则灾害祸乱，无因而起"。

现在世界灾害祸乱很多，地震、海啸、风灾、（台风、飓风，美国龙卷风）南北两极冰的融化、海平面的上升、温室效应，这都是天灾。战争、冲突，天天都不间断，还有恐怖主义，这些活动都是人祸。这些事情，究其根本原因，就是人有烦恼，心不平。佛法里讲,其实天灾跟人心是紧密相连的,人的贪心感应水灾;嗔恚感应火灾、火山的爆发、地震;人有愚痴就产生风灾;有傲慢、有不平这就产生地震。所以化解灾难,要从人心做起。"上敬下欢,存安没享。"用我们的孝敬心对人,化解灾难,不要求别人,求自己!因为这个世界,乃至宇宙,都是我心所现之物,要改变这些境界,没有别的,只有改变内心。内心真正没有贪、嗔、痴、慢这些起灾祸的因,当然就没有灾祸的果,即灾害祸乱无因而起。所以古代每逢有天灾人祸,天子都要斋戒沐浴,祭祀天地,反省过失,改过迁善,大赦天下,祈求化解灾难,得到天下和谐。

六、明王孝治 化行天下

【故明王之以孝治天下也如此。】

圣明的君王、国家领导人,他以孝治天下,就是这么做的。"如此",就是这样做,有如此因就得如此果。以孝治天下的因,得到的是天下和平,灾害不生,祸乱不作。

唐玄宗注解:"言明王以孝为理,则诸侯以下化而行之,故致如此福应。"圣明的君主他以孝为理,用孝道治理天下。所谓孝道,就是有敬意,敬天下人如同敬父母一样。诸侯以下,包括卿大夫、士、民、百姓,都能够化而行之。"化"是受到了国家领导人的感化、转化、教化,下面的人就能行孝!效法这位圣明的领导,能够"爱敬尽于事亲,而德教加于百姓"。上下都在行孝,上下都恭敬，互相恭敬，互相爱护，互相帮助，互相照顾，这是和谐社会。"故致如此福应"，"故致"，因此导致；"如此福应"，就是"天下和平，灾害不生，祸乱不作"，天灾人祸都没有了，所有的人都幸福安乐，这是福分。这个福分是应，要以孝、以敬去感，才有如此福应。

邢昺《正义》曰："此总结天子、诸侯、卿大夫之孝治也。"所以最后一句经文是总结，"言明王孝治其下，则诸侯以下各顺其教，皆治其国家也"。即在上位的人能够做好样子，行孝，致敬；诸侯以下，下面就效法上位，各顺其教，顺着明王的教化，能够诸侯治国、卿大夫治家，"如此各得欢心，亲若存则安其孝养，没则享其祭祀"。每个人都各得其所，真的像孔老夫子所讲的"老者安之，少者怀之，朋友信之"的大同世界。父母亲若在世，能够"安其孝养"，很安乐地接受孝养；"没则享其祭祀"，去世后，能够享用儿女后代的祭祀。"故得和气降生，感动昭昧。"和气降生，家和万事兴，所以能够感动上天降下福报，"是以普天之下和睦太平，灾害之萌不生，祸乱之端不起，此谓明王之以孝治天下也，能致如此之美"。这里讲到的实际上就是和谐世界，普天之下和睦太平，灾害都不萌生，祸乱也都不起，天灾人祸自然就化解了，因为人心都良善、和乐，没有天灾人祸的因，当然就不会结那样的果。这就是明王以孝治天下，能够得到如此之美的大同世界。所以教育至关重要，《礼记·学记》讲的"建国君民，教学为先"。只有教育才能够转化人，使人心能够和善，自然感得天下和平，灾害不生，祸乱不作。

七、以孝治国 和谐世界

经文最后一句:

【《诗》云:"有觉德行,四国顺之。"】

唐玄宗注解《诗经》的"有觉德行","觉",大也,有大德行。"四国顺之",意取天子有大德行,则四方之国顺而行之。四方之国指东、南、西、北四方,因为这一国的天子能够有大德行,所以,四方都能够归顺,都能够效法这位天子,以孝治天下,都能够在自己的国家,构建和谐社会,进而共建和谐世界。所以孝道,就是先王的至德要道。

今天讲的第八章,完全是古圣先王的治国之道,是和谐社会、和谐世界的大道,即从我自身做起,修身、齐家、治国、平天下。

圣治章第九

天性人贵　　人性孝大　　顺性敦教　　垂拱太平

【曾子曰："敢问圣人之德，无以加于孝乎？"子曰："天地之性，人为贵。人之行，莫大于孝。孝莫大于严父。严父莫大于配天，则周公其人也。昔者，周公郊祀后稷以配天，宗祀文王于明堂，以配上帝。是以四海之内，各以其职来祭。夫圣人之德，又何以加于孝乎？故亲生之膝下，以养父母日严。圣人因严以教敬，因亲以教爱。圣人之教，不肃而成，其政不严而治，其所因者，本也。父子之道，天性也，君臣之义也。父母生之，续莫大焉。君亲临之，厚莫重焉。故不爱其亲而爱他人者，谓之悖德；不敬其亲而敬他人者，谓之悖礼。以顺则逆，民无则焉。不在于善，而皆在于凶德，虽得之，君子不贵也。君子则不然，言思可道，行思可乐，德义可尊，做事可法，容止可观，进退可度。以临其民，是以其民畏而爱之，则而象之。故能成其德教，而行其政令。《诗》云：'淑人君子，其仪不忒。'"】

解释章题　综述主旨

这章经文较长，道理也很深，我们来细细地学习。

邢昺《正义》首先将章题以及本章的大意，用简单的一句话给我们提出来，我们先看他对这一段的解释，"此言曾子闻明王孝治以致和平。因问圣人之德，更有大于孝否？夫子因问而说圣人之治，故以名章，次'孝治'之后。"

这段话表明了章节之间承上启下的逻辑关系，这是曾子（曾参）听到孝治章，夫子讲明王以孝治理天下，达至和平，即赞叹孝道的伟大，其作用真正能够使天下和平，灾害不生，祸乱不作，相当不可思议。因此曾子在此请问夫子，圣人之德有没有超过孝这个道德的？换言之，孝道是不是圣人全部的德行，圣人之德还有没有高于孝道的？夫子在这一章中回答："人之行莫大于孝。"圣人的德行，没有超过孝道之上的。圣人的德行是什么？其实就是孝德。

古圣先王、圣人，他们的圣贤之道是什么？就是孝悌而已。真能把孝做得圆满了，就是圣人了。这章是曾子发问开头，孔老夫子因曾子的询问回答他的问题，就给他说出圣人之治，圣人能够自己力行孝道，把孝德推广至天下，能够使天下和睦，风调雨顺，灾罹不起，祸乱不生。所以在孝治章之后，为我们说出圣治章，

"治"就是治理的意思，即圣人治理天下，就是用孝道而已。

依循注疏　解析章句

我们以唐玄宗的注为主，同时也采用北宋邢昺对唐玄宗《御注》的注解，用它们来做重要的参考，来一起研习经文。

一、曾子请益　引入下文

先看经文第一句：

【曾子曰："敢问圣人之德，无以加于孝乎？"】

孔老夫子假借曾子为他的应机者，述作了这部《孝经》。古来有人认为《孝经》是曾子所作，实际上邢昺在《正义》当中给我们做了澄清，《孝经》作者并非曾子，而是孔老夫子，就好像《春秋》这部书一样，都是孔老夫子亲自著作。在《孝经》当中是假借学生曾子为当机者，以师生之间对话为体例写出的文章。我们可以想象到，曾子是个大孝子，所以孔老夫子将曾子作为《孝经》的当机者，以一问一答的形式把《孝经》深刻的道理，为我们开解出来。

所以这章一开头,曾子问曰,也是孔老夫子假借曾子之口,实际上他要讲出一个大道理。曾子问:"敢问圣人之德,"这个"敢问",我们可以看到,曾子是非常谦虚的,对老师是非常恭敬的。"敢问"用我们现在话说,"我很冒昧地向老师请教",自己是诚惶诚恐、恭恭敬敬、战战兢兢地来问老师,显出老师的尊严,这是师生之道。曾子问:"圣人之德,无以加于孝乎?"他问得很好,圣人的德行有没有超过孝的?因为前面一章,孝治章当中,夫子给我们开示"天之经也,地之义也,民之行也",把孝作为跟天地相齐的一种德行。所以曾子才会发问,圣人的德行还有没有比孝道更高的?

唐玄宗他注解得很简单,这句话也点出了意思,他说:"参问明王孝理以致和平,又问圣人德教更有大于孝不?""参"就是曾参;明王,前面也讲到是圣明的君王,是像尧、舜、禹、汤、文王、武王、周公这一类的圣人,他们都是以孝来礼顺天下,达至天下和平。曾子就问,圣人德教有没有比孝更大的?这里讲到两个字"德"和"教"。夫子在开宗明义章里就说到:"夫孝,德之本也,教之所由生也。"德是对自己而言,自行的;教是对别人,化他,自行化他。圣人要推行大道,像《大学》里讲的"明明德于天下",首先自己要修身,以修身为本。正己而后化人,化人就是教。德也好,教也好,有没有说大于孝的?没有。开宗明义章就说得很明白,孝是"德之本也,教之所由生也"。所谓百善孝为先,德也是以孝为本,教化也是以教孝为先。

二、天地之间　人贵孝行

夫子对曾子的回答：

【子曰："天地之性，人为贵。人之行，莫大于孝。"】

玄宗注解："贵其异于万物也。"所谓贵，是人和万物不同，不同之处在哪？后面接着讲"人之行，莫大于孝"。

邢昺《正义》解释"天地之性"的"性"，是"生"的意思，即天地生养万物，天地所生的万物当中以人为最贵。

经文也给我们讲得很清楚，天地所生的万物，以人为最贵，人异于其余的万物，因为人之所行，能够把伦理道德行出来，人能够彰显天地的性德。性德当中什么为最大？这里讲"人之行，莫大于孝"，孝道是最高的德行、最大的德行。为什么？唐玄宗用《孝经》原文来讲"夫孝，德之本也"，德的根本就是孝。就好像一棵大树，大树有根本，它才能够枝繁叶茂，可能它长得很大，但是根断了之后很快就会枯死，孝是最重要的德行，它是德之根。

我们要修养品德，从哪里学起？学孝顺，从孝敬父母开始。可以说《孝经》的落实就在《弟子规》，《弟子规》开篇就说："弟子规，圣人训，首孝弟。"圣人训导，就是圣人的教诲，首重孝悌。如何落实孝道，整部《弟子规》都是，一条一条圆满落实了，孝道也就圆满了。

本章的经文当中,孔老夫子给我们举了一个例子,来讲孝治天下,也是圣人的治理,他用了周公祭祀祖先、天地这个例子。

三、万物天生 人伦父始

【孝莫大于严父。】

孝行要落实,最大的孝莫过于尊严其父,"严"就是尊严,做父亲有父亲的尊严,儿女要尊重父母,尤其是做父亲,他要有那种尊严和威严。母亲还多一些温柔关怀,但是做父亲的往往是尊严比较多。所以古人把父亲比喻为天,母亲比喻为地。在《易经》当中天地是用乾坤来讲的,所以也可以把父亲称为乾,乾坤的乾,把母亲称为坤,乾父坤母。

唐玄宗注解:"万物资始于乾,人伦资父为天。故孝行之大,莫过尊严其父也。"唐玄宗是一位了不起的皇帝,他在中年以前,在中国传统文化上钻研很深,而且治理国家出现了"开元盛世"。他讲"万物资始于乾",是天生万物,"乾"就是天,意即万物由天而生。"人伦资父为天",人伦关系上,所谓父子、兄弟、夫妇、君臣、朋友,这五伦关系,最重要的就是父子。父是作为天的角色,为什么?因为只有父母才能生育儿女,没有父母就没有儿女,也就没有其余的四伦关系。所以这里讲"人伦资父为天",天是能生、起始的意思。

《尚书》曰:"惟天地万物父母,惟人万物之灵。"是异于万物也。这是讲到人为什么为贵，因为他异于万物。天地就如同父母一样，它是万物之父母，而人又是万物之灵，所以人为贵。父母又是我们人伦之始，所以夫子才讲"孝莫大于严父"。唐玄宗的"万物资始于乾"，出自《易经》的"大哉乾元，万物资始"。就是讲到天，"乾元"是天，"大哉"是称赞，即赞叹天的功劳，能滋养万物，生养万物，万物从兹而起。玄宗继续解释"故孝行之大，莫过尊严其父也"。这个逻辑关系一层一层下来。万物是由天地所生，人又是万物之灵，人为最贵。而人伦当中又以父母这一伦为起始，我们要行孝，莫过于尊严其父。所以夫子才讲"孝莫大于严父"，是这个意思。那么如何来尊严其父？尊严其父，即像古人对天那样尊重。

四、严父配天　落实孝道

夫子下面讲：

【严父莫大于配天，则周公其人也。】

要把我们的父亲推到最尊严的地位，莫过于让我们的父亲跟天配在一起，这是讲到祭祀，这种做法是周公首先开始，"周公其人也"。

唐玄宗注解："谓父为天，虽无贵贱，然以父配天之礼始自周公，故曰其人也。"这是讲到在人伦当中，这个关系里面，父亲好比是天,所以我们要尊严父亲,不分贵贱,我们都要尊严其父,不是说天子的父亲是最尊严的,一个老百姓、平民的父亲就没那么尊严,不是。对于每个人不分贵贱,都是将父亲摆在最尊严的位置,这就是孝道。但是把父亲的尊严地位跟天配起来这种做法,这种礼是始于周公。

我们都知道,周公是周文王的儿子,周武王也是周文王的儿子,武王是大,周公是老二。所以,王位就由文王传给武王,周公辅佐武王。可是后来武王驾崩,武王的儿子周成王即位,成王年纪很小,所以周公摄政,他辅佐成王来治理天下。周公在摄政期间用配天的方法设立了这种祭礼,夏商两代这种礼是没有的。这两种祭礼:一种叫郊祭,就是在郊外祭祀、祭天;一种在明堂祭上帝,都以祖先来跟天、跟上帝相配。这种做法,可以说是把人伦当中的父亲摆在最尊严的地位了。

所以人没有分贵贱,都把父亲称为是天,这是唐玄宗讲的"人伦资父为天"的意思。

五、郊祀配天　尊崇始祖

【昔者周公,郊祀后稷以配天。】

唐玄宗注解:"后稷,周之始祖也",他是周朝文王、武王的始祖,周家的祖先。

（一）周朝始祖　弃儿后稷

《周本纪》是周家王朝的历史，也可以说是他们的家族史，里面记载着一个故事。讲到后稷名字叫弃，抛弃的弃，他的母亲姜嫄一次出外，看到了巨人的脚印，心里就起了一个念头，想把脚踩上去试试看，结果这一踩她就怀孕了，以后就生下了一个儿子。姜嫄觉得这是不祥之兆，所以就想把这个儿子丢弃掉。首先把他丢到一个巷子里，过往的马、牛看到这个小婴儿却避开他，没有去踩他，结果这个婴儿没死；又把他扔到山林里面，那里人很多，不方便；后来又把他扔到冬天的河冰上，发现有很多飞鸟都飞下来，拿翅膀去爱抚他、保护他。母亲姜嫄看到这些情形，觉得婴儿可能是一个神儿，所以就把他接回来继续养大。因为常常想把这个婴儿抛弃，所以给他起名叫弃。

这个弃儿长大成人，非常喜欢耕种。当时尧帝（尧王）就聘请他出来做农师，农师好比是我们现在讲的农业部长，专门由他来负责教导大众如何耕种。弃好像有天才，非常懂得耕种，五谷、粮食当时都生长起来，人们也因此能够安居乐业，开始了农耕的生活。后来，尧帝传位给舜帝，舜帝也继续任用弃，还封了邰这个地方给弃，而且给他一个封号叫作后稷。稷是农产品、植物，农业的植物，因为他对农业的贡献很大。后稷之后到十五世的时候，就是周文王，周文王是后稷的十五世孙，文王开辟了周朝天下。

周家尊祖先，给他的祖先后稷祭祀，从周公开始，兴起这种祭礼。

(二)祭祀先祖 培养孝道

"周公郊祀后稷以配天",这是来祭祀后稷。祭祀这种传统可以说也是从周朝周公开始的,它不是一种迷信,而是一种孝道活动。中国人是那么厚道,古人讲"慎终追远,民德归厚",他能够祭祀祖先,他就厚道。为什么?因为祖先不在了,祭祀祖先对我们现前好像没什么利益,祖先也不可能得到祭祀的这些食物,就是为了培养孝道,我们只是用供品表达祭祀的这种心意。远古的祖先我们都念念不忘,那现前的父母,我们怎么会不孝顺?这是培养孝心最好的一种活动。所以现在提倡要构建和谐社会、共建和谐世界,和谐从哪里做起?从教孝做起,这是《孝经》讲的以孝治天下,这就是圣治。

两年前,我曾经应邀在山西大同讲过一个八荣八耻的学习报告,题目是"明道德,知荣辱"。当时我讲八荣八耻,这是我们每个公民都应当遵守的伦理道德。从哪里做起?从哪里入手?我提出从孝道开始,从落实孝道入手。在讲演当中也提议,我说:自己有个梦想,希望国家将来有一天,能够把清明节、冬至节,这些古来传统的祭祀祖先的节日,作为法定的假日,给大家放假祭祀祖先。因为很多地方现在还沿袭着祭祀的传统,到清明、冬至,他们就去祭祀或者去扫墓,他们往往要请假,从事这些孝道的活动还要被扣工资。不如把这些节日作为法定假日,全国放假,鼓励祭祀祖先。这是什么?慎终追远,培养淳厚的民风,有助于构建和谐社会,这是一桩非常好的事情。没想到两年以后,从2008年4月5号开始,我们国家真的把清明节作为法定假日,这是好事情。

（三）详解配天　深体圣意

周公真的是圣人，他懂得圣治，真正以孝治天下，不需要太劳心劳力，就能够垂拱而达至天下太平。垂拱而治，就是轻轻松松让社会和谐，天下太平。只要人人遵守伦理道德，人人都行孝，自然人人都尽忠，他不会犯上作乱。周公是真的有智慧，他把祭祀落实了，"昔者，周公郊祀后稷以配天"，在郊外祭祀他们十五代之前的远祖。文王是周家的祖先，周公的父亲，而文王是后稷的十五代孙，他们在郊外祭祀，用后稷来配天，与天相配。

唐玄宗注解："郊谓圜丘祀天也"。在郊外祭祀。通常在郊外有一个坛，像北京的天坛，像圆丘那样，"丘"是小山丘，像个坛子，上面是个圆顶，这是祭天用的。

"周公摄政，因行郊天之祭，乃尊始祖以配之也"。周公是武王的弟弟，武王驾崩后，周公摄政，尽心辅佐武王年幼的儿子成王，没有丝毫觊觎天下之心，纯是帮助成王理朝，给我们表演出难能可贵的悌道，当成王长大成人后，周公就把政权完全交给了成王。这是给我们演绎出圣德，普通人不容易做到，稍有一点名利心，对天子位都会起心动念，会起贪心。

周公也是文王的儿子，他继位也能说得过去，但是他不开这个先例，他尊重自己的兄长，让成王继位。周公的儿子，跟成王差不多大，当时周公善巧方便，让他的儿子跟成王一起玩。如果成王犯了错误，周公不指责成王，而是批评自己的儿子，让成王看到以后，知道自己反省改过。这个用意很深，因为成王是天子，周公在礼数上属于臣民，虽然他是叔父，但是成王是君，周公是臣，在君臣之礼上讲，不能够直接批评天子，所以他就批评自己的小儿子，以此用心来抚育成王，这就是圣人之心。没有丝毫自私自利，给我们表演君臣之义，也表演出"兄弟睦，孝在中"的悌道。他立的《周礼》，祭祀中特别突显祖先的尊严地位。"因行郊天之祭"，这是在郊外祭天的时候，尊严周朝始祖后稷，使之跟天相配。配天就好像我们请客吃饭，请了一位贵客，祭祀等于是请天、天神、天帝来吃饭，我们这边要有一位主人来招待贵客，谁来做主人？周公尊始祖后稷来做主人。所以这位置就极高，我们这边的主人来宴请贵客，这是配天的意思，这样相配，主宾相配，这就是礼。

六、明堂配帝　四海来祭

【宗祀文王于明堂，以配上帝。】

这是周公在宗庙的明堂祭祀文王。明堂是过去天子办公的地方，里面有教室，也有祭祀祖先、祭祀天地的场所。

文王是周公和武王的父亲，因为在郊祭的时候已经尊后稷配上天了，所以就不能够把文王也作为郊祭配天的人。而在宗庙里面，在宗祠，就在明堂祭祀上天的时候，以文王配上帝，上帝就是天。这是周公良苦用心，尊他们的父亲，这是严父，尊严父亲到了极点，在祭祀当中等于是做东来宴请上帝。

唐玄宗注解："明堂，天子布政之宫也。"即天子办公的地方，就是宫殿。"周公因祀五方上帝于明堂，乃尊文王以配之也。"周公在祭祀五方上帝的时候，在明堂里进行，让文王来作配。

邢昺《正义》列出了五方上帝的名号，"五帝谓：东方青帝灵威仰，南方赤帝赤熛怒，西方白帝白招拒，北方黑帝汁光纪，中央黄帝含枢纽"。这是所谓五方上帝，东南西北中，都是有名号的。周公当时开创了这种祭礼，尊严其父，这是彰显孝道。所以四方的诸侯都纷纷效法周朝周天子的孝道，而且当周天子要祭祀的时候，都纷纷来助祭。

（一）助祭尊父 仪礼完备

【是以四海之内，各以其职来祭。】

四海之内，这是我们讲五湖四海、天下，各路诸侯都以其职分来助祭。按照身份，穿上祭祀时特别给他们的服装，这种服装，《周礼》上分为六个等级，以离天子所在之处五百里为一个阶段，五百里之内算一等；二等再有五百里，五百里到一千里这是二等；再往外又五百里，第三个五百里就是第三等。一直往下延伸，总共有六等。六等诸侯纷纷穿上符合等级的服装，带上他们的供品，来参加周天子的祭祀，一切都按照他们的身份来进行。四海都来助祭，周公真的是尊严其父做到了极点。

（二）榜样示范　德教推行

唐玄宗注解："君行严配之礼,则德教刑于四海。海内诸侯,各修其职来助祭也。""君行严配之礼","君"就是指天子,周天子。周公摄政的时候行祭礼,"严"就是严父,尊严其父,"配"就是配天,尊严其父莫过于把父亲配天,用这种祭礼,不仅在周家自己后代当中落实孝道,而且给四海的百姓做了一个好样子。"德教刑于四海","刑"就是好的榜样,模型,好样子。教德行,最重要是做给大家看,尤其是教孝,在家里父母如何教儿女行孝,父母要做给儿女看。在儿女面前,儿女虽然小,不懂事,但是他能看,就能接受这个信息。他看到父母对自己的长辈能够尽孝,能够恭敬,儿女就潜移默化跟着学习了,他也就能够孝顺父母,所以做榜样重要。

德教能够在四海、天下推广,关键在于推广的人,有没有做出好样子。我们有这个志愿,希望恢复我们的中华伦理道德,传统文化,这桩事情不是求别人做,而是要求自己做,自己做个好榜样,就能够德教加于百姓。周公是孔子最佩服的人,他为什么能够令孔老夫子如此佩服?因为周公他自己做到了。可以说周家开国的这些天子,文王、武王、周公都是大孝子,有这种德行,能够施教于四海,诸侯都能够纷纷效法。"海内诸侯,各修其职来助祭也",不仅他效法周公,在他自己的诸侯国里面推行孝道,以孝治国,而且当天子祭祀祖先的时候,他们也来随喜参加,来助祭。

七、夫子重申　孝德为大

【夫圣人之德，又何以加于孝乎？】

孔老夫子讲到周公尊严其父，配天祭祀，这是把圣人之德彰显出来了。圣人之德是什么？就是孝。反问显得很有力量，圣人的德行哪有还超过孝德的？换句话说，孝做到圆满了，这就是圣人了。

唐玄宗讲，"言无大于孝者"，是说没有超过孝道的。孝道最关键的是自己要先做到，做到以后才能够教化百姓、教化他人，才能产生如此大的效果。而孔子在圣治章里面特别指出："孝莫大于严父，严父莫大于配天。"尊重父亲，当然也尊重母亲。古代社会以父亲为主，男主外，女主内，父母的地位是平等的。为什么？父比喻为天，母比喻为地，天地是平等的。没有天，地也不能够生养万物；没有地，天也不可能生养万物。天地是平等的，但是这里以父做代表。又提到祭祀，这种重要的和谐社会的方法。

八、亲敬父母　天然性德

【故亲生之膝下，以养父母日严。】

唐玄宗注解："亲，犹爱也；膝下，谓孩幼之时也。言亲爱之心，生于孩幼。比及年长，渐识义方，则日加尊严，能致敬于父母也。"

"亲生之膝下"的意思，"亲"就是爱的意思，亲爱。孩子出生以后，还没有长大，还是小幼童，这叫"膝下"，就是膝盖以下的高度，很小的小不点儿，小孩。"膝下，谓孩幼之时也"，就是小孩。小孩子跟父母就有一种天性的亲爱关系，所以襁褓中的小婴儿，我们看他对父母那种依恋、不舍，这是什么？亲爱。爱心从哪里培养？就从小的时候培养起来。爱从哪里生？就从孩提时代跟父母的亲爱里产生。五伦当中，"父子有亲"，父母跟子女的那种亲爱，是爱的原点。爱心从哪里培养？在孩提时代，自然养成。

唐玄宗讲道："言亲爱之心生于孩幼。"这是讲到父子有亲就是爱的原点，亲爱之心在幼孩时代就养成了。亲爱是没有人来强迫的，不是造作出来的，自然而然。所以爱心是天性，我们称为性德，如果能够保持，那么当孩子慢慢长大以后，就能够把爱心扩展，对一切人都能仁爱。

圣人教化百姓，他懂得循着人的天性来教化，天性是什么？父子有亲是天性，把父母跟儿女这种亲爱能够保持一生，而且能够发扬光大，对一切人都是这种亲爱，这个人就是圣人。圣人教人要爱、要敬，爱敬存心，爱心从哪里生长？从幼儿时代就开始生长。敬心是从什么时候教起？唐玄宗讲："比及年长，渐识义方，则日加尊严，能致敬于父母也。"孩子很小，当然他不懂事，他不懂礼，对于父母，纯粹是天性的那种亲情、那种爱心，没有分别，没有经过后天的训练，自然而然表现出来，这就是爱。

在孩子成长的过程中，还要继续教导他，如果不教导，这个亲爱的心会变质。怎么教导他？慢慢教导他要懂得敬，所以孝要敬才行，所谓孝敬孝敬，孝要有敬，不敬父母不能称为孝。什么时间教敬？要等孩子慢慢长大了，"渐识义方"，四五岁、五六岁，他慢慢懂得道理了，可以理喻了，知道渐渐的认识义方，什么是该做的事，什么是不该做的事。这就要"日加尊严"了，慢慢地要将父母的尊严突显出来，父母有尊严才能够使儿女敬父母，"能致敬于父母"，教敬应当循着这个方法。

九、因循性德　圣教之源

【圣人因严以教敬，因亲以教爱。】

圣人，古代像文王、武王、周公，他们是圣人。他们懂得这个道理，他懂得什么？"因严以教敬，因亲以教爱"，"严"就是尊严，"因"就是凭藉、根据的意思，根据父母的尊严来教儿女敬父。"因亲以教爱"，根据父母与儿女的亲情来培养他的爱心，这是循着人的天性来教化，容易教，逆着人的天性教就难教。古人很懂得教导儿女的次第，从小跟父母依偎在一起，爱心自然就生长了，慢慢长大了就教导他敬父，这时候父母要拿出尊严来了。

尊严，往往父母会委托老师来教导。所以当孩子五六岁能懂点事了，父母就会把儿女送到老师那里去教，为什么？儿女跟老师在爱这方面比较少一点，因为不是从小到大在一起，亲爱程度不像和父母一样，正因为如此，老师在学生那里容易有尊严，所以学生在老师那里学敬、学事师之道，他回到家里就懂得恭敬父母了，也能够以敬事亲了。

《孝经》后面讲的，"居则致其敬"，居住在家里，跟父母住在一起，要致其敬，毕恭毕敬，要讲礼。不能因为从小到大跟父母在一起，就可以不讲礼数了，父子之间有父子的礼数，用现在的话说，不可以无大无小。现在的父母懂得这个道理的不多，可以说现在的父母都很爱儿女，有的变成一种溺爱，儿女想要什么，父母就竭力满足，结果父母就变成儿女的奴仆。不是"父母呼，应勿缓"，而是变成"儿女呼，应勿缓"，儿女要什么马上就做。不仅父母如此，爷爷奶奶、公公姥姥，上一辈的人也如此。现在都是独生子女，独生子女就像个小皇帝一样，一举手、一投足，多少人伺候他。结果他对父母、对长辈敬意都没有，为什么？父母跟长辈没有尊严了，这就很难帮助儿女培养其真正的孝养之心，这不是圣人做法。圣人是什么？要"因严以教敬，因亲以教爱"，父母要有尊严，老师也要有尊严，这是孝道和师道。

玄宗注解："圣人因其亲严之心，敦以爱敬之教。"这句话讲得好，圣人因每一个人的天性，他的天性有两面，一个是亲，一个是严，亲是亲爱，严是尊重。父母在儿女的心目中是两种角色：一种是父母爱儿女，这是亲的角色；另外，父母有他的尊严，儿女要敬父母，"敦以爱敬之教"。教化里面既教爱也教敬，都是因循着本性。所以当一个人长大成人之后，他有爱敬之心，只有爱没有敬，那个爱不是真的，爱敬是一体的两个方面，比如说你爱一个人你就应该敬重他,如果不敬,你也不是真爱他。

对国家、对人民,也是如此,如果是爱一个国家、爱人民,却不尊重这个国家的文化传统,也不敬这个国家的领导人,你说他的爱心是不是真的?所以真正从小培养起爱敬之心,这是真正的孝心,孝的两面就是爱和敬。这样他出来为国家、为人民服务,就有忠心了,所谓"忠臣出于孝子之门"。在家里能够爱敬父母的,他到了自己工作岗位上就能够爱领导、敬领导,爱人、敬人,就能做到热爱自己的事业,敬业。忠孝是一个心,不是两个心,他对父母就是尽孝,对国家人民就是尽忠。

(一)父严远子 问一得三

唐玄宗《御注》当中有段典故,讲道:"故出以就傅,趋而过庭,以教敬也。"

这是讲到《论语》当中有一个叫陈亢的人,他来问孔子的儿子伯鱼,也叫孔鲤,他问孔鲤:"子亦有异闻乎?"你是夫子的儿子,有没有得到特别教导?孔鲤说,没有,如果说有,就是一次孔鲤过庭院,"趋而过庭",孔子就问,"你有没有学诗?"意为《诗经》你有没有学?伯鱼就说没有。孔子告诉他:"不学诗,无以言。"如果不学《诗经》你就不会讲话,所以孔鲤就回去学诗。又一天,他又过庭院,夫子看到了,问他:"你有没有学礼?"孔鲤说没有,夫子告诉他:"不学礼,无以立。"为人处世不懂得"礼",你就不懂得如何做人,就不能立足于社会。所以孔鲤就回去学"礼"了,孔鲤就给陈亢说了这两桩事情。

结果陈亢听了之后很高兴，他说"问一得三"，我听到孔鲤这么一说，有三个感受：第一"闻诗"，知道原来要学"诗"才懂得言语；第二"闻礼"，学礼才能够立足于社会；第三"闻君子之远其子也"，这句话说孔老夫子真的是君子圣人，能够"远其子也"。是说夫子跟自己的儿女保持一定的距离，显示出做父亲的威严、尊严，能够让做儿女的对父母产生敬意，这是教敬，同时在教学上对弟子都一视同仁，没有独厚其子。

（二）亲严有度　中庸有立

《正义》讲道："父子之道，简易则慈孝不接，狎则怠慢生焉。故圣人因其亲严之心，敦以爱敬之教也。"

这句话注解唐玄宗的"圣人因其亲严之心，敦以爱敬之教也"，解释得很好，是讲父子之道，父母跟儿女相处之道，不能够太过简易，也不能够太过亲近，为什么？"简易则慈孝不接"，什么叫简易？简易就是很多礼数都简便掉了，甚至没有了。现在很多父母跟儿女相处都是这样，父母没有礼不可缺的理念了。"不学礼，无以立"，不学习"礼"法，人就立不起来，家也立不起来。所以很多父母跟儿女们，从小一起玩，早上儿女不需要向父母问安，晚上也不需要跟父母道晚安，没有《弟子规》上讲的"晨则省，昏则定"，也没有"出必告，反必面"，儿女要出门，不跟父母打招呼就走，回来也不报告。这些小小的礼节都忽略了，这太"简易"了，就"慈孝不接"。礼能帮助一个家庭长养慈孝氛围，所谓父慈子孝，如果礼数上都简易掉了，儿女不向父母问安，那么孝也就没有了。孝道是要通过这些礼，在这些小的事情当中去体现。

父母对儿女的慈也是如此，父母对儿女的慈，表现在对儿女的教导，"养不教，父之过"，要教他，不教儿女，父母就不是真慈了。教儿女什么? 首先要教导礼，《弟子规·入则孝》就是教导父子相处之道。然后《出则弟》，有孝道了自然有悌道，整部《弟子规》是教我们做人的，也就是一部礼，学了《弟子规》，人才能立起来，不学礼无以立，不学《弟子规》无以立。

(三)慈母亲爱 有礼有节

我的母亲，就是一位很有智慧的母亲。她跟我相处，母子的亲爱是最深了，但是该保持距离的也要保持距离，应当有的礼数也必须要有。

母亲她自己也给我做了好样子，每逢外公外婆他们生日或者逢年过节的时候，母亲必定写一张贺卡，把自己心里对父母的那种感恩、那种赞美写到贺卡当中，然后在家庭的聚会中朗诵，奉献、供养自己的父母。我们做儿女晚辈的看到了，就跟着学习。小的时候会忘掉，但是母亲会提醒："春节了，我们都要给长辈写贺卡。"还特意提醒我："你也要给我写一张贺卡。"我就效法母亲，逐渐养成了常常写贺卡的习惯，来表达自己对父母长辈的感恩，而且把自己的志愿也写进去，孝养父母之志。这也是我们的家庭文化，在这种家庭文化的熏陶下，逐渐完善着自己的孝行。所以礼不可以缺，太过简易，就"慈孝不接"了，父慈子孝、母慈子孝体现不出来。结果我们做下来之后，就做得自然了。现在回头看看过去，十几年前、二十年前写过的贺卡，心里都觉得暖洋洋的，真的，父母与儿女的那种亲情会更加深厚。所以礼不只是外在的形式，它帮助我们长养慈孝之心，当然也是长养我们的敬心，恭敬之心。

（四）亲而有礼 爱渐成敬

邢昺曰："狎则怠慢生焉。""狎"就是太亲近了，儿女跟父母太亲近了，没有礼数了，儿女对父母也就怠慢了。我们看到很多父母没有教导儿女任何的礼数，一味地溺爱。现在都是独生子女，儿女变成了小皇帝、小公主，怠慢父母，稍有不顺，就会耍脾气，甚至会大发雷霆，怠慢父母到极点。原因是什么？父母跟儿女太亲近了，没有一点距离，没有一点礼数，在儿女面前没有尊严，就变成这么个结果。

刚才讲到《论语》那段给我们启示很深，孔子是怎么教导他孩子的？保持一定距离，反而有好处。不能够没有礼数，要及时提醒，该批评教育的时候，就要拿出家长的威严来，孔子就是这样对他孩子的。问有没有学礼，教诫"不学礼无以立"，等于是对儿子的批评，这是显示出了父亲的尊严。一个父亲，也是君，君是领导，也是师，是老师，即父亲兼有领导和老师的角色，所谓君亲师，这样才能把儿女教好，这是教敬。

唐玄宗注解："抑搔痒痛，悬衾箧枕，以教爱也。"这是父母跟儿女那种亲情，在生活当中照顾着儿女，帮助儿女搔痒。儿女小的时候，甚至到五六岁还可能尿床，父母常常洗衣服、洗衣被。

"悬衾"就是挂,把衣服挂起来,把被子挂起来,在生活上点点滴滴照顾儿女,教爱。儿女对父母有一种爱意,不会舍离父母,他知道世间对他最亲最爱的人就是父母,自己也应该如此对待父母。圣人教儿女的敬,"趋而过庭",也有敬的意思,儿女见到父母"进必趋,退必迟",这也是教敬。儿女也应该帮父母搔痒抚摩、洗衣服、洗衣被,这也是体现他的爱心、孝心。父母与儿女的爱和敬这种教法是双向的。

十、天性施教　政教和顺

【圣人之教,不肃而成,其政不严而治。】

圣人根据人的天性来施教,"因亲以教爱,因严以教敬",就能够达到教化的效果,"圣人之教,不肃而成","肃"是严肃,不需要很严厉的、严肃的教学方式也能成就人。"其政不严而治",执政者不用很严厉的法律、政治、酷刑,就能够使社会安定、天下和平,因为人人都懂得孝亲,懂得尊师,懂得爱人,懂得敬人,社会就和睦了。

唐玄宗注解:"圣人顺群心以行爱敬,制礼则以施政教,亦不待严肃而成理也。"这是讲到圣人是顺着群心,"群"就是群众、百姓;人的本心,本心是什么? 就是本性本善。爱敬是性德,本性本善,顺着这种性德来行爱敬之道,这当然就很容易了。顺民心,所以能够顺天下。圣人"制礼则","礼"就是礼度,制礼作乐;"则"就是规则,我们讲的法则、法律这一类的。不管是用礼还是用法律,目的都是为了让百姓能够回归本善,制定这些礼法来施政、施教,都是顺着人的性德的。所以"不待严肃而成理也",不需要很严厉的方式、严肃的方式,他也能达到目的,什么目的? 天下和顺,和谐世界。为什么? 经文讲的"其所因者本也","因"就是根据、依据。依据什么? 依据的是本,根本,"本谓孝也",根本就是孝道。所以以孝治天下,就能达到"圣人之教不肃而成,其政不严而治",天下和谐,垂拱而治。

十一、父子君臣 生续临重

【父子之道,天性也,君臣之义也。父母生之,续莫大焉,君亲临之,厚莫重焉。】

这是进一步为我们阐明父子之道、君臣之义都是天性。

唐玄宗注解:"父子之道,天性之常,加以尊严,又有君臣之义。"父子之道是人的天性,"天性之常",常是长久,长久是什么? 是不变的,在时间空间上都不变。时间上讲,过去几千年前的人也有父子之道,天性,父子有亲,几千年之后的人,也是父子有亲;在空间上讲,中国人父子有亲,外国人也是父子有亲。所以父子之道这种天性是超越时空的,这就是人的本性本善。这种爱心的原点就在父子有亲,这是"其所因者本也",圣人教化百姓,他就是用这个根本,以爱心为原点来教爱。加之以尊严,就成为君臣之义,君就是领导,臣是被领导,上下级之间跟父子之间有相似之处,相似之处是什么?是爱,君对臣要仁爱、要关怀,臣对君自然也就尽忠。但是君臣之间的关系跟父子之间的关系又不同,君臣之间多了些尊严。因为有尊严了,所以不能像父子那么亲近,臣对君以敬为主,恭敬、忠诚;君对臣的那种关怀、照顾、体贴、爱护,当然也要尊重,就是义,所谓君臣之义。这样才能达到君仁臣忠、上下和睦。

下面经文讲道:"父母生之,续莫大焉。"父子之道这种天性,怎么样显现出来?因为是父母所生,才能让天性得以彰显。"续莫大焉",续是什么?继续,也就是能够发扬下去,能够延续下去。父母生什么?生我们的身体,父精母血形成我们最初的身体。如果没有父精母血,即使我们有灵魂,也没办法投胎,它要有一个载体,载体就是身体。所以投胎就是我们的灵入到父母的受精卵当中,然后逐渐长大。"父母生之",我们的身体这样由父母生了出来。所以我们的身体来自于父母,跟父母的身体没有两样,因此我们要懂得爱惜自己的身体。《开宗明义章》就说道:"身体发肤,受之父母,不敢毁伤,孝之始也。"爱惜自己的身体,这是孝的开始,因为这个身体其实是父母的身体。虽然它逐渐长大了,但确实是父母的身体,还是父母的一部分。通过爱自己的身体来敬父母,更要爱自己的人格,自爱自重,修养德行,这样才是敬重父母、孝敬父母。父母生了我们的身体,让我们的灵性得以延续下去,有个载体了,投胎以后做了父母的儿女,长大后对父母尽孝,把这种父子之道的天性彰显出来,称作"续莫大焉"。

假借这个身体行天地之德，行圣人之道，所以"续莫大焉"。

唐玄宗注解得很简单："父母生子，传体相续。"就是传一个身体给你，我们身体就是从父母那里来的。相续什么？让我们的父子之道，这种天性得以相续，当然也包括世俗所说的香火的延续。

"人伦之道，莫大于斯。"是讲五伦关系当中最大、最重要的就是父子。

唐玄宗注解"君亲临之，厚莫重焉"。"谓父为君，以临于己。恩义之厚，莫重于斯。"父亲的角色有君的成分，他有尊严。"临于己"，就是上对下，我们对父亲就要尊重，这也是在传续天性之道，传爱和敬，所以"恩义之厚，莫重于斯"，这是讲"厚莫重焉"。君亲也就是讲父亲像君、领导一样，对臣下就有恩义，这种厚重的恩义，在父子之间得以体现。用这种爱敬的心，和在父母那里学得的孝心，来对待日后的君上、领导，自然能够做到忠诚。

十二、爱敬其亲 身教化众

【故不爱其亲而爱他人者，谓之悖德；不敬其亲而敬他人者，谓之悖礼。】

这两句话，意义很深刻。如果我们对父母双亲都不能够尽孝道，不能够爱父母，这就叫作"悖德"，违背了道德。如果对自己父母亲都不能够敬，而去敬别人，这就叫作"悖礼"。所以，首先要对自己父母能爱能敬，然后才可能爱敬别人。

唐玄宗注解："言尽爱敬之道，然后施教于人，违此则于德礼为悖也。"是说爱敬之道，我们要自己先做到。对自己的父母，我们要有真诚的爱心，能够恭敬父母，这是"德之本"。自己能够把爱敬之道行出来，才能够帮助别人行爱敬之道。如果一个人自己不能够去行爱敬之道，而想要让天下人去行爱敬之道，这叫作"悖德"、"悖礼"，即违背道德和礼义。所以一个君子，他必定是正己而后化人，能够自己尽孝了，然后才可以教化别人去尽孝。所以德行的教育，最重要的是教育者自己要先做到，只有做到了，这个德行教育才有真正的效果。比如，父母教导孩子孝道，如果儿女看到父母给他表演出孝敬父母、孝敬老人，儿女自自然然就能够学到、做到。如果父母自己不能够尽孝，那么他也不可能教得好自己的儿女。所以，教育要懂得，我们教育者自己要先受教育。

爱敬，是一种性德。人要把这种性德彰显出来，最好的方式是在家里去落实孝道，将自己的爱敬之心向父母来显现。爱敬之心培养出来以后，就能够在社会，对所有的人都行爱敬之道，这就叫顺德顺礼，而不是悖德悖礼。所以，不爱敬自己的父母双亲，而爱敬别人，那就叫作悖德悖礼。即能够爱敬自己的父母双亲，而后才爱敬别人，这就是顺德顺礼，顺着自己的性德，与本性本善相应。

十三、违背性德　民无法则

【以顺则逆，民无则焉。】

如果不是顺着自己本性，这种德叫"凶德"，后文会说到的"皆在于凶德"。"凶"是凶悍，凶德就是对性德的损害，违背了我们的本性，那么结果也必定是凶的，招致凶灾。

和谐社会，实际就是性德彰显，本来社会就应该和谐。人人都顺着本性本善而行事，社会就必定和谐，这叫顺着本性、天性。如果对父母双亲不能爱敬，而去爱敬别人，这就是逆着性德、逆着天下的人心了。所以百姓就无所适从，不知道什么是正确的、什么是错误的，搞不清楚顺逆，就"无所法则"，"则"是效法，不知道应该学什么人。这说明天下所行的是逆道，不是顺道。天下之所以行逆道，是因为天子行逆道，百姓都是在看着天子，天子能顺着性德行事，百姓也就顺了，民心也就顺了。如果反之，那么必定会有灾难。

唐玄宗注解："行教以顺人心，今自逆之，则下无所法则也。"一个国家最重要的，就是推行教化。《礼记·学记》讲："建国君民，教学为先。"一个国家建立政权了，最重要的是教育，伦理道德的教育，使人民在政权建立以后，开始进入正常的轨道，安居乐业。所以教育是要顺人心，人心本善，也就是说，教化要懂得顺着本性本善。如果是逆了，"今自逆之"，自己逆着人心，也就逆着本善了，百姓就"无所法则"，即无所适从了，不知道该怎么做，甚至会做错误的事情。

十四、谨守善道 免致灾祸

【不在于善，而皆在于凶德。】

邢昺《正义》："不在于善"即"心之所在"，人心就不在善道了，就变恶了。当人心从善转成恶了，那就"皆在于凶德"，"凶"就是凶害，损害了德行。结果必定会招致国家的灾难，或者是天灾，或者是人祸，甚至可能国家政权都不稳固。历史朝代的更替，皆是因为最后的国君昏庸，不知道行善，荒淫无度，出现种种问题，政权就被推翻，所谓"皆在于凶德"。

唐玄宗解释："善，谓身行爱敬也。凶，谓悖其德礼也。"这是扣紧前面经文"不在于善"讲的，善是身能行爱敬之道，爱父母、敬父母，这是百善之先的孝道。行善，包括身，也包括心。身，要懂得敬，照顾关怀父母；心，是爱着父母。能够如此的尽孝，必定是吉祥。如果不能够这样去行孝，就叫作凶德，"悖其德礼"，违背了道德礼法。如果百姓都违背道德礼法，这个国家、社会就不太平了，必定会有灾难。所以善的果报，就是吉祥；不善的果报，那就是凶灾。一个国家最重要的，是推行孝治、仁政，用教育引导百姓，来行爱敬之道，能够"事亲"，到"事君"，再到"立身"，这样去学、去做，社会自然太平，天子"可以垂拱坐致太平矣"。

十五、不义富贵 视之浮云

【虽得之，君子不贵也。】

"得之"，得到权位，这是说得志了。如果是有损道德礼法，违背爱敬之道，君子"不贵"权位。"君子"，指古圣先贤，也包括社会上真正的仁人君子，他们淡泊名利，对权位、名利，都看得非常淡。如孔子所说"不义而富且贵，于我如浮云"，"不义"是不应该做的事情，如果是行不义而达到富贵，在孔子看来，这种富贵像浮云一样。浮云，不仅是看得淡，而且知道这种富贵是虚幻的，像云彩一样昙花一现，不能够长久，而后来的果报，还常常会很凄惨。正如《易经》所云："积善之家，必有余庆；积不善之家，必有余殃。"行不义的、不善的家族，即使是富贵，也不过三代，后来必定是家破人亡。

现今社会，行不义之家，富不了三代那么久，是富不过十年、二十年。当今世界五百强企业的名单，十年之中一直在换，有的公司甚至破产、倒闭，十年就起了这么多的变化。所以要想事业、家业长久，必须要行善，而行善最重要的是行孝，用孝心来爱敬所有的人。一个企业想要长久，最重要的就是德，如果是靠一些不仁不义，甚至不合法的手段而发达的企业，必定是发得快，败得也快。企图用卑劣的手段谋取暴利，结果是报应也非常的快速。

（一）美国案例 凶德报应

美国一家能源巨子，安然公司，在2001年是美国第七大的企业，家当很大，是上市公司。结果几个CEO，这个公司的领导人，勾结起来，做假账欺骗股民和社会大众，谎报利润，其实是自己贪污。后来东窗事发，这个公司很快股价大跌，我记得是从原来九十美金一股，一直跌到不到一美元一股。股民完全对公司失去信心，大量抛售这个股票，使数十亿美金的投资付诸东流。很多人因此失去职业，甚至跳楼，公司最后倒闭。这几位CEO，死的死，坐牢的坐牢。有一个副总裁，在自己的汽车里，用手枪对着自己太阳穴畏罪自杀；创立公司的一位元老，也是一个CEO，因为受到刺激，心脏病突发，也死掉了；还有一位CEO，面临着两百七十多年的监禁，美国判刑是累积的，两百七十多年，他这辈子到死坐牢也坐不完！所谓"在于凶德"，他们所贪图的富贵，如浮云一样带不去，真的是"万般将不去，唯有业随身"。眼睛一闭，双手一摊，什么都带不去。所以孔子把富贵真的看成是浮云一样，如果是靠行不义而得来的财富、得来的名位，"君子不贵也"，君子会拒绝，会嗤之以鼻。

（二）悖道得志 君子不贵

唐玄宗注解："言悖其德礼，虽得志于人上，君子之不贵也。"违背道德礼法，虽然可以得志，"君子不贵也"，那是俗话讲的"小人得志"，所以君子不贵。"君子爱财"，也"取之有道"。"道"，是符合道义的，真正存爱民、敬民之心，而去做事情。就

像一个大公司的领导，明白企业不完全是自己的，而是属于所有
股民的，领导人只是代理股民做经营，代理经营人，所以他所做
的，应该是为股民负责。如果用欺骗的手段，爱敬之心完全没有
了，做出的行为损人绝对不利己。所以安然公司几位不义的老
总，最后都得到很惨的果报。因此君子所做的，必定是符合道德
礼法的。符合道德礼法的事情才做，不符合的，再多的财富、再
高的名位，君子都拒绝。这就是爱敬存心。

（三）正己化人　孝治圣治

《礼记》的《大学》篇，是《四书》之一。

《大学》有段话讲得好："是故君子有诸己而后求诸人；无
诸己而后非诸人。"这与"爱敬尽于事亲，德教加于百姓"相应，
即爱敬之道，一个君子他首先要求自己。这个"有"和"无"是讲
道德，我们自己要先有道德，然后才可以要求别人来学着做。

假如我们自己对父母不能尽孝，有什么资格要求别人尽孝？
假如我们自己不能行仁行义，不能够遵守礼法，又怎么要求民众
做到道德仁义、知礼守法？所以我们学君子，先要求自己。特别是
从事圣贤教育工作的人，要教导大众，首先自己做到。

"无诸己而后非诸人"，是讲缺点。自己没有这个缺点了，才
能够去评论，要求别人改正缺点。这个道理我们很容易明白，要
想别人改过，自己先得改过。就像很多父母抱怨儿女不听话，晚
上看电视不能够及时完成学校的作业。问一问，家长有没有自
己首先不看电视？如果家长能够做到，"无诸己而后非诸人"，自

己不看电视，然后要求儿女不看电视，就顺理成章，也就能够服人。譬如，恩师教导大家要和谐，要"温、良、恭、俭、让"，内心不能够有嗔恨不平的念头，学着处处忍让、礼让，这些都是圣贤的品德，先要问一问自己有没有做到，做到了，才能服众。学生的眼睛是雪亮的，懂得"听其言，观其行"。说得很好，自己没有先做到，学生也就不服你。乃至现在民主时代，选举国家领导人，国家领导人也是要自己有德行，才会有威望。向民众承诺的，自己必须要先做到，要不然必定会威信扫地。孝治章和圣治章这两章，都为治理天下国家者，提供了很好的参考意见。

（四）悖德悖礼　招感灾殃

【故不爱其亲而爱他人者，谓之悖德；不敬其亲而敬他人者，谓之悖礼。】

如果是真的做出悖德悖礼之事，那他的果报、报应也会很惨。《三国演义》里有一位大将吕布，骁勇能敌万军，是一位难得的将才。但是此人的品德不行，不忠不孝，反反复复，他先投奔了董卓，认董卓为义父，这是父子的关系。而吕布对董卓没有行爱敬之道，当然，这也是董卓没有德行，不能感召一个好的义子，而感召来了忘恩负义之人。所以他们有利可图时在一起，无利可图了，就成为仇人。他们的这种品德，王允清楚地看在眼里，觉得有机可乘。如果一个人德行有亏欠，就自然会招感灾殃。王允把他收来的义女貂蝉，用美人计来挑拨离间，使董卓和吕布为了争夺貂蝉，成为仇人。结果吕布最后亲手把他的义父董卓给杀死了，而吕布自己也没有好下场，后来被曹操捉拿、赐死。所以，不能爱敬父母，他就不可能会爱敬他人，他得到的果报也是被天下人所憎恨，下场也就是死路一条。

　　一个人能不能够得到好报、得到善终、得到吉祥，德行是最关键的，而不在于他的才华。吕布是难得的将才，刘关张三兄弟都打不过他，足见他的骁勇。但是只有才，而没有德，天地也不能容他了，这叫"凶德"，损了自己的德性，结果也就身败名裂了。因此，"君子不贵"，圣人必定不会这样做，也不与这类人为伍。

十六、君子六事　不悖礼法

　　【君子则不然，言思可道，行思可乐，德义可尊，做事可法，容止可观，进退可度。】

　　"不然"，就是"不悖德礼也"，言君子谨守六事，不会违背道德礼法。

（一）言行谨慎　三思后行

　　【言思可道，行思可乐。】

唐玄宗注解："思可道而后言，人必信也。思可乐而后行，人必悦也。"这是讲一个君子，言语要谨慎，"三思而后言，三思而后行"。能够谨慎自己言语的人，他必定是可信之人。人们常常相信的，并不一定是能言会道之人。有时言语多了，反而信用会降低。所以，君子必定是慎其言行的，在言语上尤其谨慎，所谓"敏于事而慎于言"。这个"敏于事"就是在行动上，他可以快速、可以敏捷，但是在言语上，必定是谨慎。他能够守口如瓶，言语谨慎，自然赢得百姓大众的信任。"思可乐而后行"，是讲到他的行为，要想想能不能够给大众带来欢乐，也就是能不能够利益大众，能够利益大众的，大家必定是欢喜而拥戴他。

（二）立德行义 大众效法

【德义可尊，作事可法。】

这是讲到"德义"和"作事"两个方面。唐玄宗注解说："立德行义，不违道正，故可尊也。制作事业，动得物宜，故可法也。""立德"，这是讲到要修养德行；"行义"，就是做应该做的事情。隋朝大儒刘炫，注解"德"和"义"："德者得于理也，义者宜于事也。"所以德就是得乎理，即顺着天理，合乎道理，这叫德。"义者宜于事也"，这个事情是应该做的，叫义。"得理在于身，宜事见于外。"所以德是在内，义是在外。"理在于身"，就是我们凡一言一行，乃至起心动念，都要常常想到合不合乎天理。

我们做的事情，是表现在外的，别人看得到的，是否适当？这叫"立德行义"。"不违道正"，就是他所行的都是正道，能够守住正道而不违背，因此得到大家的尊敬，"故可尊也"。《弟子规》讲："行高者，名自高；人所重，非貌高。"一个人得到尊重，最重要的是他有德行，不是看他的外表。这个貌高者，并不一定赢得大家的尊重。什么是貌高者？就是这个人可能一表人才，从外表上看，好像是一个很难得的人才，或者有很高的学位，或者有很多的财富，或者有很高的名位，这些都是貌高者，但是他没有德行，未必能够赢得大家的尊重，人家尊重的是德行。所以，一举一动，乃至每一个念头都要观照，看合不合乎天理、仁义。

"制作事业，动得物宜。""作事可法"的"作"，这里讲的制作，就是所从事的事业，所作所为是否适合。"动得物宜"，就是所动、所做都必须要适宜，这样才能够使人效法。"法"是效法，跟着你去做，所包含的就很广泛，大至事业，小至一言一动，君子都常常要想到，能不能够为大众做个好榜样，让大众效法。

（三）服饰举止 礼仪有加

【容止可观，进退可度。】

"容止"，仪容和举止。"容"是一个人的容貌，要讲究礼。譬如我们穿衣服要守礼，大大方方，要"衣贵洁，不贵华"，不一定要华丽的服装，但是要干净清洁。"上循分，下称家"，符合自己

的身份, 得体。容貌也表现我们的内心, 如果穿的衣服邋邋遢遢
的, 表示我们内心缺乏恭敬。如果衣服穿得很暴露, 现在社会上
有些女孩子, 穿的衣服露得太多, 就容止不可观了。儒家讲"威仪
三千", 就是人的仪表、举动、形态, 都要合乎规矩, 合乎礼仪,
这就"可观", 即能够看得过去, 值得人效法。人的一举一动, 都
跟他所受的教育相关联。所以古来批评一个人, 最重的批评是没
有教养, 那是最苛刻的批评。一个人举止动作有教养, 就是让父
母、老师也得到荣耀。人家赞叹这个人很有教养, 是父母教养的,
把父母都赞叹了; 老师教导的, 也把老师赞叹了。如果批评一个人
没教养, 就等于骂他的父母, 骂他的老师, 所以他就是不孝不敬。

"进退可度", 一个人的动静, 一言一动, 不管是在动中还是
静中, 都是不越礼法的, 符合礼仪, 符合法度。唐玄宗注解很直
捷: "容止, 威仪也。必合规矩, 则可观也。进退, 动静也。不越
礼法, 则可度也。""不越礼法", 就是不违背礼仪和法律。"进
退", 我们从小就应该学习"进退应对"。在小孩子童蒙时代就
要学习, 所谓"洒扫应对", 如何做事, 如何做人, 培养礼法的观
念, 一举一动处处都能想到礼法, 这样的行为, 是"可度"。可度,
就是值得人评价, 值得人赞叹。

十七、六事完备 导引民众

【以临其民, 是以其民畏而爱之, 则而象之。】

"临"，是对待。君子，尤其是一国之君、国家领导人如何"临其民"？企业领导人、老板如何对待员工？学校的校长、老师如何对待学生？一个家庭，父母如何对待子女？这是同样的道理。君子如何来"临其民"？

唐玄宗注解："君行六事，临抚其人，则下畏其威，爱其德，皆放象于君也。"六事："言思可道"、"行思可乐"、"德义可尊"、"作事可法"、"容止可观"、"进退可度"。君子能够行此六事，来"临抚其人"，"其人"就是百姓、下属，就是人民。一个人自己能够如此去修身，他必定能够齐家、治国、平天下。所以在家，用六事临其儿女，用自己的修为来带动家人，共同把这个家建设得非常和谐，人人遵守礼法；如果治国，他也能够用这六事，来让全国人民和谐相处，共同遵守礼法。

"是以其民畏而爱之，则而象之。"如玄宗所讲"则下畏其威"，"下"，臣子、百姓，都敬畏领导人的威德，"畏"，敬畏。"爱之"，敬畏，又爱他，因为他有德。真正的有德君子，古人讲"不怒而威"，发脾气，显威风，那不是威。有德，处处所行的符合礼法，做到了无懈可击的境界，人们对他由衷的敬爱，其威严也就自然形成，所以在他面前不敢造次。他的德行受到大家的尊敬、爱戴，哪怕不在他身边也常常思念、仰慕他，所以能够"则而象之"，"则"就是法则，学习他，像他那样。这"皆放象于君"，这就是效法这一位有德行的君子、领导，所以有德者自然就有威望。这是自然而然的，不是他自己想求的。想求，已经是名闻利养之心了，他的德行自然就不能圆满，那怎么能够得到百姓的爱戴？

所以，本着无求之心，自然做到有德，得到百姓的爱戴、尊敬，从而百姓能够效法、学习他，跟他做的一模一样，这就是以威德、盛德治国平天下。

十八、德教政令　爱敬而成

【故能成其德教，而行其政令。】

所以他治理国家很容易。因为他有真实的德行，人们由衷的敬畏他、爱戴他。他所推行的德教、教化，人人都愿意领受，都依教奉行，所以"能成其德教"，这个德教的成果，就是天下和谐。"而行其政令"，一个领导人推行政策，下达的指令能够不折不扣地执行，是因为从上而下都敬慕他，大家都愿意认真奉行。孔子在《论语》中说："其身正，不令而行；其身不正，虽令不从。"自己做个好样子，有真实的道德、学问，不待发布命令，底下的人也都已经明了你的意思，会跟着你做。提倡孝道，孝养父母，自己先做到，大家也就跟着孝养父母；自己能够尽忠职守，大家也就跟着尽忠。所以孝、悌、忠、信、礼、义、廉、耻这八德，领导人自己先做到了，百姓、民众也就跟着做。对于政令，大家也就"不令而行"了。所以关键在于自己身先要修正，"其身不正，虽令不从"，否则发布的命令，得不到下面的响应。《大学》讲"自天子以至于庶人，壹是皆以修身为本"，修身就是修德，有德，自然号令容易下达，和谐社会也会就此实现。

十九、引用《诗经》 总结全章

最后,引用《诗经》,总结全章。《孝经》的很多章都用这种方式,言简意深。

【诗云:"淑人君子,其仪不忒。"】

这里,"淑"是指善,"忒",差也,"淑人"就是善人,善人君子。"其仪不忒","不忒"是不差,所以这是"义取君子威仪不差,为人法则"。所以正人君子,具足了德行、威仪,从内到外都会让大家敬仰、效法,把他作为一个法则、学习的榜样,甚至他凡出一言、行一事都成为大家的准则,这就是德行的感召。领导人如果能够以这样的修为来治国,和谐社会必定能够达到。《孝经》讲的就是和谐社会之礼,这就叫圣治章,圣人治理天下,都是这样做。所以我们相信,现在国家领导人提倡的"和谐社会、和谐世界",可以落实,可以实现。

纪孝行章第十

五致事亲　　恭敬不骄　　严谨不乱　　和顺不争

【子曰：孝子之事亲也，居则致其敬，养则致其乐，病则致其忧，丧则致其哀，祭则致其严。五者备矣，然后能事亲。事亲者，居上不骄，为下不乱，在丑不争。居上而骄，则亡；为下而乱，则刑；在丑而争，则兵。三者不除，虽日用三牲之养，犹为不孝也。】

顺承前章　　简述主旨

纪孝行章在圣治章之后，圣治章为我们说明如何治理国家，即治国平天下的大道，关键在于君子正己而后化人，先自己行爱敬之道，以爱敬之心待人，自然能够感化全国、全世界的百姓，同归大治，这就是夫子理想的大同世界。我们了解了大道，如何落实? 不仅是领导人要落实, 每一个人都要落实。自天子以至于庶人, 都要以修身为本, 而修身、修德关键在于行孝。纪孝行章就是教导我们具体如何行孝的。

依循古论　解析章句

【孝子之事亲也, 居则致其敬, 养则致其乐, 病则致其忧, 丧则致其哀, 祭则致其严。】

孝子该如何事亲? 夫子从居、养、病、丧、祭五个方面, 告诉我们具体的做法。

一、落实孝道　事亲五致

我们详解经文, 首先:

【居则致其敬。】

这是讲在家, 对父母双亲要"致其敬"。"敬", 尊敬父母, 是对父母由衷的敬意, 而且要"致其敬", "致"是做到圆满。是内心完全真诚, 没有丝毫保留、虚伪, 这样的一种敬意, 就叫致其敬。

（一）庭坚涤秽　居敬事亲

《二十四孝》的黄庭坚，是北宋的大学问家、文学家、书法家。他在朝廷也担任重要的官职，所谓德高望重，名利都非常的丰足。但黄庭坚侍奉母亲非常尽孝，母亲喜欢干净，受不了肮脏，所以黄庭坚每次下朝，都为母亲清洗尿罐。家里有很多佣人，他仍然坚持自己做，生怕达不到母亲满意，因此必定亲为。

黄庭坚，这位享有很高名望的大人物，洗尿桶的小事都要亲力亲为，而且不是做一天两天，是日复一日、年复一年，他对母亲的孝心是"致其敬"，是真正恭敬，所以后人评论他："此大人者，不失其赤子之心。""大人"就是伟大的人，伟大的人是不失其赤子之心的人。"赤子"就是刚生下来的，赤条条的小婴儿，他对父母的爱、那种依恋完全出于赤诚。如果一个人能够把这种赤诚的孝心，保持一生不改变，这个人就可以称为是伟大的人，是不失其赤子之心的人。伟大的人并不一定是要名位很高的，而在于能否一生保持赤诚的孝心，如果能够把这种孝心发扬光大，就是圣人，他能够用对父母的孝心，对待一切人，这样尽孝，就是圣人。所以"居则致其敬"，在家里恭恭敬敬的为父母做些事情，哪怕是洗尿罐这样的小事，都体现出至诚的孝心。

洗个尿罐的事，难道是小事？孟子曰："事孰为大？事亲为大。"什么事是真正大事？真正的大事，就是事亲。侍奉父母，样样事情都是大事。所以尽孝，没有大小事的分别，纯是一颗孝心去做事，就都是大事，而且是伟大的事，因为这些事能够显出圣贤人的存心，显出天地之德。孝是天地之德，是圣人的存心。孟子讲："尧舜之道，孝悌而已矣。"尧舜是圣人，圣人的存心就是孝悌。黄庭坚之所以能有这样的成就，就是因为有这么高的德行。念念想着父母，事业就能成就，他的美名也能垂于青史。古人讲："水有源，木有本，父母者，人子之本源也。"河流要有源头，源远才流长；树木要有根本，才能够枝繁叶茂。对于为人子的人，他的源头、根本就是父母。能够念念不忘父母，这个人就没有忘本，他的事业就有源泉，有深厚的根基，因此能够长久。所以，黄庭坚有这样的德行，才会有这样的名望，也才会有这样的事业。

（二）陈毅元帅 赤子事亲

无独有偶，中华人民共和国的开国元帅陈毅，建国后当过外交部长。这位受举国人民爱戴、尊敬的元帅，一次从国外出访回来，第一件事情是回家乡看母亲。母亲不知道儿子要回来，预先没有准备，卧居的床不是很干净，陈毅像儿时一样，想要依偎在母亲的身边，母亲赶紧说："不要坐床，坐到对面椅子上，免得把你衣服弄脏了。"陈毅一点儿都不在乎，一下子就坐到母亲床边，安慰母亲说："妈，我是您儿子，小时候还跟您一起睡呢。"然后指着自己的太太说："她是您儿媳妇，您睡的床我们还能嫌脏？"于是就把母亲的内衣内裤，拿出去亲手洗。如黄庭坚一样，陈毅给我们表演了"大人者不失其赤子之心"，所以他的福报会这么大。一个人的福要跟他的德相对应，才长久，如果有福而没有德行,福就不长久,很快就会享尽。

(三)人子事亲 难得诚敬

孔老夫子对"敬",很强调。在《论语》里面,有两段孔子跟他学生的对话。

一次,子夏来问孝,孔子答曰:"色难。有事,弟子服其劳;有酒食,先生馔。曾是以为孝乎?"是说,要孝顺父母,最难能可贵的是在父母面前保持着和颜悦色。"色难",如果心里没有由衷的敬意,就很难表现出那种和颜悦色。特别是对年迈的父母,很可能会表现出嫌弃、不耐烦,所以如果没有诚敬之心,就不能称为孝。"有事,弟子服其劳",给父母、长辈效劳、服务,即长辈有事,需要帮助的时候,做晚辈、弟子的服其劳。"弟子",既包括儿女对父母"服其劳",也包括学生对老师,事亲和事师是一个道理。在家里能够孝事父母,才能够事师,服其劳。所以师道是建立在孝道基础上的。"有酒食,先生馔",有吃的、有喝的,让长辈先用。现代能够做到这一点,已经算不错了,父母有事就去服务,吃用也长幼有序,"曾是以为孝乎?"这就是孝吗?形象上表现出孝顺的样子,如果内心里不是真正的恭敬,那就不能称为尽孝。所以"色难",和颜悦色可贵,内心的诚敬最难得。孔子非常强调"敬"。

还有一次,子由问孝,孔子答曰:"今之孝者,是谓能养。"能养(yàng),这个"养"读去声,"至于犬马,皆能有养,不敬,何以别乎?""今之孝者",现在所谓的孝子,"是谓能养",认为供养给父母钱,吃的、穿的、用的,这些物质的东西,来养活父母就是孝。"至于犬马,皆能有养",这句话的意思有两种:第一种,子女在物质上满足父母,为父母服其劳,以为是在孝养父母,家畜也能够做到为家里主人服务,"不敬,何以别乎?"如果心里没有那种敬意,爱敬的心没有发出来,跟犬马这些家畜的能养,有什么区别?第二个说法也很好,儿女以为能够养活父母,就是尽孝,我们现代人对犬马这些动物、宠物,也是"养",如果对父母不恭敬,跟养宠物又"何以别乎?"有什么区别?强调恭敬心的重要,如果没有恭敬心,也不能说是"孝"。

(四)孝顺亲心 是谓有敬

据广州的报纸报道,两年前的母亲节,记者采访了一些母亲和她们的儿女。首先问这些儿女,母亲节快到了,你们想要如何来孝敬父母?想为母亲做些什么?这些儿女是有钱人、大老板,有说要给母亲买一部进口车的,有说给母亲买一栋楼的,或者有要给母亲多少钱等等;然后再去采访这些母亲,她们没有希望儿女给自己买名车、买洋楼,倒是不少母亲说,就希望儿子、女儿,做生意别那么忙,母亲节、周日可以陪她们吃顿午饭。从母亲的回答,我们就能晓得,大概是忙生意的儿女们,很少回家陪母亲吃饭,所以只是用物质供养,没有用心体恤父母,对父母的那种敬意没有出来,岂能说是尽孝?

(五)清苦克己 敬在隐微

想到自己在美国留学时,母亲希望我尽快拿到学业,完成学业能够很好的工作, 我自己也是这样立志, 所以学习也很努力。

当时四年就完成了硕士和博士学位, 成为我们学校完成学业最快的学生。在美国读书的四年期间, 比起当年范仲淹苦读, 算不了什么, 可是对现在人来讲, 我的留学生活也算是清苦的。譬如, 我们八个中国留学生一起住一个最便宜的公寓, 离学校也最远, 为了省钱, 我们都不肯开暖气、冷气, 冬天冒着寒冷, 夏天忍着炎热。甚至有一位同学用了四年的高压锅, 上面的安全阀都没有了, 不高压了, 我也捡回来用, 因为父母工作收入比较微薄, 所以就要省吃俭用, 靠着自己的奖学金来维持学业、维持生活, 而且我还从奖学金里省出钱来, 每个月寄给父母。

记得第一年的暑假, 我用自己省吃俭用的钱买了一张机票, 飞回来探亲, 当时因为省惯了, 所以处处都想着如何节省。在临走之前, 自己的头发长了, 就想留着回国剪, 到我们家附近的一个理发店, 五块钱人民币, 就能剪一个头发。在美国的理发店, 至少得十二美金, 相当于人民币一百块钱, 所以自己心里就打好算盘, 把头发留得长长的, 准备回国再剪。留学一年多了, 第一次回来探亲, 也买了不少礼物。回国要经过好几次的转机, 我是在路易士安娜州读书, 经过达拉斯转机, 到洛杉矶, 从洛杉矶飞到香港, 从香港再坐直通车, 然后回到家乡广州。风尘仆仆三十多个小时, 旅途劳顿, 脸也比较黑了, 头发又很长, 走到家门口, 真的像个小乞丐一样。结果母亲早已经在家等候, 听到我叫门, 她赶紧来开。"出必告, 反必面", 见到母亲先一鞠躬问好, 说我回来了。抬起头, 看到母亲的样子, 我就一愣。因为母亲的头发梳理得特别的整洁、整齐，进到家里，母亲给我端上热茶，跟我讲："茂森，我知道你今天回来，昨天特地去剪了个发。"

当时我听到母亲这么一说，内心里觉得非常惭愧、非常内疚，马上感受到母亲那种心，因为一年多没跟孩子见面，要给孩子一个好形象，让孩子在美国，没有什么后顾之忧，知道母亲在这边生活得也很好。可是自己的心就不是这么想，我心里盘算的是，理发的价钱，哪里的比较高，哪里的比较便宜，盘算着差价，没有真正把敬父母的这个心，放在首位，没有想到要拿出最好形象给母亲看。所以常常想到自己的过失，都会流下眼泪，很惭愧，"居则致其敬"，就没有做好。内心里，竟然把利益放在了孝亲之上，所以敬意就没有了，怎么能够称为尽孝？

因此在物质上供养，能够给父母寄钱，那当然是属于孝心，但是关键在于"致敬"，如果只能在物质生活上满足父母需要，而对父母没有敬意的话，那就如孔子所批评我们的："至于犬马，皆能有养。不敬，何以别乎？"对父母如此，对老师、对领导也都是如此。这个孝心扩展到对老师，那就是对老师的尊敬，扩展到对领导，那就是对领导的尊敬。所以居家、在家里养成这种敬意，才能够在学校尊敬老师，到了社会自然能尊敬领导、长上，能够尽忠。

二、养则致乐　悦亲尽孝

孝子事亲的第二方面："养则致其乐。"孝养父母，关键的就是让父母欢乐。所以孝亲有三个层次：第一层，孝养父母之身，这主要是在物质生活上能满足父母的需要，养身。能不能说是尽孝？不能。第二层，还要养父母之心，就是让父母快乐。第三层，还要养父母之志，父母的志向，父母所希望我们做到的，我们努力去做到，这是尽孝，是真正让父母欢喜。

（一）老莱斑衣　存心悦亲

养父母之心，《二十四孝》中的老莱子做得非常好，他能够悦亲。他是春秋时期楚国的一位老人，姓莱，叫老莱子。他七十多岁时，父母已经九十多岁了，可是他为了让父母高兴，忘却了自己的年老。每天就在父母跟前，扮成小孩的样子，又跳又蹦，还在地上翻跟斗，让父母看到很欢喜、很高兴，这是悦亲。老莱子很体贴父母的心，用自己像小孩子一样的行为，来帮助父母忘记他们的年迈，这一种存心难得。所以我们看一个人的孝心，要从事相上，从他的行为上去看，一般人觉得老莱子这么做，好像有失威仪，跟《孝经》前面讲的"容止可观，进退可度"好像不同；其实不是，我们要看他的存心，存心是真正为了父母，让父母欢喜、欢乐，这是养父母之心，非常难能可贵，所以他的故事能够载入《二十四孝》当中。

我们现在做儿女的，有没有常常想到让父母开心？如果能够像老莱子那样，常常能够体贴父母，让父母高兴，这种孝心、孝德就非常的难能可贵。父母并不在乎我们对他们有多少供养，而真正在乎我们对他们的这份孝心。

（二）海外打工 克己奉亲

我在美国留学期间，当时为了补充一点生活和学习的费用，第一年的暑假我还去打了工，到美国北部的明尼苏达州，在一个游乐园中卖棉花糖。

游乐园里有很多孩子，他们很喜欢吃棉花糖，我们就在那里专门为他们做。把糖注到机器里面，然后把它搅出来，搅成丝，用一根纸棍把它一卷，就成为一个棉花糖。

这棉花糖吃起来很甜，可是对制作者，是一个苦事情。为了不让游客受到棉花糖机器噪音的影响，我们都在一个密闭的玻璃罩间工作，从早站到晚，每天十几个小时，当时很劳累，因为我从来也没有这么干过活，对我也是一个挑战。当时我们一些中国留学生在一起，租了一间附近的公寓，每天自己做点饭，然后带到工作地点，一直到晚上才回来睡觉，屋子里也没有桌椅，没有家具，我们都睡在地板上，这样艰苦的生活，我们熬了三个月。

游乐园当时给我们的工资，一小时是六块三毛五美金，记得打工的净收入是三千多美金，当时我就寄了一千美金来孝敬母亲，那是母亲有生以来收到最大的一笔外汇收入，也是第一笔外汇收入，母亲非常欢喜。她把儿子的供养分成了好几份，有一份买了很多礼物，来跟亲友们分享，孩子从远方寄来的供养，给母亲带来了欢乐。另外有一份寄去捐给希望工程，帮助失学的儿童。母亲非常高兴，不是因为供养了多少钱，而是远隔重洋的儿子，能够心里一直想着孝敬父母，这是真正给父母带来欢乐的原因。我跟母亲，我们母子之间真的可以说是非常的融洽，没有丝毫的代沟。在美国，我每个礼拜都给母亲打电话，每两个礼拜都写信，向母亲汇报我的学习、工作、生活，让母亲安心。所以"养则至其乐"，养父母之心，比养父母之身更难得。

"居则致其敬"和"养则致其乐"，简单解释，是说要对父母有一种恭敬、爱敬的存心，常常要想到为父母服务奉侍的时候，要尽自己的恭敬。唐玄宗注解的"居则致其敬"，平常居家，要懂得尽到自己的恭敬心。养父母之食不难，难是难在能够对自己的父母尽到那份恭敬之心。"养则致其乐"，玄宗注解"就养能致其欢"，近前奉养父母关键是让父母能得到欢乐，如果是让父母操心、忧虑、烦恼，这就是不孝。

三、病则致忧　竭力疗亲

孝亲第三部分"病则致其忧"，是讲父母有病时，儿女当然是忧心忡忡。

（一）文王侍父　行色有忧

唐玄宗注解为"色不满容，行不正履"。这是讲周文王侍奉父亲王季时的样子。因为父亲生病，文王很担忧，每天给父亲问安，如果看到父亲病有好转，脸色才比较和缓，如果父亲的病没有好转，那么必定是满脸的忧闷，甚至走路都不稳。"色不满容"有两层含意，一则内心忧闷，脸上没有欢喜只有忧愁；二则在父母面前又不可以表现，因为让父母看到我们忧愁的脸色，父母心里也会担忧自己的病情，所以做孝子的处处要想到父母的心理。

"行不正履"，就是鞋子都穿不正。因为古人都是席地而坐，他们在家里，一般都是把鞋子脱到外面，不穿到房间里来。孝子听到父母有病时，心情很焦虑、很紧张，就赶快去问父母病情如何。起来时行动很快，连鞋子都没穿好就跑出去了，所以"行不正履"。他要赶紧去看看父母如何，这都是孝子担忧父母的表现。"色不满容，行不正履"，只是举出儿女在父母生病时担忧的两个方面，实际上，孝子内心中最希望的就是把父母的病医好。

（二）菏泽孝子　创造奇迹

山东省菏泽市牡丹区农民戴永胜，是2004年评出的中国十大孝子之一，他的母亲患了癌症，已经扩散，医生说生命不会超过一年了，当时他只有二十七岁，看到母亲被病苦折磨，内心非常忧闷。母亲躺在病床上每况愈下，全身浮肿、呕吐、吃不下饭，经常发烧，精神已经到了快要崩溃的地步。戴永胜下定决心要挽救母亲，医院的医生说没有办法治疗了，他就在民间到处寻找治癌的良方。为了母亲，他寻药访医，长途跋涉，辗转走了九个省，收集到一百五十多个民间抗癌的药方，在此期间，他曾经忍饥挨饿走过三天三夜。由于用心至诚，他几乎成了一位治癌的专家，每天按照药方亲自煎药后，送到母亲的身旁，真正做到了《弟子规》的"亲有疾，药先尝，昼夜侍，不离床"。经过半年的努力，他母亲的病况居然渐渐好转了，到医院去复查时，医生惊奇地发现,癌细胞已经萎缩了百分之七十,也就是病已经好了七成。医生非常惊讶,都认为这是医学史上的奇迹,不可思议。

奇迹是怎么发生的?完全是孝子戴永胜真诚的孝心感来的。如《孝经》所讲"孝悌之至,通于神明,光于四海,无所不通"。真正孝心到了极处,它可以"通",通于神明,我们说的神了、奇迹出现。"光于四海,无所不通",至诚能感通,所以他母亲的病奇迹般地恢复了。现代科学家也用实验,证明了人的意念可以改变物质的结构,可以影响水的结晶结构。日本江本胜博士,他十多年对水进行研究,发现人的心理,包括语言,这些信息会对水结晶结构产生影响。当人用良善的意念来对待水,比如赞美水,说爱和感谢,用爱心、感恩心对待它,在显微镜下观察水的结晶就非常美丽。如果我们用恶意、恶言对水,所结出的水结晶就非常丑陋、难看。同样都是水,竟然有两种不同的结晶,这是由于人的意念对它产生了作用和影响,证明人的意念可以改变物质结构。我们身体百分之七十都是水分,一个细胞里也有百分之七十是水。我们想想孝子戴永胜,每天给母亲煎药,让母亲喝药,他以什么样的心?以纯善纯孝之心,所以感得母亲身体病况好转那么多。我们相信他所煎的药,药汤的水结晶结构必定是很美的,能够转化癌细胞,所以真正以至孝对父母就会产生不可思议的效果。这就是"病则致其忧","忧"不仅是表现在外表容貌,更重要的是要落实到行动,为父母医治。

（三）孝女至诚　哑父讲话

湖北也有一个孝女感召奇迹的故事，这是2004年《武汉晚报》刊载的真人真事。有一位聋哑人姓解，因为幼年时药物中毒导致聋哑，此后便一直靠手语跟外界交流。后来他成了家，生了一个女儿，女儿后来考上了湖北省的旅游学校。女儿非常的孝顺，每天都花一个小时陪着她的老父亲，帮助父亲学讲话。女儿很耐心，从拼音开始教起，慢慢地、一点一点地教他去发音。虽然聋哑人对于发音特别不敏感，有时候翘舌音、平舌音都不分，很难发得准，女儿就用自己的手比作舌头来教父亲卷舌，而且很耐心的用夸张的口型来教父亲，一点点讲解发音的技巧。有时候父亲灰心丧气，自己都不想学了，女儿就一个劲儿地哭，结果他父亲非常感动，暗自下定决心一定要学会讲话。功夫不负有心人，整整教了十四年以后，这位聋哑的老父亲真的会讲话了。成年的聋哑人还能够通过训练后开口说话，这都是由于孝女把"病则致其忧"，真正落实到了行动当中，孝心感召了这么好的果报，这也是医学史上的一个奇迹。

四、丧则致哀　痛悼亲恩

【丧则致其哀。】

唐玄宗注解讲："擗踊哭泣，尽其哀情。"父母总有离开我们的一天，确实"人生自古谁无死"，如果父母过世，当然做儿女的会非常哀痛，哀痛是一种心情。为人子女，因为想到从小到大自己蒙受父母的养育之恩，这个恩德比山高比海深，自己长大了，很想奉养父母来报恩，可是父母却偏偏离我们而去了，想要报恩也没有机会了。这是古德说的"树欲静而风不止，子欲养而亲不待"，所以儿女当然非常的哀痛，哀痛到捶胸顿足的哭泣。"擗"就是捶胸，"踊"就是顿足，这都是因为哀痛表现出来的样子。哭泣，是尽其哀情，父母与儿女的情义，这是儿女厚道的心。做人要厚道，要知恩必报。古人的心都很厚道，总想着要报恩，对我们恩德最大的，莫过于父母。所以当父母离开的时候，自自然然就表现得无心茶饭、睡眠，因为哀伤，他没有心思吃饭、喝水、睡眠，整日整夜的哭泣，这些都是儿女自然情感的流露。当然这种情形也不可以太长时间，《孝经》最后一章，丧亲章中讲，这种哭泣、不吃饭、不喝水的状况不能够超过三天，否则身体就会受不了。"身体发肤，受之父母，不敢毁伤，孝之始也。"虽然有哀痛，不可以超过三日，三日之后必定要饮食，要进入正常的生活，这是"丧则致其哀"。

五、祭则致严 庄严肃穆

【祭则致其严。】

是讲父母走了以后要祭祀父母，祭祀父母最重要的是在祭祀当中能够庄严肃穆，表达自己对父母、对先人的那种恭敬。唐玄宗注解说"斋戒沐浴,明发不寐",这是讲到祭祀。

(一)守丧三年 定期祭祀

父母出殡埋葬后,就要定期的祭祀。古人一般都要守孝三年,有的在父母灵墓旁边,有的人在自己家里。这三年之内不去做官,也不搞任何享乐的生活,每日思念父母恩德,想着如何立德立身,回报父母,不辜负父母的期望,常常要坐着思惟三年。《弟子规》讲:"丧三年,常悲咽,居处变,酒肉绝。"守丧三年,我们不能够有任何享受,即使是有喜事,也快乐不起来,因为心中有思念父母的哀痛。悲咽就是哭泣,因为思念父母而有这种哀情。

三年之后,每一年都要有定期的祭祀。祭祀,一般家族都有一个祠堂,祠堂就是祭祀的地方。从自己的始祖开始,一个家庭有一个开始的祖先就是始祖,到自己去世的父母,每一位祖先都有立席的牌位,或者是有一个总的牌位。定期祭祀当中,一般我们讲祭祀的日子,有清明节、中元节、冬至节。清明一般是每年阳历的4月5号,一般人都扫墓,扫墓不是在祠堂中祭祀,而是到父母的墓地去祭祀。中元节是农阴的七月十五;冬至节是阳历12月22日,都是祭祀的日子。在祭祀当中追忆、感念父母祖先的恩德。

(二)感念祖德 慎终追远

父母上面还有父母,一代一代的祖先都对我们有恩德,虽然没有见过这些祖先，但是他们的恩德，他们的福荫，让我们还能够享受到，我们之所以有今天，真的是祖宗之德，常常如此思惟、感念、祭祀祖先，人心就厚道、就纯朴，所谓"慎终追远，民德归厚矣"。祖先就好比是一棵树的根本，我们的家族是一棵大树，从祖先那里长起来，这是有根本。常常想到根本，想到我们今天之所以枝繁叶茂，家族能够这样的昌盛，是因为有根。我们要返本报始，要回到根上来，祖先是我们的根，所以我们要给他们祭祀，这是一种报恩的心。人能够常常有这种报恩心、返本报始的心，德就厚了，人心也就朴实了。如果人人都能如此，民族也就有福了，所谓"民德归厚"，整个民族民风、百姓的德行都变得很厚道，德行厚道就有福报，民族就能够长盛不衰。

中国人都讲自己是炎黄子孙，因为我们整个民族最初的祖先是炎帝、黄帝，用他们两位来代表祖先。我们讲到三皇五帝，用炎黄二帝来做代表，炎黄二帝之前还有伏羲氏，炎帝是神农氏、黄帝是轩辕氏，炎黄二帝的祖先据记载是伏羲氏。我们都给这些远祖立牌位，祭祀他们，我们民族的民心多么淳厚！中国没有变得四分五裂，依然维持大一统，中华民族能够绵延五千年长盛不衰，我们就想到是因为民族有根基，这个根基就是孝道的文化。百姓能够有着返本报始的思想，不忘祖先、不忘根本，民族才能够长盛不衰，而且历久弥新，这是其他文明没有的。四大文明古国，其他三个文明现在都衰败了，只有中华文明到现在仍然有着强盛的生命力，原因真的是古圣先贤的教诲，让我们能够遵循孝道、祭祀祖先、不忘本，是祖先给我们留下了这么好的道统。古人对祭祀的礼非常看重，因为他们对祖先真的有那份恭敬心。

（三）斋戒沐浴　恭敬赤诚

唐玄宗的"斋戒沐浴，明发不寐"，"斋戒沐浴"，是在祭祀之前三天，就要戒我们的身的行为。夫妻要分居，三天都要过着清净的生活，身体清净，心里才能够清净；沐浴是洗干净我们的身体。这些都帮助我们心里清净。古人，特别在北方，不是天天洗澡，在记载上说到，一个月三十天，一般十天洗一次，从初一到初十，这第一个十天叫作"上浣"。浣洗的"浣"，这个浣就是洗浴；第二个十天叫"中浣"；第三个十天叫"下浣"。上中下这三旬，只洗这三次，沐浴后也换洗衣服。而在祭祀之前必定也要沐浴，即使不在沐浴的日子，为了祭祀也要沐浴，这都是表示恭敬。"明发不寐"，"明发"是讲整个晚上，到天亮叫明发，祭祀之前从晚上一直到第二天早上，都不睡觉，保持自己那种清净恭敬的心理。因为人一睡觉难免就会怠慢，就会放逸。古人为了祭祀能够做出这样一种行为，是表示对祖宗的恭敬，这种恭敬完全出自赤诚的孝心。父母在世时，我们以这种赤诚的孝心对父母，父母走了以后，我们赤诚的孝心仍然不改变。像周文王对他的父母一样，所谓"事死者，如事生"。所以文王有这样的圣德，才感得周朝基业能够绵延八百载而不衰，有这样的厚福才有这样长久的家业。

六、五致皆备　心意圆满

【五者备矣，然后能事亲。】

五者，就是孝子事亲"居则致其敬，养则致其乐，病则致其忧，丧则致其哀，祭则致其严"这五个方面，其中都讲到一个"致"字，致敬、致乐、致忧、致哀、致严。"致"就是尽，尽心尽力的意思，如果不能够尽心尽力，那是少了真诚心。所以这五个方面都要尽心的去做到，能够尽力的做到才能称为事亲，侍奉双亲。一个孝子，真正有赤诚的孝心，自然五个方面都能做到。如果五者缺一，唐玄宗讲"则未为能"，就是不能称为事亲。五者都要圆备，都要具足，才称得上能事亲，"备"，是圆满。事上如何圆满？那是我们心要圆满，对待父母的心真正是恭敬到了极处，在事上也就自自然然做到圆满，没有造作的成分，自然而然，这是本性本善的自然流露。以上是孝子事亲的五个方面。

七、事亲三不　真实学问

【事亲者，居上不骄。】

真正事亲的人还要做到三个方面，第一个是居上不骄，第二个是为下不乱，第三个是在丑不争。

（一）居上不骄 谦敬临下

唐玄宗注解为"居上不骄，当庄敬以临下也"。"事亲者"就是儿女，儿女是为父母尽孝的人。这里讲到三个等级的人物，一个是居上者，是做领导的，地位很高。比如经上讲的孝子，所谓五等之孝，第一是天子，第二是诸侯，这些都属于居上者。国家领导人、企业领导人、团体，譬如说学校、机关单位等等都有领导，也都属于居上者。居上位的人最重要的品德是不骄傲，《礼记》讲"傲不可长"，即使我们有很好的德行学问，也不可以有傲慢，因为当我们一傲慢的时候，德行就缺了，德行缺了，学问也就不真实了。所以我们要常常怀着谦卑恭敬之心，"当庄敬以临下也"，就是对待下属，对比自己地位低的人，这个地位低的，对国家领导来讲，是下层的官员，在企业是各部门的企业员工，在家里晚辈都是下。在上位的就要以庄敬而临之，庄是庄严，敬是尊敬，上位的人对待他们要庄严、恭敬，要懂得爱护、照顾他们，即使是对一个非常不起眼的人物，也要用平等的恭敬之心。

孔子曰："如有周公之才之美，使骄且吝，其余不足观也矣。"人没有恭敬之心，即使有像周公那样的才华，周公那样的外表，如果他骄傲而且吝啬，其余就不用看了，他的德行学问必定是有限的。周公的道德学问是孔子最佩服的，周公的庄敬、不骄有历史记载。

周公在吃饭时，有客人来拜访了，他的饭还没有吞下去，他就马上吐出来，去接待客人，一点儿都不怠慢。饭虽然还没有吃好，但是他以接待客人为重，客人走了以后，再回来继续吃饭。吃着吃着，饭嚼在嘴里，又有一个客人来了，他又把饭吐出来，因为如果要吞下去，时间还要更久一点儿，而且吃不好，肠胃就会消化不良，所以干脆就吐出来，又去接待客人。有时一顿饭来三个客人，他就"一饭三吐哺"。

古人头发很长，周公把头发刚刚洗好，还没有来得及用布擦干，一般擦干之后，把头发卷到头上还需要一点时间。这时候有人来了，结果周公来不及整好自己的头发，就马上用手挽住头发去会客。如是有三个人来访，他的头发就三次握着去见客人。所谓"一沐三握发，一饭三吐哺"。沐浴一次，三次手握头发去见客人，吃一顿饭三次把饭吐出来，为了接待客人。周公真的是厚德，对人多么的谦虚，多么的恭敬。虽然身居上位，周公摄政辅佐成王，掌握着国家大权，可是他一点傲慢心都没有。对于下面的人都是这样的恭敬，非常值得我们学习。

如果生起傲慢就会招致人的不服，对人失礼会招致人的讥嫌议论。小者他会批评你，也会连累你的父母，说这个人没有家教，不懂礼节，带累了父母，这是我们对父母不孝，我们的行为要能够为父母争光，这才是有孝心。骄慢严重很可能上位不保，自古至今我们看到太多的案例，因为骄慢而导致自己最后身败名裂，甚至家破人亡，父母必定是极端的忧虑、伤心，这也是大不孝。

韩信辅佐刘邦，打败了项羽，夺得天下。他年轻时，有个地痞来羞辱他，让他从胯下钻过去，韩信钻过去面不改色，都能够忍胯下之辱。忍辱也可以说是有谦卑的心，可是他功成名就后，骄慢心起来了，甚至想自立为王，结果他的下场就是被刘邦给灭掉。历史上讲的"成也萧何，败也萧何"，萧何是刘邦的宰相，韩信就是萧何举荐给刘邦的。韩信开始是不起眼的小人物，萧何看中了他，韩信想走，结果萧何月下追韩信，并把他推荐给刘邦。后来萧何看到韩信傲慢心起来了，自己想当王，就把他给灭掉了。居上位的人一有骄慢，就是堕落，甚至是灭亡的开始。

为什么人会有傲慢？因为有了名闻利养、有了权势，就自以为了不起，好像高高在上，生起了傲慢心，人品就降低了，他的福分也就随之大大减弱，让父母蒙羞受害，这就是对父母大不孝。"居上而骄则亡"，亡就是灭亡，自己身败名裂、家破人亡。

（二）为下不乱　恭谨事上

【为下不乱。】

唐玄宗注解"当恭谨以奉上也"，为下者是居在下位的人，是臣子属下。比如臣民，对诸侯而言他是臣子，对于卿大夫来讲他是家臣。大家族的仆人、佣人，企业的员工，这些都属于在下位的人。

在下位关键是不乱，不乱是不能够有叛逆的这些念头，更不可以有这些事情。要恭谨，恭就是恭敬，谨是谨慎，来侍奉自己的长上。三国时代诸葛亮，一生奉行恭谨二字。每做一件事情都是三思而后行，他带兵打仗非常谨慎，推行政策也是很谨慎。因为稍不谨慎就可能会惹来灾祸，所以诸葛亮这一生没有什么疏漏。古人有赞扬说:"诸葛一生唯谨慎。"诸葛亮一生做到以恭谨之心来侍奉自己的国君,精忠报国,真是鞠躬尽瘁,死而后已,不负刘备三顾茅庐的知遇之恩,这是古代圣人君子的情怀、品德。

"不乱"不仅是我们行为办事,待人要恭谨,实际上恭谨之心是对一切人、一切事、一切物,不仅是对自己的长上,凡是做事情粗心大意、不恭敬、不谨慎,或者说是常常丢三落四,行为放逸懒散,这种种的缺点,都属于乱。乱是什么? 不正常。不正常的言行,这也是对父母的不孝,因为事亲者他是不乱的,一切都是恭谨的。古德讲"一分诚敬得一分利益,十分诚敬得十分利益",人真正有一分诚敬之心,他就能够获得一分的福分,用这种福分来孝亲侍亲,这是属于尽孝。

(三)在丑不争 和顺从众

【在丑不争。】

"丑",也有不少含意,一般丑是丑陋,在这里是众的意思,"丑,众也",在大众中,"不争"。大众属于平民百姓,也是地位比较卑贱,在古代等级社会里,属于下位、下级。所以以上讲到的三个方面包括:居上的、上位的人,还有为下的是讲臣子,"在丑"就是更加普通卑下的这类人。在大众之中最关键的是不能够争,"争"竞也,就是竞争,不要有竞争的意念。"当和顺以从众也",这是跟大众相处的时候,要懂得恒顺众生,要懂得以和为贵,和顺就没有斗争、没有竞争。真正圣贤君子,他们的品德就是无争,真的是与人无争,与世无争。老子《道德经》说:"天之道,利而不害,圣人之道,为而不争。"天的道理是什么?利而不害,只利益人而不害人。圣人之道是为而不争,为是作为,为人服务,为社会做贡献,但是绝不跟人竞争。以无争的心,以礼让的心来处众,这是在丑不争的意思。

现代教育体制,受西方影响,尤其是现在经济思潮影响下,大家都竞争,都争利,人与人之间要竞争,企业与企业之间要竞争,乃至国与国之间也要竞争。竞争的思想,导致互相都要争利,争到最后就产生斗争,大家就兵戈相见。斗争升级了就是战争,现在的战争很麻烦,不像古代常规战争,死的人有限,现在的战争,可是原子弹、核武器的战争,生化武器的战争,所以到了最后,战争就可能导致世界末日。竞争最后的结果是末日,是死路一条。西方的竞争是死路,不像我们传统文化,中国人讲的忍让、礼让、不争,能够不争自然就不会有怨恨,能够礼让大家就和睦、和平了。

《弟子规》讲"财物轻,怨何生",现在人都争财争利,互相之间结怨的很多,真正把财物看淡了,懂得让利,就自自然然不会有那些怨恨发生。经营商业的企业家,如果真正懂得这个不争的道理,实际上活得也很自在,而且也不见得企业的利润会降低。北京的一位企业家,他过去在经营当中有竞争的思想,跟另外一个公司竞争市场,互相揭露对方的缺点。比如说有一次看到对方公司制造的产品里面,有一个部分没有按照标准去做,就揭发人家,后来他们公司有了问题,对方公司也就不放过他,把他的这些问题、隐私也都揭露出来,甚至放到了网上告诉所有的消费者,就这样互相的诋毁。《弟子规》讲:"人有短,切莫揭,人有私,切莫说。"把人家的短处都给揭露出来了,引起了怨恨。做了这些事情不仅跟人家结怨,还导致了别人的报复。后来,这位企业家学了《弟子规》,把《弟子规》作为自己企业的规范。非常难得的是,自己带头,从上到下员工们一起学《弟子规》,员工们逐渐放下了竞争的思想,只是为大家服务,真正以一颗真诚的心为客户着想、服务,反而使得客户对他们产生了信赖感,因为不争反而赢得了大家信赖。学了《弟子规》以后,不竞争了,他们的企业竟然盈利额增加了很多,企业经营得反而更好了。

所以,真正懂得圣贤之道的人,他们不会争,因为知道争得来的其实也是你该有的,你不该有的,你争也争不到,何必要去争?这是君子乐得做君子。反而小人要争,冤枉做了小人,争到最后没有幸福,没有快乐,而且到处树敌。就像一些大富大贵的人,他们靠一些不良的手段发家,通过跟人争利而发达,其实这种发达也是他命中本该有的,如果命里没有,怎么争,用什么方式争,他也得不到。

明朝袁了凡先生是一位进士,在家训《了凡四训》中记述,他年轻时被一位高人算定了一生的吉凶祸福,包括考试第几名,做什么样的官职,拿多少俸禄,命中无子,多少岁去世,都给他算定了。结果真的,他后来的人生完全按照算命人给他算定的走,真是"一饮一啄,莫非前定",所争来的还是命中应该有的。用争的方式, 其实得到的不是幸福快乐, 会有怨恨、有对立、有矛盾, 最后甚至可能终日都活在惶恐当中。所以一些有钱人, 反而很孤独、寂寞, 常常担心自己的钱被人拿走, 担心别人绑架他、谋害他, 因为他跟人家争, 也怕人家跟他争, 他是用不良手段争来的, 别人也是用这种不良手段去争他的, 所以会很惶恐。在丑要争的话, 最后就会导致斗争和战争。所谓 "在丑而争则兵", 兵就是战争。所以夫子在这里劝导我们, 处众不要有争的思想。

八、三者致祸　皆为不孝

【居上而骄则亡; 为下而乱则刑; 在丑而争则兵。】

(一)上位骄慢　前途消亡

"居上而骄则亡", 就是上位的人如果产生了骄慢, 他最终会灭亡。不仅对人, 对一个家庭、一个国家都是一样的道理。居上对人而言, 他居于上位, 有很高的名誉、很高的地位、很多的财富, 这样的人如果产生骄慢心, 最终就会变得没有德性。缺失了德行, 福报就会丧失, 最后就变得家破人亡, 如我们刚才举到韩信的例子。一个家族也是如此, 再大的家族都会有没落的时候, 如果在旺盛的时期不懂得谦敬, 不懂得布施行善, 生活骄奢淫逸, 家族也会很快灭亡。《红楼梦》四大家族贾、王、史、薛, 最后都是灭亡, 因为骄就忽略了积福, 福总有享完的一天。国家也是如此, 国力强盛如果骄慢, 看不起小国、欺负别国, 最终必定自取灭亡。古来朝代的更替就是如此, 朝代之所以被推翻, 大都因为最后的皇帝骄奢淫逸。所以一个政党、一个国家, 如果骄慢, 其前途就是会消亡。

(二)下位而乱 刑律制裁

"为下而乱则刑", "为下而乱", 居下位的人不能乱, 要遵守礼法, 要恭谨的来侍奉长上。如果不能够恭谨办事, 乱了, "则刑", 就会有刑法相加; "刑", 就是会有刑法的。如果犯了法律, 会遭到法律的制裁。一个企业, 员工违犯企业的规定, 就会遭到企业的惩处、责罚。所以为下最重要的就是有这种恭恭敬敬、谨谨慎慎的心。

(三)处众争斗 招致祸患

"在丑而争", 如果处众时, 跟人竞争、跟人家争斗, 最后就导致兵刃相加。"兵"是兵器, 古代兵器指刀箭, 现在可以说是战争, 所以竞争升级就导致斗争、战争, 斗争是小范围, 战争是大范围。

比如说一个人在社会上跟人家争斗, 如果遇到对方心怀怨恨, 还会引来杀身之祸。如果是国家, 国家与国家之间要争, 争到最后就变成了战争。如果是争石油的, 就变成石油战争; 争资源、争土地亦如此。我们看到二战时期, 日本法西斯就这样去掠夺, 得到的就是所有国家的痛恨, 国家形成联盟来对它进行反击, 最后的结果就是一败涂地。

处众就是跟别人相处，乃至国与国之间相处，不可以用争，应该用让，真正能够礼让，就能够得民心。

国家能够真心的帮助别人，自然也就感得其他国家会真心帮助我们。像这次汶川大地震，在短短三天之内，就有几十个国家伸出援手，或者是传来了吊唁、安慰、慰问灾区的灾民，真是一国有难，多国支援。平时用一种仁爱的心对待别的国家，就招感来别国对我们的这种真心和真诚。

九、三者不除　虽养不孝

【三者不除，虽日用三牲之养，犹为不孝也。】

"养"，读第四声。如果居上而骄，为下而乱，在丑而争，这三方面不能够去除，即使是每天用三牲去供养，也是不孝。"三牲"，唐玄宗注解："太牢也。""太牢"就是牛、羊、豕三牲，三种畜生。古代吃肉的机会很少，能够吃上牛肉、羊肉、猪肉是很难得的，用三牲比喻对父母在物质上丰厚的供养。所以即使每天用这么好的物质来供养父母，在这三方面做的不好，也叫不孝。因为居上而骄的话，他就会亡身、亡家、亡国，怎么能够称得上对父母尽孝？为下而乱的，不恭谨办事，违法乱纪，自然遭到刑法的惩处，这也是对父母不孝。处众而争的，导致怨结甚而亡身灭国，更是不孝。

下一章特别讲到"五刑"，就是古代的刑法，刑法把自己的身体都伤害了。《孝经》讲"身体发肤，受之父母，不敢毁伤"。这里讲孝以不毁为先，即孝之始不能毁伤自己的身体。受到刑罚了，就会对身体有毁伤。如果居上而骄，自己身体被杀害了，亡身更是毁伤。"在丑而争则兵"，兵刃相加，这也是对身体的伤害。不仅毁坏身体，也毁坏自己的家业。如果是对国家，毁坏国家的社稷、主权，这是对国家祖宗的不孝。所以唐玄宗说："言上三事皆可亡身，而不除之，虽日致太牢之养，固非孝也。"这是讲到"居上而骄，为下而乱，在丑而争"，三种情况都能致亡身。对国家而言就可能会亡国；对企业而言，这个企业可能会破产；对待家、对待团体都是适用的。如果不能够避免这三种事情，即使是对自己的父母每天用很好的物质生活，三牲供养，也叫不孝。

父母心里时时挂念的是儿女的身体，是儿女的事业，乃至他们的后代。如果我们因为骄慢或者不恭谨，或者跟人家去争斗而导致自己亡身，乃至自己家族没落、后代断绝，这都属于大不孝。所谓"不孝有三，无后为大"，这个"后代"需要我们有身体保存，绵延下去。不仅是有子有孙，有后代及身体，这叫有后，更重要的是家道、家风、家规能够承传下去，家业也能承传下去。所以要承传家风、家道、家规、家业，最重要的是要有德。如果是骄了，如果是乱了，如果是争了，这都是坏德、败德。因此我们中华文化强调要谦卑、恭谨、忍让，这是保持一个家族延续的最重要的品德。

从《孝经》我们能看得到，人只有修养品德，才能够真正尽孝，而尽孝也就是将自己的品德修至圆满。所以开宗明义章就说：

"立身行道，扬名于后世，以显父母，孝之终也。"能够这样修德、立身、行道，使得自己有后世子孙，都得到大家的尊重，有这种名望，能够显耀自己的父母，这就是大孝、至孝。所以我们作为炎黄子孙，要常常想到，不仅是现前的父母我们要尽孝，更重要的，还要传承我们中华民族的文化道统。修德立身是每一个炎黄子孙的责任和使命。

十、家道有孝　幼承五致

（一）居养有敬　病忧祈祷

我学习孝道，最初在十一岁的时候，母亲教导我读《孝经》，当时读到纪孝行章的五事供养，"居则致其敬，养则致其乐，病则致其忧，丧则致其哀，祭则致其严"，我印象很深刻，在母亲的带动下，在家里学习对父母的恭敬、学习孝道。

小学三年级的时候我就开始学做饭了，有一天当父母回到家里的时候，看到满桌子已经摆上了饭菜，我站在门口，等待父母回来，给父母鞠躬，请父母上座吃饭，学着做"居则致其敬，养则致其乐"。当父亲患了脑瘤要动手术时，我在美国大学做教授，特地从美国赶回来，找到广州市最好的外科医生为父亲做手术。我还记得，当时在他手术房门口，一直虔诚地念着观世音菩萨，祈求菩萨降福给父亲，手术做得很成功，而且医生也很惊讶，说他这样的肿瘤，因为生在脑腔的中部，很难动手术，不知为什么，手术做得也特别顺利，现在恢复得也很好。

（二）丧亲致哀　祭祀严肃

"丧则致其哀。"我的外祖母,她八十四岁离世。当时母亲带领我为老人家守夜送终,我们给她做临终关怀,给她念佛,从她断气的那时候一直念佛念到第二天,一天一夜。《弟子规》讲:"居处变,酒肉绝。"我跟母亲发心吃素,把享受断除,本来是吃素四十九天,结果一直吃到现在,已经十五年了,还继续保持。而每年,我母亲必定清明时节和冬至节都要带着我去祭祀,也就是祭祀我母亲的父母、祖先和我父亲这边的祖先。每次祭祀的时候都供上供品,自己穿着很肃穆,而且为祖先读诵传统文化的经典,自己思维自己这一年当中的德行,到底能不能够对得起祖先?这是我们家里的传统。

（三）贤母慈悲　捐献独子

现在学了传统文化,遇到了恩师,他启发我们要把心量扩大,不要只是想着自己一个小家,要想到一个大家。中华民族是个大家,我们要常常想到替我们中华民族这个大家尽孝,所以立德立身就是最重要的。我们看到中华传统文化现在非常衰微,因为真正成就的人少。传统文化儒释道三家,大儒、圣贤君子少;道家的高道也少;佛家真正有所成就,明心见性、大彻大悟、开悟证果的高僧大德也少。

现在要拯救传统文化,最重要的是我们自己力行,自己能够从不骄、谦卑、忍让、不乱、恭谨下手,修养这些品德,来为往圣继绝学,把传统文化扶植起来,复兴起来。这是我们,尤其是年轻人应该志愿去做的。这比自己在世间得到一些富贵、名利来孝养父母更为重要。因为这是大孝显亲，以自己真实的品德、学问、德行，让父母得到荣耀。哪怕不能够对父母有三牲之养这样好的物质生活供养，父母知道自己的儿女在做重要的、复兴民族文化的事业，即使只能够得到小康的水平，他们心里也安乐，因为看到儿女能够增长学问、德行，这是父母最欢喜的。

我非常感恩母亲，她能够成全我的心愿。原来在昆士兰大学做到终身教授了，本来是可以给父母"日用三牲之养"很好的物质生活，但是父母知道我有这种愿心，我们有这么一点愿心，父母就成全我们，宁愿自己吃穿用度上节俭一点，而希望我们能够在道德学问上得以成长，希望我们能够效法古人，为往圣继绝学，为万世开太平。所以母亲在我呈交了昆士兰大学的辞职函之后，就带着我到我们恩师的门下拜师、求学。母亲献上一点束修之礼说："现在我这儿子就送给您来调教，希望日后他也能效法您，真正为社会、为启发大众觉悟做出贡献。"母亲不是想着自己的名闻利养、生活享受，她能够毅然把辛辛苦苦培育三十多年的独生儿子捐献出来，为社会、为众生做一点事情，当时我自己也非常的感动，也非常感恩。所以读到《孝经》，假如我们不能够好好修养自己的德行，增长学问，那真的是大不孝，即使是能够在德行、学问上有所进步，也不可以有丝毫的骄慢。因为《孝经》上讲"骄则亡"，一骄傲了，道业就会损坏，德行就有亏缺，就对不起父母。所以我们要常常反省，回到自己的身上，检点自己，在自己的角色上去认真的力行，落实孝道。

五刑章第十一

至罪不孝　要君毁圣　非孝无亲　大乱之道

【子曰："五刑之属三千，而罪莫大于不孝。要君者无上，非圣人者无法，非孝者无亲，此大乱之道也。"】

阐明章旨　列述五刑

纪孝行章讲的是孝子如何行孝，这一章是反过来说明，如果不孝就是大罪。五刑章，"刑"是刑法，古代的五种刑法有三千条罪名，不孝的罪是最大的。

"子曰"，是孔子说。"五刑之属三千"，五大类的刑法总共有三千条，"罪莫大于不孝"，唐玄宗注解："五刑谓墨、劓、剕、宫、大辟也。"把这五大类刑法的名目说出来。

"墨"，就是如果人犯罪了被官府抓起来，会在脸上做记号，就像现在人纹身似的，在脸上、在一块皮肤上把印记烙在上面，不能够洗刷下来，即告示大众这个人曾经犯过罪，所以要警惕他的行为。如果遭到这种惩罚，可以说是大耻辱！而且这个耻辱是一生带着的，这种印记就像纹身似的一生都会留下来。如果遭受到墨刑，就让父母、家人蒙羞，而且可能一辈子都抬不起头来。现代人，没有犯刑法，但也去纹身，自己给自己刻上这些烙印，古代的人是只有犯了罪才受这种墨刑。"五刑"这是第一类。

第二类叫劓（yì）刑，"劓"，我们看这个字就能会意了，它是用刀把鼻子割掉一块。所以这个记号比墨刑更加明显，而且更长，鼻子被削掉了，这个相就破掉了，很难看。自己犯了罪，接受官府的刑法，遭受了身体的毁伤，是大不孝。为什么要用这种刑法？也是告诫世人假如犯了刑是大不孝。

第三种刑法叫剕（fèi）刑，非字边一个立刀，这种刑法就是把脚给砍掉，这种刑法也是很惨，等于把人变成残废了。

第四类是宫刑，宫刑是让人失去生殖的能力，男的是被阉割，就好像古时候做太监似的，女子也是用类似的方法，让她失去生育能力，这是宫刑。孟子说"不孝有三，无后为大"，如果是犯了重罪，受了宫刑，这也是大不孝！

第五大类叫大辟，是极刑、死刑。这个人犯的罪极重，不能够留在世间了，所以要把他的生命给夺去，或者是斩首，或者是把他绞死这一类的刑法。

一、三千罪条 不孝最大

【子曰:"五刑之属三千,而罪莫大于不孝。"】

五刑中的每一类刑都有多种,总共加起来有三千条,所以"条有三千,而罪之大者,莫过不孝"。这些罪条,是古代记载的,所说的最大的罪就是不孝之罪。因为天地之间父母的恩是最重的,假如不孝父母,那就是天地间第一等的罪人,所以当然应该接受这五大类刑法的惩处。

(一)亲权处分 治罪不孝

在古代有一种叫作亲权处分,就是如果父母到衙门去告儿子不孝,跟官府诉讼,官府不必去审问,可以直截了当把儿女抓来,进行判刑。甚至如果父母说儿女大不孝应该杀头,官府也二话不说抓来就杀头。因为父母是最爱儿女的,这是天性,假如父母如此伤心、绝望,要跑到官府去告儿女不孝,甚至要把儿女置于死地,可见父母的心真的是伤透了,心都碎了,这种儿女确实也没必要留在世间。这是古代的亲权处分,父母双亲的权力,他有权让自己儿女受刑。

亲权处分在民国以后就被取消了,现在都讲究人权,连儿女也要向父母要人权,父母不能够干涉儿女,儿女要有自己的天地,他想要怎样,父母也无可奈何,现在变成这样的一个世道。在过去,不孝那是大罪,是最大的罪,很可惜,现在这些刑法都没有了,也没有专门制定关于孝道方面的法律,孝道只是人们心目中的一种伦理道德,它没有真正有力的、系统的法律保障。所以应该恢复为孝道立法,我们也看到真有这样的提议者。

(二)倡立"孝法" 以法护孝

在几年前,四川成都市有一名律师姓李,他向四川省人民代表大会呈交了一份"孝法的立法草案建议书","孝法",孝是孝道,即为孝道来立法。这位律师提议说,我们国家对公民如何尽孝的法律规定很少,中国的"婚姻法"略有提及,但是很不够详尽。应该专门为孝道立法,并作为国家公务员考试的内容,国家选拔干部、聘任领导,也要首先看这个人有没有孝的德行,看他对父母有没有尽到赡养的义务,能否尊敬父母,如果不孝敬父母,不能尽到为人子女应尽责任的,就没有资格参与公务员的考试,也没有资格做领导。

这个提议非常好,跟古人选拔人才标准一致。古人选拔人才有两个标准,一个是孝,一个是廉,所谓举孝廉。一个人是孝子,他才能对国家、对人民尽忠;一个人能够廉洁,就能够知足常乐,能够守法,能够廉洁奉公。所以"举孝廉"体现了自古以来选拔官员的标准首重德行。

孔子当年说,最大的犯罪,就是不孝罪。如果是领导干部对待他的父母不能够尽到义务,父母投诉儿女不孝,这种公务员的资格确实需要重新考量。特别是我们国家现在提倡构建和谐社会、构建和谐世界,和谐从哪里产生?从孝道产生。《孝经》开宗明义章就说"先王有至德要道","以顺天下,民用和睦,上下无怨",孝道能够构建和谐社会。所以确实是很有必要恢复孝道的风气,把孝道作为受到法律保障的一种正式的道德行为。这是从五刑章中我们得到的启示,相信如果真能这样做,一定会倡导起孝道的、尊老爱老的一种社会风气。

二、要挟君长 身败名裂

【要君者无上。】

"要"就是要挟、逼迫,"君"是领导,如果对领导要挟、威逼,这种人心目中没有领导、没有长上。唐玄宗讲"君者,臣之禀命也。""君者"在古代这是天子、皇帝;"臣之禀命也",是臣子们所遵依、所禀受命令的这位领导。对君王如同在家里对父母一样,对君王的尊敬犹如敬天一样,所以古代称君王叫天子,天之子。所以敬天子就如敬天,这是恭敬到极处了。如果是对于君、对于自己的领导还敢要挟,那么这是"无上"也,他心目中已经完全没有长上,可以说不知天高地厚,这种人最终必定身败名裂。

三国时代的曹操,"挟天子以令诸侯"。他就是要君者,挟持皇帝,独揽大权,号令天下,他的心目中当然没有皇帝。所以他才会说出:宁愿我负天下人,也不可以让天下人负我。他心目中是极端的自私自利,最后导致自己灭亡,一代奸雄逃不过报应。东岳庙有一副对联讲道:"阳世奸雄忍心害理皆由己;阴司报应古往今来放过谁。"所以曹操在现世就遭世人的唾弃,最后身败名裂,他来世、生生世世也必定是遭受苦报。所以要君者,是无上的人,心目中没有长上、没有尊长的,这种人大不孝,所以他的报应也必定很惨。

三、毁谤圣贤　无法可依

【非圣人者无法。】

秦始皇焚书坑儒,结果他报应来得很快。他希望能够千秋万代都是他的王朝,自称是秦始皇,然后到二世,希望还有三世,到百世、千世、万世,结果到儿子二世就亡了朝。"非圣人者",因为他已经把这个正确的法则、符合本善的法则给打破了,心目中没有这些法则,所以自然他就会遭到天地之间这种报应。如果违背了天地,就遭到天地的报应;如果违背了人心、天理良心,必定遭到民众的推翻。

玄宗皇帝解释:"圣人制作礼乐,而敢非之,是无法也。"这里主要是讲儒家的圣人,最早制礼作乐是周公,他真的是用这种手段来构建了和谐社会。他制的礼可以说是人与人相处的最好的行为规范,作的乐启发人心,使人心向善。正直、诚实的音乐艺术,可以真正让人心和善、社会和谐。如果批判周公、批判孔老夫子,就是造成社会动乱的主要因素之一。

四、心无孝道　如树无根

【非孝者无亲。】

对孝敬父母的行为、言论进行批判，所谓"跟自己父母要划清界限"，这些言论叫"非孝者"，"无亲"，就没有父母亲了。父母亲是一个人的根本，就好比一棵树有根，它才能够茁壮成长，如果根断了，那么这棵树很快就枯死了。所以"非孝者"就是批判、认为孝顺是不对的，这样的人会很快就不能够在世间久留了。玄宗皇帝注解说："善事父母为孝。"如果说父母不必要孝顺，不需要按照《弟子规》去做，认为这些都是过时的东西，现在是二十一世纪，进入信息、科技时代了，老一套不用了，这些，都是心目中没有父母，就像无本之木、无源之水，很快会枯竭了。

媒体报道，5·12汶川大地震中，有一个中学老师，地震中正在教课，地震一发生，他就不顾学生，自己先跑掉了，这完全是自私自利。结果面对记者的采访，他居然大言不惭地说："假如要救人，我最多是救自己的女儿，我连父母可能都不救。"这是"非孝者无亲"，他心目中哪有父母？试问一下他："假如你自己年老了，也突然有一天发生地震，是不是你也愿意你的女儿不来救你？她先出去自己跑掉，那你心里是什么样的感受？"

五、人有三恶 不孝大乱

所以上面三种，

【此大乱之道也。】

这是大乱之道。唐玄宗说："言人有上三恶，岂唯不孝，乃是大乱之道。"如果人有上面讲的"要君者无上，非圣人者无法，非孝者无亲"这三恶，不仅仅是不孝，而且是制造大乱的因素。

（一）三罪致乱 杀身之祸

现在世道，言论自由，为了自己出名，可以去批判传统伦理道德、批判孝道、批判圣人，这是制造大乱之道！在过去，孔子的时代，孔子曾经做过鲁国的大司寇，他统辖的地域里有一个人叫少正卯，他就常常讲非圣人的话，批判圣人，蛊惑人心，不讲伦理道德，而且口才特别好，真的是谁都辩不过他。他没有犯法，但是当时就把他抓起来，杀掉了。什么罪名？孔子找不到他什么罪名，就是扰乱社会。所以当时社会能够安定，因为大家有一个善恶是非的标准。现代社会言论自由，想说就说，也不知道说出来会有什么样的后果，这就会产生大乱，就是大乱之道。

（二）圣人法则 垂训后世

【非圣人者无法。】

这句话我们单提出来特别谈谈。圣人所说的都是传统伦理道德，这些伦理道德是不是圣人自己制定的？其实不是。孔老夫子说："述而不作，信而好古。"孔子是至圣先师，他所做的只是汇集古圣先贤的这些伦理道德的行为规范、教育典章，垂训于后世。

这些伦理道德、行为规范，是不是古圣先贤制定的？像周公制礼作乐，是他制定、规定的？其实也不是。他所规定的实际上都是每个人本应该有的行为，是一个本善没有流失的正常人应该有的行为。具足了本善、性德的，这种人才正常，这种人是圣人，所以人人本来都是圣人。《三字经》开篇就说："人之初，性本善。"所以圣人所制定的这些规矩、法则，无非就是把我们的本善、本性的性德用文字记录下来，成为我们共同遵守的法则，不是某个人制定的，他所制定的都是我们每个人本来应有的这些行为。所以圣人制定的这些法则，它是出于我们的本性，也要靠我们人的心去维持。人心首先要有一种法则，有一个规矩，有一个秩序，这样他的行为必定是如理如法，必定是很有规矩、很有秩序的，这是性德的流露。

就像天体的自然运行，我们地球是太阳系九大行星之一，地球有它自己运行的轨道，围着太阳转。月亮是地球的卫星，围着地球转。九大行星也各自有各自的轨道,各行其道,很有规矩、很有秩序,这是自然现象。自然而然,就叫作性德流露。自然的法则都是这样的有规矩,人类的法则也是如此,所以圣人制定这些法则让我们遵守,无非就是让我们恢复本善、恢复性德。真正恢复性德的人,也就不需要这些规矩,他自自然然就行出这些规矩来。

(三)圣贤言动 规矩有法

我记得第一次到新加坡拜会我们的恩师时,有一个很深刻的印象,老人家做什么事情都是循规蹈矩,很有秩序,有条不紊。从衣服穿着到一举一动,乃至杯子、碗、书本等等这些用具,该摆在什么地方,都摆得非常的整齐和有秩序。那天母亲带着末学一起去拜见恩师,在一起喝茶,我就在留意观察,老人家用了好几次的纸巾,不是用完之后把它拧成一团,随便乱扔,而是一点一点地用,每一次用完之后就把它叠好,叠好以后就放到了旁边,整整齐齐。这个动作完全自然,没有丝毫造作,这就是性德流露,人本来就该这样。

如果人不守规矩,那是后天污染了,自己生活放逸、行为放逸,圣人才给我们制定规矩,让我们遵守。让我们遵守的目的,无非就是让我们回归本善,恢复性德。等恢复了性德以后,你自然所做的就合乎规矩。就像孔子他老人家,到七十岁做到了"随心所欲不逾矩",虽然是随心所欲地做事情,可是样样都合乎规矩、合乎法则,因为这是性德流露,完全是本善起作用了,不需要特别加意念去遵守规则,他自然而然把这个规矩都表现出来了,这就是圣人，完全恢复性德了。在没有恢复性德之前，我们凡人必须要时时提醒自己遵守规矩。

（四）遵循法则　回归本善

圣贤的教育很重要，圣贤教育就是教导我们如何做人、如何做事、如何生活。包括人伦的关系，伦常。伦常也是一种法则，儒家讲的五伦关系，也不是人为制定的，不是周公规定一个人要有这五伦关系，它是人自然就有的。人一出生就会面对父母，就有父子的关系；也自然就有兄弟的关系；有君臣的关系，君臣是领导与被领导的关系；将来有夫妇的关系；还有朋友的关系。这五伦是完全出乎自然的。圣人教导我们要守着伦常道德，在五伦关系中守住"十义"，所谓"父慈子孝、兄友弟恭、夫和妇顺、君仁臣忠、长惠幼顺"，要遵守着这十个义务，伦常关系才能和睦。这种义务、规矩也是本来应该这么做的，是本善。

如果把这些传统的伦理道德，批判成是过时的东西，不合时宜了，大家心目中就没有了法则，社会就一定会乱。伦常一乱，真的父不父、子不子，做父母的不知道如何做父母，做儿女的不知道如何做儿女，家不宁，社会自然也就不安定。所以要构建和谐社会，还是要恢复传统伦理道德教育，把我们的古圣先贤重新请出来，学习、效法。

真正遵循圣贤之道来生活，实际上不仅是人伦关系处得好，社会很和谐，而且人与自然之间的关系也和谐了。现在，我们所面临的是地球的灾难，地震、海啸、风灾，种种的灾难好像一年比一年严重，全球气候变暖，南北极冰雪快速融化，这些都是因为破坏了自然法则。自然有自然的法则，人要遵循着自然的法则与自然相处，爱护大自然，这样才能够维系健康的、持久的地球。现在地球变得千疮百孔，很多树木被砍伐，水土也流失了，气候反常，其实是人的行为造成的，人们贪图利润、追求欲望、极端自私自利，这些都不符合圣人所说的法则。

圣人教导我们温、良、恭、俭、让，"温"就是温和；"良"是善良，善待一切人和环境；"恭"是恭敬，恭敬不仅是恭敬人，也恭敬大自然；"俭"就是节俭，生活不要求豪华、享受，豪华、享受会使这些大自然的资源快速地被消费；"让"是忍让、礼让。如果人能够遵循这些行为规范，大自然也不会对我们有这种报复。如果人要挟君上、要挟领导，或者是批判圣贤之道、批判孝道，有这三恶那就会造成社会大乱，孔老夫子早在两千五百年前就预见到了。

广要道章第十二

孝悌礼乐　上行下化　敬寡悦众　谦恭要道

【子曰："教民亲爱，莫善于孝。教民礼顺，莫善于悌。移风易俗，莫善于乐。安上治民，莫善于礼。礼者，敬而已矣。故敬其父则子悦，敬其兄则弟悦，敬其君则臣悦，敬一人而千万人悦。所敬者寡而悦者众，此之谓要道也。"】

邢昺《正义》　简述章旨

邢昺《正义》曰："前章明不孝之恶，罪之大者，及要君、非圣人，此乃礼教不容。广宣要道以教化之，则能变而为善也。"

这是讲本章宗旨，承前启后，前面五刑章所说的是不孝之恶，这是最大的罪，"五刑之属三千，罪莫大于不孝"，而且讲到要君，即要挟领导、批判圣人、圣贤，这都是礼教之所不容，不符合圣贤教诲的。现在要反过来，"广宣要道以教化之"，即应该大力的宣扬圣贤之道、宣扬孝道。"广"是广泛，"宣"是宣扬，"要道"就是孝道，就是伦理道德的教育。用孝道这个至德要道，来教化大众，使大众能够善者更善，不善者转恶为善，这是广要道章所讲的宗旨。

所以"广要道"，"广"就是广泛的、详细的来说明。因为本经的首章，开宗明义章就提到了这是至德要道，但只是提了一个名相，没有详细的说明。《正义》的"首章略云至德、要道之事，而未详悉"，这是说第一章开宗明义，只是简单提到了孝道是至德要道，但是没有详细的讲解，所以"于此申而演之，皆云广也"。在第十二章就是详细演述、说明，所以用"广"字，广要道章。下面一章是广至德章，再下面一章是广扬名章，这也是第一章提到的扬名显亲，都是详细说明。

"故以名章，次五刑之后"，这是讲为什么这一章放在五刑章之后，因为首章特别说到至德，然后是要道，把至德放在要道之前来讲，表示至德先于要道，而第十二章是广要道章，第十三章才是广至德章，为什么反过来开解，先讲要道再讲至德？"谓要道施化，化行而后德彰"，要道就是要用这种圣贤的教育来进行施化。"施"是布施、推广，"化"是教化。那么"化行"，大众因为接受了圣贤的教育，转化了，而后性德才能彰显，所以至德放在要道之后。"亦明道德相成，所以互为先后也。"要道和至德相辅相成，也可以互为先后，在第一章，至德在前，要道在后；此地要详细说明时，就把要道放在前面，至德放在后面。

依循古论　解析章句

一、教民孝悌　亲爱礼顺

【子曰："教民亲爱，莫善于孝；教民礼顺，莫善于悌。"】

唐玄宗《御注》："言教人亲爱礼顺，无加于孝悌也。"简单、直接。"子曰"就是孔子说的，这部经从头到尾都是孔子的叙说。"教民亲爱，莫善于孝"，我们现在构建和谐社会，希望百姓都能够相亲相爱、团结互助、和睦共处，最好的方法就是教孝道。"教民礼顺"，要教导大众能够知礼、和顺，"莫善于悌"，最好的教学就是教悌道。

（一）媒体同仁　推广孝道

我们看到现在确实有不少的媒体同仁，已经意识到媒体教育对和谐社会的贡献，就像山东电视台有一个《天下父母》的栏目，节目中的事例十分感人，都是专门讲孝道的，这就是推广孝道。"教民亲爱"，孝道真的能够转化人心，而且转化得非常迅速，效果显著。

（二）海口监狱 教化显著

我在2008年6月，参加了在广州市举行的国际儒联座谈会，听到了海南省司法厅副厅长张发先生的报告，他管辖的海口监狱，用《弟子规》来教化服刑人员，产生了非常好的效果。

原来他们一直都在摸索，如何能够把服刑人员真正教化好，使他们刑满后，不再重新犯罪。这就要通过转化他们的内心，因为法律不一定是最有效、彻底的规范人行为的方法，在某种程度上，道德其实更重要。法律后面是道德，而道德起于人心，孝是德本，所以他们就想到用传统文化、用《弟子规》、用孝道来教化这些服刑人员。

开始他们在摸索中，效果并不理想，后来发现要使教化效果能够卓著，最重要的是教育者首先受教育。所以这位司法厅副厅长就组织了海口监狱的民警分批去学习《弟子规》。慢慢地，民警们通过学习《弟子规》先转化了自己，过去用比较粗暴的方式对待服刑人员，现在懂得用关怀、照顾、爱护的方式来帮助他们。因为警官自己先落实《弟子规》，然后再转化服刑人员，所以效果就特别好。

海口监狱专门有定期的亲情交流会，用孝道和亲情教育感化服刑人员。在交流会上，学习了传统文化的服刑人员，为自己的父母献上孝道歌曲《跪羊图》，然后给父母洗脚、忏悔，常常有父子、母子之间抱头痛哭的场景出现。由此，我们真正看到了孝心把服刑人员的良心唤醒了，他们生起了惭愧之心，愿意改恶向善，这些服刑人员因为心里存着孝道，出狱后都变成好人了。提起孝心的人就不会再做违法、犯罪的事情了，否则让自己父母忧心、痛苦，就是大不孝，所以《弟子规》、孝道的教育效果非常好。

其中有一位服刑人员，原来是做过县领导的，因为贪污受贿而被关到了监狱里面。一开始他还看不起《弟子规》，因为他觉得自己很有文化，后来受到民警行为的感动，他有了转变。而真正转变他的，是有一次监狱放他回家过了一夜，他跟母亲在一起，谈心到很晚。母亲已经衰老了，他让母亲睡下后，自己怎么也睡不着，就来到院子里，看到有很多树叶，就想为母亲做一点事，于是拿起扫把，扫这些树叶。扫着扫着，忽然感到背后有双眼睛在注视自己，一回头发现母亲正依偎在门边看着他，眼里噙着泪水，眼神又悲又喜，这位服刑人员自己也非常的感动，想到自己从小到大都没有给父母做过什么家务，因为在监狱学了《弟子规》，回到家里才有这样的表现，让母亲如此地惊喜，母子俩忍不住抱头痛哭。我们看到，用《弟子规》、用孝道的教育，真正能够把人心从恶转变为善。

"教民亲爱，莫善于孝"，百善孝为先，孝心一开，他的善心就能够生起来了，所谓百善皆开。这是特别讲到作为国家领导，希望全社会的人民相亲相爱，最重要的是要教孝道、教悌道，孝悌之道可以使人民亲爱礼顺。

（三）君能孝悌　臣民效法

邢昺《正义》解释："此夫子述广要之意。"这是孔老夫子讲"广要道"的意思。"言君欲教民亲于君而爱之者，莫善于身自行孝也。君能行孝则民效之,皆亲爱其君。"这是讲另一层意思,也很好。"君"是领导,"亲于君"就是爱戴和尊敬领导。"欲教民亲于君而爱之者",如果要教导大众、百姓对领导能够尊敬、爱戴,"亲于君"就是爱戴和尊敬领导;"而爱之者"就是爱领导,这是上下能够和睦;"莫善于身自行孝也",最重要的是什么?自己要做一个行孝的好榜样。"君能行孝则民效之",社会大众看到这位领导都在行孝,大家就会效仿他了,效仿他自然会对他格外的尊重,亲爱之心就生起来了。而"皆亲爱其君","亲"是以他为亲人,把这位领导看作是自己的亲人,对他爱戴而尊敬。这是国君、领导为百姓做个好样子,才能够使百姓亲爱其君,也才能够生起忠诚之心。

国家如此,所有团体也都是如此。事业单位的领导,企业老总,乃至一个家庭里的家长,都希望自己的下属能够对他忠诚爱戴,最好的方式是自己力行孝道,做一个好样子出来,进而教导大众也来行孝。大家都能够行孝,对父母能够尽孝了,在自己的工作岗位上就能够尽忠,所以忠和孝是一个心不是两个心。

下面"欲教民礼于长而顺之者,莫善于身自行悌也",这是讲要教导大众对尊长、领导有礼,能够"顺之",即领导要使人顺从,最好的方式就是自己行悌道。悌就是尊敬自己的长辈、尊重兄长。

"人君行悌,则人效之。""人君"就是人的领导,可以是国家领导,可以是任何企业、团体的领导。领导能够行悌道,能够尊敬自己的长辈、自己的兄长,"则人效法之",大家都效法他,以他为榜样。"皆以礼顺从其长也",自然大家也能够尊重自己的长辈和兄长,也能够守礼、听顺领导。所以希望下属能够忠诚、顺从,最好的方式是自己做个好样子,自己行孝悌之道,自然就能够使下属、使民众对自己有亲爱礼顺之心。

二、音乐艺术 转变风俗

【移风易俗,莫善于乐。】

移风易俗,转化社会风气,最好的方法是用音乐艺术。

唐玄宗注解讲:"风俗移易,先入乐声。变随人心,正由君德。正之与变,因乐而彰,故曰莫善于乐。"这是讲风俗的移易,社会风气的转变,往往通过音乐、歌声、歌曲,就能看得出来。我们现在泛指艺术,从大家喜闻乐见的艺术中,就可以看出这个社会的风俗如何。因为音乐等艺术能够反映人的性情、爱好,也反映当时社会的状态,如政治、经济、文化等种种状态。艺术随着人心而转变,所谓"变随人心",人的心转了,性情、爱好变了,艺术也就跟着变。"正由君德",这是讲到要转变社会风气,我们要懂得转变艺术,用艺术来教化社会大众,包括现在的电影、电视、音乐、美术种种的节目、艺术方法等等,通过这些来教化人心,使政治清明、社会和谐。这是由于君德,领导人的德行感召,他们的眼光高远,所以能够做到"移风易俗"。

"正之与变,因乐而彰,故曰莫善于乐。""正之与变",要正社会风气，要变换社会风俗，即转变民风，使社会更加和谐，最好是用音乐等艺术的方法。当然，社会的状态如果有变化，也往往会反映到这些音乐等艺术上面，"彰"是会客观反映出来，彰显出来。所以如果想要移风易俗，莫过于从音乐、电影、电视节目等入手。

三、礼正人伦 安定和睦

【安上治民，莫善于礼。】

要使上下能够和睦，上位的人能够得到平安，政府能够安定、稳定，大众也能够和睦，最好的方式是用礼。

唐玄宗注解："礼所以正君臣、父子之别，明男女、长幼之序，故可以安上化下也。"人必须要遵守礼仪，礼仪能够将君臣、父子之间的关系彰显出来。"君臣"就是现在讲的领导与被领导，领导与被领导的关系一定要明确，人在这种关系中，自然懂得如何去做，关系才能够和顺。父子之别也是如此，父子之间的关系要知道如何处理。父母对儿女要慈爱，儿女对父母要孝顺。"男女、长幼"，是说夫妇、兄弟长幼之间的顺序，都是有讲究的。能够讲究礼才能够上下安定，"安上化下"，使上位的人能够安定，不会出现不稳定因素，处在下位的人也能够受教化而守礼法。

四、领导媒体 礼乐安民

邢昺《正义》讲到用礼乐"移风易俗"和"安上治民",他解释得很好,注重做领导的自己要先做到:"欲移易风俗之弊败者,莫善于听乐而正之;欲身安于上,民治于下者,莫善于行礼以帅之。"

天子的职责、使命,就是要去除社会风俗里那些弊端、败坏的部分,把好的留下,所谓移风易俗。"莫善于听乐而正之",天子要达成愿望,自己首先要去听美好的音乐。古代很多音乐有正人心的作用,听到这些美好的乐章,人良善的心就被唤起来了。就像舜王有韶乐,武王有武乐,圣人都有自己的乐章。天子要做榜样,带头去听良善的音乐。

现代来讲,就是领导人要带头去看那些好的、优秀的文艺作品,社会大众也会一起去看这些优秀作品,而远离那些不良的表演。所谓色情、暴力,种种不善的、有副作用的节目都不要去看,自己先这么做,就能够把民众导之以正,进而也就能够通过文艺节目来移风易俗。

二战以后,某些西方国家经济确实是发达,但是离婚率、青少年犯罪率,各种不良的社会现象一年比一年严重,主要问题都出在影视界的节目、以及网络媒体上面。所以整个社会国家,从上到下都要认识到这个问题的严重性。"善于听乐而正之",做领导人自己先做个好样子,所谓"非礼勿视,非礼勿听",不好的内容我们不看，旗帜鲜明的对那些不健康的内容，进行打击、整治，就能够导正社会风俗。

"欲身安于上，民治于下者，莫善于行礼以帅之。"是讲上位的人、领导人希望自己能够安稳，古代的天子如此，现代的执政党也是如此。执政党想要让自己的政党政权能够稳定，百姓都能够安定和睦，"民治于下者"就是使大家都安定和睦，最重要的是执政党领导人要"善于行礼以帅之"，要懂得用礼来规范自己，先做一个表率，大众就能够效法，这里讲的是礼和乐的作用。

（一）政和乐安　政乖怨怒

邢昺《正义》引用《诗序》："治世之音安以乐，其政和。乱世之音怨以怒，其政乖。亡国之音哀以思，其民困。"这是讲音乐的力量，也是媒体、节目、艺术对社会风气的重要作用。

"安"是安定，"乐"是快乐，如果在治世，社会安定，其音乐必定是"安以乐"，人听到这种乐曲心就安了，心情也会很快乐，不会起很多邪知、邪见、邪思，这样的一种艺术必定感召政治和谐、社会和睦，这是治世的音乐。

"乱世之音"，是怨以怒，社会大乱的时候听其音乐，充满怨气、愤怒，国家必定不和谐，政治不清明，人民也不和睦。西方传过来的摇滚乐，粗犷到把人的心都震撼起来，这些让人心思不宁的乐曲，特别那些色情、暴力的节目，都会导致怨以怒，这是乱世的现象。

"亡国之音哀以思"，如果国家衰亡，必定是人心悲痛，那时的音乐、乐曲、节目都是充满了哀痛的。"其民困",百姓听到这种乐曲,他也就不能振奋了。所以音乐、文艺的力量很大,因为它能够影响人心。

(二)礼外治身　乐内治心

《礼记》云:"大乐与天地同和。""大乐",伟大的乐章,真正伟大的乐章、乐曲,跟天地是同和的,韵律跟天地相应,符合人的本性本善,当人听到这些音乐,本善也被唤醒,所以说大乐跟天地是相和的。圣人制礼作乐,目的不是让这些乐曲,给大家一点感官的享受,而是用乐曲、艺术帮助人启发本善、恢复性德。可以说自从有了人类,就有音乐和艺术了,传说中的伏羲氏,中华民族最古的祖先,他造出了弹奏乐曲的乐器琴瑟,可见,我们的音乐起源得很早!真正美好的乐曲,能调和心灵,使人能够与天地和谐为一体。

人学这些乐章,对他身、心、灵性的提升都有好处。而乐跟礼是一体两面,礼是外在的,乐是内在的,所以儒家讲以礼治身、以乐治心。礼就是规矩,外表有规矩说明心是一种和谐的状态。好的音乐,美妙的乐章,也必须要以一种和谐的心态去弹奏,并按照每个音符的既定弹法,节奏快慢都要讲究规矩,这样才会弹奏得好。如果是乱了规矩,听起来就杂乱无章。所以礼和乐,它是一体的两面,"移风易俗,莫善于乐。安上治民,莫善于礼",把礼和乐合在一起讲。

（三）人伦有序 尽孝守礼

《礼记》讲："非礼无以辨君臣、上下、长幼之位也，非礼无以别男女、父子、兄弟之亲，昏姻、疏数之交也。"所以"礼"实际上就是告诉我们人与人之间的关系，它是人与人之间最美好、最和谐的一个距离，人只有真正依礼行事，生活才是幸福的，人与人之间关系才会和谐、安乐。如果没有礼，就没有办法明确人伦关系，人伦坏了，人与人之间没有长幼、上下、君臣之分，相处、做事会变得非常混乱。礼帮助我们辨明君臣、上下、长幼的位置、次序，辨明亲疏贵贱、男女夫妇、父子兄弟等人伦关系。所以人一生要讲究礼节，有讲究礼的基础，才可能有孝道。

《论语》中的鲁国大夫孟懿子，向孔子请教什么是孝，孔子回答"无违"。"无违"就是不能够违背礼义，"生，事之以礼；死，葬之以礼、祭之以礼"。对父母要依礼来孝敬，父母生前以礼去奉侍，如果父母离世，要葬之以礼，以礼来办后事，之后每年祭祀都要依礼来做，这样才算是尽孝。

（四）圣人之礼 反求诸己

世间人都要讲究礼，自己讲礼他人自然以礼回馈。礼就是恭敬人，我们能敬人，别人就能敬我们，这是相对的礼。我们要学儒，学到高级处叫学圣人，学圣人就不能只停留在相对的礼上，什么是相对的礼？所谓礼尚往来，你对我有礼，我就对你有礼，这叫相对有礼。

圣人做绝对的礼，就是不管你对我有没有礼，我对你还是这样的有礼。譬如行孝，"生，事之以礼；死，葬之以礼、祭之以礼"。我们要这样对父母。真正圣人的境界是绝对的，《弟子规》讲："亲爱我，孝何难，亲憎我，孝方贤。"父母如果爱护我们，对我慈爱有礼，那我对父母礼敬尽孝不难，但是父母如果不爱我、憎恨我，像大舜的父母对他那样的迫害，还能够行孝，还能够守着做儿女的礼，这就是圣人的境界，这是绝对的礼。孔子希望做天子的，效法古圣先王，做像舜那样有绝对礼的圣人，就自然能够感得百姓的爱戴，安上治民、和谐社会也真正能实现。

这是讲要改变社会风气，让百姓都能够和谐共处，过上和乐的生活，上下都能够各守其分，互相的爱护、照顾，以礼相待，需要有孝悌礼乐。"孝悌"这是一种存心，在上位的人，天子做好榜样，对自己的父母爱敬，对兄长礼顺，便能够引领百姓都相亲相爱，行孝悌之道。要改变风俗，移风易俗，把社会大众引领到良善的方向去，最好的方法就是用音乐，即艺术节目。作为天子自己要有那种良善的爱好，并为大众演示出追求真善美的这种情趣爱好，大众自然被引导向真善美。能够自己遵循礼法，凡事依礼而行，自然达到安上治民，能够让国家政权稳固，大众也能安定和睦。所以和谐社会，最好的方法就是用礼教。

因此礼教比法制更能使人安和，心服。用法制来治理社会，百姓虽然迫于法律的威慑力，不敢胡作非为，但未必能够发自内心地遵守伦理道德。如果用礼教，百姓耻于作恶，内心当中建立起这样的一种防线，防非止恶，自觉遵守礼法、遵守伦理道德，社会自然就能够安定和睦。要真正实现，最重要的是天子带头来做。所以从领导人开始，做好榜样，带动社会大众，一起遵守孝悌，奉行礼义，欣赏良善的音乐，和谐社会就一定会真正实现。

（五）天下兴亡　我的责任

当然不仅是天子要带好头，做好榜样，这也是我们每个人的责任和义务。

"天下兴亡，匹夫有责。"匹夫就是普通老百姓，天下的和谐，或是动乱，与老百姓同样有关系，每一个人都有一份责任，因为这个社会是我们共同的社会。说到究竟处，眼前的境界，都是与我们紧密相连的。孔老夫子说得好，"为仁由己，而出人乎哉？"真正自己落实仁道，行孝悌礼义，能够把仁做到，这社会也就跟着归仁，所谓："一日克己复礼，天下归仁焉。"谁一日克己复礼？我们自己。对于天下的和谐，或者是动乱，一个普通老百姓、一个匹夫，会起决定性的作用。因为这个天下是我的天下，我能够一日克己复礼，克服自己的烦恼、习气，遵循礼法，遵循古圣先贤的教诲，落实伦理道德，这叫复礼，那么天下就归仁了，都能够归到仁道上来了。当然，这就是和谐世界、大同世界。所以说到究竟处，确实整个天下就是一个自己。自己做好了，天下人就都做好了。所以"教民亲爱"、"教民礼顺"、"移风易俗"、"安上治民"，谁的责任？我的责任！我要好好的落实孝道、悌道，遵循礼乐，就自然能够达至社会和谐、世界大同。

五、礼本为敬 诚中形外

【礼者，敬而已矣。】

"礼"是什么？孔老夫子特别为我们说明："礼"，就是敬而已，礼敬礼敬，"礼"表现在外，"敬"是在内心，内心恭敬，外在的身口意，我们说三业，自然就表现出有礼，所以"礼"的本就是敬。"礼"是为仁之道，"一日克己复礼，天下归仁焉"。"仁"是仁爱的仁，要把仁爱推广于天下，要"克己复礼"，要遵守礼。

唐玄宗注解："敬者，礼之本也。"礼的根本在于内心的恭敬，心为根本。古人讲"诚于中，而形于外"，内心中有诚敬，外在身体自然表现出这种礼，甚至不用学礼，他自然能够把礼表现出来。如《弟子规》讲"尊长前，声要低"，这句话是讲礼，在尊长面前，我们声量不能够太高，否则就是放肆。没有学过《弟子规》，他对人同样特别恭敬，柔声下气，谦恭有礼，做到了"尊长前，声要低"，自然表现出来就是有礼的，说明他内心有恭敬。所以学礼其实很容易，我们要抓住根本，礼之本，就是恭敬。

儒家讲威仪三千，三千条礼仪，逐条学，确实要记下来都不容易，何况要把它做出来？如果我们能够抓住根本，那就好学了，根本是什么？恭敬心。把恭敬心培养出来，自然三千威仪的礼仪，就做到了。恭敬心是我们的本性本善，是我们自性中本有的性德。虽然本有，自出生后，一直在受种种的思想污染，我们的恭敬心，没有用礼培养确实会逐渐丧失，丧失是迷失，不是真的没了，我们的本善、性德，是不会消失掉的。只是我们现在受到了污染，傲慢的污染、自以为是的污染。西方的一些电影，崇尚个人主义，培养人的傲慢心，让人目中无人，结果敬就没有了。所以孩子很小，看了电视以后，对父母失去恭敬心，他以后对老师、对长辈、对领导，也会没有恭敬心。如何来恢复他的恭敬心，恢复他的本善？就要学礼。所以学礼的目的，就是要恢复恭敬心！"礼者，敬而已矣。"夫子在本章特别提到孝道、悌道和为人臣之忠道，孝悌忠三种德行。

六、君臣父子 敬悦相感

【故敬其父则子悦；敬其兄则弟悦；敬其君则臣悦；敬一人而千万人悦。】

夫子教礼敬，广义上"礼"包括了孝、悌、忠，以及一切的伦理道德。所以礼教就是帮助我们恢复伦理道德，恢复本善，这需要天子、领导人带头来做。如何带头？古人讲得好："爱人者，人恒爱之；敬人者，人恒敬之。"我们首先用礼恭敬别人、爱别人，自然能够感得别人爱敬我们。所以做天子的，能够首先敬自己的父亲，把孝道表演出来，大家看到就跟着学，也恭敬自己的父亲，都很欢喜，因为孝道是本善，当本善流露出来的时候，真的是不亦悦乎。这种喜悦不是从外面来的，不像财色名食睡，这些欲望得到满足，那是刺激，不是真正的内在喜悦。真正的喜悦是人内心契入了本善，而感到无比的欢欣。所以当百姓都能效法天子，孝敬父母，本善流露，自然都很喜悦。

（一）爱敬存心　推及其亲

天子不仅要尊敬自己的父亲，为大家做个好榜样，而且要尊敬所有为人父的，如《弟子规》所讲："事诸父，如事父。"对待比自己年长二十岁的长辈，如同对待自己父亲那样孝敬，他们的儿女当然就非常的高兴。你敬人家的父母，做儿女的就非常高兴，而自自然然对你就很爱戴、很恭敬。

北京一位老总，在企业落实《弟子规》，他曾经谈到一件事情，真正感受到"爱人者，人恒爱之；敬人者，人恒敬之"的道理。一个员工父亲患病，花了不少的医疗费，按照合同，公司是不需要为家属支付医疗费的，员工的父亲瞒着儿子，写信向老总求援，因为公司对员工非常礼遇，待遇很好，儿子不忍心开口。老总很仁慈，看了信后立即做出决定，这个医疗费公司全部报销，员工深受感动。"敬其父，则子悦"，你对他的父亲能够这样的关怀、照顾，做儿子的当然非常感恩，他不会做对不起你的事情，必定效忠，而员工的这份忠诚，是用钱买不到的。所以天子也能够对每一位百姓、每一位长辈都这样的尊敬，就自然感召整个国家人民的爱戴。

（二）敬兄弟悦　恭行悌道

【敬其兄则弟悦。】

兄长，一般是比我们年长不足二十岁，大概十岁以内的，都称为兄。做天子的，要为社会大众做好榜样，首先敬自己的兄长，对比自己年长的这些亲友，也一样恭敬，这是悌道。自己能够行悌道，就能带动全社会的人行悌道，大家都能够对兄长敬顺，有敬顺之心，到工作岗位，为领导、老板服务，自然也会敬顺领导和老板。

兄，它是广义的，《弟子规》上讲"事诸兄，如事兄"，是对所有年纪如兄长的人，都要像对待亲哥哥一样恭敬他们，待之以悌道，他们就会非常的欢喜，也能够对你敬顺。所以国家领导人，能够行孝行悌，就自然得民心，受到万众的爱戴，而做国家领导人的，能够为社会做个好榜样，意义深远。

（三）敬君臣悦　一体相连

【敬其君则臣悦，敬一人而千万人悦。】

这个君就是领导，这里面也含有几层意思。

第一层的意思，周天子有八百诸侯，诸侯国的国主、国君叫诸侯，天子对诸侯国君都能够尊敬，那诸侯国的臣子、百姓就会非常的欢喜。

第二层意思，这也是上位的人要做一个好榜样。君是领导，天子上面没有领导，天子以下都有领导，每一个人都能够表演出敬君、忠君，也给社会大众做好榜样，带动起社会大众。君，现代就是国家的执政领导。其实每一个人都有责任，把忠君的品德，表演出来。忠君，现代讲，就是忠于国家、忠于人民。我们能够表演出忠诚，就自然将大众的忠诚之心唤起来了，忠诚是本善、是性德，本善、性德的流露，自然就给人带来欢喜、喜悦。

企业的老板，是君，是领导，部门的经理，是臣子。部门经理，给自己部门的员工们表演出忠君的品德，忠诚于老板，也自然感召部门的人对他的忠诚。

还有第三层意思，譬如说我们到一个企业去参观、去访问，对这个企业的老板格外恭敬，企业员工看到我们恭敬他们的老板，也会非常欢喜。这也是"敬其君则臣悦"的意思，这都是本善的自然流露。

"敬一人而千万人悦。"这个"敬一人"，就是指恭敬其父、其兄、其君，恭敬一个人，就能得到百姓万众的喜悦，君子推行礼敬之道，感召来的是社会和谐。我们国家是最讲礼制的，从古至今，传统的礼非常的丰富。为什么中国人这么注重礼？因为中国人明白一个道理，每一个人都懂礼，人人能守礼，都能够互相恭敬，每一个人都是喜悦的，社会就会和睦，所以我们国家称为礼义之邦。现在要构建和谐社会，这个礼就不能不讲。所以还是要从中国传统文化里面去找方法，帮助我们现前社会，更好地走向和谐。

唐玄宗注解"敬其父则子悦；敬其兄则弟悦；敬其君则臣悦。敬一人而千万人悦"，"居上敬下，尽得欢心，故曰悦也。"这是让别人欢心。

"居上敬下"，居上位的天子敬其父，也敬下，恭敬所有百姓的父亲，能够居上敬下，一定感召百姓喜悦，尽得欢心，这就是悦的意思。"敬其兄"，对百姓的兄长，我们能够礼敬，"事诸兄，如事兄"，百姓也都欢心。"敬其君"也是如此，做天子的，对于下面各级领导就是君。譬如说国家主席常常到下面去访问，去关怀地方各级政府的领导，必定是感得从上到下，百姓的欢心。"敬一人而千万人悦"也是这个道理。

七、敬寡悦众　此谓要道

【所敬者寡而悦者众。此之谓要道也。】

我们所敬仰、恭敬的只是父、兄、君一个人，这里可以指任何一个人，是不固定的。可是这样的一种行为，会令整个社会大众欢喜，特别是现在媒体非常发达，国家领导人有一个举动，很快就传遍了整个社会，所以国家领导人能够关怀做长辈的、父辈的人，所有的晚辈、人子，都会非常欢喜，这就是"敬者寡而悦者众"。

如果有媒体报道，某某国家领导对老人非常尊重，能"老吾老，以及人之老；幼吾幼，以及人之幼"，这就让百姓非常悦服。

所以"敬其兄则弟悦；敬其君则臣悦"，都是这个道理。敬一个人能够让大众喜悦，这种做法，叫作"要道"，很重要的道理，很重要的方法。这个"道"，有道理、方法的意思。所以开宗明义章讲到孝是"至德要道"。

本章广说"要道"，就是一个字：敬。特别是在上位的人，常怀着恭敬、常怀着谦卑，那是最得人心的。最怕生起傲慢，骄慢就会失掉民心。不仅国家领导，每一个团体的领导都是这样。所以愈在上位的人，愈要谦卑，把自己姿势放低，反而能够令大众更加恭敬和爱戴，这种做法，完全就是孝道。因为每个人上面都有父母，所以我们对父母要恭敬。把这个恭敬心推而广之，把一切人当作父母来看待，那当然会令大众欢喜，社会就真的非常容易和谐。古人讲"垂拱而治"，就是"广要道"。

广至德章第十三

至德教孝　不必户至　重在落实　行内化外

【子曰："君子之教以孝也，非家至而日见之也。教以孝，所以敬天下之为人父者也。教以悌，所以敬天下之为人兄者也。教以臣，所以敬天下之为人君者也。《诗》云：'恺悌君子，民之父母。'非至德，其孰能顺民如此其大者乎？"】

顺承要道　综述章旨

广至德章，是接着广要道章的，都是开解第一章，即开宗明义章所讲的至德要道的含义。讲完要道，接着讲至德。"广"，就是广述，详细的开解，为什么孝道称为至德？这里夫子给我们详细的说明。

这一段跟前面一章相呼应，前面一章是做天子的为大众表

演出孝、悌、忠，而能够依礼敬人，让千万人欢喜，百姓都爱戴
他。这里又给我们详细的讲述，天子如何教孝、悌、忠。实际上
不仅天子有这个义务教导社会大众，每一个人都有这个义务，所
谓要自行化他，自己要修养这些品德，也要帮助社会大众修养这
些品德。

依循古论　解析章句

一、行孝于内　教化于外

【子曰："君子之教以孝也，非家至而日见之也。"】

古来有关君子的论述很多，君子泛指一切的仁人志士，他们
有很好的德行、学问，也能有这种热心，从事圣贤教育的工作，
把教育事业作为自己毕生的事业，不求名也不图利，就是希望把
伦理道德的教育发扬光大，这些人是君子！所谓"君子谋道不谋
食"，他所希求的是道德，而不是希求名闻利养，"谋食"就是谋
获自己的名利。

君子教孝，"非家至而日见之"，不需要挨家挨户去教孝道，
而是自己好好的落实孝道，大家逐渐见到他在行孝，生起效法之
心，孝道自然就教给大家了。

唐玄宗注解："言教不必家到户至。""言"，说；全句意思

是说教孝道不必到每家每户，苦口婆心劝说人家要孝养父母、恭敬长辈，如此很累，效果也未必好。应该怎么做？要"日见而语之"。这是讲天子能够自己认真行孝，让大家见到，对他生起了敬佩之心，然后再跟大家讲行孝的道理。先自己做到，然后再说，做到再说是圣人；说了就做，是贤人；如果是做到了，再教就会有好的效果。

所以"但行孝于内，其化自流于外"。教化的效果很自然，能够自己行孝于内，在家里自己行孝，就自自然然把这种教化流传给外人。每当我们看到真正的孝行，都会敬佩不已，自然也会广为流传。

（一）舜王至德　感化天下

就像过去舜王，他在年轻时候也是个普通人，生母很早去世，父亲和继母一起虐待他，甚至几次要把他置之死地，而舜依然能够保持纯孝之心，对父母行孝道。他的孝行感化了乡邻，也感动了当时的帝王尧，尧帝就把舜请出来为国家服务。如此孝子，为国家服务，必定忠心，后来尧帝把王位也传给了他。舜王以孝心来治理天下，达到孝治，完全是自己力行孝道，并没有挨家挨户去给人讲，说你要行孝，可是教化的效果，非常的显著，普天下之人都效法舜王行孝。这是"其化自流于外"，化就是教化，自自然然的流传在外。大众就受到感化，这就是教导了大众，不仅当时大众被感化了，都能力行孝道，舜作为二十四孝之首，从古至今，不知道感动了多少人，即使四千五百年后的今天，我们讲到舜的故事,依然深受感动,依然能够生起效法之心,而去孝敬父母。所以这是君子教孝,先要自行,而后化他,正己而后化人。

(二)行孝于内 化自流外

现在国家希望构建和谐社会,全世界的人民都希望世界和谐,各个国家也都渴望和谐,如何实现?"教民亲爱,莫善于孝",最好的是教孝道。国家如果能够每年评出十大孝子,进行表彰,媒体把他的事迹推广,把教育的效果最大化,让人人都能够看到、学习孝子的故事,自自然然民风就变得淳厚。被选作孝子的,也是"行孝于内,其化自流于外",自己行孝,结果能够让全社会的人,都能学习他孝行,这就是在教孝。

近些年,中央电视台每年都会评出十大感动中国的人物。记得在2005年,十大感动中国的人物中有一位孝子,他是山东人,母亲患了尿毒症,需要换肾,这位孝子毅然决定把自己的一个肾换给母亲。母亲非常爱自己的儿女,如果知道儿子为自己捐肾,她是不会接受的。这位孝子跟医院的医生说好,要瞒着母亲,说这个肾是来自另外一个捐献者。后来等手术完成以后,母子都康复出院,母亲还不知道自己身上的这个新肾,来自于儿子。

这位孝子能够这样的行孝,把自己身体的器官都能够捐献出来,报答母亲的恩德,感动了全中国。这位孝子很诚恳、很朴实,面对感动中国人物评选委员会的采访,他觉得很意外,觉得不值得这样表彰。他说,母亲生养自己恩德如山,他只是回报了一点点,做了一个儿子应该做的事情,没想到中央电视台感动中国人物评选委员会能够评上他。为什么要评选他做感动中国的人物？这就是教以孝！在他自己心目中，这样的孝行，很平凡，而且是本分，正因如此，才在全国产生了极好的教育效果，唤起了全民的孝心，多少的父母为之落泪，多少的儿女为之动容，孝心因此被唤醒。这位孝子也没有一家一户去跟大家讲你要行孝，就已经"行孝于内，其化自流于外"，他用自己的行动，教化了全国人民。当然，还有重要的一方面，就是中央电视台的评选。所以媒体如果能够常常制作、播放推动伦理、道德教育的节目，对于整个社会民风的转变、人民向善都会有很大的作用。

（三）网络教化 众生受益

恩师本人五十年讲经教学不断。到现在八十二岁高龄，依然每天在摄影棚里讲经两个小时，通过网络播放到全世界，引导大众接受伦理、道德、因果、哲学、科学的教育。现在科技不需要挨家挨户去讲授，所以"君子不出家而成教于国"。恩师的德行，令社会大众所敬仰，不需要每家每户去劝说，因为老人家自己做了好样子，将毕生的心血、经历奉献给了传统文化教育事业，这样的行持，是每一个热爱传统文化的人值得学习、效法的榜样，所谓"非家至而日见之也"。所以现在我们也都很庆幸，能够做恩师的学生，所走的道路也是要跟恩师一样，一生从事传统文化圣贤教育，作君子、作圣人，这是人生最有意义的工作。

(四)师志己志 不疲不厌

末学原来是在昆士兰大学教书,得到了终身教授的职位后,又辞掉工作,很多人不理解。一次,末学跟恩师路过新加坡,拜访新加坡的中国大使,张大使就很好奇地问末学,现在工作辞掉了,将来生活、日后经济来源,有没有考虑怎么办?末学回答:"君子谋道不谋食,忧道不忧贫。"所从事的职业,真正能够为社会、为大众带来最真实的利益,我们就没什么可忧虑的了。"天会助我",要有这样的决心,要有这样的信心,这是夫子讲的,也是君子应该做的。

君子要教孝道,现在媒体很发达不用挨家挨户地去讲,就在摄影棚里面,通过远程教学的工具,能够跟有缘的大众来分享,把自己对于行孝、学习孝道这方面的心得体会,供养给大众。自己三十多年如何学习孝道,现在学习《孝经》又有什么样的心得,虽然是很粗浅,但是愿意跟大众来分享。

和大家一起学习,一起成长,这真的是"不亦说乎"的事情。

二、孝心广被 诸父己父

【教以孝,所以敬天下之为人父者也。】

我们从事传统文化的教学,非常欢喜。教以孝,用孝道来教导大众,这就是"敬天下之为人父者"。这个"父",包含父母。天下为人父母的,最希望儿女孝顺,我们现在讲孝道,演述《孝经》，启发大众的孝心，劝勉大众行孝，这是"敬天下之为人父母者"，这是为人父母最欢喜的事情。所以很多的父母也曾经跟末学提到，很希望末学多做一点孝道方面的教学，甚至还有的父母，要把自己的儿女送过来给末学教，做父母的都希望儿女孝顺，向善向德，所以能够教育好天下的儿女，是最令为人父母感到安慰的事情。

三、教以悌道 诸兄己兄

【教以悌，所以敬天下之为人兄者也。】

我们能够教悌道，教人如何恭顺兄长，这就是对天下兄长的尊敬。为人兄长，这个兄也包括姐姐，最希望的就是自己的弟弟妹妹能够恭顺他，这是一种和谐之道。所以教悌道，就是对天下为人兄的、为人姐的尊重，让他们生起喜悦。

唐玄宗注解："举孝悌以为教，则天下之为人子弟者，无不敬其父兄也。"所以教育就是给人类带来最大利益的事业。这个教育，是指教导人伦理、道德、因果的教育。这是举出孝、悌两条来讲，孝悌是根本，《论语》讲得好："孝弟也者，其为仁之本与。"它是仁之本，这个"仁"有两个意思，一个是仁爱的仁，即仁爱、仁道；另外一个是做人的人。所以它是仁德之本，也是做人之本。用这个根本来教化大众，天下为人子弟的人，就能够尊敬自己的父兄。教他孝道，他就能恭敬父母；教他悌道，他就能够恭顺兄长。所以教以孝悌会给人类带来福祉。

古人在《礼记·学记》中讲得好："建国君民，教学为先。"一个国家政权的建立，最重要的是教学，教学最重要，最根本的是教孝悌，所以"孝"是"教之所由生也"。教孝悌，就使得天下为人子、为人弟的，能够孝敬自己的父兄。有了孝悌之心，他对一切人，自然厚道存心、仁爱存心，他对国家就有忠诚，社会自然和睦和谐。因此，"教学为先"，教孝悌为先。

四、教臣忠孝　以敬人君

【教以臣，所以敬天下之为人君者也。】

这是讲把为臣之道，教导给大众，使他们懂得忠君、爱国，尊敬天下之为人君者。君是领导，这个领导可以是国家领导。假如我们教学，把忠诚的道理为大众说明，大家自然生起那种忠诚国家、忠诚人民、忠诚于领导的心，做领导的也就身心安稳，国家也就安定，人民也就和睦，这岂不是对国家领导的最大恭敬？所以要真正培养忠诚的人民，就需要去教学。从哪里教起？从孝道教起，因为忠以孝为根基。

企业的领导也是君，他们很多人也意识到教忠的重要性。现在企业员工跳槽、换老板很频繁，好像两三年就要换一次。老板也很头痛，因为培养员工很不容易，两三年把员工培养起来了，刚刚熟悉了技术，能够正式上轨道了，结果他走了，心血白费了。所以很多的企业领导，他们都开始重视《弟子规》的教育，因为《弟子规》教人孝道，有了孝心就有忠心。不少的企业以《弟子规》作为企业文化的重要组成部分，而且专门请老师们去讲课。我们自己认真学习《弟子规》，有机会别人请我们去讲课，我们把为臣之道，做员工如何奉事领导的这些礼义分享给大家，这就是对企业领导的尊敬。

我们能够在摄影棚，通过网络来讲这个道理，也是"敬天下之为人君者也"，尊敬做领导的。企业愿意把传统文化引入企业文化当中，愿意接受这方面的教学，员工也会产生思想的改变，领导当然就很欢喜。

唐玄宗注解："举臣道以为教，则天下之为人臣者，无不敬其君也。"这是教忠，为臣之道最重要的是忠，所谓君仁臣忠。能够教忠，大家懂得对自己领导要有这一份道义、恩义、情义，天下为人臣的，就是下属，都能够听了这个教化，而尊敬领导，这是讲到君子教学。一个从事圣贤教育的人，教道德，教孝、教悌、教忠。实际上八德都要教，孝、悌、忠、信、礼、义、廉、耻，这是做人的根本。

五、君行有德　民之父母

引用《诗经》总结：

【《诗》云："恺悌君子，民之父母，非至德，其孰能顺民如

此其大者乎?"】

唐玄宗《御注》:"恺,乐也;悌,易也。义取君以乐易之道化人,则为天下苍生之父母也。"

"恺"就是乐,君子之乐,因为君子心中有道,所以内心有这份喜悦,不亦说乎!不亦乐乎!"悌"易也,"易"是平易近人的意思。君子即使是很有声望、地位很高的,甚至做到天子,他有真实的德行,仍然会对每个人都恭敬,做到平易近人,大众就喜欢、爱戴他,不会觉得他这个人高不可及。所以"义取君以乐易之道化人",这是讲的君,就是天子、领导的"乐、易之道"。乐,是喜悦,以欢欢喜喜的方式、平易近人的方式来教化人、感化人。那么做天子、做领导的"则为天下苍生之父母也","天下苍生",就是全国人民、全世界人民,因为都爱戴这个领导,就都把他当作自己的父母一样。这是引用《诗经·大雅》的诗文。

"非至德,其孰能顺民如此其大者乎?"这是能够做到以乐易之道化人而乐,他总是那样欢欢喜喜、快乐无忧,总是那样平易近人,那样恭敬人,没有一点骄慢之心,这种人是至德,有至高无上的品德。如果没有至高无上的品德,他做不出来。很多处在上位的人,有了名望、富贵,眼睛就长到了头顶,看不起别人,别人觉得他高不可攀,距离遥远,朋友愈来愈少,他愈来愈寂寞、孤独,自己也不快乐。君子的乐是什么乐?"有朋自远方来,不亦乐乎",真正有志同道合的朋友,来常常跟我们一起交流、交心,这确实是一种乐事,这需要我们有谦卑、恭敬别人的态度。如果目中无人，瞧不起别人，谁敢跟我们做朋友？所以要有谦卑、恭敬这种"至德"，才能够"顺民如此其大"。"大"是广大，"顺"是和顺，"民"是民心，让民心和顺。所以大众都爱戴这位君子，都能够听这个君子的教化。因此君子是"民之父母"，他有这份至德，能够使天下人和顺。"非至德，其孰能顺民如此其大者乎"这句话是倒装，"孰"就是谁，不是有至德的君子，有谁能够和顺民心到如此广的程度？就是开宗明义章所讲的，"以顺天下，民用和睦，上下无怨"。

和谐世界，需要有至德的人才能去实现。不仅要自己有至德，而且要推广圣贤教育，使之顺民广大。圣贤教育讲的是性德、是本善，人人本来具有的本善，所以用本善启发民心，就使得民心和顺。

（一）师长慈光　至德化人

我们的恩师，也做出了最好的榜样。他自己也是快乐无忧，平易近人，每一个在他身边的人，都能够感受到这种德行风范。一辈子讲经教学，启发大众良善的心、启发大众觉悟，自己首先做了好样子。因为熏修了五十多年圣贤之教，老人家什么都能看得破、放得下，内心也没有烦恼，所以快乐无忧，这是"恺悌君子"的"恺"。"悌"，平易近人，老人家内心里充满着慈爱，对身边每一个人，都能常常关怀、照顾。走近他身边，就能感受那种慈爱的磁场。

末学第一次跟老人家见面，走到他身边，就自然感到身心都很安乐。本来可能还有一些烦恼，甚至恶念，来到他身边，这些烦恼、恶念都没有了，化解掉了。就好像他有慈光，可以感化、融化我们内心中的这些烦恼习气，这是"恺悌"的"悌"。老人家自己做出"恺悌君子"的样子，这是至德！虽然有这么高的名望，仍然是非常的谦虚，待人非常恭敬有礼。这种至德，每一个人在他身边都能感受到，就像我们的父母一样，"民之父母"。而且感受到他比父母还要亲，对他的爱戴，绝不亚于对父母的敬爱，这都是老人家一生不求名、不求利，只是以一颗仁爱之心推广圣贤教育的感召。

老人家特别提倡，我们的社会国家，一个方面要推行伦理、道德、因果的教育，唤醒大众；另一个方面，要想到养老育幼的工作。今天早上老人家讲经，还提到老人福利事业的构思，即老人乐园的构思，这是对老人最大的礼敬，所谓"教以孝，所以敬天下之为人父者也"。

老人乐园的构思就是落实孝道。养老院采用酒店式管理，让来到这里的每位老人都有自己的房间，专门有清洁人员来打扫卫生，老人就不需要为打理房子而忧愁。在老人乐园常常举行一些有益于身心的活动，让老人觉得这就是自己的家，而且有丰富的晚年娱乐生活。

如果信奉宗教的，也有宗教活动。譬如，可以修道、念佛。老人乐园全日制的供给自助餐，老人家可以随时得到丰富的食物。特别是老人乐园的员工，都要特别经过《弟子规》的培训，都要学习孝道，用真诚的孝心，来对待这些老人。而且老人院附近，也附设幼儿园和医院。医院是保证老人的医疗有保障；幼稚园可以接收老人家的孙辈们，让这些小孩子能够天天跟老人见面，让他们享受天伦之乐，这就是我们提倡的老人乐园。已经有不少地方在响应，按照这种模式去做。这就是老人家给我们表演出来的"教以孝，所以敬天下之为人父者也"。为人父的老人，要尊敬他们，提倡敬老、爱老、养老。

老人乐园，让老人能够感受亲人的温暖，孝子贤孙对他们的照顾。老人乐园，也不要用老人院的名称，因为这样老人家会觉得自己老了，无形中会增加一些忧虑。譬如，在云南苍山的一个风景区，就可以称为苍山别墅，这样的名称，有一种度假的感受，这样才是让老人家真正安度晚年。以我们恩师德高望重的身份，他这样的提倡、呼吁，一定会在全世界推广。所以这样的教学做法，就是尊敬天下的老人。这种教以孝、教以悌、教以臣的教学，只有至德君子才能够实现。

学习本章经文，联想到我们恩师，确实老人家一生都在给我们表演孝道。这种孝道是广大的，不仅是对自己父母，也是对天下父母尽孝。而圣贤之道是什么？孟子说得好："尧舜之道，孝悌而已矣。"尧舜是圣人，圣人之道是孝、悌而已。把孝悌之道做圆满了，能够自行化他，这就是圣人。在内，对自己而言成为圣人；对外，帮助整个世界走向和谐。孟子说："老吾老以及人之老，幼吾幼以及人之幼，天下可运于掌。"教以孝悌之道，养老育幼，把天下都能够教化得和谐，趋向大同世界，则"天下可运于掌"。

我们的恩师一生所做的，正是在这个方面的落实。育幼，最重要的是教之以伦理、道德、因果，启发以哲学、科学。伦理、道德、因果的教育，帮助人断恶修善；哲学、科学的教育，帮助人破迷开悟。而儒、释、道三家，尤其是佛法，确实能够帮助人断恶修善、破迷开悟、转凡成圣，这是真正利益社会人类的教学。老人家表演出好样子，我们这些后辈学生也生起仰慕之心、效法之心，愿意学习老人家，将毕生的时间、精力，都贡献到圣贤教育的事业上来。也效法古圣先贤，像孔子、老子、释迦牟尼佛，他们所从事的，就是多元文化的社会教育工作，教导孝悌忠信礼义廉耻，教导宇宙人生的真相，这是对天下人的敬爱。

《孝经》讲，教以孝，敬天下之为人父母者；教以悌，敬天下之为人兄者；教臣以忠，敬天下之为人领导者；教以伦理、道德、因果，这就是敬天下人、爱天下人，这是大孝。

母亲曾经鼓励我说，能够孝敬自己的父母，是小孝；能够孝敬天下人的父母这是大孝；能够自己立身行道、成圣成贤，这是为往圣继绝学，为万世开太平，这叫至孝，也是这里讲的至德。所以大孝显亲，我们走上这条路，也是通过十多年跟随恩师的学习，认识到要把自己的小孝转成大孝，首先爱敬自己的父母，扩展到爱敬天下人的父母，虽然自己做得很不好，但是要有这种志愿，像《诗经》所说："恺悌君子，民之父母。"养成至德，能够真正为一切人民、一切众生，做出最美善的服务和最大的贡献。

所以古人讲人贵立志，相信人有志向，必定能得到祖宗的加持、圣贤的拥护，也会得到社会中仁人志士的护持，可以实现自己的理想，实现这种至德。

广扬名章第十四

孝则忠君　悌而敬长　家治移官　立世扬名

【子曰："君子之事亲孝,故忠可移于君。事兄悌,故顺可移于长。居家理,故治可移于官。是以行成于内,而名立于后世矣。"】

顺承前文　综述主旨

继广要道章和广至德章之后,讲广扬名章。

"广"详细讲述,广述。"要道"、"至德"、"扬名",第一章开宗明义章已经提到了,"扬名",能够"立身行道,扬名于后世,以显父母,孝之终也",这是第一章就讲到的孝道的终极。

最高的孝道,就是能够立身行道,成圣成贤,扬名于后世。扬名在后世,因为你所行的孝道,为后世子孙做了很好的榜样,所以后世子孙世世代代都记着你的美名,从而记着你的父母,这就是显耀父母,这个是孝的终极。

在此,特别把"扬名"立为一章。

依循古论　解析章句

一、事亲能孝　移孝作忠

【子曰:"君子之事亲孝,故忠可移于君。"】

"子曰"是孔子说,整部《孝经》从头到尾都是孔子的教诲。孔子说,君子对于父母能够尽孝,就可以移孝作忠,对君上、领导自然能够尽忠。唐玄宗注解,引用士章"以孝事君则忠"的经文,这句话解释了本章第一句经文。所以要能够忠诚于国家,忠诚于领导,那么他必须要有孝德,孝德是在家里培养起来的,进而能够在社会得到发挥,那就是尽忠,所以《孝经》讲的是移孝作忠。

二、事兄友悌　顺移于长

【事兄悌,故顺可移于长。】

这是讲到能够对兄长恭顺、行悌道,自然对年长的人,或者是比自己地位高的、名望高的、辈分高的这些人都能够恭顺,如《士章》所说的"以敬事长则顺"。其实悌道就是恭敬、恭顺,能够以恭敬之心对待长上,那么自然身体、行为就表现出顺从,这就是悌道。

实际上孝和悌是分不开的,内心有孝道,自然能够对所有比自己年长的人都有一种恭顺的行为,孝和悌实际上是一不是二。乃至于孝、悌、忠、信、礼、义、廉、耻这"八德",或者父慈子孝、君仁臣忠、夫和妇顺、长惠幼顺、兄友弟恭这五伦中的十种义务,都是一。一即是多,多即是一,因为这些德目都出自于本善之心,浅言之都出自爱心。这个爱心表现在父子关系上就是父慈子孝,自然而然,那是人的性德,不是后天刻意学来的,是人本有的品德。用在兄弟之间自然就是悌道,用在君臣之间自然就是君仁臣忠,所以都是同一个爱心在起作用,在不同的关系上就有不同的德目。能够把一项德目做到圆满,其他的德目就都会做得圆满,所以自然能够移孝作忠、以顺事长。

三、孝忠本善 家理外治

【居家理,故治可移于官。】

有了孝心,必定就有忠心。因为孝心是本善作用,它是本性本善的自然流露。能够恢复本性本善,对国家、领导自然就表现出忠诚,对长上自然就能表现出恭顺,那么在家里,能够把各种事情整理得井井有条，人的生活很有秩序，有条不紊，把这种品德修养好了，做任何事情都是有条不紊。《弟子规》讲的"房室清，墙壁净；几案洁，笔砚正"，"列典籍，有定处；读看毕，还原处"，这都是培养我们在家里整齐、干净的习惯，这种习惯养成了，就是恢复本善，人本来就应该这样，这是人人都应该具有的品德。养成习惯，等到步入社会居官做事，他自然就把所管辖的范围，治理得井井有条。因为治理家，使得家居环境做到"房室清，墙壁净；几案洁，笔砚正"，对于典籍也能够摆放的整齐，一点都不杂乱，那么对于政治、官场的工作，自然也就有条不紊。

唐玄宗注解："君子所居则化，故可移于官也。"君子所住的地方因为打理得很整洁，就已经在齐家了。齐是整齐，整个家里的人也都学着这位君子生活得井井有条，很有次序，很有条理，说明整个家庭都被感化了。有这样的德行，他在政治上也能够处理事情有条不紊，因此能够感化百姓。

【是以行成于内，而名立于后世矣。】

"行"尤其是指刚才讲的孝、悌和理这三种德行。这三种德行都是在家里从小就养成的。养成这种品德、习惯，对将来步入社会，为社会、为人民服务会起到重要作用，他就能够有很好的成就，得到大家的肯定、拥戴，就能够扬名了，父母也因此而得到荣耀。最关键的是"名立于后世"，这种品德、为人，给后世子孙做出了最好的榜样。

一个真正的君子,他不图名利,把富贵名利看成是浮云,不为名闻利养所动。《孝经》特别讲到"广扬名",是不是君子要这个名?不是的。扬名的目的是为了给后世子孙做个好榜样。因为教化的效果要最大化,必须有榜样才行。讲要孝、要悌、居家要齐整,这些道理,如果没有好的榜样,大家学习起来,总是会隔了一层,效果没那么好。所以扬名于后世,是"学为人师,行为世范",给后世人做个好样子,给后世人效法,不是自己要图这个名利。

如孔老夫子,他在世的时候,实际上并没有他过世以后那么有名。汉武帝"罢黜百家,独尊儒术",把儒家的教诲作为主要的教育内容后,夫子因此而扬名。所以孔老夫子,他自己能够行孝道、行悌道,能够居家理,他的品德为后世人做了很好的榜样,所谓是"万世师表"。乃至两千五百年之后的今天,我们依然在跟着孔老夫子学习,这就是尽了大孝,扬名显亲。

四、三德于内 名传于后

唐玄宗注解说:"修上三德于内,名自传于后代。""三德"就是:"事亲孝,忠可移于君",这是其一;"事兄悌,故顺可移于长",这是其二;"居家理,故治可移于官",这是其三。"三德",都在自己家内,因此家庭的教育就非常的重要。

(一)中华文化 家教为根

中国能够这样的繁荣,在历史上这样的辉煌,中华民族能够几千年维持大一统，靠的是文化。文化当中最重要的就是这些德行的教育，德行教育最重要的部分是在家庭内部完成的。所以西方的不少学者，他们在探讨中华文明为什么能够五千年还长盛不衰，结论是：可能因为中国人重视家庭教育。他们的结论确实没错。家庭教育教什么？就是教这"三德"，教孝、教悌、教理，理就是整齐。

在家庭里，孩子很小的时候就开始培养，小到什么时候？最好是从胎教。实际上母亲怀孕的时候，对孩子的教育就已经开始了，母亲的一言一行，对孩子已经有影响了，所以父母要为儿女做好榜样，做孝、悌、理的好榜样。孩子出生后，父母要保护孩子纯善的心，不让他接触任何的污染，让他的品德得以稳固。而且父母处处都要做榜样，教给孩子如何行孝，如何行悌，如何把家务整理得井井有条，这些都是恭敬、谨慎，都是在落实《弟子规》。

（二）落实孝行 养成孝德

《弟子规》，是家庭教育的集大成者。第一章《入则孝》，第二章《出则弟》，第三章《谨》，和《孝经》讲的教孝、教悌、教理相应，而且《弟子规》讲得非常的具体。如何教孝？"父母呼，应勿缓"，父母叫你，要马上答应，而且马上要过去询问父母："请问爸爸妈妈，需要我做什么？""父母命，行勿懒"，父母交待的任务要马上去落实、去完成。"父母教，须敬听"，父母的教诲，我们要认真恭敬的来聆听，不可以顶嘴、心不在焉。"父母责，须顺承"，父母责备、责罚，我们都要顺受，要改过，这就要教导孩子如何行孝。

真正把这些孝行落实了，孩子孝道就养成了，等他长大以后，就能够"忠可移于君"，他对国家、对人民自然就忠诚。国家人民呼唤，也是"应勿缓"，国家交给的任务，也能"行勿懒"。

（三）爱亲敬人 大孝为民

孔子在《孝经》第九章说："不爱其亲而爱他人者，谓之悖德。不敬其亲而敬他人者，谓之悖礼。"对父母能够尽孝、能够爱敬，他才能够对祖国尽忠，能够爱敬人民。如果对父母不能尽爱敬之道，他在官场上任职，可能表现得挺尽忠职守，实际上不一定是忠心，他努力工作的目的也未必是全心全意为人民服务，有可能为了自己涨工资，为了自己的仕途，因为他对家里的父母都没有爱敬之心，就是心不真诚，怎么可能对国家、对领导真正的忠诚？所以要培养忠臣，必须要培养孝子，这个使命是在家庭里完成的，而学校教育和社会教育是家庭教育的辅助和延伸。因此，社会媒体的舆论导向就很重要，应该大力的宣扬伦理道德，营造一个道德教育的良好社会环境，让每一个家庭都能够培养出孝子，培养出能够尽孝、尽悌，能够居家理的人才，这是为社会、为国家培养真正的人才。

（四）孝悌一理 亲亲仁民

悌道，《弟子规》上讲得很清楚。《出则弟》讲"或饮食，或坐走；长者先，幼者后"，这就是长幼有序。一个人有这种悌的心,就能够尊重长辈,尊重比自己年高、位高的人,他也能尊重领导。又譬如说"长呼人,即代叫;人不在,己即到",这是为长辈服务。虽然这个事情很小,但可以逐渐培养起为长辈服务的心。一个孩子,要帮他长养为长辈服务的心,随时随地都要去提醒他。走路到门口,要提醒他先帮长辈去开门,长辈进了门,然后他顺手要把门关上,孩子要做这个服务。养成服务的心,他以后对长上、领导,自然也就能够服务得很好。他不会做一点事情,就跟自己的长辈讲条件要报酬,这些都是恭顺的培养。《孝经》确实是讲的道理很多,要落实必须用《弟子规》,所以《弟子规》是《孝经》的落实,没有《弟子规》、做不到《弟子规》,《孝经》也很难落实。

(五)敬事爱物 行成名立

又譬如说"居家理",能够在家里整理好内务,把自己的仪表也打理得很整洁、得体,整个人从内到外都井然有序,说明他的思维也是井然有序,所以办大事他也能够办得井然有序。

《弟子规》讲"冠必正,纽必结;袜与履,俱紧切;置冠服,有定位;勿乱顿,致污秽",就从这些地方开始学起。帽子戴正了,衣服穿正了,纽扣结好了,袜子、鞋子都能穿得整整齐齐,说明他就有一颗整齐的心,所以办事也能够井然有序。他能够对自己的冠服放置的有定位,不会丢三落四,说明他养成了周密的思维,周密的思维养成以后,做大事就能谨慎。诸葛亮一生功业,唯恭谨、恭敬、谨慎,这都是从小养成的好习惯。所以"治可移于官",做官做得再大,处理公务也是井井有条,不会乱。如果连自己都整理不好，都乱糟糟一团，怎么能够治理一个国家呢？这都是显而易见的道理，所以古人从小就教这种德行。

"修三德于内"，这是一个人成就圣贤的根基。将来成就圣贤道业，"名自传于后代"，他的美名就传于万世，永垂青史，这都会给父母带来很大的荣耀，也为祖先增光，所谓"光耀门楣"。后人会世代铭记，这家曾经出过圣贤，即"是以行成于内，名立于后世矣"。

谏诤章第十五

谏诤之道　忠孝之理　家国天下　皆关此义

【曾子曰："若夫慈爱恭敬，安亲扬名，则闻命矣。敢问子从父之令，可谓孝乎？"子曰："是何言与，是何言与！昔者天子有争臣七人，虽无道。不失其天下；诸侯有争臣五人，虽无道，不失其国；大夫有争臣三人，虽无道，不失其家；士有争友，则身不离于令名；父有争子，则身不陷于不义。故当不义，则子不可以不争于父，臣不可以不争于君。故当不义，则争之。从父之令，又焉得为孝乎。"】

解释章题　综述章旨

"谏诤"，"谏"是劝谏；"诤"，也有劝谏的意思，是直言不讳的劝谏。为人子、为人臣看到自己的父母、领导有过失，有义务劝谏，帮助他们改过，这也是行孝。

这一章是讲帮助君父改过，邢昺《正义》讲："此章言为臣子之道，若遇君父有失，皆谏争也。"这一章是讲为人臣、为人子之道。做臣子的、做儿女的，如果看到领导、父母有过失，就应该劝谏。

"曾子问闻扬名已上之义，而问子从父之令。夫子以令有善恶，不可尽从，乃为述谏争之事，故以名章，次扬名之后。"《孝经》的当机者是曾子，曾子的很多问题，夫子都一一做了解答。当曾子听了广扬名章后，关于慈爱、恭敬、安亲、扬名，这些道理他都懂得了，接着就问："如果儿女听从父母的命令，这算不算是尽孝？"这个问题夫子回答得很好。因为一般我们讲孝要顺，顺父母是不是父母讲的都得听，父母的命令不用问正确与否就去实施，是否可以？夫子告诉曾子："那要看这种命令是善的还是恶的，不可以盲目的听从。"盲目听从也不能称为孝，为什么？因为可能陷父母于不义。真正尽孝的人不能够陷父母于不义，应该帮父母树立德行，做有仁有义的事情。所以当父母有过失的时候，儿女就要劝谏，这是就在家的父子关系而言。在社会上，有君臣关系，领导与被领导也是同理，在下位的被领导的人，有义务来劝谏领导，不能使领导陷于不义，所以本章特别讲述，应该如何来"谏诤"。

依循古论　解析章句

一、曾子请问　深入孝理

【曾子曰："若夫慈爱恭敬，安亲扬名，则闻命矣。敢问子从父之令，可谓孝乎？"】

　　这是曾子的发问，问得很好，前面已经听到夫子所述"慈爱恭敬，安亲扬名"诸事，对父母要有慈有爱，懂得安亲，"安亲"是让父母身心安乐；"扬名"是立身行道，做圣贤人，扬名显亲，前面章节都已讲述。"则闻命矣"，"闻命"是曾子依教奉行了。

　　一个好学生，如何来判断？最重要的就是看他能不能够落实老师的教诲，贵在能够依教奉行。不是看他能够听多少，甚至讲多少、理解多少，最重要的是看他能够做多少，能否把听的、讲的、所理解的都用于他自己的生活。所以夫子在此讲孝道，讲到"慈爱恭敬、安亲扬名"的道理，我们能不能够落实到自己日常生活中，对父母、对长辈、对兄弟、对朋友，面对领导、被领导，在五伦关系当中能不能够应用，这是"闻命"的意思。

　　曾子能这么做，所以他能够成为孔子的传人，孔子被称为是"至圣"，曾子被称为是"宗圣"，他也成为圣贤了，所以圣贤之道是要去做的，不是听说、讲论而已。曾子等于是跟夫子汇报心得：

"我已经听懂了，夫子前面讲的我现在能够依教奉行了。"

(一) 几谏父母 见志不从

【敢问子从父之令，可谓孝乎？】

如果一味地遵从父母的号令，这样算不算是尽孝？

玄宗皇帝解释："事父有隐无犯。"这是对父母尽孝道，最关键的是对父母的过失，我们能够懂得包容。"隐"就是帮父母隐藏，而慢慢地做到帮父母改过。自己对父母纯是一片孝敬之心，不能够冒犯父母，让父母生气。对自己的父母要有恭敬心，不能够违逆。这些事情我们能够明白，可是如果是父母的号令，我单纯做到不犯、不违，这样对不对？所以"疑而问之"，就向夫子请教。夫子就给我们特别说明，父母如果有过失，如何来尽孝。

《论语》云："事父母几谏，见志不从，又敬不违，劳而不怨。"

唐玄宗注解依照《论语》，简单解释："事父有隐无犯，又敬不违，故疑而问之。""几"，是很微细。孝顺父母，见到父母有很微细的过失，我们马上要劝谏，因为此时劝谏，父母容易改，如果过失大了，从小过已经形成大过，养成不好的习气，再劝父母改就很难。所以当父母过失刚刚发端，还是很微小的时候，我们就要劝谏。"事父母几谏"，"几"后面应该断开，"事父母几，谏"，就要劝谏了。

"见志不从"，劝谏，父母不能够依从，甚至屡谏而不从，即父母不采纳劝谏，我们是否起烦恼，怨恨父母，至于把父母的过失到处去跟人家宣说，更有甚者，离开父母，离家出走，这是很大的不孝。真正孝子懂得隐藏父母之过，父母的优点，就跟别人赞叹；对于父母的过失，会闭口不谈，这种人是孝子。但是他发现父母有了过失，在没有外人的情况下，会劝谏父母，帮父母改过，这是对父母的尊重。如果有外人在场，就告诉父母："你有这种过失，请你改正"，父母会难为情，尴尬，下不了台，也可能会恼羞成怒，所以要懂得如何劝谏父母。

（二）怡色柔声 敬劳不怨

《弟子规》讲："亲有过，谏使更；怡吾色，柔吾声。"帮助父母，要懂得柔声下气，看到父母有过失，劝谏父母，帮助他改正，要"怡吾色，柔吾声"，而且要悄悄地，这是尊重父母。这样才能够帮助父母改过，而不至于让父母恼怒。对父母依然恭敬，不可以因为父母有过，就对父母产生轻慢心、傲慢心。不敬父母就是不孝，哪怕父母满身过失，我们都要对父母恭敬、礼敬，敬意绝对不减。就像舜王对待父母一样，他父母要置自己儿子于死地，一般人看是坏透了，都会咬牙切齿了。可是舜能够对父母"敬而不违"，不仅一点怨恨心都没有，对父母依然不变，还是那样毕恭毕敬，一样孝敬他们，一点也不违逆，父母要做的事情照做，而且还用智慧把自己解脱出来。

"劳而无怨"，这个"劳"有忧的意思，这是忧虑父母，父母有过失，如果不改正，后果可能会越来越严重。古人讲："恶不积不足以灭身。"如果恶做多了,不能改正,将来就会身败名裂。儿女懂得这个道理,不忍心看到父母过而不改,生怕过失积小成大,招致将来的恶报,所以就会很忧虑。"劳"字还有另外一层意思,即受父母怒斥,父母不听从劝谏,可能还会怒斥、甚至打骂我们,我们也不辞劳苦,对父母没有怨恨,不会因父母的过失,心里不满、生怨,这种心境才是孝。

《论语》的话实际上就解释、回答了曾子的问题。

二、过而不争　理所不可

【子曰:"是何言与,是何言与!"】

《孝经》这一章,也是夫子正式回答曾子的提问。

孔老夫子在没有讲述道理之前,先有两个慨叹,他说"是何言与",用现代话来讲,"这像什么话! 这像什么话!"连说了两个。因为所提的问题可能会误导大众。不懂得孝的含义,盲从父母,哪怕父母是不仁不义,做错了事情,发布不善的命令,都要去依从,这就不对了。所以唐玄宗解释"有非而从,成父不义,理所不可,故再言之"。父母如果有过失,是"有非","非"是有过失,有了过失还要听从、遵从其号令是不对的,这是成全父母的不义,陷父母于不义之地,"理所不可",按道理是不能够这么做的。

孔老夫子在此地,连说了两个"是何言与",意在强调。

三、天子无道　争臣保之

【昔者，天子有争臣七人，虽无道，不失其天下。】

　　"昔者"，过去。天子有过失，臣子能够直言相劝，帮助天子改过，这是天子的福分。天子有七个能够劝谏的臣子，虽然他自己是无道昏君，也能够"不失其天下"。古人讲"福在受谏"，如果不能听从别人的劝谏，自己过失又很难改，一直沦落下去，就会到不仁不义的地步，不仅失去自己的声名，渐失民心后，国家社稷也会被人推翻，就失了天下乃至生命，所以有福的国君善于受谏。唐太宗就善于纳谏，魏征讲话很不客气，有时候太宗很生气，难得的是太宗大量，最终还是能够听从劝谏。唐太宗时代，国泰民安，出现了"贞观之治"的盛世，这与唐太宗善于纳谏有很重要的关系。

四、诸侯无道　争臣保国

【诸侯有争臣五人，虽无道，不失其国。】

　　周朝天子底下有诸侯，天子是天下之君，诸侯是一国之君。诸侯如果有五位直言相劝的臣子，自己"虽无道"，没有智慧、能力去治国，但也"不失其国"。就如三国时的刘备，文武两方面都平庸,文臣武将都超过他,但是他能够稳做蜀国皇帝,一直做到命终,"不失其国"。他最大的优点,就是能够任用贤能,张飞、关羽、赵子龙等武将,还有文臣丞相诸葛亮,都能够死心塌地为他服务。这些人都是争臣,都有正心,有德行,帮助他以微弱的势力,最后三分天下,建立蜀国,形成魏、蜀、吴三国鼎立的局势。乃至到刘备的儿子阿斗,实在平庸无能,可是在诸葛亮以及一批忠臣的辅佐下,他也能够"不失其国"。后来诸葛亮离世,蜀国的势力因战事而衰弱,最终被灭。诸葛亮遗言在先,联吴抗曹,结果他的遗言没有被采纳,蜀国攻打吴国失败,国力马上衰竭。曹操死后,蜀国被司马家族建立的晋国灭掉。蜀国灭亡的根本原因,还是没有听从劝谏,只要能够听从忠臣劝谏,即使再无能、无道,诸侯也能"不失其国",保住王位。

五、大夫无道　争臣保家

【大夫有争臣三人,虽无道,不失其家。】

"大夫"是卿大夫,是一家之主。让这个家族不衰,也必须有家臣忠心耿耿,直言相劝,哪怕是家主昏庸无道,有家臣三人劝谏,也不会让家族没落。

唐玄宗注解:"降杀以两,尊卑之差。""天子有争臣七人"、"诸侯有争臣五人"、"大夫有争臣三人",七、五、三这些数字是两两的相减,这是体现了尊卑等级的不同。这是讲到从天子到诸侯，又到大夫，依次降两人，主要是体现尊卑不同，这是一种礼。《左传》就特别讲到："自上而下，降杀以两，礼也。"由上而下，两个两个的递减，这属于礼，符合尊卑的差别。

其实这些数字不是固定的，争臣当然越多越好。一个人能够有许多忠心耿耿、直言相劝的臣子来辅佐他，事业就能够得以昌盛不衰。玄宗说"争谓谏也"，"争臣"就是能够劝谏的臣子。"言虽无道，为有争臣，则终不至失天下、亡家国也。"虽然天子、诸侯、卿大夫，这些居上位、当领导的无道，因有争臣，也不至失天下、亡家国。"无道"可能是没有道德，也可能是没有才华、能力，这种领导很难长久，除非有争臣辅佐。争臣是能够进谏的臣子，上位者能听从进谏，才会有争臣。如果有争臣在旁边劝谏，当领导的不听从，有也等于没有。所以有受谏、谦虚的心是福分，才"终不至失天下、亡家国"。才能够始终保持政权，维护家业、事业不衰。领导真正有智慧，所用的必定是正直的、看问题清楚、又能够直言劝谏的人，这样可以帮助他维护事业的长久。

六、士有争友　身保令名

【士有争友，则身不离于令名。】

"士"一般讲是读书人，这是继天子、诸侯、卿大夫之后，讲到"士"这个阶级。

士人其实也是普通的老百姓，但是他有文化、有学问，将来为政，能够为朝廷、国家所用。现代讲，实际上可以泛指将来能出任公务员、政府官职的读书人。

唐玄宗注解"令，善也"，"令名"就是美名、善名。"争友"是能够对我们直言相劝的朋友，"士有争友"，我们这个身就不离于"令名"。也就是我们的美名、善名不会因为过失而遭受损害。不仅士如此，每个人都如此，如果能够有一个真正的朋友，对我们直言相劝，我们就会"身不离于令名"，美名就渐渐建立起来，也不会做出不义的行为了。

换言之，若有"争友"，我们在社会上立足就能够稳固，不会有大的过失。

（一）益者三友 损者三友

怎样才算真正有"争友"？《论语》讲到"益者三友"，也就是说有三种朋友，能够帮助我们不陷于不义，这是讲我们能够接受、听从朋友们的忠告，就不会失其善名。

"三友"，孔子曰："益者三友，损者三友。友直，友谅，友多闻，益矣。友便辟，友善柔，友便佞，损矣。"三种是益友，三种是损友。"益"就是能够帮助你的，对你有好处的，叫益友；对你会损害的，会让你有损失的，这些叫损友。

"益者三友"，第一个是友直，所谓"友直"就是正直的朋友。正直的朋友，能够帮助你不犯大的过失，如果看到你有过失，他就会来劝告你，不可以行不义，这对你是很大的帮助，是友直。一个正直有品德的朋友，不会趋炎附势、献媚、讨好，他不懂搞这些,只会直言相劝,心里面没有那种委曲。

"友谅",就是能够宽恕我们缺点的朋友。因为人往往免不了会有过失,如果朋友很小气,不能够原谅我们的过失,友情就中断了。当然,如果我们有过失,要勇于向朋友承认、忏悔,这样,正直的朋友一定会原谅、宽恕我们。

"友多闻","多闻"是博学多闻,很有学问,有学问的朋友能够帮助我们增长学问,所以"友直、友谅、友多闻"三友,对我们品德提升、事业发展,都会有很大的益处。

反过来是损友,"友便辟",很懂得跟我们周旋,很会跟我们说话,好像礼节一点都不缺失,能够很恭谨,这种朋友,不一定是善友;"友善柔","柔"是柔软,善于用柔软的方法来讨我们高兴,他的脸色永远都是对我们微笑,哪怕是我们犯了过失,他还是保持着微笑,不想来劝谏我们,不想来得罪我们,这叫"友善柔";"友便佞","佞"是很会说话,即善于言辞,讲的话很好听,很会阿谀奉承,花言巧语,对人没有任何益处,听他的话,会使人飘飘然,让人生起傲慢心,会堕落。这是三种损友,所谓"友善柔,友便佞",这是讲到巧言令色,"友便辟"是善于周旋,这类朋友,我们要远离。

(二)谦益满损 受谏养德

每个人都希望得到益友,远离损友,这需要我们自己有品德。《弟子规》讲:"闻过怒,闻誉乐;损友来,益友却。闻誉恐,闻过欣;直谅士,渐相亲。"这是告诉我们益友和损友是如何招感来的。如果别人劝谏我们，讲我们的过失，我们就会生气、发怒，"闻过怒"；如果喜欢听人奉承，听到别人表扬、赞叹我们，就快乐、高兴，"闻誉乐"，就容易招感损友。损友都来了，真正益友就都退却了，这种人不可与他相交，不能受谏，最后就会导致自己受到损害。

"闻誉恐，闻过欣"，听到别人赞叹，自己感到很惶恐，因为德行学问不够，很害怕担负不起别人的赞誉，如果名过其实，就会有灾害发生，所以会非常的谦虚，只有谦虚才能有福分，如果自满必定遭到损害，所谓"谦受益，满招损"；听到别人讲我们的过失，反而很高兴，自己没有发现，别人帮助、提醒我们改过，要有感恩心，庆幸有朋友直言相劝。真有这样的态度，所招感的必定是"直谅士，渐相亲"，这个"直"是正直，"谅"是宽容，"直谅士"是有包容心的朋友。其实真正有德行的人，不仅正直，而且包容，他知道"人非圣贤，孰能无过"，每个人还没有成圣贤之前，必定会有过失，所以他也必定会包容，但是包容不是纵容，他会提醒、劝谏我们改过，而听到别人讲我们的过失，马上能改，"过能改"，就"归于无"，就又恢复我们的本善。这样"闻过则喜"，自然就会有益友跟我们亲近。所以益友、损友实际上都是自己招感的，不能够抱怨自己怎么都没有益友，身边好像都是损友，实际上是自己没有具备招感益友的这些品德。

所以不要怕过失被人知道，过失被人知道是好事情，我们内心中的习气、障碍就容易断除。子路能够"闻过则喜"，他必定会有争友，也就"身不离于令名"。

有直言相劝的人在身边，确实会对我们进德修业有莫大帮助。

七、君父不义　不可不争

【父有争子，则身不陷于不义。故当不义，则子不可以不争于父，臣不可以不争于君。】

"父有争子，则身不陷于不义。"如果父母有一个"争子"，就不会陷于不义。争子，不是抗逆父母、跟父母争吵、顶撞的那些儿女，而是看到父母有过失，能够劝谏父母改过，这种儿女才叫争子。真正的争子劝谏父母，也必定懂得"怡吾色，柔吾声"。

唐玄宗注解："父失则谏，故免陷于不义。"言父母有过，儿女应当劝谏，避免父母陷于不义。

假如做父母的有不义的行为，或者是不义的念头，这个"义"是当宜字来解，不宜就是不应该。不应该做的去做了，不应该想的想了，不应该说的说了，这都叫"不义"。所以"子"，做儿女的，遇到父母有不义的心行就不可以不劝谏，这个"争"也是劝谏的意思，为人臣的也不可以不劝谏领导，这都是让做父母的、做领导的改过。

唐玄宗注解："不争则非忠孝。"看到父母有过，不能够劝谏，一味顺从，就陷父母于不义，这是不孝。臣子见领导有过失，不能够劝谏，是不忠，是陷领导于不义。

八、推而广之 不义当争

【故当不义，则争之。】

即看到父母、领导、朋友有过失，应该去劝谏。如果是盲目的遵从，"从父之令"，对于父母不正确的命令还是盲目听从，"又焉得为孝乎？"这怎么能够称为是孝？反问加强语气，强调这不是真正的孝。

（一）谏诤智慧 信而后谏

当然，劝谏也要有艺术，否则起不到劝谏的效果。所以古圣先贤教导我们，做人真的处处要有智慧，《论语》云："君子……信而后谏。"是讲真正的君子必定是先取得对方的信赖，才会劝谏，没有信赖，就直言相劝，可能被对方认为是毁谤他，因为他对我们没有信心。所以为人子女的，平日就要懂得尽孝，要落实慈爱恭敬、安亲扬名的孝行，让父母对我们有信任，那我们就能够劝谏父母。父母知道我们有孝心，才会对我们信任，有此基础才能够劝谏。为人臣也是如此，做下属的要劝谏领导，首先下属平日的表现就是忠诚，领导对他有信任，如果没有这样的信任而劝谏领导，领导不仅不能够接受，还可能会恼怒，甚而还会对下属进行惩罚。

（二）太宗魏征 君臣佳话

魏征真正是廉洁奉公、忠君爱国，唐太宗才对魏征有信赖，所以魏征直言相劝，太宗才能够听得进去。受太宗如此的信任，这么有权势，魏征的家竟然穷得没有会客厅，进到屋里就是卧室。他说："假如我有会客厅，就会常常有人来这做客。"因为大家都知道魏征深得唐太宗的信赖，所以来的一定大多是讨好的、说情的、希望帮忙的，魏征为避免这些麻烦，干脆家里就不设会客厅，人家就不上门来找他了，他就落得清净，其劝谏就有公心，不容易夹杂私心。因为这样的操守、品德感得了皇帝的信任，所以他的劝谏，皇帝才能够听得进去，才能够辅助皇帝安邦定国。

（三）谏而尽诚 正气浩然

历史上不少直言劝谏的人，到最后被皇帝给诛杀了。一个正直的臣子劝谏皇帝，往往都会触犯某些人的利益，那些人就要反对。如果皇帝稍不明智，听从了小人的谗言，可能就会对这些忠臣、争臣进行惩罚，甚至会把他们杀头，所以古人讲"武死战，文死谏"，武将一般是死于杀场，文官通常是死于劝谏，劝皇帝改过，触怒皇帝就会被斩首。

《左传》讲："伏死而诤"，即能够拼死劝谏的人是真正的忠臣。就像明朝的海瑞，刚正不阿，有非常廉洁的操守。在任期间，专门平冤假错案，打击贪官污吏，也得罪了很多人，以致被迫害，被关进监牢。像这样的忠臣，皇帝如果能够纳谏，自然就是国家的福分。

海瑞经历几个皇帝,有的能够任用他,有的皇帝听信谗言,不仅不用,还把他关起来。但是海瑞自己不论顺境、逆境,都存有一颗为国为民的心,能够"伏死而争"。他劝谏皇上,惩治贪官污吏,对自己的安危全然不顾,把生死置之度外。我们在历史上看到有很多这样的忠臣,这是国家的福报。如果国家领导对这些忠臣排挤,甚至杀害,就会给国家带来灾祸。所以一个领导他要有雅量、有智慧才能够听得进劝谏,忠言逆耳,良药苦口,好听的话不一定是好话,不好听的话有时反而对自己、对国家最有益。

劝谏者的心态,唐玄宗注解"士有争友":"言受忠告,故不失其善名。"

"受忠告"出自《论语》"子贡问友"。刚才谈到"益者三友",子贡问到关于朋友的问题,子曰:"忠告而善道之,不可则止,毋自辱焉。"孔老夫子告诉我们,对朋友劝谏,跟劝谏君王、劝谏父母不同,要有忠告,即说明他的过失,希望他能改过。而最重要的是"善道之","道"是导的意思,导引,善于导引朋友改过。如果朋友不听从,那就要停止,这是跟朋友的相处之道。朋友不听还要劝导,彼此的关系就会尴尬、疏远,甚至僵化,这叫"自辱"。所以对朋友劝谏,通常事不过三,劝一次不听,最多再劝第二次,不要劝第三次,到第三次就可能自取其辱了。

而对于父母、对于领导就不一样。对于父母,《弟子规》讲:"亲有过,谏使更;怡吾色,柔吾声。谏不入,悦复谏;号泣随,挞无怨。"所以父母如果有过失,我们要想方设法,不厌其烦地劝谏。即使听不进去,也要在父母欢喜时,方便善巧的劝谏,促使父母改过自新，这要有很大的耐心。这跟劝谏朋友不一样，对朋友要"不可则止"，不能够"谏不入"。对父母一次又一次，"谏不入，悦复谏"，哪怕是父母发怒了，打我，惩罚我，也"号泣随，挞无怨"，哭号着也不舍离父母，心里也没有对父母的怨恨。这一点对父母、对于领导、对于君都是一样的，因为孝和忠是一体。

唐太宗李世民，曾经跟着父亲李渊行军作战。有一次，李渊有一个错误的军事方案，李世民知道这样做不行，就劝谏父亲不要用这个方案，但是李渊不听劝谏。李世民还是一次次的劝谏，最后李渊恼羞成怒，再劝就要杀头。结果行军前的晚上，李世民就在军营外放声大哭，悲痛欲绝，他父亲感动了，冷静思考后，终于改变了方案，才没有导致全军覆没。这就是"号泣随，挞无怨"，对父、君都是以这种心，就是孝心，也是忠心。真正能够劝谏父母、领导，不使他们陷于不义，就是尽孝、尽忠。

感应章第十六

孝悌诚忠　　敬事宗庙　　感通神明　　四方归服

【子曰："昔者明王事父孝，故事天明；事母孝，故事地
察；长幼顺，故上下治。天地明察，神明彰矣。故虽天子，必有
尊也，言有父也；必有先也，言有兄也。宗庙致敬，不忘亲也；
修身慎行，恐辱先也。宗庙致敬，鬼神著矣。孝悌之至，通于神
明。光于四海，无所不通。诗云：'自西自东，自南自北，无思
不服。'"】

解释章题　　综述主旨

章题"感应"，是讲行孝之人，孝心达到至诚，就能够跟天
地、祖先、神明都有所感应，所谓以至诚之心而感，就有天地鬼
神来应，这是感应章所说的道理。

实际上"感应"，是心有所动，境界就有感，跟着变动，这叫应。所以感和应是同时，以善心去感，得到的是福应；以恶心去感，得到的就是灾祸。道家《太上感应篇》讲："祸福无门，惟人自召；善恶之报，如影随形。"是说一个人起心动念是善，想到的是别人，他所得到的便是福；起心动念为自己、自私自利，想的都是自己的名闻利养，或者是满足自己的欲望，而不顾伦理道德、不顾父母、不顾祖先，这种人必定遭到天谴，天地不容，鬼神都憎恨，得到的必定是灾祸。

祸福，实际上没有门，门就在内心。"惟人自召"，是我们自己招得的福或者祸，即感应所致。"善恶之报，如影随形"，一个人得善报还是得恶报，就像影子跟着身体一样，身体走到哪里影子就跟到哪里，只要有光照射下来，影子马上就会显形；内心起什么样的念头，必定感得什么样的境界、果报，就像影子随时随地跟着身体一样，感应就是这么迅速，而且是丝毫不爽，一点都不会有差错。

感应之理、事都很深广，这是因果的道理，古圣先贤讲的很多。因果在传统文化中的道家和佛家都讲的很多，儒家讲的稍微少了一点儿，但是也非常认同因果之理。譬如，儒家十三经之一的《易经》讲"积善之家必有余庆，积不善之家必有余殃"，是说一个家庭如果是积不善的、造恶的、为富不仁的、自私自利的、损人利己的，就必定"有余殃"，即积恶之家，必定会有灾殃。这个灾殃可能是现生就受报，也可能在子孙那里受报。"余殃"这个"余"讲得很有味道，"余"是剩余，除了自己受到殃报，还有余殃，这余殃谁来受？子孙来受。积善之家，行善的、积德的、舍己为人的、能够救人生命，或者是推广伦理道德教育等等，做这些善事，家里必定会有好报。"必有余庆"，"庆"就是福报，这"余庆"就是除了自己所受的福分以外，还有余福可以绵延到子孙后代。

《尚书》也说："作善，降之百祥；作不善，降之百殃。"如果一个人做善，以善感，天必定以福来应，天降百福，所谓"百福骈臻，千祥云集"，这是形容自己得到无量的福分。如果作恶，必定会招感上天降下灾殃。这个上天，实际讲的是自然之理，感应是自然的，不是人为创造的，它是我们讲的客观规律，所谓："善有善报，恶有恶报，不是不报，时候未到。"时候一到，善恶终有报。所以愈想得善报就愈得积善因，愈想避免灾祸就必得断恶，断恶修善才能够改造命运，才能够积累福报，得到真正的、长久的幸福。

清朝乾隆年间，福建莆田有一位冯先生，给人算命算得很准，在当时很有名气。冯先生算自己命中有两个儿子，而且其中一个能够显贵。可是他到了五十多岁，两个儿子还没有一个显贵的，而且赌博成性、不务正业。冯先生心里觉得很痛苦，他能够算出自己的命，但不准，算别人的命却很准，到底为什么呢？

听说武夷山有一位很有修行的一目道长，能够知道人的吉凶祸福。他就去请教，向道长报告了自己的问题，道长讲："一个人命运如何，关键是看他的心术。如果这个人的心改了，命也就改了，心术里最重要的就是孝道。"道长也是有一定的功夫，看出冯先生的问题："你现在犯了天条。你生平吃、用的都好，家里很富庶，对妻妾也非常钟爱，但是对自己父母的奉养，却是很微薄。不孝父母，是违反上天的法则、戒律，要知道你自己的身从何来？是父母所生，不是妻妾所生。你违背了道德，违背了天律，所以招致鬼神的愤怒。"孔老夫子说："不爱其亲而爱他人者，谓之悖德。"天地鬼神，有正确的是非善恶标准。爱妻妾、爱儿女的这种心，甚于爱父母之心，这是颠倒。道长劝告他说："你应该好好反省改过，以爱妻妾之心来爱父母，就能够改造命运，本来你的儿子确实应当显贵，但就是因为你的不孝，所以儿子也不能显贵，没福了！父亲不孝、无德，儿子的福分全没了，所谓招致天怨人怒，赶紧改吧。"

算命先生能算得出来命运，但不了解其中的义理。人的命运是从哪来的？能不能改造？如何改造？这就需要学习传统文化。传统文化儒释道三家，都是教导我们断恶、修善，改过迁善，这是改造命运的良方，这就是因果。

算命先生听了道长一席话，明白了，知道自己对父母确实是太刻薄。回到家里痛改前非，侍奉父母不敢怠慢、非常周到。果然最后，两个儿子都回头，原来赌博成性，后来都变得很纯良，能够听从父亲的教导，也保住了家业。所以命运实际上不是一成不变的，命运是可以改造的，谁来改造？自己改造。命运掌握在自己手里，想要命好，很简单，断恶、修善就能改造命运。所以传统文化教导我们的不是宿命论，能真正帮助我们过上幸福美满的生活。

道家的经典《太上感应篇》，是非常重要的因果教材，儒释道三家的学者、过去的文人，他们都是熟读这些经典的，古来都把《太上感应篇》称为"元宰必读书"，元就是状元，宰就是宰相，状元、宰相必定要读的书，为什么？它帮你修福！当上状元、当上宰相那得多大的福报，要懂得修善、修福。《太上感应篇》就是讲的因果，它也是用"感应"两个字来讲的，里面有一句话："其有曾行恶事，后自改悔，诸恶莫作，众善奉行，久久必获吉庆，所谓转祸为福也。"

怎样转祸为福？过去如果曾经做了恶事，招致的恶报那就是祸，想要转祸为福，就得断恶修善。所以曾经做过恶事，要改悔，就像算命的冯先生，他改悔了以后，厄运也就改了。"诸恶莫作"，所有的恶事都不做，"众善奉行"，一切的善行都要去做，这样"久久必获吉庆"，做久了就自自然然得到吉庆，吉是吉利，庆就是福报，这就是转祸为福、改造命运的原理。所以如果我们希望能够得福报，希望儿孙也能够孝顺，自己要好好行孝、行善。在修福、修善中最根本、最重要的就是行孝，所谓"百善孝为先"，孝悌传家，这是家门有福。

《劝孝文》说："我能孝，自无逆子。子能孝，自无逆孙，绳绳克继，叶叶永昌，善孰大焉，利孰厚焉。"我自己能够孝顺父母，就不会有大逆不道的儿女，有的都是孝顺的儿女，因为修了好因必定得到好果。道理很简单，做父母的给儿女表演好样子，能够孝顺父母，真诚的孝顺，不是为了做给儿女看，他真的是孝心，就做得很自然，所以教化的效果特别好。儿女看到了，潜移默化中也自自然然学会，就不会成为逆子了。"子能孝"，儿女能孝，也就不会有悖逆的儿女，即没有逆孙，孙是对"我"而言的，如此形成孝悌之风，那就子子孙孙都很昌盛，所以"绳绳克继，叶叶永昌"，家风、家道就承传下来，一直绵延下去，永远都是这样昌盛。

范仲淹先生，宋朝时候的大政治家、大文学家，他的德行风范令世人、令后代所景仰，写出了"先天下之忧而忧，后天下之乐而乐"的千古名句。这种圣贤的情怀，是怎么养成的？孝心！范仲淹幼年时候，父亲亡故，母亲改嫁到朱姓人家，朱家子弟奢侈，不仅不听范仲淹劝解，还言语讥讽。范仲淹逐渐成年，这才了解到自己的身世，想到母亲在朱家辛苦，而自己又无力事亲，决心考取功名，将来衣锦还乡，接母亲来供养。于是，他闻鸡起舞，苦读八年，其中五年衣不解带，平时生活极其节俭，吃的是稀粥咸菜，所谓断齑划粥。以清苦的生活砥砺自己的志向，本来是十年寒窗，他八年成就，提早回家接母亲出去奉养。这是孝心的驱使，才有这样的成就。

范公念念想到的不是小我，而是天下万民，将孝心扩展至天下的百姓，所谓"先天下之忧而忧，后天下之乐而乐"。他把俸禄全部捐献出来，帮助"亲而贫、疏而贤者"多个家庭，到自己身故，家里清寒到连一口棺材都买不起，这是圣贤风范！范公的儿子，也是这么优秀，二儿子范纯仁，朝廷知道他有德行、有学问、有能力，请他出来做官，但是当时范公年老有病，范纯仁就在家里侍奉，拒绝了朝廷的邀请，说"岂可重禄食而轻父母"，怎么能够注重俸禄、名闻利养，而把父母放弃于一边。这是真正的孝道！他拒绝了朝廷的邀请，难道真的把福报给拒绝掉了？没有。

后来他跟父亲一样,也是当了宰相。

"命里有时终须有,命里无时莫强求",而且真正行孝,儿孙必定有很大的福报,所谓"积善之家必有余庆。"所以范家八百年都不衰。"善孰大焉,利孰厚焉",最大的善莫过于行孝,最厚的利莫过于行孝,行孝得福! 这就是感应。

人生于天地之间,本来与天地一体,所以我们心有所动必定是感动天地,因为心里一动就会产生波动——心波,这心波一动可以传遍虚空法界,整个宇宙都传遍了。我们想象在遥远的星球上,如果有一个够灵敏的接收仪器,一定可以感应到这个心动的波。我们的心跟这宇宙是一体的,是一不是二,所以才有感应道交,有感必定有应,这就是感应的道理。

依循古论　解析章句

我们用唐玄宗《御注》,辅之以邢昺的注疏,一句一句的来学习经文。

一、孝事父母　天明地察

【子曰:"昔者明王事父孝,故事天明;事母孝,故事地察。"】

　　"子曰"就是孔子说的，通篇《孝经》都是孔子的教诲，这一章孔子讲的道理极深。"昔者"就是过去，"明王"，过去圣明的君王，如尧、舜、禹、汤、文王、武王、周公，"事父孝，故事天明"，能够对父亲尽到孝道，就能够"事天"，"天"包括日月星辰这些天体，也包括四时寒暑季节变化，这里讲的天和地其实都是泛指一切自然现象。能够对父亲尽孝了，"事天明"，"明"是智慧，他就有智慧可以去服务自然，也就是跟自然处理好关系，和谐自然。"事母孝，故事地察"，能够对母亲尽孝，也就能够对大地细微地明察。

　　唐玄宗注解："王者，父事天，母事地，言能致事宗庙，则事天地能明察也。""王者"，就是过去的明王、圣贤的君王。"父事天，母事地"，《易经》讲到乾坤二卦，乾代表天，在人伦关系上代表父；坤代表地，在人伦中代表母。父母跟天地其实都是一样的，因此它是相通的，所以"事父孝"，就能够"事天明"；"事母孝"，就能够"事地察"。事父母之道跟事天地之道是一样的，所谓"移孝父母之心而孝事天地"，这样就能通达了。这里讲的明和察都是通达的意思，就是能明了天地之理，明了自然界当中一切的现象。

　　谁能明白？圣人能明白，这种人称为"神圣"，"神"的篆字，是左边一个示，表示的示，上面两画，即古代的"上"字，下面三条垂杠，垂下来，表示上天垂相，右边是个申字，就是三画然后一条线通下来，所以申代表通达，通达上天垂相，这个人就称为神，也叫圣，神和圣意思一样，也就是对宇宙人生真相完全明了。

如何明了宇宙人生真相? 如《孝经》所讲, 靠孝道。他能够孝敬父母尽心尽力、全心全意, 就能够开发自己本性的智慧。这种智慧通过孝行引发出来以后, 对于宇宙和人生的道理、现象都能通达明了, 他就能够事天地了。他知道在天地之间、在自然界里面, 如何摆正自己的位置, 能够处理好人与自然的关系, 处理好人与人之间的关系, 与天地鬼神之间的关系, 他都能明了。这就是孝道的功用。不通过尽孝, 智慧怎么能够显发出来? 智慧不能显发, 当然对天地自然一切现象都是懵懵懂懂, 也就不明不察了。

我们现在"讲科学", 这一条告诉我们如何来研究科学。"事天地", 就是把天地宇宙的现象弄明白, 这就是自然科学。自然科学, 还是从孝心来的, 这个道理我们要明白。对父母能尽孝, 处处想到父母, 心很细腻, 父母的一举一动我们都看在眼里、记在心上。父母一个眼神, 儿女就知道需要什么, 马上去供养; 父母一个动作, 儿女就知道父母心里想什么, 马上就去服务。特别是父母卧床, 或者身体虚弱说不出话, 更需要儿女细心去体会, 进而去照顾。以这样的心去研究科学、研究自然现象, 当然他就能成为一个很好的科学家, 科学家不外乎是用细心、周密的思维成就的。

(一)至诚有孝　通晓天地

《二十四孝》里有一位科学家陆绩, 他是三国时期吴国(东吴)人, 就是现在苏州、上海一带的人。他从小就很孝敬父母,常常都很细心地体会父母的需要。六岁时，有一次随父亲到九江去拜见官员袁术。袁术用橘子招待他们，陆绩就往袖子里放了两个，临走告辞，不小心袖子里的橘子就滚落在地，袁术在旁打趣说："来我家做客，走的时候还要拿两个橘子，为什么又吃又拿呢？"陆绩回答："我的母亲也喜欢吃橘子，所以拿两个回去给母亲尝尝。"袁术见六岁的小孩，就懂得常常念着母亲，知道他将来会有大成就。

果然陆绩成年以后，博学多识，通晓天文、历算，做过一个浑天图，也注过《易经》，还撰写过一部《太玄经注》，可以说他是我们中国历史上早期的科学家，深明天文地理。"事父孝，故事天明，事母孝，故事地察"，天文学、地理学原来也跟孝敬父母关系这样密切，科学的基础，原来还是道德。

孔老夫子教学的内容分为四科，叫孔门四科，第一就是德行，第二是言语，第三是政事，第四是文学。科学属于政事，前面要有德行、有言语，德行是品德，言语是讲话要懂得进退应对，懂得礼仪。所以首重德行，而德行的根本就是孝道，夫子在这里把科学的根都抓住了。

（二）天性本有 人人具足

要发展自然科学，先行孝，"事父孝，故事天明，事母孝，故事地察"。其实人本来就有明了宇宙人生真相的能力，这方面佛家讲得特别清楚。释迦牟尼佛在《华严经》里讲："众生皆有如来智慧德相，但因妄想执著而不能证得。"众生当然包括我们每个人,我们原来都有如来的智慧德相。如来智慧,无所不知、无所不能,我们也有这个能力。即我们原来也具有通达宇宙人生真相的智慧,而且有如来的德能相好,"德相"就是德能和相好。

为什么变成现在这个样子?对宇宙人生真相了解的甚少,常常有疑惑、困惑、苦恼,能力变得这么缺乏。就是因为有妄想、执著,心里有妄念,这叫妄想;执著就是非要怎么做,非怎么样做。妄想跟执著会障碍我们本有的智慧德相,也就障碍了我们的本能。《三字经》是儒家的经典,开篇就讲"人之初,性本善",是妄想、执著障碍了我们的本善。

现在如何把这个本善,本具的智慧显发出来?要放下妄想执著。如何放下妄想执著?行孝!通过行孝,全心全意地孝敬父母,忘记自己,内心完全是父母,毫无自私自利的念头。有自私自利才有那些妄想执著,所以愈自私的人妄想愈多、执著愈重,离他自己的本善就愈遥远,本有的智慧德相被蒙蔽得愈深。通过行孝,把妄想执著自自然然的就去除掉,让自己本性的智慧显露出来,这就成圣人了。孟子说:"尧舜之道,孝悌而已矣。"尧舜就是圣人,是对宇宙人生真相通达明了的人。圣人之道孝悌而已,能够把孝道做圆满,就成为圣人了。

实际上我们从父子有亲来看,父母与儿女之间的那些互动,真的是没有事先学习,自自然然就会。譬如一个年轻的母亲,刚刚生了一个婴儿,她看护婴儿那么细心、周到,婴儿的一个眼神、一个声音,做母亲的就知道他的需要,因为母亲太爱自己的儿女了,细心到极处,内心里只有孩子没有自己,至少是跟孩子在一起时，她就暂时忘掉了自己，做到了忘我，所以她的妄想执著暂时放下了，她就能够很明白，就能够明察秋毫，婴儿一个小动作就知道婴儿想做什么，婴儿不会说话，母亲一看他的动作就知道婴儿的需要。

这都是明察，这是天性、本能，没人教就会，所以佛讲的"如来智慧德相"，这种智慧、德能其实每个人本来具有，从母亲对儿女的照顾，我们就能够体会到。父母对儿女这样的爱护，是出于天性的，那儿女报答父母养育之恩，也是出于天性。所以儿女本来就应该孝顺父母，而且他对父母尽孝，完全能做到，父母一有什么需要，不用言说儿女就能够了解。

（三）曾子至孝　感应道交

如《孝经》的当机者曾子，到山上砍柴，母亲想唤他回家，自己一咬手指，曾子在山上就心痛，能感知。这种能力，我们现在人讲就是特异功能，其实这是本能，人人本来就具有的，只要你有纯孝之心，念念想着父母，就能够恢复这个本能，恢复本有的智慧。所以夫子讲："事父孝，故事天明，事母孝，故事地察"，里面的道理很深。

唐玄宗讲："能致事宗庙，则事天地能明察也。"这里是讲到祭祀祖先，假如父母不在了，每年到祭祀的日子，也都要祭祀父母，祭祀自己的祖先。能够诚心祭祀，就容易跟天地自然界感应道交，他就能够明察。这也是说，心要有至诚恭敬，通过祭祀来长养我们的诚敬、我们的孝心。

古代圣明的君王，都是孝子。周文王对父亲，能够"晨则省，昏则定"，每天早上都去向父母请安，晚上跟父母问晚安。而且常常想着照顾父母，当父亲有病的时候，文王内心非常的焦虑，连饭也吃不下，衣不解带地守候在父亲身边。

"明王"都是孝子，他们能够事父母孝敬，能够尽心，事天地也能明察。所以天地有些什么样的风吹草动，他马上就感知到是什么样的预兆，即知道是福、还是祸。如果是祸，可能有灾难来，他就马上沐浴斋戒、祭祀天地、祭祀祖先，改过自新，转祸为福！他能够这样去明察天地，明了宇宙自然的现象、规律，就能够按照自然规律而行事，不会逆天而行，因为逆着自然、违背自然规律就会招致灾祸。

（四）礼敬自然 顺应天地

对自然也要讲礼，如果对自然不依礼行事，就会感召自然界的惩罚。像现在任意砍伐森林，任意排放二氧化碳，发展一些不环保的工业，造成很多的环境污染，导致温室效应、水土流失，使气候变暖、海平面上升，种种的自然灾祸都会起来。

所以人类盲目发展科技，带来的后果，温室效应、各种各样的瘟疫、流感，都是跟自然没有处好关系，不懂得"事天地"，不能明察。所以能明察就能够跟自然界和谐相处，就会感应风调雨顺、国泰民安，瘟疫也不起了，也不会有地震、风灾等等自然灾害，人民也就能够安宁了，这就是明察必有福应。这种能力实际上都是人本有的，通过尽孝能够得到。

古人对自然也是讲礼的, 孔老夫子说: "断一树, 杀一兽, 不以其时, 非孝也。" 这孝道就讲得太微细了, 要砍一棵树, 或者是杀一只畜生, 如果 "不以其时", 不是按照时节来做, 也是属于不孝, 为什么? 对自然界非礼了。

现代人哪懂得这个道理, 说砍树就砍, 而且大面积的砍, 为了自己一点私利, 不惜破坏自然、破坏水土, 造成对自然、对人民生活的极大伤害。"杀一兽", 杀畜生, 现在人要吃鸡鸭鱼肉, 简直是随便滥杀, 哪懂得杀生也有礼度, 也要讲求时节。特别现在的温室效应, 是二氧化碳排放量太多造成的, 滥砍滥杀是其中一个很重要的原因。

其实素食是最好的环保方式, 提倡素食, 就会少杀生或者不杀生, 少吃一顿肉, 就是少造杀业。就环保而言, 吃素食、吃植物跟吃动物、肉食, 排放的二氧化碳, 两个对比有很大不同, 因为所吃的肉来自于动物, 畜养动物要消耗很多能源, 这个过程中会排放很多二氧化碳。食物链中, 动物也是吃植物, 像牛吃草, 很多能量被转化了, 通过动物的大便等排放掉, 这样就流失了很多能量, 也排放了很多二氧化碳。

据专家统计, 如果一个人吃一天素食, 跟另一个人吃一天的肉食, 两个人自身排放的二氧化碳假定一样, 而吃的肉食来自于动物, 畜养动物的过程中排放的二氧化碳很多, 如果通过种树来吸收二氧化碳, 放出氧气, 那么吃一天肉食增加的二氧化碳的排放, 要种多少树才能够把二氧化碳吸收掉? 要种植一百八十棵至三百六十棵树, 才能够把这些通过吃肉所多排的二氧化碳给吸收掉。也就是说要是一天吃素，就等于种了一百八十棵至三百六十棵的树，这种功德，就是环保。那如果吃一餐？一餐除以三，一日三餐，吃一餐等于种了六十棵至一百二十棵的树，这样就是环保。

所以环保也是孝道，这是孝敬父母、孝敬人类、孝敬自然，孝是一体的观念，不仅是现在人，而且跟后世的子孙都是一体的，想到自己要想到别人。现在满足口欲吃很多肉，就会造成对后世子孙的伤害，他们将来要受温室效应的苦比我们更多，这就没有一体的观念，跟自然也不会是一体。

更何况人天生就应该是吃素的。譬如我们的肠子是人体身高的四到五倍，这么长的肠子是应该吃素食的。因为肉吃到肠子里，慢慢地排出来，要经过很长时间，它会在肠子里发酵、腐坏造成病变。所以人不像老虎、豹子、狼这些肉食动物，它们的肠子都很短，肉食吃进去很快排出来，不会产生什么病变。而人类的身体结构就适合吃素。

所以处处要想到天地，"事天地"，"事"是事奉，事奉天地就像事奉父母一样，"以事父母之孝而事天地"。我认识汕头一个素食馆的老板，他就对自然非常的爱护，提倡素食、鼓励环保，而且自己以身作则。他的素食店，所用的打包餐盒，都是环保的。他们不用塑胶袋之类，而用环保的编织袋。这些小节里面，都处处想到维护自然界的长久，这就是"移父母之孝而事天地"。

二、长幼有序 上下和睦

【长幼顺，故上下治。】

这是讲到对待兄弟或者是长辈与晚辈，可以是年龄上的或者是辈分上的，都有长幼之分，"长幼有序"，"长者先，幼者后"。幼者就要恭顺长辈、兄长，用这种恭顺之心，事奉自己的兄长，"故上下治"。"上下"就是君臣之间的关系，在国家有各级的官员，都有上下、高低等级的分别，都要用这种长幼有序的悌道，这样"上下治"，"治"就是安定，上下能够和睦、能够安定，这是孝悌的结果。

唐玄宗《御注》："君能尊诸父，先诸兄，则长幼之道顺，君人之化理。""君"是国君、天子，现在讲国家领导人。"尊诸父"，自己的父亲当然要尊敬，对伯父和叔父也像对自己父亲一样，他们是"诸父"。再扩展，家族里面所有的跟父亲同辈的人，都是诸父，也包括女性，这个"父"涵盖了父母。所以对自己的姨妈就像对自己妈妈，对自己的姑妈也像对自己妈妈，对待所有的长辈都像对自己父母一样，这是"尊诸父"。

对待自己的兄长当然也要尊敬。一般来讲，古代继承帝位都是长子，所以长子继位，他自己没有亲生的兄长，但是有堂兄、表兄，对他们都要尊重，就像尊重自己的兄长一样。他们确实也是兄长，而且所有跟我们同辈的、比我们年长的都是"诸兄"，兄和姐都是一样的，凡事让他们先，所谓"长者先，幼者后"。

《弟子规》讲："事诸父，如事父。事诸兄，如事兄。"对待所有的跟父母一辈的人，都像侍奉父母一样；对待所有跟兄长、姐姐同辈的人，都像对待自己亲生的、同胞的兄姐一样。当然这里也包括对待晚辈，"事诸幼"，就像对待自己儿女一样；对待比自己年龄小的同辈人，像对待自己弟弟妹妹一样，这样就把孝悌给扩展了，乃至对天下人，都是这个原理，如孟子所说："老吾老以及人之老，幼吾幼以及人之幼，天下可运于掌。"这里尤其是讲到做帝王的，能够对一切老人都像对自己父母一样，对一切年幼的孩子都像对自己的儿女一样，这一种存心，就是"以孝治天下"，必定可以让天下大治、社会和谐，所以"天下可运于掌"。治理天下就容易了，易如反掌，因为是符合人的天性，孝悌就是天性。

所以这里讲"则长幼之道顺，君人之化理"。长幼之道是天性，天生自然就有长和幼的区分，不是人为创造的，它是一种自然现象，这叫道！道就是自然，符合道的就叫德。长幼关系中，能够做到长幼有序、长惠幼顺，兄长要对弟弟妹妹仁爱，弟弟妹妹要恭顺兄长，这就是德，符合道的就是德。用这种悌道来对政治，在政治上各级的官员也能够做到长幼有序，官职上分高低贵贱，高低也有序。"君人之化"，"君"就是国君、天子，"人"就是人民，从上到下都能够治理得井井有条、安定和睦。

三、孝悌有礼 至诚感神

【天地明察，神明彰矣。】

能够对父母尽孝，对兄长行悌道，孝悌做得很好，那么"事天地"也就能够明察了，明察天地也就能洞悉宇宙人生真相了，这就"神明彰矣"。"神"，神跟圣是一个意思，神人就是圣人，他能够通达明了宇宙人生真相。"明"就是明白、就是智慧，"彰"就是显发出来了，你的智慧就能显发了，你也能够通达宇宙人生真相了，你就成圣人了。

唐玄宗《御注》："事天地能明察，则神感至诚而降福佑，故曰彰也。"对"天地能够明察"，样样事情无论大小都能顺着天地，顺着天地就是顺着性德、顺着本性、顺着道而行事，这叫事天地。能明察，样样都没有违背自然，这就可以得到"神感至诚"。《尚书》里讲的"至诚感神"，也是这个意思，"神感至诚"就是"至诚感神"，这个诚怎么来的？因为有智慧，通过明察就有了诚。

（一）诚则明矣 明则诚矣

什么是诚？清朝曾国藩先生，他在读书笔记中为"诚"下了个定义："一念不生是谓诚。"心里一个念头都没有时就叫诚，所以心里面还有一念，这个诚就被破坏了，只有把内心里的念头放下，正如佛门经典《华严经》里讲的放下妄想、执著，然后才能够让自性的智慧、德相显现，那个智慧就是明察。

《中庸》讲："诚则明矣，明则诚矣。"所以能够真诚到极处，至诚，就是内心一个妄念都没有，更没有自私自利的念头以及贪嗔痴慢的烦恼，那些障碍真诚的东西，全部都没有了。在无思无虑处感格天地，这就有感应了。为什么感应？智慧现前了。这个智慧是本性中本有的，原来被我们的妄想、执著障碍了，现在妄想、执著没有了，智慧现前了，"诚则明矣"，"明"就是智慧。

"明则诚矣"，有了智慧他就会保持他的真诚、保持至诚，而能够跟天地感通，"至诚感神"，这个"神"也指的是大地，也就是老子讲的，他跟天地融为一体了，他成圣人了。

我们凡人现在要学习圣人，从哪学起？从"诚"下手可以，也可以从"明"下手。《中庸》里讲"自诚明，谓之性；自明诚，谓之教"，这个"自诚明"就是自性本来真诚，自性的体就是真诚，无思无虑，没有妄想执著，就明了、有智慧，这是"谓之性"。"性"是什么？圣人的本性，也是我们人人的本性，就是《三字经》讲的"性本善"，这个"性"就是本性。圣人本性是本体真诚而自然有智慧，因为他没有障碍智慧的那些东西，所以就明。你可以从"诚"下手，"自诚"而达到"明"。

也能从"明"下手，"自明诚"，先明而后诚。"明"是什么？通过学习、教育，我们学习圣贤之道、学习传统文化、学习古圣先贤的教诲，就能明白宇宙人生的真相，明白自己该怎么做人，明白如何来处理跟人之间的关系、跟自然的关系、以及跟天地鬼神的关系。明白了以后，心也就真诚了，知道打妄想没用，妄想执著只有伤害，没有利益。更不会有自私自利的念头，有自私自利实际上是对自己最大的伤害。所以损人利己这句话其实是错的，损人绝对不会利己，损人只有害己，明白了就不会损人了。明了，内心就诚了，"自明诚，谓之教"，教育为什么这么重要? 它帮助人转凡成圣。

所以要祈求跟天地的感应，天地降福佑，"福"就是福气、福分，"佑"是保佑。福和佑不是说外面有什么神明在主宰，而是自己内心真诚、有智慧，能够行善、能够积德，感应得到福报，这叫作上天降下福佑。实际上，上天在哪里? 上天就是我们的这个心所现的宇宙。心和宇宙是一体的，心能够向善，宇宙也就善了，所以我们就讲天降福佑。这就是"彰"的意思，"彰"就是显露。什么东西显露了? 自性的光明。对我们人而言，我们的智慧、我们的德能显露了; 对于外面的境界、宇宙而言，福、美、善的境界现前了。

这些道理，实际上古人都了解，所以通过至诚行孝，得到不可思议感应的故事有很多。《二十四孝》讲到不少千古传颂的故事，都是真实的、有历史记载的，如果记载失误，早就有人提出异议了。《二十四孝》到现在，至少是到民国年间都没有人质疑，因为是真实的。而民国以来，不到一百年间，很多人就开始提出疑问，怀疑古圣先贤的这些教诲，怀疑古代孝子的感应故事。这是因为不懂得感应的道理，没有至诚心，感应不了，不能"至诚感神"，所以就不能理解这些故事。

（二）卖身葬父 孝感天地

譬如《二十四孝》的"董永卖身葬父"，这是脍炙人口的故事。董永是东汉时期的人，早年丧母，后来父亲也去世了，家里很穷，没办法安葬父亲，他就把自己卖给一个富人家，作为奴隶、家仆，来换取葬父的费用。结果去做佣工的路上，在槐荫遇到了一个无家可归的女子，愿意嫁给他，两个人就结为夫妇。一个月时间，女子竟然织成三百匹的锦缎，帮助董永抵债、赎身，所以董永只做了三个月的家奴就回了家。归途中又到槐荫，这个女子就告诉董永说自己是天帝之女，是奉命来帮助董永还债的，因董永是个大孝子，所以特别来帮忙。说完之后，这个女子就凌空而去、飞走了。

这是一个美丽的传说，也是真实的故事，槐荫这个地方在湖北，现在被称为孝感市。这是"孝感天地"。董永能够卖身葬父，这一点"至诚"的孝心，能"感神"，跟天地就有这种感应。现在我们看的黄梅戏《天仙配》，讲到董永的故事，千古传颂，你说它是假的？如果是假的早就应该有人说是假的了，为什么从东汉到现在，将近两千年时间没有人说是假的？偏偏我们现在提出来说是假的，没有考究，没有任何证明，居然就说是假的，这是讲话没有科学根据，我们不能够随意否定古代的记载。

《二十四孝》的故事，都是真人真事。听起来像是神话，实际上是"至诚感神"，感应的道理非常的深奥。天地间确实是有不同维次空间的生命，我们相信有天地鬼神。人所能够了解的空间范围太小了，没有了解的范围要比了解的大太多了，不能够用自己所了解的、所见到的有限范围的这些知识，去否定那些无限度空间里的现象。

现在西方的科学家，他们也研究鬼神，发现确实有鬼神现象。意大利有一位科学家巴希博士，他研究鬼神的声音几十年了，是用一种录音的设备，收录鬼神的语言，这些语言真的好像是人说话的声音，能够听得出意思。这种实验做了很多，也很有说服力，证明确实存在人所看不到的不同维次空间的生命。我们相信鬼神是有，天帝之女也存在，真正像董永至孝，才能够得到感应。

（三）孟宗哭竹 至诚神助

且不说天地鬼神，就是自然界的现象也是如此，《二十四孝》中的"孟宗哭竹"。三国时代的孟宗，少年时父亲就去世了，母亲年老多病，医生嘱咐"鲜竹笋做汤"，可以治疗他母亲的病。那时正是严冬，哪找这些竹笋？孟宗无计可施，独自一人跑到竹林里放声哭泣，没过一会儿他就发现地裂开了，竟然长出了几个很嫩的竹笋。孟宗一看非常欢喜，马上采回去做汤给母亲喝，后来母亲果然病好了。孟宗本人后来也做到了"司空"这样的高官。

这是至诚感动天地，有的人觉得好像不能理解。是不能理解，因为用理解的心、用思维，心里就有念头，有念头这就不诚了，刚才讲的"诚"是心里没有念头，"至诚"是一丝毫的念头都没有，才能够跟天地感应。像孟宗内心当时只有一个念头，就是为母亲治病，这一个念头把其他所有的妄念都给打掉了，都给压服住了, 心也就达到诚了。那么诚就能够感通, 所以冬天的大地竟突然长出竹笋, 这都是"至诚感神"的道理。

我们为什么没有这样的感应? 因为我们心里有很多私心杂念, 常常想到的是自己的, 是小我, 是自私自利, 没有把父母时时刻刻摆在心里, 更不要说是全心全意念着父母。如果是全心全意念着自己的父母, 心里就能达到没有妄念、只有正念。正念是什么? 是孝心。这个正念就能够跟天地感通, 就能够把本性中的智慧和德能开发出来, 所以就有能力事天地、明察天地, 就会得到不可思议的感应, 进而得到不可思议的福分。

四、天子有尊　言有父兄

【故虽天子, 必有尊也, 言有父也; 必有先也, 言有兄也。】

这是讲到天子, 实际上每个人都是如此。这里特别用天子来讲, 天子都要尽孝, 更何况其他人; 天子都有他所尊贵的、尊敬的, 更何况其他人。虽然是天子, "必有尊也", 必定有应该尊敬的对象。谁是尊敬的对象? 父亲、叔父、伯父、诸父。所以"言有父也", 这是有父亲, 心目中有长辈。

"必有先也, 言有兄也", 这个 "先" 是指比自己年长的人要让他先, "长者先, 幼者后", 自己也有做幼者的时候, 也有走在后的时候。天子本来是万人之上, 但是他也有礼让的时候, 有尊敬别人、让别人在他之先、在他之上的时候。因为兄不仅是自己的亲生的兄弟、同胞兄弟，还有家族里的，也包括全社会凡是同辈的比天子年长者，都是兄。所以天子对百姓以礼相待、以敬相待，就能感得百姓对天子的爱戴。

唐玄宗《御注》："父谓诸父，兄谓诸兄，皆祖考之胤也。"父，就是我们刚才说的诸父，凡是长辈都是父母，像对待自己亲生父母一样对待他们，所有同辈的年长者都属于诸兄。这里唐玄宗是特指大家族里面，比如同姓的一个家族，家族里的父辈，可能祖宗留下来很多支，每一支里如果是比我长一辈的，就是我的父辈，比我年纪大的同辈的都是属于兄。

"皆祖考之胤也"，"考"是父亲的意思，"先考"就是先父，是过世了的父亲，"祖"就是父亲以上，祖父以上的就称为"祖"了。所以"祖考"也就是父亲再往上的所有历代的祖先；"胤"就是嗣，嗣是后裔，就是祖考的后裔。即这些族亲们，都是同一个祖先，对待本族的所有年长宗亲，都要以父兄之礼，另外也要爱护年幼的，或者是晚辈。

"礼：君宴族人，与父兄齿也。"这是讲到祭祀的礼，古代人非常重视祭祀，祭礼。"君宴族人"，天子祭祀结束后，通常把同姓的族人都留下来，请他们吃饭，即"君宴族人"。"与父兄齿也"，按照族人的辈分高低以及地位的尊卑排列顺序。"齿"是排序，就像牙齿都长得很整齐，排列得有序。这是讲到宴请族人按照辈分、按照尊卑来排他的位置，大家一起吃饭。如果家族很大，可能宴请的人很多，一个大家族几百号人、上千口人古代都是常有的。

我们的恩师,回到家乡找到很多族人,谈起家谱,果然有一位族亲把家谱保留下来了,而且很完整,动乱当中也没有遗失。那个家谱,后来印了三百多册,送给一些图书馆,以及家族中人进行保存。这个家谱从黄帝开始记载,真的是一直上溯到黄帝,从黄帝一代代记录下来,一直到我们恩师,共一百三十六代,恩师是黄帝第一百三十六代孙。

实际上,我们每一个姓氏都可以上溯到黄帝,我们都是炎黄子孙,真的没错!家谱里记载的,每一代都有他辈分的字,所有同代人都是用同一个辈分字。在一起时,大家就相互报个姓名,按照辈分高低排列,什么样的辈分就很明晰。如果遇到长辈,就以事父之礼来对待,如果是同辈就以兄弟之礼,晚辈也对应以相应的礼数。所以这个辈分都很清楚,我们看到了非常赞叹!

这个家谱的精装本一套是六册,一本就很厚。这是一个家族的历史、史记,是非常珍贵的资料。所以,我们中华民族为什么这么有凝聚力,真的是有家道,家谱是维系家族团结和睦的一种很重要的资料。

五、不忘宗亲　孝悌亨通

【宗庙致敬,不忘亲也;修身慎行,恐辱先也。宗庙致敬,鬼神著矣。孝悌之至,通于神明,光于四海,无所不通。】

"宗庙"就是指祖宗,古人给自己的祖先都立祠堂、立牌位,也常常祭祀祖先。"宗庙"是古代大家族为自己祖先所立的祠堂。这里尤其是讲天子,天子立宗庙来祭祀自己的先祖。百姓每家每户都有自己的祠堂,到了祭祀的日子都是恭恭敬敬地来祭奠祖先。《朱子治家格言》说:"祖宗虽远,祭祀不可不诚。"祭祀是一种孝道的活动,这种恭敬,能够对古老的祖先都不忘记,怎么会忘记眼前自己的父母?所以这是孝道。

唐玄宗的《御注》:"言能敬事宗庙,则不敢忘其亲也。"所以祭祀是一种孝道的教育,对于自己的祖先都能够敬事,当然对眼前自己的父母更能够敬事,恭敬的事奉。而且对自己家族所有的长辈,都能够孝敬,所有的兄长都能够恭顺,孝悌成为家族的家风,使得家族能够长盛不衰。

(一)修身慎行 不辱祖先

"修身慎行,恐辱先也。"对自己的父母尽孝,对祖宗能够"致敬",最重要的是自己"修身慎行"。"修身"就是把身上的错误、毛病、习气修正过来,断恶修善,成就自己的德行,这叫修身。"慎行"是还没有犯错误时要非常的谨慎、小心,不可以去犯,每天都以恭敬之心、谨慎之心做事,哪怕是细节上的行为,都不可以疏忽,不可以放逸。

古人讲:"细行不矜,终累大德。"细节上面如果不认真、谨慎去防范,日久天长积小恶就成大恶,就会让本来的大德行受到亏损。所以古人讲:"善不积,不足以成名;恶不积,不足以灭身。"这都是每日要下检点反省功夫,能够在日常生活当中观照自己的言行，乃至起心动念。想到有没有对不起父母，对不起祖先？一个真正有孝心的人，他就会处处想到自己一言一行是否辱没了父母、祖先的声誉，所以他能够"修身慎行"。

有这样一句批评的话："这个孩子一点家教都没有。"古人看来这是非常大的耻辱，"没有家教"，就是污辱他的父母、祖先。他没有德行，不但是自取其辱，而且把父母、祖先都辱没了。人家会想，有其父必有其子。古人处处都为自己的家族着想，所谓以家为本，不是以自己个人为本，所以他所想的就是如何不辱没祖先的声名，如何能够光耀门楣，让自己的父母、祖先荣耀，有这份心，他立德修业必定能够有所成就。

唐玄宗《御注》："天子虽无上于天下，犹修持其身，谨慎其行，恐辱先祖而毁盛业也。""天子"就是国家领导，虽然是万民之上，"无上于天下"，天下人他是至高无上的，地位、富贵都是万人之上，但是不可以有骄慢之心，还需要"修持其身"，身有过恶必当驱之。把自己身上的过失、毛病、错误，要去除干净，每天都检点过失，每天就能够有进步。如果今天从早到晚下来，没反省到一天的过失，那这一天就没有进步。人没有成圣人之前，必定有很多过失，要天天的反省、改过，真正的圣人也是通过不断的改过而成就的，"人非圣贤，孰能无过？过而能改，善莫大焉"。等把过失都改完了，一丝毫过恶都没有了，就成圣成贤了。所以"修持其身"，不论地位高低贵贱，人人都要做。

"谨慎其行"，还没有犯的过恶，也要非常的谨慎，防患于未然。"行"包括身、口、意这三种行为。眼睛、耳朵都不接触那些污染, 所谓"非礼勿视、非礼勿听、非礼勿言、非礼勿动"。心里常存道德、仁义、礼, 用圣贤的标准来衡量自己每一言、每一动。"谨慎", 凡是不符合圣贤教诲的, 就不能做、不能看、不能听, 甚至不能想。"谨慎"不仅是身、口的造作, 而且要在起心动念处防范, 这才是真正的谨慎。

身体不能造杀、盗、淫, 杀生、偷盗、邪淫。什么是杀生? 杀害一切众生的生命这叫杀生。动物都不能杀, 更何况人? 而且这个杀生在念头里都不能有, 如果有杀的念头, 虽然身体还没行动, 已经算是造了杀生的这一条业。真正的圣人、君子, 对自己的心负责, 就是样样都以良心做标准, 良心是人人本有的, 就是"人之初, 性本善"。

偷盗就是别人不同意, 或者未经允许, 拿了就是偷盗。不仅身体不能偷盗, 心里连偷盗的意念都没有, 甚至连占人便宜的意念都没有, 谨慎其行。

戒邪淫, 就是不正当的男女关系, 这些事不能去做, 连念头都不能有, 做一个正人君子。心里没有邪思, 没有那种贪欲, 有贪欲就有苦, 所谓欲为苦本, 所以圣人让我们谨慎其行, 让我们守规矩! 为的是让我们离苦得乐。

口不能够犯妄语、两舌、恶口、绮语的过失。妄语就是说骗人的话, 欺骗别人, 也欺骗自己; 两舌就是说人是非, 背地里说人的坏话, 挑拨离间; 恶口就是说骂人的话、粗鲁的话、伤害别人的语言; 绮语是花言巧语, 说一些不负责任的话, 甚至是一些无聊的、低级的玩笑等等。

身、口这些不好的行为我们都要努力戒掉去除。

意念上不能够有贪、嗔、痴。贪是贪欲、贪婪、贪得无厌,君子之所以跟小人不一样,就是君子无贪,"君子喻于义,小人喻于利",君子讲求的是道义,小人贪求的是名利,君子"食无求饱,居无求安",君子只求道;嗔恚是心有不满、有怨恨、有不平,生气、嫉妒,包括傲慢,稍不满意就大发雷霆等等,这是一种大烦恼;痴,愚痴,不明白宇宙人生的真相,迷在眼前的境界里面,不懂因果,不知道要积功累德,要孝敬父母、恭敬祖先,一天到晚糊里糊涂,悠悠度日,甚至造作不善,辱没了先祖,毁坏了"盛业",盛业就是盛大的家业。

所以要把贪欲、嗔恨、愚痴都放下,恢复我们的本性本善。

这里唐玄宗是讲天子,实际上每个人都适用,因为自己不能够修持其身,谨慎其行,就会让父母、祖先蒙羞。自己没有德行,福报也就没有了,就不能够延续祖先留下来的家业。这些家业是祖先积功累德、辛苦经营而成就的,因为我们自己没有德行,把它毁于一旦,这就是大不孝。

就像古代的一个王朝,如果皇帝是昏君,沉迷于酒色,不理朝政,不能够修身慎行,或者是好听谗言,损害忠良,最后导致王朝被推翻,让祖先遗留下来的家业毁了,这就是大不孝。要使家业能够延续长远,重要的是在家庭里教育后代,让后代子孙从小就受到良善的教育、伦理道德的教育、孝道的教育。所以他凡出一言、行一事,都会非常谨慎,看自己是否对得起父母祖先,是否能够保家护国。

（二）祭祀祖先　鬼神感应

【宗庙致敬，鬼神著矣。】

"宗庙"就是祖先，"宗庙致敬"就是敬事祖先的意思。"鬼神著矣"，"著"就是能够跟鬼神有感应。古人讲"祭神如神在"。我们祭祀祖先的时候，用至诚恭敬的心，仿佛是祖先已经在面前，是不是真的在面前？如果真诚心到了极点，致敬，"致"是尽，尽到了真诚，那么祖先真的会来，因为一切法由心想生。"鬼神"是指本家的、自己家的这些祖先，他能够跟我们心心相通，虽然他们人的形体已经没有了，曾经的那个人，已经去世了，但是他的灵性不灭，我们说他的灵魂永在。

现在科学家也已经证明有鬼神、灵魂的存在，譬如西方心理学家，他们用催眠的方法，能够帮人回忆过去、前世的那些现象。又有很多死亡医学研究者，他们研究濒死的人，发现这些人常常有灵魂出体的现象，这都证明人是有灵魂的。肉体并不是生命的唯一，生命是由肉体和灵魂两部分组成的。换言之，我们不是行尸走肉，我们是有灵魂的人，这个灵魂不会随着身体的死亡而消亡，所以我们祖先的灵能够跟我们感通，只要我们能够至诚恭敬的去祭祀他们，他们就真的能够得到我们至诚心的供养，就是跟他们感应。

唐玄宗解释："事宗庙能尽敬。"就是对祖先祭祀能够尽到我们的恭敬心。"则祖考来格"，祖和考都是已经过世的祖先、父母，祖就是父辈上面的祖先，考就是先父，已经去世的父亲，祖先们都能够感格，都能够来跟我们感应。"享于克诚"，"享"是享受，享受我们对他的供养，我们用什么供养他们？是不是祭祀时，摆上一些鲜花、水果、食品，或者民间，民俗烧烧纸钱来供养他们？我们要懂得这个道理，所用的供品，实际上都是表法的作用，通过供奉供品，把我们的诚敬心引发出来，诚敬心有所寄托，寄托在供品上。所以供品的意义就在于引发我们的恭敬心、至诚心。如果仅在形式上供养供品，没有诚敬心，只搞形式没有内容，不可能有感应，祖先也享受不了我们的供养，因为他所享受的是我们的至诚心。

如我们孝养父母，包括孝养父母之身，孝养父母之心，孝养父母之志。孝养父母之心和孝养父母之志，比孝父母之身更重要。呈上供品如同养父母之身，而我们以至诚恭敬之心来供奉，就是养父母之心，心与心能够相通，这叫作"著"。"著"就是显著，显露出来，有感就有应，以至诚恭敬而感，就有祖宗、鬼神来应，跟一切的圣贤感应，这都是一个道理，乃至跟天地、跟宇宙万物感应，都要用这种至诚心。诚到了极处，就一切都能感通。

（三）至诚孝悌 无所不通

如下面经文所讲："孝悌之至，通于神明，光于四海，无所不通。"

当孝悌之心到了极点，"至"就是极点，就能够通于"神明"，"神"就是天地之神，也是祖考之神。

邢昺《正义》解释，"明"就是指神明，一切的圣贤。佛家讲的佛菩萨，道家讲的天地的众神、神仙，儒家里面也承认有神明存在。如何跟神明感通？用孝悌至诚之心。孝悌到了至诚，心里只有父母，只有祖先，完全把自己给忘了，到了无我的境界，自己完全跟父母、跟祖先乃至跟天地鬼神合为一体，所谓跟天地鬼神、日月合其德，跟宇宙万物融为一体，这是孝悌到了极点，当然他就能够感通一切，也就能明察一切，宇宙万事万物都通达明了，佛家讲明心见性，无所不知、无所不能，他就成圣人了。

"光于四海"是讲智慧。智慧用光明来代表，表示通达无碍，因为孝悌之心养到了极点，而孝悌之心就是与宇宙万物合而为一的心，这样就通到本性上了。如道家所讲跟道合一，即跟宇宙本体合一，当然对宇宙万事万物都能够通达，所谓"光于四海，无所不通"。

唐玄宗注解："能敬宗庙，顺长幼，以极孝悌之心，则至性通于神明，光于四海，故曰：'无所不通。'"这是讲能够敬事祖先，能够长惠幼顺，把孝悌之心推到极致，就"至性通于神明"，即通到了自性，自性是无所不通的。禅宗六祖开悟见性后，说"何期自性，能生万法"。"生万法"是指宇宙万物，从我们自性生发出来，能通到自性，就能通达万法，也就跟圣贤、跟天地相通，"通于神明，光于四海"，这就叫作无所不通。

所以能够尽孝，从孝道入手，就能通到我们人的自性上来，一通到自性，宇宙所有维次空间都通了。我们现在不通是因为有很多的妄念、自私自利的念头，很多的欲望、烦恼，把自性给蒙蔽了，这样不仅四海、宇宙不通，地球上的东西我们都不能通达。

现在科学尽管很发达，地球的种种事物，能不能全部通达？还不能，乃至人对自己身体的每一个部分，所有的构件、器官如何运作，这些都不能通达。对自己都通达不了，怎么能够"通于神明，光于四海"？是不是我们努力发展科技，拼命钻研，有朝一日就能通达了？圣人告诉我们，这种方法走到最后还是不通，因为它不是向心性里求的。我们要认识这个宇宙，就要从宇宙本体去求，本体抓住了，整个宇宙都能够通达明了。

所以圣人教诲我们向心内求，不要心外求法，心或者说性，宇宙万物都是同一个心性。"神明"是讲不同维次空间中的生命，有情的众生；"四海"是讲无情众生，就像植物、矿物。不管是有情、无情的生命，它们的性都是一个，同一个真性，同一个本源。我们能够悟入这个本源，就能无所不通，到那时我们发现，其实宇宙整个就是自己，通达宇宙就是通达自己。整个宇宙除了一个自己以外，没有他物，没有他人，这就是跟天地合一。圣人都是这个境界，如何得到？极孝悌之心，把孝之心推到了极点，他就能做到。

六、引用《诗经》 结束全章

本经最后引用《诗经·大雅》"文王有声"的一句诗文做结：

【《诗》云："自西自东，自南自北，无思不服。"】

《诗经》的这首诗赞美周文王的德行，感化了东南西北四方，所有的百姓都来归服。

这句诗文实际上是解释、呼应"无所不通"。圣人的德行"通于神明，光于四海"，其风范是天下百姓最好的榜样，大家都敬佩他、敬仰他、效法他，都服从他的教化，服从他的领导，所以天下大治。因为人心都能像圣王那样断恶修善，所以天下人有福，感应得天下和顺，日月清明，风调雨顺，国泰民安，这真正是和谐世界！

唐玄宗《御注》："义取德教流行，莫不服义从化也。"是讲这句《诗经》取"德教流行"之意。圣人的德行，圣人的教育教化，能在世间推行，接受教化的大众都佩服、敬服这位明王的道义。"服义"是服明王、天子之意，服周文王的德行。而"从化"，"从"就是服从、跟从，学习这位圣王，受到了转化，原来的习气毛病都改正过来，不再自私自利了，能够大公无私了，也能够以爱心对待所有的人，天下就真的是太平了。太平是果，因是天子到百姓从上而下，修养德行，修身慎行。修身慎行要通过教育，所以推广圣贤教育就非常重要。

《大学》讲："自天子以至于庶人，壹是皆以修身为本。"从天子到庶人，即从上到下，都要以修身为本，修身慎行，修养德行。自己修养德行，从而教化大众，如《礼记·学记》所云"建国君民，教学为先"，教学、德行为先。这样的政治，就是《孝经》讲的圣治，以圣道治理天下，当然天下和谐，这都是孝道的感应，感应章所讲的道理，就是因果。圣人以孝道来教化百姓，百姓能够落实孝道，人人想到敬父母、敬祖先，修身慎行，自然感得天下和平，灾害不生，祸乱不作。

事君章第十七

进退无怨　顺美匡恶　忠诚事上　无日敢忘

【子曰："君子之事上也，进思尽忠，退思补过，将顺其美，匡救其恶，故上下能相亲也。《诗》云：'心乎爱矣，遐不谓矣。中心藏之，何日忘之。'"】

解释章题　综述主旨

我们来看章题，顾名思义，本章讲君子是如何事君、事上的，即如何对长上、领导，对天子、国家领导人尽忠。《孝经·开宗明义章》就给我们点出来，孝有三个层次："始于事亲，中于事君，终于立身。"以侍奉双亲父母为基础，然后事君，事君是精忠报国，然后立身，立身是成圣成贤。

这一章主要是教我们如何事君，所谓移孝作忠，把孝心推移到对国家、对人民，就是尽忠。

事君之道，主要是讲"进思尽忠，退思补过"。不管是有机会为国家服务，还是退守在家里，忠心都不改变。不管进退，都是缘分，当然这个缘分也是有标准的。孔子说："天下有道则见，无道则隐。"这个"见"和"隐"跟进和退是一个意思。

国家领导英明，百姓民心向善，这个时候天下有道，就该出来，应该为国家、为人民服务，施展自己的抱负，利国利民，能够从中立身行道，扬名于后世，这是君子之所为，应该做的。如果皇帝是昏君无德，不知道如何治理天下，也不能够虚心礼贤下士向人请教，导致百姓不知礼义，任意妄为，天下无道，这时候君子就得隐去了。

所谓归隐山林是退，"退思补过"，好好改自己的过失。古人讲"万方有罪，罪在朕躬"，"朕"是指天子，天子是圣王，就会有这种思想：天下人有罪，百姓犯过失，都是自己的过失，自己没教好他们，德行不足以感化他们，所以有罪。君子都是这种意念，凡事都是反求诸己，不会责怪他人，所以即使归隐山林也是改过自新，断恶修善，提升自己的层次，提升自己的境界，将来有机会还是要出来为天下人效力。

如姜太公，周朝还没有建国之前，他在渭水钓鱼，"直钩钓鱼，愿者上钩"，过着归隐的生活，因为天下无道。当时是商朝末年，殷纣王暴虐无道，所以有道之人就归隐了。

姜太公"荷竿渭水钓游鱼"，一直等到文王千里求贤士，才出来帮助文王，把天下无道的状况转过来，他垂钓是等待因缘。古人绝对不会自告奋勇，游说别人，让人任用自己，也绝对不会去拉选票搞竞选。真正有德之士都是非常谦虚的，甚至可以"以天下让"，对于这些名闻利养都看得很淡。有机会可以为天下百姓谋福，他才出来做事。

比如姜太公，文王有德行、得民心，即天下有道，又诚意礼请他出山，他就现了，太公也确实有道德学问，上能知天，下能通地，使文王很快成为百姓拥戴的领袖，又辅佐武王成功伐纣，建立起周家天下，接着又辅佐成王、康王，作为四朝元老，他为周朝八百年基业立下不可磨灭的功勋。所以天下有道，是君子进的时候。进，"进思尽忠"，出来就要为国家尽忠，"尽忠"是为天下人谋福利，让天下人过上幸福美满的日子。

依循古论　解析章句

经文第一句：

【子曰："君子之事上也。"】

孔老夫子说："君子怎么样事上？""事上"就是事君。

唐玄宗《御注》："上谓君也。"上就是君的意思。事君章主要讲的就是如何事奉国君。现在国家提倡的八荣八耻中有两条，

"以热爱祖国为荣"；"以服务人民为荣"。"事上"就是热爱祖国、服务人民，君子如此就是尽忠，能够尽忠，必定有孝悌之心。《论语》讲"其为人也孝悌，而好犯上者，鲜矣。"有孝悌的心，他怎么可能会犯上，会不尽忠？

一、进则尽忠 退而补过

【进思尽忠，退思补过。】

（一）进而事君 当思忠节

君子事君"进思尽忠"，唐玄宗注解为"进见于君，则思尽忠节。"

《说文解字》解释"忠"，是敬的意思，恭敬的敬；"尽忠"也就是能够恭敬到极点，尽心尽力来服务于祖国、人民，这叫尽忠。有这样的缘分，有这种机会了，我们的心就要去表现成行为，"尽"就是有机会可以服务。譬如有官职的人，就要认真工作，替百姓办事。所以君子常常所思所想的就是尽忠。

古代另一篇分析文字的书《字诂》里讲："忠，直也。"所以忠也是正直的意思，心上面一个中，心摆得正中了，这个人就正直。要有正直之心，不能够有偏私，不可以把私利放在国家利益之上，要把国家利益、人民的利益放在第一位，这是中正。

"进见于君"，"见"也有现的意思，古代见和现是通用的，就是由国君任命，我们有机会从政，为国君效力"则思尽忠节"。

"节"，操，操行、节操。所以君子在自己的职分内，他想到的是如何尽职。他的操行是正直的，他的心是忠诚的，乃至在国家危难的时候，可以舍弃身命，做出一切的牺牲，即使以身赴义、粉身碎骨也毫不退缩。"忠"，正直，"尽忠"不是盲目愚忠，愚是有为国的心，但是没有智慧，心也不够正直。正直需要有智慧，如果没有智慧，完全随顺国君、领导的意思，也不叫忠。

如谏净章特别讲到，"子从父之令，可谓孝乎？"儿女对于父母的号令盲目的遵从是不是尽孝？不是。同样道理，臣子对国君不英明的号令，盲目遵从，也不属于尽忠。

唐玄宗有位非常忠诚的臣子颜真卿曾经被贬官，他的五世祖颜之推写过一篇《颜氏家训》，成为后人教育子女立身处世的一部著名的教材。

颜真卿的父亲很早过世，他对母亲就格外的孝顺。书法界有一种楷书叫颜体，那种风格是非常的圆润厚重，这是他在书法上的贡献。而颜真卿更了不起的是他忠正的品格。他在五原做官，因为前任官吏不清廉，造成很多冤狱，当地持续干旱，久不下雨，所以他到任后立即审理冤案，为很多无辜的人平反，结果就感得上天降下甘霖，这是感应。所以当时人都称颜真卿为"御史雨"，言其忠正之心可以感格天地。

唐玄宗早年英明，在圣贤文化方面下了不少的功夫，我们以玄宗皇帝的注解为依据，学习《孝经》。他注解《孝经》的"在上不骄"，而自己就骄了，晚年宠爱杨贵妃，生活放逸。所以人一骄奢淫逸，轻则亏损道德学问，重则影响家道国运。玄宗在上一骄，安禄山为下就乱了。

安禄山是边疆的一个胡人，因为当时唐玄宗疏忽国政，而且听信谗言，很多事情看不清楚，不能够明察，结果就把兵权交给了安禄山。安禄山在边疆慢慢地集中兵权，随着势力日益壮大，就有了谋反意图。

颜真卿当时是平原郡的太守，他看出了安禄山有叛变的迹象，所以也暗地里招兵买马，修筑城墙，囤积粮食，防止他兵变。后来不出所料，安禄山真的起兵谋反，战火一下子就烧遍了中原，河北好几个郡都沦陷了，只有颜真卿的平原郡城墙坚固，他领导军民顽强抵抗，守护得很成功。

当时因为兵败，河北各郡，除了颜真卿兄弟两人把守的地方外，其他全部失守。唐玄宗非常的痛心，叹息河北二十四郡只有颜真卿一个忠臣，他很后悔当时听信了杨国忠的谗言，把颜真卿贬官了，叹息自己没有眼力，不知道颜真卿是一位忠心耿耿的义士。

安禄山举兵叛乱，把唐玄宗赶出京城后，开始做他称帝的梦。古人讲"多行不义必自毙"，安禄山谋反叛乱，自己是叛臣，家里就出了逆子，他的最终结局是被自己的儿子杀害了。安禄山之乱也很快被平息。

当时还有一个节度使李希烈也造反，因为颜真卿曾经得罪过一位权臣，所以就被派去只身劝降李希烈。这是一项非常危险的任务，对方如果不归降，劝降的人肯定被杀害。

当时颜真卿已是七十多岁，在国家危难时刻，他没有考虑自己的生命安危,毅然接受了任务,所谓临危受命。到了叛军军营,面对李希烈的属下谩骂、恐吓,颜真卿气宇轩昂,镇定自若,毫无惧色。这种勇敢、镇定的气度,使李希烈产生了敬畏之心。有人劝李希烈说,颜真卿是一位德高望重的唐朝太师,你现在想要自立为王,不如让太师归顺。颜真卿闻听此言威怒不已,呵斥他们不知廉耻。李希烈听着颜真卿义正辞严地怒斥,不由生起了惭愧心,向颜真卿谢罪。后来李希烈仍劝颜真卿归降,否则只有一死。颜真卿把事先写好的遗书拿出来给他们看,表示已经做好了必死的准备,所以毫无畏惧,决不归降,最终这些叛贼还是杀害了他。

颜真卿在生命最后一刻都在大骂逆贼,七十七岁的他英勇就义。噩耗传到朝廷,当时已经是德宗皇帝在位,德宗悔恨交加,非常伤心,五天都没办法上朝,所有的将士也都痛哭流涕,深切悼念这位壮烈成仁的大唐忠臣,后来颜真卿被封为"颜鲁公"。

"仁以为己任,不亦重乎?死而后已,不亦远乎?"作为一个君子,他身上担负的是仁爱之义,以仁作为己任,真正为了仁,可以杀身成仁,自己英勇就义来成就这个仁,死而后已。所以颜氏家族是以忠孝传家,留下的《颜氏家训》真的成为一千年来的范本,是后人学习家规的最好教材,这是"进思尽忠"。

(二)退而省思 忠谏改过

【退思补过。】

假如不在位，没有机会为国家、为人民服务，就要常常思虑补自己的过失，改过自新。

唐玄宗注解："君有过失，则思补益。"如颜真卿被玄宗贬官，玄宗听信谗言，把忠臣贬官，忠臣心里会不会想，皇帝无道，我们就不管他了，甚至要帮助叛贼推翻无道昏君，有没有这样想？没有！君有过失的时候，忠臣"退思补过"。"退"就是回到家里，自己好好思虑，改过自新，或有机会为国君进谏，让他能够改正过失。因为国君改正了过失，才能够利益百姓，如果他有过不改，会殃及百姓和国家。所以君子在家里所想的，都是自己修身慎行的事情，以及国家有哪些过失，帮助国家修正。不管自己还是国君，只要有过失，心里都不安，都要只想着如何来改正、来补益，绝对不会起抗逆、悖逆的心，这就是孝心。这就是忠心。

二、顺美救失 扬善隐恶

【将顺其美，匡救其恶。】

（一）顺而行之 克尽本分

"将顺其美"，"将，行也"，将的意思就是行，这句话是行顺其美的意思，就是国君如果有好的方面、有优点，做臣子的很高兴，要顺而行之。

唐玄宗注解："君有美善，则顺而行之。"当君有过失就要想着如何帮助他改正；当君有美善、有优点，要顺着他，让他把优点继续保持发扬，有美善的政策，我们一定要帮助努力落实。

譬如现在国家领导人提倡构建和谐社会、构建和谐世界，这是美善的政策，我们从上到下的这些官员、百姓都顺而行之。乃至像我，没有任何的官职、工作，也来从事传统文化教学工作，在自己本分的岗位上，大力的宣扬传统文化，推动伦理道德因果的教育，启发一部分人的良善之心，为和谐社会做一点点贡献，这是属于义务工作，我们一样愿意顺而行之。

（二）君有过恶 正而止之

"匡救其恶"，"匡"，正；"救"，止。"匡救"就是正和止的意思，也就是说"君有过恶则正而止之。"

"人非圣贤，孰能无过？过而能改，善莫大焉。"国君也不例外，他有过恶，过是过失，恶是不好的行为。过和恶怎么来分？《弟子规》上讲"无心非，名为错；有心非，名为恶"，看有心还是无心犯的这些过失。如果是不小心、不经意的情况下，可能是习性使然，犯的这些过错，那就叫错误；如果是蓄意策划，有心犯了错误，而且经人劝告不肯改的，就是"有心非"，有心做的错事，那就叫恶。

君王走偏了，做臣子的"正而止之"，"正"就是扶正，要帮助他走回到正道上来。"止"是止他的过恶，臣子要帮助他停止犯错误，哪怕是忠言相谏会导致国君愤怒，可能会被治罪，甚至被杀头，也要去劝谏。不忍心看到国君继续犯过恶，使人民因此而受苦，这种忠心跟孝心是一样的。

《弟子规》讲"亲有过，谏使更；怡吾色，柔吾声"，父母有过失，我们要劝谏，劝谏的时候要注意形式、方法。"怡吾色，柔吾声"，善巧方便，用轻柔的方式，让父母能够接受。"谏不入，悦复谏"，如果劝谏了，他不听，就等他高兴的时候继续劝。"号泣随，挞无怨"，他实在不肯听，自己痛哭流涕，真心至诚去感化，哪怕惩罚、治罪甚至杀头，也没有怨恨，"挞无怨"。这是孝！对父母能尽孝，对国君就能尽忠，能够这样就是君臣有义。

三、君义臣忠　上下相亲

【故上下能相亲也。】

"上下"是指君臣，君臣之义就好像父母跟儿女，心中没有隔阂。《尚书》上讲"居上克明，为下克忠"。"居上克明"，在上位的人明白你是忠臣，哪怕你讲的话忠言逆耳，他明白你的苦心，他能理解、接受；"为下克忠"，在下位的人忠心耿耿服务领导，上下之间如父子一样，所以君臣跟父子，虽然没有血缘关系，实际上那一颗孝心、忠心是一样的。

唐玄宗注解："下以忠事上，上以义接下，君臣同德，故能相亲。"在下位的以忠来事奉长上；长上用义来对待下级，上下级之间忠义相待。"君臣同德"，"德"，随顺着道叫德，能够随顺自性的就叫德，随顺本善的就叫德。君臣之间的忠义实际上与父母和儿女之间的慈孝是同样的，都是同一个爱心、同一个本善。只是这颗爱心、这个本善，在不同关系上有不同的体现，表现在父子之间就是慈孝，表现在君臣之间就是忠义，"故能相亲"，"相亲"就是爱心在彰显，君臣之间情同父子。

历史上有个很著名的"下以忠事上"的例子，即"李善乳主"的故事。

汉朝有位男子李善，忠厚老实，是李姓富贵人家的当家。有一年，李家大人不幸全都染上了瘟疫，接二连三的去世了，只留下一个刚刚出生不到十天的婴儿，以及万贯的家财。李家的族人、家丁趁火打劫，把金银财宝都抢夺一空，甚至还想把李家唯一的香火，这个小婴儿杀掉、灭口。李善平日侍奉主人忠心耿耿，此刻想到主人对自己的爱护、厚义，觉得一定要帮李家留下后代，为了避免危险，就抱着这个婴儿偷偷地出去逃生。

李善逃到深山隐居，自己采野果子吃，饥一顿饱一顿，可是婴儿需要吃奶，自己是个男人没有奶水，深山中又从哪里找奶？他就跪在地上痛哭，仰天长叹，难道天真的要绝李家之后？后来他灵机一动，把自己的乳头送到了婴儿的嘴里，惊奇地发现，居然有乳汁流出来，于是他用自己的乳汁养活了李家娇弱的小生命。他们在山里隐居生活了十年，李善自己耕种、采集、煮饭、洗衣服，又当爹又当娘，对自己的小主人、李家唯一的命脉，既教导又恭敬，希望他能够德才兼备、重振李家门风。这个孩子在李善的抚育、培养、教导之下，秉承了厚道善良的品格，慢慢长大。孩子长到十岁，李善决心为主人恢复家业，于是他就领着小主人到官府击鼓申冤，讨一个公道。县令听了李善的忠义节操，深受感

动，就为李家平反了冤情，收回了财产，把当时谋害李家的这些
人全部都惩治了。

县令非常感佩李善的忠义，就把他的事迹呈报了皇帝。光
武帝听到后，也非常的感动，于是就聘请李善担任太子舍人的要
职。太子舍人，就是教导太子的老师。因为古来的皇帝他最希望
的就是自己有后，能够继承国家社稷，延续千秋家业，所以对太
子的培养非常非常的注重，一定是请最有德行、最有学问的人，
来做太子的老师。太子能够有圣贤的德行，才能够使天下太平。
李善原来是李家的一个仆人，现在的荣耀，是他自己的厚德感应
到的福分。

皇帝也非常器重李善，让他做太守。李善上任经过李家的坟
墓时，卸下官服，换上粗布的衣裳，走到墓园，亲自为坟墓锄草清
理，思慕主人，百感交集。他跪在主人墓前，悲痛难抑，放声大
哭，闻者无不为之动容。

所谓"上下能相亲"，做君主的跟做臣子的，真的是情同父
子。如孔子所说"君使臣以礼，臣事君以忠"，在下位的人能够得
到上位的以礼相待，为下的感念主人的厚爱，真的会在危难关
头，挺身而出，忠贞守义。

四、事君之道 尽忠为国

本章经文最后也是引用《诗经》做结：

【《诗》云："心乎爱矣，遐不谓矣。中心藏之，何日忘之。"】

这段文字出自《诗经·小雅》，用来总结事君之道，作为臣子如何事君，如何服务祖国、热爱人民、忠诚领导。

"心乎爱矣"，内心真的爱领导、爱祖国、爱人民、爱自己的事业，这种爱心，跟对自己父母的爱心是一样的。所以圣人教人，千言万语实际上就是要把我们的爱心显发出来，从孝入手，显发爱心，能够爱敬父母，对领导也会有同样的爱心，能够移孝作忠，心也真正爱领导，忠诚于领导。

"遐不谓矣"，"遐"，远，即使在很远的地方，没有在领导身边，没有机会跟领导说明自己心中对领导的忠诚，但是"中心藏之，何日忘之"，自己心里藏着的忠诚，有哪一天忘怀？"谓"，说的意思；"何日忘之"，"之"就是心中的爱，仁爱、忠诚。

唐玄宗《御注》："遐，远也。"在很远的地方，都没有办法亲自报告自己的忠诚，这是"义取臣心爱君，虽离左右，不谓为远"。是讲做臣子的心爱着自己的君王，我们现在说爱祖国、爱人民。"虽离左右"，即使不在身边，譬如一个在海外留学的游子，心里想着祖国；或者是在外国工作的一个官员、大使、参赞，他内心想的仍是自己的国家；企业的员工出差，能够常常想着领导，"虽离左右，不谓为远"。其实不用对领导诉说，真正有忠心，自然行动上就有这样的表现，不必言语，而心心相印。

下面"爱君之志，恒藏心中，无日暂忘也"。"爱君"，现在讲，就是爱国、爱民、爱领导，这个志向永恒的藏在心里，没有一刻忘记。极言心中完全是忠诚，完全是孝悌，这是爱心、本善的显露。如果尽其一生保持孝悌忠诚不变，也就成就了圣贤的品格。

丧亲章第十八

事亲之终　爱敬哀戚　死生之义　祭祀时思

【子曰:"孝子之丧亲也,哭不偯,礼无容,言不文,服美不安,闻乐不乐,食旨不甘,此哀戚之情也。三日而食,教民无以死伤生。毁不灭性,此圣人之政也。丧不过三年,示民有终也。为之棺椁衣衾而举之,陈其簠簋而哀戚之;擗踊哭泣,哀以送之;卜其宅兆,而安措之;为之宗庙,以鬼享之;春秋祭祀,以时思之。生事爱敬,死事哀戚,生民之本尽矣,死生之义备矣,孝子之事亲终矣。"】

解释章题　简述主旨

本章讲孝子的父母过世,应如何送终、办理丧事和祭祀。"丧"就是亡故。本章讲父母亲亡故了,孝子应该有的心态和行为。纪孝行章提到的孝子之事亲有五个方面，其中最后两个方面是"丧则致其哀，祭则致其严"，这一章重点讲述这两个方面。

因为孝子一生都爱敬父母，当然父母亡故的时候最哀痛。以至于哀痛到三年之内，常常因为想念父母而吃不下饭，这是孝子之情。守孝三年后，每年的春秋，到了祭祀的时候，也必定要祭祀父母祖先，以表达自己的哀思。这样就算尽到孝子的本分，所以本经最后以丧亲章作为结尾。

依循古论　解析章句

一、丧亲六事　哀戚之情

【子曰："孝子之丧亲也，哭不偯，礼无容，言不文，服美不安，闻乐不乐，食旨不甘，此哀戚之情也。"】

孝子一生行孝，对父母尽到了爱敬，父母在世的时候可以说是尽心尽力的孝养。通篇的《孝经》主要是讲父母在世的时候孝子如何行孝，到最后"孝子之丧亲也"，讲父母去世时、过世后孝子又是如何行孝的。

唐玄宗解释说："生事已毕，死事未见，故发此事。"经文把父母在世如何侍奉已经谈完了。父母去世如何行孝还没有讲到，所以用此章特别来给我们说明。

（一）气竭而息　声不委曲

孝子在父母亡故的时候会怎么做呢？总共讲了六桩事情，"哭不偯"是第一个事情。

"哭不偯"，哭就是哀哭、痛哭流涕，这个哭是放声来哭。"不偯"，玄宗注解"气竭而息，声不委曲"叫哭不偯。"偯"是指哭的余声，余声是曲折委婉的，"不偯"就是哭得连余声都没有了，没有一点曲折委婉的声调，这是哭得非常厉害，至于气结，这口气尽了才停止，所以后面都没有尾声了。"声不委曲"，号哭的时候，没有后边的曲折韵调，形容孝子因为丧亲而哀痛的情景。父母生养、教育、照顾、帮助儿女，一生辛劳，现在儿女终于长大成人了，想要多一点时间孝养父母，报答父母的养育之恩，父母却离儿女而去了，孝子想要孝亲也没有机会了，正所谓"树欲静而风不止，子欲养而亲不待"。想到这些，孝子当然是悲痛欲绝，泣不成声。

（二）丧亲之悲　礼而无容

第二桩事情"礼无容"，"礼"就是行礼，对人要有礼节、有礼貌。

对人行礼的时候容貌也要配合。譬如说一般我们见到长者、老人或者是老师、长辈，总是要深深九十度鞠躬。这一鞠躬下去，抬起头来，脸上浮现着微笑，说明这个礼是发自于我们的诚敬之心。"礼者敬而已矣"，诚于中而形于外，礼节表达对人的恭敬，一般跟容貌相配合。

但是孝子在丧亲的时候，父母走了，朋友亲戚当然也会来吊祭，孝子尽管平时非常有礼貌，温良恭俭让做得很好，但此时内心很哀痛，所以礼节虽有，而容貌不能够配合，"礼无容"，即没有平常的礼貌那么周到了，当然大家都能够理解。

唐玄宗注解："触地无容。"触地是跪拜礼，遇到长辈或者是遇到了领导，在古代是要行触地的跪拜礼，对君王是要三跪九叩。父母去世的时候，孝子头着地也就没那么从容，没有平时那样的表情，因为悲伤的情绪已经笼罩了他的身心。

（三）痛惜哀伤　言语无文

第三桩事情是"言不文"，言是讲话，讲话没有文采。

唐玄宗注解："不为文饰。"一个有学问的人讲话都是很有文采的，含蓄，委婉，给人一种温文尔雅的印象。古人通过学文、学言语，讲话不会那样直白、没有文采，而是要有文饰、修饰，更不该想什么就说什么。但是在父母丧事期间，孝子因为心中悲痛，讲的话就没有什么文采，也没有心思去说那些经过修饰的言语。

（四）服饰华丽　内心不安

第四桩"服美不安"，"服"是服装，漂亮的服装穿在身上心里就会不安。

这个心情我们能理解，给父母办丧事，全家人都沉浸在悲痛之中，谁还能够穿漂漂亮亮的时髦衣服？穿在身上确实心有不安,也不会快乐,他所穿的是最朴素的、最粗糙的衣服,古人讲丧服,披麻戴孝。

玄宗注解:"不安美饰,故服缞麻。""美饰"指服装、首饰,打扮用的衣物,即使有这些美丽的衣装也都不想穿,穿了心会不安。所以就"服缞麻","缞麻"就是丧服,是用粗麻布制成的有毛边的丧服。如果我们看古代的戏、电影,就能看到披麻戴孝的样子。心里因为哀痛,所以只想穿最朴素的、最粗糙的麻衣。这麻衣不美,可是穿着心里才比较安,古代叫作斩缞,斩缞就是披麻戴孝,穿孝服,这是"服美不安"。

(五)闻乐不乐 悲哀在心

第五桩是"闻乐不乐","乐"是音乐,孝子服丧期间,听到再动听的美好音乐,也一点快乐都没有,这是孝子之情。

唐玄宗注解:"悲哀在心,故不乐也。"听到美好的音乐一般情况下是很快乐的,良好的音乐艺术,让人抒发内心的烦恼,心中清凉了,欢喜自自然然的就会出来,所以音乐等艺术都有陶冶性情的作用。可是孝子悲哀的思念着父母,一点儿想享受的心都没有,他的心思不会想到去欣赏音乐,所以他不快乐。这是讲把世间的享受都放下,连美好的音乐都听得不快乐,更不可能去世间歌舞场、娱乐的场所。像现在的卡拉OK、KTV场所,甚至赌场,这些地方都不能去。父母过世一点儿悲痛心都没有,还要去这些地方,是把父母的恩德都忘掉了,我们想想德行在哪里?所以孝子守丧三年,一点儿享受娱乐的心都没有,完全是过一种寂静、清净的生活。

（六）哀痛悲咽　食旨不甘

最后一桩"食旨不甘"，"旨"是美味，吃到美味都不觉得甘美。

唐玄宗说，"旨"是"美也"，吃着美食，却"不甘美味，故蔬食水饮"。就是对美味已经没有心思了，"食而不知其味"也，所以也就不要吃美味，一来不要去浪费，更重要的是不能够在此时此刻去享受。

《弟子规》说："丧三年，常悲咽；居处变，酒肉绝。"父母去世三年之内，都沉浸在哀痛悲咽当中，"悲咽"是哭泣，"居处变"，是生活的环境要改变，原来睡漂漂亮亮的大床，现在要改成小床，夫妻要分房，甚至应该去守灵。古代人都守灵的，守灵就改变居处，不睡在家了，搭个茅棚在陵墓旁边守灵。父母走了是如此，对待老师也一样，老师走了学生也要守丧，只是可以不用穿孝服，守心丧三年。

孔子去世，他的学生、门人，就在孔子的墓地那里搭茅棚，守丧三年。子贡特别怀念老师，在老师墓地前守了六年才离开，这都是给我们做出了"居处变"的榜样。

"酒肉绝"就是吃素，不能够吃酒肉。吃菜食、素食，填饱肚子即可，水饮只能喝清水，不能喝酒。为什么一定要吃素？我们可以想象，动物都有灵知，也都贪生怕死。现在父母过世了，我们心里那么哀痛，动物也有儿女也有父母亲人，它如果死了，它的儿女亲戚，是不是也是这么哀痛？一样的道理，将心比心，人同此心，心同此理，凡有灵知的动物，其生命跟我们都是一体的。我们因为父母去世而如此哀痛，就不能够让其他的生命也遭受同样的哀痛，这是一种慈悲爱心，也是一种孝道。

怎么能够为了满口腹之欲，贪图美味享受，伤害其他众生的生命，于心何忍！人都有一份恻隐之心，恻隐之心就是一种慈爱心、不忍之心，所以吃不下这些肉，吃点蔬菜，清茶淡饭就足够了。不能喝酒，喝酒也是贪图享受美味，而且"饮酒醉，最为丑"，喝醉了酒，父母恩德就容易忘掉，这就损德了。

所以"哭不偯。礼无容。言不文。服美不安。闻乐不乐。食旨不甘"。这是孝子丧亲以后，举出六个方面来表达孝子的哀痛心情。

（七）丧亲哀戚 真情无伪

【此哀戚之情也。】

"哀"是悲哀，"戚"是很哀痛的感受。这六桩事情是自自然然表现出来的，不是孔老夫子说出这些礼来要我们遵守、故意要做出这个样子。哭，故意嚎得泣不成声，行礼也故意表现得一点容貌都没有，懒懒散散，讲话随便，衣服也随意乱穿，自暴自弃，这是内心没有哀戚之情，故意学个样子，那就错了。

夫子所讲，都是孝子因内心哀戚，而表现在外的举动。故意造作就是虚伪，没有真诚心了。不能只学个形式而忘记了内容，孝心是在父母生前就已经养成了的爱敬之心。念念想着回报父母的恩德，等到父母过世，自自然然就会有这些表现，绝不是故意造作。

二、死不伤生 圣人之教

【三日而食，教民无以死伤生。毁不灭性，此圣人之政也。】

（一）节制哀情 不伤不毁

孝子丧亲期间，因为悲痛欲绝，三天之内都吃不下饭，甚至连水都喝不下去，身体就会搞得很虚弱，身体会受不了，再下去就可能出现生命危险。所以圣人制定的礼法，有一定限制，不能够让哀戚的心情，把孝子的生命都毁伤了，所以要"三日而食"。顶多是三天不吃不喝，三天后一定要进食，这是"教民无以死伤生"，教导人民要有节制，尽管孝子的哀戚之情，是自然的天性，也还是要有所节制。

"死"是过世的人，父母走了，人已经去世了，一去不复还，再悲痛也回不来，要晓得人总是有生老病死，所以希望不要"以死伤生"。如果没有办法超越轮回，了脱生死，每一期生命在六道当中舍身受身，肯定有死的这一天，死就会带来哀痛。尽管是大孝子，也没办法挽回父母的生命，所以要有所节制，不要伤害自己的生命，意即不要因为死者而伤及生人。"毁不灭性"也是一样，

"毁"是失去生命，"灭性"是使自己的性命也遭到毁损、毁灭，不要因为亲人性命没有了而"灭性"，这跟"以死伤生"意思相似。"此圣人之政也"，这就是圣人制定丧礼的原则，目的就是为了让大家有所抒发，三日之后还是要吃饭，还是要进食，还要保养、保重自己的身子。如果自己也跟着毁伤了身体，这也是不能圆满孝道，因为尽孝不仅是事亲，还有事君、立身。

父母亲死了，悲痛之后，还要化悲痛为力量，更好的为祖国、为人民服务，这是事君；立身行道，成圣成贤，光耀门楣，以显父母，扬名后世，这是立身，是大孝。所以身体发肤，也不要去毁伤，要用它去行孝，去尽孝。

（二）觉悟生死　毁不灭性

在此，我们多谈两句。孝子看到父母的老死病苦，没办法去救助，当然非常哀痛。

所以自己要怎样做？要赶紧成就，要了生死。了生死就是让自己回归到不生不灭的状态。人的自性其实本来就不生不灭，只是因为我们迷了以后，看到外面境界有生灭，误以为在生灭。所以不了解真相，迷在生死当中，现在要觉悟，要回归自性，这就是了生死。不仅自己了生死，还要帮助自己的父母，帮助亲人了生死，来真正报答他们的恩德，真正让他们圆满的、究竟的离苦得乐。

"毁不灭性"，我们引申其意，可以联系到自性。"毁"是指身体的毁灭，身体是有生灭，有生死的，但是我们的自性不生不灭,不因为我们身体的毁灭而毁灭,这就是"毁不灭性"的意思,所损毁的是身体而已,身体没有了,自性依然存在。所以我们修的就是这个"性",真我是这个"性",它不随身体出生而生,不随身体老死而灭,能够证得自性,这就是圣人了。

一般儒者把"无以死伤生"、"毁不灭性",两句意思解释得差不多,这不是重复吗?一个意思为什么要讲两次?所以"毁不灭性"应该还有一层更深的含意,即生灭当中有不生不灭,可以毁坏的身体承载了不可灭的自性。

所以圣人教我们追求的是不生不灭的自性,就是道,即夫子讲的"志于道",道就是自性。

(三)哀毁过情 伤生亏孝

唐玄宗对此经文注解:"不食三日,哀毁过情。"

如果三天不吃饭,哀痛就毁坏身子了,这就超过正常的情分,有点过分了。如果是真的因为不吃东西而死了,这也是有亏孝道,所以说"灭性而死,皆亏孝道。"

玄宗的"灭性"就是指生命、性命的毁灭,死了的话当然有亏于孝道。因为身体是行孝的工具,要用这个身体去行孝,去传承我们的家业、家风、家道。这个身体是父母赐予的,"父母生之,续莫大焉",我们要维持并延续这个身体,不是为自己,而是真正为行孝,为传承家道,对得起自己的祖先,对得起自己的父母,也要好好的养育后代,让祖宗的德行得以发扬光大,这样才是不亏孝道。

"故圣人制礼施教，不令至于殒灭。"所以圣人周公制定这些礼数，夫子又述而不作，把这些礼数叙述出来。"制礼施教"，制这些礼节，祭礼、丧礼，都是人们的生活行为规范；"施教"就是施行教诲，教孝道、教礼，使礼教不至于殒灭；"殒"就是死的意思，"灭"是毁灭。如果是毁灭了身体也就不符合礼教了，这是告诉大众，虽然我们要有丧礼，是可以也是应该表达自己的哀戚之情，但是不能过分，要有所节制。

礼都应该有所节制，礼节礼节，没有节制也就不成礼了。

三、三年之丧　达礼有终

【丧不过三年，示民有终也。】

"丧"，就是奔丧、丧礼。孝子守孝、守灵，要不超过三年，以三年为期。三年之内都是做到"哭不偯，礼无容，言不文，服美不安，闻乐不乐，食旨不甘。"《弟子规》也讲："丧三年，常悲咽；居处变，酒肉绝。"都是以三年为期，不要超过三年，因为总有个节制。"示民有终也"，"示"就是指示给大众，是有一个终结的，凡事我们要懂得节制，不能够过了，过犹不及。

（一）圣贤制礼　旨在教化

唐玄宗注解："三年之丧，天下达礼，使不肖企及，贤者俯从。"
三年之丧，丧礼也就是三年当中以哀戚之情，不贪图享受，吃素，这是天下达礼。这句实际是出自《礼记·三年问》："夫三年之丧，天下之达丧也。""达"，通，通天子、通庶人，自天子至于庶人，从上到下，由国家领导人一直到平民老百姓，都要守三年这个丧礼。哪怕是国家领导人（过去是天子、皇帝）父母过世自己继位了，也要守三年之丧。"述人之事，继人之志"，"述"就是继续，继承自己先人留下来的家业、事业，以先人之志为己志，天下人都要如此，这个礼是周朝周公开始就制定的。

圣人制定三年为期的丧礼，使得那些内心没有孝敬的不肖之辈，不能够感念父母恩德的人，也必须要守这个礼，旨在教化。"企及"就是他也要做到，如果他不做，社会大众的舆论会给他压力。父母过世不到三年，就贪图自己的生活享受、娱乐，这是不孝，舆论会指责。所以古来历代都是如此，假如父母过世了，就要辞官回乡，为父母守孝三年，三年以后才能够出来复官，这是尽孝，先尽孝才能够尽忠。

所以古代的帝王，制定礼法都很有道理。用礼教培养臣子的孝心，有孝心就有忠心。为人君者，希望臣子忠于他，言语一般很难出口，皇帝让臣子一定要忠诚，臣子也未必服气。所以皇帝明理，教孝。教百姓、教臣子孝道，教以孝，臣子才能"忠可移于君"。百姓对父母尽孝，孝心移至对国家就是忠诚，忠君爱国。制定三年的守孝期，这也是教孝，皇帝让这些官员都在父母去世的时候守孝三年，这很有道理。英明的领导他懂得如何教化自己的部下，不用直陈如何忠诚，那样反而臣子不服，让臣民尽孝，孝心出来了，自然就有忠心。

北京有位企业老总，他介绍《弟子规》在企业中的落实，自己和员工们一起，从《入则孝》，从孝道学起。他很高兴地讲，他们企业下个月开始，就进入全面的以孝道为中心的学习，在家孝亲、爱亲。企业要求、鼓励员工学习孝道，好像有点儿不太符合经营业务范围，但这位老总英明，能够让员工们都发起孝心，能够感念父母的恩德，念念报恩，人就厚道，厚道的人就没那么多的自私自利，就不会损公利私，在企业里面当然也就是个好员工，能够认真负责，移孝做忠。

（二）三年之丧　中庸有度

三年之丧的期限是"贤者俯从"。"俯从"就是不能够超过，也要服从这三年的限制。

因为一个贤者，孝心真切的人，他对父母报恩心特别重，思念哀戚的情特别深，如果不限制三年停止，他可能一生都会这么做，这样可能会让他的身体受不了。所以圣人制定这个节度，不能够超过三年，以防贤者、孝子哀心过切，损坏身体，这也有亏孝道。也就是不能太过分的用这种情执，要用理智来行孝，"立身行道，扬名于后世，以显父母"，这样才是真正、圆满的大孝。

邢昺《注疏》："圣人虽以三年为文，其实二十五月而毕。"制定三年为期的丧礼，不是足足的三年三十六个月，而是二十五个月，头尾三年，就已经可以结束丧礼了。

有人会问，行孝三年，当官的要辞官回家，三年不出来为国家服务，所有社会上的人，工作人员都这样，父母去世，回去奔丧，一奔丧就三年，社会生产力、经济发展不就都遭到损害了吗？难免会有人这样疑问，特别现在是信息时代、科技时代，社会的步伐非常的快速，争分夺秒的，三年又不工作又不贡献，是不是太落后了？是不是有点儿属于封建礼教的糟粕？这个问题，两千五百年以前，孔子有个叫宰我的弟子就问过了。宰我在言语方面是相当有成就的。孔门四科：德行、言语、政事、文学。言语排在德行之后，换言之，在德行基础上才会建立好的言语，否则即使能说会道也不一定有益，所以德行是第一。

宰我在《论语》中问夫子："三年之丧，期已久也？"宰我问三年的丧礼，是不是"期已久也"，时间太长久了？他后面还讲出一些道理，证明自己的提问是有根据的。因为东周末年的春秋时代，很多人都不守丧礼了。有的人还提出一年就够了，要三年这么久吗？宰我问的就是这个问题。他说："君子三年不为礼，礼必坏；三年不为乐，乐必崩。"孔子很叹息的就是当时礼崩乐坏。如果三年守丧，"言不文、礼无容、服美不安"都不讲求这些礼节，不讲求乐，"闻乐不乐"，三年下来不就礼崩乐坏了吗？宰我很懂讲话，讲得也有他的道理。他拿孔子平时叹息的话来提问，不是担忧礼乐断掉吗？君子就该复兴礼乐，怎么能三年不讲求礼乐？下面又讲了另外一个理由："旧谷既没，新谷既升"，这是讲到种粮食，旧的谷物已经尽了，"没"就是已经没有了，"新谷既升"，新的谷物已经长出来成熟了。一年一年都有新的谷物成熟，所以一年为期也就够了，这才是自然之道。

下面讲"钻燧改火"，这个是取火的时候，用钻木取火，有点像我们现在擦火柴，古时候没那么先进，要钻木取火。一年当中用的木有很多种，所以常常改换不同的木。春、夏、秋、冬用的木都不一样，性质不一样，所以用的材料常常改，叫改火。一年都要改好几次，所以奔丧这个礼是不是也应该改呢？"期可已矣"，"期"（jī），三年能不能改成一年，一年就终止，这也就足够了。他的提法听起来好像有道理，孔子怎么答复他？"子曰：'食夫稻，衣夫锦，于汝安乎？'"孔子问宰我，父母过世守丧三年，你此时吃稻谷（稻米），夫子是山东鲁国人，北方稻米比较少，是珍贵的粮食；"衣夫锦"，穿锦衣美服。即在服丧三年中享受生活，吃的好，穿的好。"于女安乎"，你能心安吗？宰我"曰，安"，宰我说我心安。夫子这时候就呵斥他："女安，则为之！"你要是心安那你就去做吧！

"夫君子之居丧，食旨不甘，闻乐不乐，居处不安，故不为也。"真正的君子，守丧三年，"食旨不甘"，吃到美味都不觉得甘美；"闻乐不乐"，听到美好的音乐都不快乐；"居处不安"睡在自己原来的床上都觉得心不安，要去守灵，所以不会去享受生活，"故不为也"。一个君子，父母不在了，自己很哀痛，有一点点享受心都不安，怎么能够"食夫稻，衣夫锦"的去享受呢？怎么能够心里还念着世间名闻利养、生活享乐、五欲六尘这些享受？君子不会这么做的。"今女安，则为之"，现在你觉得心安你就去做吧。"宰我出"，宰我就出去了。

"子曰，予之不仁也！""予"，是宰我的名字，孔子对着大家批评宰我不仁不义，心中没有孝道。"孝弟也者，其为仁之本与",孝心是仁的本,没有孝就没有仁了。为什么人会失掉孝心呢?社会的污染。宰我为什么这样问夫子?也是因为当时礼崩乐坏,大家都没有能够做到守丧三年。虽然夫子倡导、希望严格守礼,但是宰我也难免有疑问。既然大家都没这么做,我们还要墨守成规吗?这是受到社会污染,再加上五欲六尘享受的诱惑,才会把孝心蒙蔽了,故而问出此话,招致孔子的严厉批评。

孔子接着说:"子生三年,然后免于父母之怀。"你出生三年之后,才能够脱离父母的怀抱。即从刚出生到三岁,父母都是天天抱着我们、护着我们,饿了给我们喂奶,晚上尿床马上给我们换被褥,白天陪伴我们成长,细心的照顾我们,吃的、用的、穿的,哪一样不是父母的恩赐!这是最辛苦的三年,之后会好一点儿,但还不止。孩子的身体没有那么脆弱了,父母虽然不再天天抱着,但是照顾的还是无微不至,一直到长大成人。古时候二十岁行冠礼,开始戴帽子,行了冠礼就表示成人。这时父母的心才放下来,然后还要继续想着,给孩子安排学业,请老师、找学校;读书完了,父母要操心找工作的事;工作之后,父母又要操心找对象的事,谈婚论嫁,父母仍然要操心;生儿育女了,自己的孙辈,还要继续看护。父母对我们一生的照顾,真的是"春蚕到死丝方尽,蜡炬成灰泪始干"。

古人讲:"母活一百岁,常忧八十儿。"父母活到一百岁了,儿子也八十岁了,一百岁的老母亲还在忧虑着八十岁的儿子。所以父母真的到死,对儿女的忧虑才停止,这种恩德无量无边,比山高比海深,报答不尽。所以夫子说:"夫三年之丧,天下之达丧也。"

三年的丧礼、守孝,"天下之达丧也"。《礼记》的教诲,天下人都要共同遵守,从天子到平民老百姓都必须遵守丧礼,这是缅怀自己的父母,感念父母的恩德,三年是一种报答,为父母守丧至少三年。我们从出生到长大,三岁之内父母对我们是什么样的心?难道我们用三年来行丧礼、守丧,还算过吗?所以夫子讲:"予也有三年之爱于其父母乎?""予"就是宰我,宰我对父母有三年之爱吗?他对父母的孝心、爱心,能持续三年吗?父母对我们的爱不止三年,是一辈子的。我们对父母呢?父母一走,这个爱能维持多久,能不能维持三年,有没有孝心,从这里就可以看出来。所以圣人制定这个礼是要规范我们,让我们遵守,不能吃好的、不能穿好的、不能听音乐、不能够享受生活,为什么会有这个形式?因为真正的孝子念念想着父母的恩德,他没心思去享受。所以孝是人之本,没有孝道,其仁德也不可能真实。

唐玄宗对"丧不过三年,示民有终也",还有一句注解:"夫孝子有终身之忧。"如果不给孝子一个三年的限制,他会终其一生都这样守孝。真正有孝心的人,他忧虑父母时时念恩,终身不改,报恩的心很殷切,即终身之忧。"圣人以三年为制者,使人知有终竟之限也"。圣人周公制礼三年为期,是为了使孝子有个终尽、终结,有个期限。

三年之后心里依然是念着父母的恩,但是在形式上就要终止了。还是要恢复到正常的生活、工作,心中常念父母恩德,自己精进努力,立身行道,为祖国为人民服务,真正做一位有德君子,做一个圣贤人,利益万民,让万民都能够享受到自己的贡献,这个贡献就是父母对万民的贡献。百姓念着你的恩,就等于念着你父母的恩一样,用这种方式来报答父母深恩。

四、棺椁衣衾 举之为礼

【为之棺椁衣衾而举之。】

这里是讲如何下葬,有一个葬礼。唐玄宗注解"棺、椁、衣、衾","周尸为棺,周棺为椁"。棺是棺材,棺材装尸体;棺材外面又有一层椁,椁装棺材,等于有两层,两层的棺木叫棺和椁。在入殓的时候也要"为之衣衾",就是给父母穿衣服,"衣,谓敛衣"是指入殓的时候父母要穿的衣服,寿衣。"衾,被也",父母除了穿寿衣,外面身上还要裹着被子,被服。这是一种礼节,也是对自己父母的一种恭敬,即隆重的、恭敬的为父母入殓、下葬。"举之",举父母的身体,把父母的身体举起来。"举尸内于棺也",举起来,然后入殓放置到棺材内,这些都要怀着一颗庄敬之心去做。

五、陈其簠簋 以示哀戚

【陈其簠簋而哀戚之。】

"陈"是陈放、陈列。唐玄宗注解"簠簋","祭器也",是放祭品的器皿。一种叫簠,一种叫簋,簠簋这两种器具,都是用竹子编的,是一种很朴素的器具。盛放着祭品,供奉在父母的灵前。唐玄宗讲:"陈奠素器而不见亲,故哀戚也。"盛放着这些祭品,为父母来做祭奠。"素器",很朴素的器具,装着祭品,但是只能够供奉在父母的灵前,灵前的照片,父母样貌依旧,而人子不能见亲,内心非常酸楚,难免哀痛哭泣,"故哀戚也"。所以这里讲到办丧事要懂得注重实质,不能够只搞形式,祭祀必定是朴素。簠簋都是用竹子编的器具,古来都是很朴素,不讲究排场,现在好像有一种错误观念,丧礼搞得排场很大,请很多人,浩浩荡荡,敲锣打鼓,还放鞭炮请酒席,特别是高寿的老人家去世了,更当作大喜事,轰轰烈烈的大办一场,好像不这么做就不能显示出自己是个孝子。

2006年4月1日,《人民日报》报道,某地一位老母亲有五个儿子,兄弟五人有的是公务员,有的经商,有的是汽车专业户,都生活得不错。但他们对老母亲却是一点孝心都没有,谁都不愿奉养,互相推诿。最后他们商议,每人每月勉强拿出五块钱人民币,五五二十五,二十五块人民币供养他们的老母亲。二十五块钱一个月,吃什么呀?老母亲年纪大了,遭受这样的刺激,一气之下服毒自杀。结果这兄弟五人在母亲死了以后,就一起合计,大家都在看着,我们丧事要办的有排场,不能让别人说我们不孝顺。所以他们五个人约定,每人拿出五千块人民币,五五二万五,隆隆重重、轰轰烈烈地办一场丧事。大鱼大肉,请了很多人,在母亲灵堂吃饭。结果很多亲戚朋友,他们请都不来,唾弃这五兄弟,背地里骂他们，要真有这份孝心，你们的母亲就不会死了。所以活着不孝，死了乱叫。父母在生的时候，一点爱敬之心都没有，父母亡故后搞什么排场？如此对待生养自己的母亲，这是虚伪的心，欺世盗名，这哪是孝敬？这是大不孝！一点真诚都没有。这种心是显耀自己，还是自私自利，不是孝道。

"生事爱敬，死事哀戚"，这是生命之本。父母在世，我们要尽爱敬之道，养父母之身，养父母之心，养父母之志，"生事爱敬，死事哀戚"，丧礼不用非常的隆重排场，但是内心要真有这个孝心。家里如果经济能力差的，简单地有一些这样的仪式，表达自己的哀戚之心，也比那种轰轰烈烈搞排场要好。所以夫子在《孝经》中不主张搞排场、轰轰烈烈。内心是否真有那种爱敬，为人子女的当扪心自问。丧礼也要"上循分，下称家"，符合自己的身份，跟自己家境要相应，不能够太勉强，更不能够存心显示自己在行孝道，存心显示自己是孝子，那已经不是真诚的孝心了。

六、痛切哭泣 哀送父母

【擗踊哭泣，哀以送之。】

"擗"是捶胸，哭得太痛切，捶着自己的胸；"踊"就是往上跳；"哭"是放出声音的哭；"泣"是已经没声音了，哭到最后没声音了。捶胸顿足号哭，最后泣不成声，这是"擗踊哭泣"。"送之"就是护送父母的遗体（灵柩、棺木）去安葬。"哀以送之"，意思是很悲哀的护送父母的灵柩去安葬。唐玄宗注解："男踊女擗，祖载送之。"男子是哭得跳起来，女子跳起来不是很庄严，所以用捶胸。捶胸顿足就是形容哭得很厉害，这不是装样子，装样子会显得很虚伪，是真的很哀痛，泣不成声。"祖载送之"的"祖"，邢昺《注疏》"始也"，就是开始。在什么时候开始？灵柩准备出行，要送去下葬了，临行前要饮酒，"生人将行而饮酒曰祖"，这是有一个仪式，就像给活着的人饮酒送行一样。"载"是有车，灵柩车载着灵柩（棺木），"送之"就是送他到墓地去安葬。

七、占卜风水　安葬父母

【卜其宅兆，而安措之。】

"宅"就是墓穴，唐玄宗讲"墓穴也"，就是这块坟墓。"兆"就是指"茔域"，"茔域"就是墓地。找一块墓地，然后做一个坟墓。"卜"就是去问，去选择。问卜，就是选择一块很好的墓地来安葬父母。"而安措之"，墓地要安葬父母，即给父母选择永久栖身之地，父母灵魂永久所在的家园，所以要非常慎重，古代甚至讲求问风水，看墓地放在哪里最好。实际上要不要去问风水？风水好不好是果，因是有没有积德行善。一个孝子平时真正是积功累德，虽然他不懂得占卜风水的方法，但他自自然然选择的墓地就是风水最好的，这是因果的感应。心好风水就好，心坏风水也跟着坏。尤其父母在世不孝，父母走后，找人看风水、选墓地，还是为了自己好，想着墓地风水好，自己的家业、事业就能够很好了，还是自私自利，这样能选择到好风水？不能。即使选择了风水宝地，等他葬了父母下去，风水也会变得不好了，因为相由心生，境由心造。有好心才有好命，才有好风水。所谓"福地福人居，福人居福地"，你真有福、有德行，所居的地方都是好风水（福地）。好心的人才有福，福地就是留给好心的福人来居的。这是讲到占卜，问风水找墓地，而安葬父母。

唐玄宗讲："葬事大，故卜之。""卜"就是占卜。所谓"事死者，如事生"，父母走了，要为他们选择好安身之地，安葬父母是大事。一般来讲，墓地选在阳光、水分、空气都好的地方。现在人口众多，建筑面积都不够用，要找墓地是愈来愈困难了，甚至一般不用土葬，改为火葬了，烧成骨灰，有人把骨灰请回家，专门设置父母的灵位，平时祭祀用。有的送到固定安葬骨灰的场所，现在也有不少的墓园，安葬亡者的骨灰。也有些宗教的场所，像佛教的寺院，可能也会有供奉骨灰用的灵堂。这些地方都去问一问，即"卜之"。也有父母生前有遗愿，譬如把自己骨灰撒到江海中，或是撒到空中，都要按照父母的意愿来办。

八、祭祀父母 以时思之

【为之宗庙，以鬼享之；春秋祭祀，以时思之。】

"宗庙"就是祭祀父母的地方。古代从天子到诸侯到卿大夫到士都有宗庙。庶人、平常百姓没有宗庙，一般就在自己家里安一个神位。实际上过去都讲究祠堂，祠堂就是每一个家族祖先的宗庙。"以鬼享之"，鬼就是祖先的神灵，能够享用我们的祭祀。

唐玄宗注解："立庙祔祖之后，则以鬼礼享之。"立了宗庙，把祖先、父母的牌位立起来了，用春秋祭祀的礼节、礼仪，来继续供养、祭祀祖先的神灵，所谓鬼礼。这是讲究祭礼。

"春秋祭祀，以时思之。"春秋，一年的春天秋天，古人有一个说法，举出春秋两个季节，用它代表四时，一年四季都要祭祀。"以时思之"，四时通过祭祀来感念父母、感念祖先的恩德。

唐玄宗注解："寒暑变移，益用增感，以时祭祀，展其孝思也。""寒暑变移"是一年到头。"益用增感"，都要去感念，增加对父母的感念。"以时祭祀"，什么时候祭祀？一般春天清明节，夏天有七月十五（农历）中元节，冬天还有冬至节，这都是祭祀的日子，都是要感念祖德、感念亲恩的日子。"展其孝思也"，是怀着孝思、孝心去祭祀。祭祀仪式简单而隆重，古礼它有一套成礼。现在我们生活节奏很紧张，祭祀要因地制宜，譬如说设一些供品，以素食、蔬菜、水果、鲜花等供在父母灵位，或者牌位前，上香，然后自己可以读经，譬如读诵《孝经》、《弟子规》各一遍，或是读儒释道三家的任何经典，心要清净，这一天要斋戒。古人祭祀前三天会斋戒沐浴，夫妻分房，以清净的心去祭祀，这才能够感通。用这种方式去祷告、去回向，也提醒自己不要忘记立志，不要忘记报答父母，永远不要忘记祖德亲恩。

九、生死义备 事亲为终

【生事爱敬，死事哀戚，生民之本尽矣，死生之义备矣，孝子之事亲终矣。】

父母在世时，能够尽到爱敬之心去奉侍，父母去世了，以哀戚之情来奔丧、守孝、祭祀。"生民之本尽矣，死生之义备矣，孝子之事亲终矣。""生民"就是一般人、天下人，根本就在孝道，所谓返本报始之心，报恩之心，知恩报恩，不忘亲恩祖德，这是生民之本。能够做到"生事爱敬，死事哀戚"，算是尽到了人子的本分了。"死生之义"的"死"，是指已经过世的父母，"生"是在世的儿女，父母与儿女之间的义，情义、恩义、道义也算是完备了。"孝子之事亲终矣"，孝子对于父母侍奉能够做到这样，也就是圆满了。

唐玄宗注解："爱敬哀戚，孝行之始终也。"所以始于爱敬，终于哀戚。行孝真的是始于爱敬，父母把我们生下来了，婴儿对父母那种爱敬之心念念不舍，真的毫无障碍，完全是跟父母一体的心，这是始于爱敬。

人能够保持这种爱敬之心，一生行孝，不仅对自己父母，也拓展到一切所有的人民，所谓"事诸父，如事父"。父母走了以后，哀戚之心真的溢于言表，这是孝行之终。哀戚之心表现在"丧尽礼，祭尽诚"，这也算尽到了孝道。"备陈死生之义，以尽孝子之情",能够做到死生之义,父母跟儿女的情义、道义、恩义也就圆备了,孝子之情也就尽到了。这是孝子丧亲的做法、心态,夫子在此给我们加以说明。

整部《孝经》研习下来,我们知道这是夫子的一部心传。《孝经》是孔老夫子亲口所述,他自己说"行在《孝经》",他的整个行持、修为、圣贤风范,在《孝经》中能够落实。

从孝亲到事君到立身,夫子也给我们做了很好的榜样,这就是圣贤人的风范。我们真正按照《孝经》的教诲去力行,对自己的父母能够尽爱敬之道,对国家对人民,对世界所有的众生,都尽到爱敬之道,把父母看成是自己一体,把众生看成是自己一体,能够为社会服务,为人民服务,自己能够认真的改过迁善,立身行道,学习圣贤,至少做一个正人君子,再进一步成圣成贤,而能够为大众,乃至为千秋万代子孙,做一个好榜样,扬名于后世,对父母尽到孝道,把孝道圆满落实,真正成就圣贤之道。

后　记

　　钟茂森教授融儒释道三家之教，综历代帝王、大儒之述，又援引古今中外之孝行案例，融合自己几十年力行孝道之体悟，汇集成《〈孝经〉讲记》。

研习《孝经》　体解圣境

　　洋洋几十万字的文稿，读来晓畅通达，理事圆融，于宇宙人生之真相中，深入浅出，领略圣人先哲慈悲之余，有缘读者定有先祖与我同在之慨！

　　此前，笔者曾有缘浅解《孝经》，因德能浅陋，深感艰涩，圣贤之宏深义理未能释之一二。而今钟教授深解意趣，以金融教授身份，示现孝亲尊师、悲天悯人、志在圣贤的情怀，不负师长与大众的殷殷期待，慧开智显、解法如如，其风范让人油然而生钦敬，我们惭愧后学，惟有感念祖恩，以恭敬、惜缘之心学习本研习报告。

　　一个多月以来，徜徉于报告文稿，半之以听看本报告之影音视频，深觉受益终生，乃至此后生生世世……一个故事、一封书信，读、听多次，每一次都是一次心灵的洗礼，泪湿几度不可自己！其间滋味，所谓"道可道，非常道；名可名，非常名"。于此不可说之真实利益，惟愿信受而行之。

诚然，本报告意非在请诸位同仁、同修，个个治经乃成教授，诸上善人但得略体圣贤义理，而对父母加意奉侍，对事业多尽忠诚，则身名俱存，亦"一事可称，行成名立"，仅此一点心即为圣贤存心，所谓"不限高卑"，"孝无终始"，"我欲仁，斯仁至矣"。

若学人读此报告，初得趣味，会觉天朗地清，即欲探得其妙，愿当深修细研。若诸位读者有缘，因《〈孝经〉讲记》而发慧、开智入道，力行孝道，则不负师长、教授一番苦心矣；有志于传统文化教学之志士仁人，深入学习《〈孝经〉讲记》，将悟后起修，修德证道，学儒作儒，学佛作佛，与圣贤同心同德，是谓学贵有志！

若教授讲之谆谆，而我辈不能珍重学之，则枉费母慈子孝一番表演，师长之恩，圣贤教诲，祖宗之德，皆枉费矣，诚愿同仁众等，当自专心、端心，如教授一样，发殷重心，诚敬心，修学研习《孝经》。

当今案例 感人至深

钟教授还亲自为本研习报告撰写了纲要，条理清晰，各位学人一看即知全书脉络。

值得一提的是，教授给现代故事精心配了插图，与文字相辅相成，定会带给读者更深的心灵触动。

九旬老人白芳礼，一生蹬三轮捐资助教35万元，而自己生活清苦到最低限度。老人家表演不老、不病、不死，永远活在人们心中。视频中教授讲的泪湿哽咽，而我们看到图片，只是一眼，老人衣着简陋、身体瘦弱，吃力蹬着三轮擦汗的景象，就让笔者泪湿双颊，再不忍卒视。心中默念着：这是我们博爱无私的长辈，正是千千万万这样的长辈，用坚毅的脚步踏出了朴实无华的一生，也引领晚辈们踏上了一条坚实的幸福之路。望着这样的身影，"感恩"二字已是那样的苍白无力，老人的行谊启发了大众的报国心，感通了更多的人契入一体的大孝之心，进而成为导引后学奉行大爱之心的永恒。

2009年汶川地震时，温总理不顾个人安危，代表党和政府，第一时间亲临现场，指挥救灾，他安抚民众的图片，曾不止一次出现在网络、电视中。而今于教授之《〈孝经〉讲记》中几度再见，又有入情入理与经典相应的开解，实是触动尤甚。那一段上下同心、众志成城、同胞一体的日子，仿佛昨日重现。灾难无情人有情，总理忍泪的哀戚之容，与身边依赖的眼神，又浮现在脑际，正如《孝经》所云："一人有庆，兆民赖之。"

报告中几处文图相得益彰，其妙异曲同工，愿有缘之人早得法味。

深研经教 义理清晰

后学者常因修学日浅，或力行不够，导致对许多经文、义理，无法诠释，抑或解之乏味，《〈孝经〉讲记》之学习，定无此等遗憾。

（一）解析精妙 多学善导

德是相，道是本体，原本深奥之义理，报告中钟教授几个形象譬喻即开化彰显。

用磁铁之性喻道；以水波喻德，波若不兴，水在何处？又将五伦解成是儒家伦理化的"道"，八德是人格化的"道"，"孝"是"本性本善"，行孝即是"本性"，即是有"道"，辅之以精彩案例及解析，从不同角度、不同层面，法儒释道三家，把"视之不足见，听之不足闻，用之不足既"之"道"，开显得通俗浅易，使人豁然明朗。

教授善学、善导，教导同修当下契入圣贤境界。谁是曾子？他是我们的代表，当下受益的就是自己，契入境界，直下承当。当讲到天子、诸侯、大夫时，教授循循善诱：我非天子、诸侯、大夫，是不是这些孝行、孝道跟我没有关系？仅仅是国家领导人、干部、公务员的事情吗？教授再三提醒同仁"国家兴亡，匹夫有责"！

现在是"和谐社会，匹夫有责；法界和平，我之责任"，教授非天子、诸侯、大夫，然而勤学精进，德教同样加于百姓；我非教授，也可以吗？所谓"为仁由己"，"天下归仁"。

钟教授于报告中，更善于启发读者思维。由五伦、五孝，联想到五脏、五行；二十四孝，联想到二十四节气；人伦八德与易之八卦的关系等等。引发我们深体博大精深之中华文化。

（二）孝无终始　人初一体

讲习中解释"人之初"，不是指刚生下来，而是指没有生之前，人的本来面目；和谐同样不是人创造的，而是人类本来如此。许多开解不仅细致、深入，更使人耳目一新。

"一体"、"终始"的解析，尤其令大众受益。父精母血，十月怀胎，母子一体，生命来之，慧命具之，生我之时，我是谁？父母给了我们身体，父母的父母，祖辈的父母，追溯到祖祖辈辈的父母，泪下；生命的脉脉相承，繁衍生息五千年，人身得之何其不易，此世乃至过去世，有多少与我血脉相连者？再追溯至炎黄，然炎黄亦有父母，"过去无始"。未生我时，我是谁？深而思之，我们的后代子孙，子孙之后代子孙，及至那无终的未来际又能说哪一个不是血脉相连？此界他方，世界原是一体，"未来无终"。那往生之后，我又是谁……

思之感慨，似乎理解了一点血脉相连，同体大悲，无缘大慈，地球一村，法界我心……原本一切都是无有终始，生即是灭，灭即是生，如六祖云："何期自性，本无生灭。"

"孝无终始"之终始，之前读之、用之，未能深解，而教授从时间、空间、地位不同，从身心到性灵，解至不生不灭之道，实在透辟尽致，使人恍然有悟。

孝无终始，"过去无始，未来无终"。古人要孝，今人也要孝；中国人、外国人都要孝；无论何时何地，心里总存着父母；即使与世长辞，也"事死者，如事生"；将此无始无终之孝心，推广至社会达到"事诸父，如事父"，将孝心扩展至忠诚于祖国人民，天下法界为公，便是圣贤行持。

古来二十四孝，感动了我们几千年；当今孝子事迹，感动到全国，许多人的孝心被引发出来。这种互相感动即是同体，即是孝道，孝的本体就是道。

身体受之于父母，跟父母是一体。既然一体，父母需要，贡献身体亦是本分，古有割股疗亲，今有割肾救母。

炎黄子孙个个一体，爱自己的身体，犹如爱父母、长辈、亲友、天下人的身体，没有他人只有一个自己，仁是大同世界，像爱自己一样爱他人——同体。

所以，地震国难，救助同胞，左手援右手，是在圆满一体的孝道。

因为一体，一念不善，消减天下人的福报，一念善，一定增加天下人的福报，而我们自己也是天下人之一。要做好人做君子，一切"唯心所现，唯识所变"，回归自性，回归"人之初"，回归本来面目。

教授谆谆宣讲圣人境界：宇宙万物，我心变现，"心外无法，法外无心"。一日克己复礼，一日天下归仁。

行孝报恩的心永恒不变，即可保持"人之初"；圆满孝道，亦能回归本性本善，与道合一，孝，无始无终。

另外，报告中有关"天经"、"地义"、"不敢"、"感应"、"以鬼享之"、"毁不灭性"等等道德名相之词句的解析，多是儒释道三家之综合提炼，可圈可点处，俯拾皆是，常常叹为精妙，这里不再一一列举，有缘人开卷自得法益。

学习本研习报告，时时发愿加意修德，守心护念，实为护我赤子之本善之心耳，圣贤即我心，我心即圣贤，请圣贤住世，圣贤在何处？不在天边，在清潭对面。

今之《〈孝经〉讲记》，有一种超越文字的东西一直在回旋，得无幸乎？常泣下慨之，良深良久，人之味乎？法理之味乎？抑或法性滋味之一二乎？

诚愿读者，有缘同仁，早日受益，于善法妙理中体解圣道，发无上心，为众生做不请之友。

（三）实学活用　如法教化

钟教授曾经多次在儒释道的国际会议上，发表演讲、论文，主题大都与和谐相关。

尤其是2007年，西安国际道德经论坛主题是"和谐世界，以道相通"，教授受邀演讲并发表论文《和谐之道，以孝贯通》。论文从《道德经》开解，分析了道和德，以及孝顺对现代社会的启示，最后皆归到孝。因为"和谐世界，以道相通"，那和谐之道，就"以孝贯通"。可见三家皆是以孝为大，以孝贯通，以此，教授对儒释道三家经典之研习日臻圆通，也略见一斑。

联系当前国内国际种植养殖的形势，钟教授和许多海内外志士仁人一样,号召素食,且很有感触地希望全国共同推动有机饮食和素食,保证国民的健康,由对身体发肤不敢毁伤的小孝,扩展到对国民身体的爱护、提高国民身体素质的大孝,经典推演到生活,实实在在,活活泼泼。

把素食上升到国民素质,"身体发肤,受之父母,不敢毁伤"。我们想到几年前教授希望国家把清明祭祖作为一项法定的节假日,以便人民慎终追远,传承孝道,今成事实。相信有机素食一愿,必与圣贤仁爱相应,所谓"人有善愿,天必从之"。

钟教授研习经典,是实学、活学,从几千年前的圣君明王,到当代、当今多位领导人的案例采集,都非常契机契理;呼吁媒体道德,号召有机素食,倡导建老人院,皆是一体之心;图文并茂,翔实的当代孝子模范资料,感人至深;将八荣八耻、地震、奥运等各类时事,自然融进报告中,拉近了读者与圣贤经典的距离。

钟教授解释现代之"君",乃人民公仆,为国家、为人民服务,并联系"八荣八耻"前两条讲到事君,没有丝毫牵强,法理自如。

至于"忠君",当今有封建、禁锢人民之说,甚而因此封杀圣贤教育,都是自己修学不够圆通,曲解圣贤,乃至化神奇为腐朽,令志士仁人引之为憾,圣哲先祖也会在天上垂泪。

钟教授2009年参加了青岛、唐山两届全国企业家论坛,演讲的主题是"金融危机里的省思与出路",谈到危机根源于社会缺乏道德,没有同体感,只有自私自利,出路归结为伦理道德教育,尤其全社会应提倡一体,推演孝道,听众共鸣,掌声经久不息。

一位女企业家,爱好国学,近年来学习的费用超过了50万,

2009年7月在唐山听了钟教授的分享,很感触,用儒家《大学》,还能把金融危机解释得这么透彻! 唐山市委一位领导,在青岛听了钟教授的课程,觉得很精彩,他回去后在网上查了钟教授的资料,然后感叹说:像这样能够把金融危机内在原因分析得这么透彻的海内外知名学者,能够到我们家乡来讲课,真是我们无上的荣幸。而教授之演讲,进退得当,令人赞叹,足见对所学之运用圆融。

(四)千经万论 孝为行门

学习艺能的目标是为了明德、悟道,不能着相,所谓"道也者,不可须臾离也;可离,非道也"。《孝经》总汇六艺,综述德、仁、义,为至圣先师之行门,受历朝历代之帝尊儒崇,是整个儒家学问之根,乃千经万论之本源。

几千年前,至圣先师,恐后人不能深解经义,学文而不力行,著《六经》道德仁义之辞章,又慈悲述作《孝经》一十八章,旨在教诫后人解行相应,知行合一。至于假借曾子请益,因学生之修学难以叩问如此深奥义理,更见至圣先师对行门之重视。

儒家近百余年来,少出大师,亦少经世致用者,何哉? 学儒未能作儒,而今人多不知圣贤为何意,不肯、不知如何做圣贤矣,此境为仁者之忧!

近年来,国家领导胡锦涛主席,温家宝总理都在国内外会议、报告中号召回归传统,复兴中华文化,两位领导人激发了教授的深入思考。经典本来就是圣贤人的生活实践,"回溯源头,传承命脉",就要从儒、释、道三家传统圣哲的教诲中,从中华五千年的文明中汲取智慧、经验、方法、效果。

钟教授为人演说，无处不是道场。笔者参加唐山企业家论坛时，看到教授对长辈们非常尊重，一顿早餐功夫，让所有请教的长辈们都得到了满意的答复。上了年纪的人参加会议，主办方常常会觉得年龄大，甚至还有这方面的限制，老者也觉得给大家添了麻烦，钟教授当时给予安慰：老人家能来，是对我们最大的支持。没有思维，造作，脱口而出。一位年长的董事长听了非常感动，回去后和亲人、同学、朋友，多次谈起，说因为自己感觉到了真诚。

钟教授自幼敬老爱老，如今学圣希贤，以同体大孝、至孝之心，表达了真诚的心境，因此会让老人家念念不忘，津津称道。

回顾钟教授的成长历程，从小学，中学，到大学，到留学美国攻读硕士教授，乃至成为美国大学教授、澳洲终身教授，实在是得力于多年的母教。任何的境界下，总能知止于"孝"，以身力行示范孝道！小孝事亲；大孝为民；至孝以德济世，成就圣贤，普利众生，利益千秋万代。慈母支持儿子走上大孝，奔向至孝！教授承继母志，又蒙恩师之教化，以师志为己志，以"孝"为根，为天地立心，为生民立命，在圣贤路上，严谨谦卑，孜孜不倦，言多请教，行多省思，如今多止在摄影棚内，实是"故天之生物，必因其材而笃焉"，自助而天助，亦所谓"君子不出家而成教于国"。

四十个小时的报告中，教授每一章节都向诸位仁者真诚请教，时时体现的是向学向道、治学严谨的风范，也是处处在落实孝道。

伦学道德，莫大乎《孝经》，莫大乎光大孝德者。研习《孝经》，是为众人信服。今之圣贤行谊，圆满孝德者，教授为范，亦属当之无愧。可谓此人演说此法，斯人研习斯经！

修德有功 性德方显

教授自幼非聪明睿智，今之学问修为，缘自慈母教化，点点滴滴，孝德功成，方得性德显露。

（一）点滴孝慈 一生回味

当时，钟教授美国留学别后一年，回家省亲，母亲为儿归来，特意剪发，为让大洋彼岸的儿子看到一个好的形象，更会安心学业；儿子为省理发费，辗转回乡，长发憔悴，示母以旅途劳顿、不佳形象。这件生活小事，教授多次讲到，谓自己对母亲爱敬不够，每每颇为惭愧。教授修学之善观己心，讲学之至诚无隐，责己之隐微深切，对母爱之细微体察，令人深为动容。

"青天白日的节义自暗室屋漏中培来，旋乾转坤的经纶自临深履薄处得力"。父母做了多少，我们却不能与父母同心同体，常常报之以"心不在焉，视而不见，听而不闻"。亲恩浩荡，不一定是惊天动地的伟大，恰是这"润物无声"的细节。父母是我们一生读之不尽的经典，他们不经意的言语、行为，往往能让儿女领悟到一些人生真谛。我们粗糙的心是那么肤浅，如何变得细腻深邃，愿常常提起教授与母亲的生活应对，并以之为范，让我们在天伦中，在生活的细节中，发现与捕捉生活中至性的美。教育无处不在，尤其自然的言语、行为的教化，往往更加感人至深，让人一生回味、受益，由此，我们对教授之母充满敬意。

（二）源头活水　此母此子

每到逢年过节，老人生日，即举行家庭聚会，晚辈给老人红包，跪拜，第三代孩子要写词读诗，表演节目。这样的家庭生活氛围，有着浓厚的传统文化气息，当然亦为教授提供了一方精神的沃土，孝亲之树自幼扎根。

而今打开家庭文化箱，母亲用心收集的文稿信件，仿佛都在述说着历历往事，家庭的变迁，母亲育子的艰辛。儿子与母亲相依相携走过的几十年，都记录成了文字，每一份文字，都是一份生命的积淀，在这时时的心灵温暖中，教授的生命之源化作了汩汩的智慧之泉。"问渠那得清如许，为有源头活水来"！

在这样的家道下，教授勤学努力，自幼所得第一亦不知几多矣。到了海外，更是以"七不"戒定自己，清净求学，《大学》云："知止而后有定，定而后能静，静而后能安，安而后能虑，虑而后能得。""德者，得也"。海外十几年，也都在给中国人争光：美国献血，使中国青年的爱心之血流在美国同胞的血液里；在美国与中国留学生八次座谈分享孝道，使同学感念亲恩；留美学习期间达到资深教授的水平；被严格的知名教授誉为几十年来最优秀的学生；七年硕博学业四年完成，成为所在学院第一人；第一个月工资捐助给美国大学作基金；在澳洲成为学术论文最多、破格提升最年轻的终身教授、博士生导师……凡此种种，皆是一个"孝"字了得，所谓"无念尔祖,聿修厥德"。"人生自古谁无死,留取丹心照汗青",教授照了祖先、慈母、恩师、亲人、朋友乃至中国人的汗青。

鲜花掌声赞叹来了,我们第一个想起谁?是男、女朋友?还是父母?即将教授毕业,二十六岁就要走向美国大学讲堂的赤子,第一个想到是含辛茹苦几十年,眷眷念着儿子的远方慈母,真是此母此子!

(三)家学有道 志在圣贤

教授深情地分享母亲给姥姥的书信,以及母子之间多年来的书稿信件,让我们感受着几代人的温情。文字背后的人性之美承载着家道之沿袭,那一段段人生记忆,都是一次次生命的启迪。书稿几乎记录了教授走过的每一个人生的重要阶段,那真情掩不住的段段佳话,让人称叹慈母分享给大众的美好人生风景,诚愿此情此景与贤母懿德,乃至几代风范,随教授一生志在圣贤之行谊而流芳千古。

教授之母自幼亦得益于家道传承。孝悌的家风,不仅支撑慈母走过苦难,也支持着教授把孝心、敬心献给父母、师长。定心、守戒,完成了学业、事业,如今正继续着圣贤之道业。

晚辈是望着父母、师长的背影成长的,父母、师长的修为到哪里,就会把孩子、学生带到哪里。试想,能够高瞻远瞩,为19岁儿子规划人生到55岁,慈母的精神之园也一定是碧树参天,而这种坚毅的生命力量,也早已深植于教授心田。慈母智慧,将教授导归恩师座下,支持教授志在圣贤,放下名位,重做学生,使得教授多蒙恩师加意教诲、提携，实乃同修同仁众等之幸。我们感恩钟氏家族，感恩钟妈妈，感恩孝亲、尊师，老实受教的钟教授！

教授以"孝"的生命体验，已经为我们证得，"建国君民，教学为先"，教孝为先；更证得"夫孝，德之本也，教之所由生也"，人生如果有捷径，唯行孝为至德要道。

行孝圆满时，性德方得显露。"舜何人也，予何人也，有为者，亦若是！"大舜如此，教授、众生亦然。父母者，人之本源也，吾辈学业、事业、道业之源动力也；道德仁义之实学、行门，孝也；《孝经》，恒常孝行者，圣学之根也。

所以，当今之世，亟待仁人志士，首先效法圣贤、效法钟教授，学而时习圣贤之根，方能传承命脉，为往圣继绝学；然后修身立德，"学为人师，行为世范"，弘扬圣贤之教，为万世开太平。

本研习报告，是钟教授修学体悟，是持戒精严、回归灵性的成果，更是母慈子孝，由小孝至大孝，奔向至孝的人生记录。

愿众同仁早入宝山，以"孝"德为本，从我做起，学而时习，体圣贤之心，慰父母之志，解恩师之意，悟自性之理，与先师圣哲同心同德，以"十方法界，舍我其谁"之义，真正利益我们当下的生活，共同光大伦理道德教育，重辉圣贤至孝风范，则必是家和人乐，崇德兴仁，皆修礼让，各得其所，社会和睦，世界和谐。

在此，对成就本书的一切人、事、物，至诚感恩。本书难免有疏漏、不足之处，诚望志士仁人多多参与指教，感恩不尽。

——编者敬记

2010年4月